中国人事科学研究院
·学术文库·

中外职业分类概述

范 巍 ◎编著

中国财经出版传媒集团

经济科学出版社
Economic Science Press

·北京·

图书在版编目（CIP）数据

中外职业分类概述/范巍编著. --北京：经济科
学出版社，2023.9
（中国人事科学研究院学术文库）
ISBN 978 - 7 - 5218 - 5194 - 6

Ⅰ. ①中…　Ⅱ. ①范…　Ⅲ. ①职业 - 分类 - 世界
Ⅳ. ①C913. 2

中国国家版本馆 CIP 数据核字（2023）第 185537 号

责任编辑：李　雪　袁　澂
责任校对：隗立娜
责任印制：邱　天

中外职业分类概述

ZHONGWAI ZHIYE FENLEI GAISHU

范　巍　编著

经济科学出版社出版、发行　新华书店经销
社址：北京市海淀区阜成路甲 28 号　邮编：100142
总编部电话：010 - 88191217　发行部电话：010 - 88191522
网址：www. esp. com. cn
电子邮箱：esp@ esp. com. cn
天猫网店：经济科学出版社旗舰店
网址：http://jjkxcbs. tmall. com
固安华明印业有限公司印装
710×1000　16 开　27. 5 印张　440000 字
2023 年 9 月第 1 版　2023 年 9 月第 1 次印刷
ISBN 978 - 7 - 5218 - 5194 - 6　定价：136. 00 元
（图书出现印装问题，本社负责调换。电话：010 - 88191545）
（版权所有　侵权必究　打击盗版　举报热线：010 - 88191661
QQ：2242791300　营销中心电话：010 - 88191537
电子邮箱：dbts@ esp. com. cn）

迎接新职业时代的到来

（序）

20 年前，我曾经到一个机车生产企业进行职业观察。一位车工高级技师陪同我在生产线上工作了 3 天。作为一位行业认可度极高的技能专家，这期间我并没有看到他在车床上的工作。他告诉我，他一年有的是时间与车床打交道。通过持续观察，我们总结了他的主要工作，一是生产线工艺管理，二是生产线设备运维，三是生产线员工培训。后来在更多现代制造企业中，我发现一线或二线技师以上的技能人员已经很难用传统的职业内涵来定义他们的工作，其工作边界已经远远超越了以操作单一类型加工设备完成定向任务的工作模式。进入智能制造时代，生产一线技能劳动者的职业结构发生了更大的变化，生产线上机电设备的操作人员正在快速地被工业机器人所替代，高等级技能人员的工作内容向现场管理、工艺管理、质量管理、系统集成和设备运维等方向迁移，越来越具有复合性。

最近 5 年来，我考察了多家互联网"大厂"。随着平台经济的快速发展，平台上的从业人员中出现了"两种人"：一是随着技术迭代不断横向迁移的营销服务人员，如全媒体运营师；二是锁定在平台规则里主要依赖体能的物流服务人员，如网约配送员。前者越来越依赖数据处理与分析、情感沟通与社交等技能的发展，后者则越来越向单一技能方向紧缩。

总体来看，技术应用所导致的技能替代正在快速重塑一线技术技能人员的工作方式和技能要求，并要求他们通过持续的技能更新来应对技术迭代的挑战。数字经济和绿色经济的叠加，更加加剧了职业变化的规模和深度，这种变化使得工作世界的职业结构正在发生规模越来越大的震荡。传统的基于行业特征的职能性分类结构，已经越来越不能适应今天职业世界的现状。作为职业分类的专家，原有的技术原则和分类工具，在面对今天的工作变革时，已经显得有点举措无助了。

从《中华人民共和国职业分类大典》（2015 年版）的修订和编辑开始，中国人事科学研究院的范巍同志和他的团队就一直参与其中。在 2022 年版的修订和编辑过程中，他除了负责第二大类分类工作，还直接主持了第二大类与第四大类的关系研究，为此次职业分类工作的展开打下了重要基础。这样的经历使得他和他的团队更加关注全球范围职业分类体系的研究。于是便有了现在大家看到的《中外职业分类概述》这一重要成果。其间，还带领他的团队与美团、腾讯、快手等互联网企业合作，对数字经济时代的职业变化和就业方式进行了比较深入的观察和研究。

理解世界各国职业分类的变化过程，将有助于我国职业科学的研究。尽管中外职业分类的比较研究已经有了很多的成果，但是系统性地进行全球范围内的职业分类体系研究，还不多见。当然在数字经济和绿色经济快速发展的今天，《中外职业分类概述》这一成果的重要性并不止于他山之石，我觉得更重要的是对世界各国职业分类过去经验的总结，可以帮助我们更好地理解职业变化的规律。只有这样，我们才有可能在经济发展范式变革的背景下找到重构职业世界结构的未来图景。

数字经济和绿色经济的持续发展，中国特色社会主义现代化强国建设的探索实践，都在造就一个新的时代。这是一个百年未遇的大变革时代。职业变化是这个时代变局中重要的外在表现之一，也是反映这一变局最敏锐的领域之一。一个新职业发展的时代正在来临，新的学习模式和就业方式都在孕育过程之中。作为新时代人力资源开发的重要基础，建立和完善我国职业分类体系任重道远。职业分类作为一项跨行业、跨部门的专业性工作，需要有更多的专业人员参与其中。我们需要为适应和引领这一变化做出更多的准备，来迎接新职业时代的到来。

是为序。

陈素羽

2023 年 8 月于北京

前　　言

职业是从业人员为获得主要生活来源所从事的社会工作类别，是随着生产力发展和社会劳动分工的出现逐步产生和变化的。职业是社会分工的直接产物和最小单元。职业管理是政府宏观人力资源管理的基础，也是世界各国加强人力资源开发、促进就业创业、建立健全人力资源公共服务体系的普遍做法。职业分类是职业管理的逻辑起点，是指以工作性质的同一性或相似性为基本原则，对社会职业进行的系统划分与归类。职业分类作为制定职业标准、开展人才评价的主要依据，是促进人力资源科学化、规范化管理的重要基础，对整个人才和人力资源市场建设、人才队伍开发、职业教育培训、就业创业、国民经济信息统计和人口普查工作等起着重要的规范和引领作用。

职业的出现和发展不是一蹴而就的，而是一个涉及经济、社会、技术、产业、政策等多领域复合作用的结果，它是在不断演变和进化的。一个新职业的产生要历经萌芽、成长、稳定、衰退等多个阶段演进才能最终演变成我们今天所熟悉的职业模式。

对职业进行分类管理和演进监测不仅能够客观反映某个国家或地区在某个经济社会发展阶段的经济、社会管理、科技、民生等领域的发展水平，同时也是科学开展国家职业管理、制定国家职业标准、提高人才评价科学化水平、推进职称和职业资格制度改革、更好开展就业创业服务工作的基础，更是国家对人才和人力资源数量质量监测、供给与需求预测、形成人才和人力资源优化配置的需要，具有重要和长远的现实意义。

我国的职业分类工作起步较晚。1999 年 5 月，第一部《国家职业分类大典》正式颁布，标志着适应我国国情的国家职业分类体系基本建立。该体系是参照国际劳工组织颁布的《国际标准职业分类》基本原则和描述结构，借鉴发达国家的职业分类经验，并根据我国国情建立的。进入 21世纪，随着互联网技术和人工智能技术的快速发展，技术变革和社会变革的脚步日益增快，基于生产力和生产关系的职业演进和分类也在不断变革。我国先后更新发布了《国家职业分类大典（2015 年版）》和《国家职业分类大典（2022 年版）》并定期发布新职业。与此同时，世界主要国家也在根据自身发展情况适时更新自己的职业分类体系以更好适配自身经济社会发展水平和实际需要。例如美国先后在 2000 年、2010 年和 2018 年更新了其国家标准职业分类（standard occupational classification，SOC）。但是，相对于各国各地区基于自身经济社会发展、职业演进的实际情况和政府职业管理的实际需要对职业分类采取的规制工作，目前社会各界有关各国各地区职业分类和职业演进的研究少之又少，更多是以观察的模式或比较的方式进行工作性研究，少有深入和跟踪性开展理论和实践研究。

党的二十大报告提出，到 2035 年我国要建成教育强国、科技强国、人才强国。这对政府宏观人力资源管理的水平提出更高要求，也对基于职业视角的研究和工作水平提出更高要求。我们必须清醒认识到，全面了解职业演进规律和世界各国职业分类及其演进情况，深入系统研究职业变迁和演进过程，科学开展职业分类工作，对优化国家宏观人力资源管理，提高政府人才和人力资源开发科学性，以及更好服务就业创业、人口统计、人才评价、教育培训等具有重要意义。不仅具有较高的社会和经济价值，同样具有较高的理论和实际意义、当前和长远意义。这也是本书撰写的主要立足点和出发点。

全书共分七个章节。

第一章主要介绍了职业的概念和特征，职业与专业关系，职业的理论基础如职业演进理论、职业规制理论、社会分工理论等，以及职业的未来发展趋势。

第二章主要介绍了我国的职业分类现状和历史演进沿革，并在此基础上重点对近些年热点的新职业发布和应用情况、国家职业技能标准情况进行了介绍，同时对《国家职业分类大典（2022 年版）》编制过程中第二大类专业技术类职业和第四大类服务类职业分类的判定标准和平衡问题进行了系统阐述，以让读者更好地了解我国的职业分类工作开展。本章还简要介绍了我国台湾地区的职业分类和演变情况。

第三章主要介绍了国际劳工组织和世界卫生组织的职业分类情况。其中国际劳工组织职业分类从 1958 年开始，分别于 1966 年、1987 年和 2007 年在历届国际劳工统计大会上进行 3 次修订，共形成 ISCO - 58，ISCO - 68、ISCO - 88、ISCO - 08 这 4 个版本，现行国际标准职业分类是 ISCO - 08 版。国际劳工组织职业分类也是世界诸多国家职业分类的主要参考。

第四章至第七章分别介绍了美洲、欧洲、亚洲、大洋洲主要国家的职业分类情况。其中美洲主要选择了美国、加拿大和巴西，欧洲主要选择了德国和英国，亚洲主要选择了日本、韩国和新加坡，大洋洲主要选择了澳大利亚和新西兰。各个国家的介绍都是按照现行职业分类体系、职业分类发展历史沿革、主要应用情况的逻辑进行呈现，以更好地满足读者了解各个国家职业分类现状、演进机理、应用情况的需要。此外，还简要介绍了欧洲资历框架（european qualification framework，EQF）和北美行业分类系统（NAICS - SCIAN）情况。

编写本书一方面是系统构建我国职业分类理论体系的一次尝试；另一方面也是系统梳理我国和世界主要国家职业分类情况的一次尝试，更是跳出职业分类本身，用动态、系统的视角来看世界各国各地区职业的演变过程及其背后动因、分类应用和成效的一次尝试。"他山之石，可以攻玉"，希望这种尝试能对我国当下和未来的职业分类工作开展有所裨益。"行百里者半九十"，职业以及职业管理、职业分类的理论研究还需要更多的专家学者的关注和投入。

同时也希望本书的出版能够为新时代教育、人才和人力资源开发工作创造性开展提供一些借鉴和参考，这也是本书作者的最大心愿。

范　巍

2023 年 8 月于北京

目　　录

第 一 章

职　　业

职业是指从业人员为获取主要生活来源所从事的社会工作类别。职业分类是以工作性质相似和技术技能水平相似性为基本原则，对社会成熟职业进行的系统划分和分类。职业演进是指职业的发展要经历"萌芽、成长、稳定、衰退"等不同阶段，要经历"目的性、社会性、稳定性、规范性和群体性"和"职业化、专业化、社会化、国际化"这"五性四化"的标准评价的全生命周期。

职业分类、职业演进和职业管理是政府宏观人力资源开发工作的重要基础，也是世界各国促进就业创业、建立健全人力资源公共服务体系的普遍做法。职业分类是职业管理的逻辑起点，在整个宏观人力资源开发管理中具有重要的基础作用。目前，我国已经建立了职业分类、职业资格评价、职称评价、职业教育、职业技能培训等多项职业相关制度，这些都成为国家职业管理的重要基础，在人力资源管理开发、国民经济信息统计乃至服务就业创业工作中发挥了重要的作用。

职业的分类与演进不仅能够客观地反映一个国家和地区在某个阶段经济、社会治理和科技等领域的发展水平，也是制定国家职业管理工作体系和运行机制，推行基于职业分类的职称、职业资格评价制度和职业教育、人口统计、培训开发等人力资源制度的基础性工作，更是国家对劳动力数量和质量监察、供给与需求预测、优化整合劳动力资源配置的需要。[①]

---

① 陈慧梅，谢莉花. 美国标准职业分类的新发展及其启示［J］. 当代职业教育，2019（2）：95－101.

第一节　职业的概念与特征

本节主要从历史引证、辞典、专业组织和国内外知名学者的观点等方面梳理目前学界和社会对职业的定义，并对职业生涯、职业标准、职业资格等职业相关概念进行简要概述。

一、职业的概念

（一）古汉语中的职业概念

在我国古代，"职业"一词始见于《国语·鲁语》："昔武王克商，通道于九夷、百蛮，始各以其方贿来贡，始勿忘职业。"[①] 在我国古代，"职"和"业"是有不同内容，且各有所指的。"职"主要指职责、职位、执掌、主要、贡献等，通常是指官事；"业"主要是指事业、职业、学业、产业、次序、创始等，通常是指士、农、工、商所从事的工作。"业"和"职"都可以指称"职业"，比较而言，"职"字突出一个人在社会中所处位置的高低和所担当角色的大小，而"业"字的"职业"意涵更明确，同时还包含着对类型的区分。《左传》中"商、工、皂隶不知迁业"，《国语》中"庶人、工、商各守其业"，《汉书·萧望之传》中"家世以田为业"，《三国志·蜀书·先主传》中"贩履织席为业"，《颜氏家训》中"人生在世，会当有业"等的"业"字，都是指"职业"。而《周礼·天官·大宰》中"闲民无常职"，《周礼·冬官考工记》中"国有六职"，《春秋谷梁传》中"农工皆有职以事上"等的"职"字，也是指"职业"。[②]

（二）现代汉语中的职业概念

在现代汉语中，"职业"有两层含义。第一层含义是指个人服务社会并作为主要生活来源的一项工作。如鲁迅《而已集·读书杂谈》："（说到读书）至少就有两种：一种是职业的读书，另一种是嗜好的读书。"巴金《真话集·致〈十月〉》："作家不过是一种职业，一个工作岗位。作家不是一种资格，不是一种地位，不是一种官衔。"丁玲《团聚》："二兄弟，

---

① 中国就业培训技术指导中心. 职业概论［M］. 北京：中国劳动社会保障出版社，2009：6.
② 孙一平. 职业社会学［M］. 北京：中国社会科学出版社，2021：2-3.

这位有着冲天志气的最聪明的一个，在父亲失业之后便找到一个颇好的职业。"所指的职业都是这层意思。根据中国职业规划师协会给职业下的定义：职业（occupation），是性质相近的工作的总称，通常指个人服务社会并作为主要生活来源的工作。在特定的组织内它表现为职位（即岗位，position），我们在谈某一具体的工作（职业）时，其实也就是在谈某一类职位。每一个职位都会对应着一组任务（task），作为任职者的岗位职责。而要完成这些任务就需要这个岗位上的人，即从事这个工作的人具备相应的知识、技能、态度等。简单来说，职业 = 职能 × 行业。第二层含义是指职场上专门的行业与劳动分类。职业是社会分工的产物，西方商品经济发达的社会，通常指具有一定专长的社会性工作。划分的方式很多，也没有定式，通常以所从事的产业或行业为主，并结合工作特点混合使用。

（三）国内外学者对职业的定义

来自社会学、教育学、哲学等不同领域的学者从不同的研究角度出发，提出多种定义，赋予职业不同的内涵。

美国学者迈克尔·曼在《国际社会学百科全书》中指出：职业这一术语最初用来表示从事法律、教会、医疗和军事服务等传统意义上的"自由的职业"。"职业乃是作为具有自我利益职业群体在分工中力图保护和维持其垄断领域而予以运用的工具"。国家通过对某一职业群体的社会承认和对其职业地位的法律有效性的认可，实现了对职业领域的直接介入和发展。

美国社会学家塞尔兹提出，职业是一个人为了不断取得个人收入而连续从事的具有市场价值的特殊活动，该类活动决定着从业者的社会地位。同时，他认为技术型、经济型和社会型是构成职业范畴的三个要件。

美国社会学家泰勒著有《职业社会学》一书，其中指出"职业的社会学概念，可以解释成一套成为模式的与特殊工作经验有关的人群关系。这种成为模式的工作关系的整合，促进了职业结构发展和职业意识形态的显现"。[①] 美国教育家、哲学家杜威认为，职业是从中可以得到利益的一

---

① 李泰勒. 职业社会学 [M]. 张逢沛，译. 台北：复兴书局，1972：10.

种生活活动。

美国学者彼得逊在《职业生涯发展与规划》一书中指出，职业是不同行业和组织中存在的一组相类似的职位。

日本劳动问题专家保谷六郎认为，职业是有劳动能力的人为了生活所得而发挥个人能力，向社会做贡献的连续活动。他提出五个方面职业特征分析的观点：（1）经济性，即从中取得收入；（2）技术性，即可发挥个人才能和专长；（3）社会性，即要承担社会的生产任务（社会分工），履行公民义务；（4）伦理性，即符合社会需要，为社会提供有用的服务；（5）连续性，即所从事的劳动是相对稳定而非中断的。

日本社会学家尾高邦雄提出，职业作为某种一定的社会分工或社会角色的持续实现，因而其包括工作、工作场所和地位。他认为职业是社会与个人，或者说是整体与个人的结合点。通过这一点的动态相关，形成了人类社会共同生活的基本结构。整体靠个体通过职业活动来实现，而个体则通过职业活动对整体存在和发展做出贡献。

德国社会学家、政治学家马克思·韦伯提出，职业是一个人的能力的详细罗列、专业化和组合的方式。

德国学者查贝克认为，职业指的是在工作组织不断变化的过程中所产生的专业化形式，个人为了谋生不得不去从事某项职业。他认为，职业是一个含有历史维度的概念，因此阐述职业概念的内涵，首先要弄清楚职业所依赖的时代背景。不过，"职业"一词历经几百年，虽然其所指的具体内容是有变化的，但是职业的特性历经几百年得以留存。查贝克的职业定义侧重于阐述职业为个人提供的生存功能，并且认为这一功能超越历史，具有永恒的意义。可以说，这是职业最为朴素和原始的功能，因此构成职业最为基本的内涵。

中国学者杨河清认为，职业是人们从事的相对稳定的、有收入的、专门类别的工作。

中国学者潘锦棠提出，职业是劳动者能够稳定从事的有酬工作，是劳动者足够稳定地从事某项有酬工作而获得的劳动角色。

中国学者刘艾玉认为，职业是劳动者为了生活所得而发挥个人能力，在社会分工体系中从事的相对稳定的、有报酬的、有专门类别的工作以及由此获得的一种特定的劳动角色。

中国学者程杜明认为，职业是参与社会分工，利用专门知识、技能为社会创造物质财富、精神财富，获取合理报酬作为物质生活来源，并满足精神需求的工作。

（四）《中华人民共和国职业分类大典》对职业的定义

《中华人民共和国职业分类大典》对职业的概念进行了阐释。职业是指从业人员为获取主要生活来源所从事的社会工作类别。职业需具备下列特征：（1）目的性，即职业活动以获取现金或实物等报酬为目的；（2）社会性，即职业是从业人员在特定社会生活环境中所从事的一种与其他社会成员相互关联、相互服务的社会活动；（3）稳定性，即职业在一定的历史时期内形成，并具有较长生命周期；（4）规范性，即职业活动必须符合国家法律和社会道德规范；（5）群体性，即职业必须具有一定的从业人数。

（五）小结

职业是人们在社会中所从事的作为谋生手段的工作；从社会角度看职业是劳动者获得的社会角色，劳动者为社会承担一定的义务和责任，并获得相应的报酬；从国民经济活动所需要的人力资源角度来看，职业是指不同性质、不同内容、不同形式、不同操作的专门劳动岗位。简而言之，指个人在社会中所从事的作为主要生活来源的工作。本书认为，职业是指参与社会分工，用专业的技能和知识创造物质或精神财富，获取合理报酬，丰富社会物质或精神生活的一项工作。

二、职业特征

职业作为社会分工体系的一个环节，必然具有一定的社会位置和角色，从而形成与之对应的职业习惯、技术特性等内容，体现其社会性。职业是劳动行为的固定划分，这意味着这部分劳动具有相对稳定性，劳动者固定地从事这类工作，就必然会加强其熟练程度，提升劳动技能，从而提高劳动生产率，从中也体现出分工的意义和作用。具体来看，职业有以下基本特征。

（一）社会性

社会性是职业的典型特征，职业与人类的需求和职业结构相关，强调社会分工。社会分工是职业分类的依据，职业是分工的结果。首先，职业是社会生产力发展的结果，是社会分工体系的一个环节，是社会生产活动的一部分。在分工体系的每一个环节上，劳动对象、劳动工具以及劳动的支出形式都各有特殊性，这种特殊性决定了各种职业之间的区别。其次，每一个劳动者在自己的职业活动中，都完成一定的劳动生产（包括物质和精神产品），这些产品的生产不是为了自己的生产和消费，而是用于交换。它体现的是劳动力与劳动资料之间的结合关系，其实也体现出劳动者之间的关系，劳动产品的交换体现的是不同职业之间的劳动交换关系。这种劳动过程中结成的人与人的关系无疑是社会性的，他们之间的劳动交换反映的是不同职业之间的等价关系，这反映了职业活动职业劳动成果的社会属性。再次，职业种类决定于人类社会生产力的发展水平。当社会生产力发展水平低，职业的种类较少；社会生产力发展水平高，职业的种类就较多。最后，职业活动与劳动者的素质是密切相关的。劳动者素质不仅包括劳动者的自然素质，也包括劳动者通过教育所获得知识积累与技能沉淀。

（二）规范性

职业与其内在属性相关，强调利用专门的知识和技能。职业的规范性应该包含两层含义：一是指职业内部的规范性操作要求，不同的职业在其劳动过程中都有一定的操作规范性，这是保证职业活动的专业性要求；二是指职业道德的规范性，职业活动必须符合国家法律和社会道德规范。当不同职业在对外展现其服务时，还存在一个伦理范畴的规范性，即职业道德。由于各种职业的职业责任和义务不同，从而形成各自特定的职业道德规范。这两种规范性构成了职业规范的内涵与外延。

（三）经济性

职业的经济性，是指职业作为人们赖以谋生的劳动过程所具有的逐利性一面。职业活动中既满足职业者自己的需要，同时也满足社会的需要，只有把职业的个人经济性与社会经济性相结合起来，职业活动及其职业生涯才具有生命力和意义。职业与社会伦理相关，强调创造物质财富和精神财富，获得合理报酬；也与个人生活相关，强调物质生活来源，并涉及满足精神生活。从职业报酬的角度进一步看，其可以满足劳动者的消费需求，从而完成劳动力的生产与再生产。第一，劳动者在职业活动中，必然会付出一定的体力与智力活动，形成损耗，因而必须通过劳动力的再生产将其重新生产出来，从而保持劳动者源源不断的劳动能力。第二，由于年老、疾病、死亡等原因，劳动力会逐渐退出劳动力市场，从而退出社会再生产过程，社会劳动需要补充新的劳动力；同时，由于社会生产规模不断扩大，也必须增加劳动力的供给以满足需求。第三，通过教育和培训，提高劳动者的劳动技能，适应社会生产力发展的需要。总之，劳动力的生产和再生产包括劳动者劳动能力的保持和提高、劳动力数量的补充和增加、劳动力素质的提高等。[①] 这个过程需要劳动力支付部分或者全部费用，这些费用的一个主要来源就是职业活动获得的报酬。通过获得报酬，劳动者不仅可以满足其基本消费需求，还可以满足其学习、教育、娱乐等高级消费需求。

（四）技术性

职业的技术性指不同的职业具有不同的技术要求，每一种职业往往都表现出相应的技术要求。专门从事某一职业的劳动者，只需要钻研与自己的职业有关的知识，如劳动对象的特性、生产工具的使用方法、生产工艺的操作等。这种相对固定性就为劳动者对自己的工作做出改进提供了可能。在这个过程中，劳动者逐渐积累了与本职业有关的经验，形成了本职业的理论知识和技能。如亚当·斯密所指出的，我们可以预期在从事每一个具体劳动的人中，总会有这样或者那样的人不久就能够找出他们自己具体工作的比较容易和比较迅速的方法，只要工作的性质允许做出这种改进，而这种不断形成的"改进"就体现了职业的技术性。

（五）时代性

职业的时代性具有多层含义。首先，职业具有时代特征。职业的时代性指由于科学技术的变化，人们生产方式、生活方式等因素随之变化。人们对劳动对象的认识逐渐深入，形成新的知识，对劳动工具使用、劳动方法的改进不断提升，形成新的劳动技能，从而为职业打上那个时代的"烙印"。其次，新职业会取代旧职业。职业受到社会政治、经济等因素的制约。每个时代的政治、经济、文化等因素不断变化，适应上述因素变化的职业保留下来，不适应上述变化的职业消亡，被新职业取代。

---

① 赵履宽. 劳动经济学 [M]. 北京：中国劳动出版社，1998：50.

三、职业要素

马克思指出，"分工从最初起就包含着劳动条件、劳动工具和劳动材料的分配。"职业是分工体系的一个环节，一定的职业总是与一定的劳动条件、劳动工具和劳动材料等联系在一起的。职业的要素包括基本要素、技术要素、空间要素、时间要素和衍生要素等。①

（一）职业的基本要素

职业的基本要素包括劳动对象和劳动手段等。劳动对象指人们在劳动过程中将劳动加于其上的东西，即劳动加工的对象。人们的劳动借助于劳动资料，对劳动对象进行加工，使之发生预期的变化，成为能够满足人们某种需要的产品。这既包括未经加工的自然物，如自然水域中的鱼群、原始森林中的树木、地下的矿石等，又包括劳动者加工过的劳动产品，如棉纺品、钢铁等。随着生产力水平的提高，劳动对象的种类不断增多，范围不断扩大。

劳动资料，又叫劳动手段，是劳动与劳动对象之间的媒介物，是将劳动传导到劳动对象上的物质，是劳动借以实现的物质。其中最主要的就是劳动工具，包括劳动者运用的劳动工具的先进程度及劳动工具的规模等。劳动工具由简单到复杂、由简陋到精密、由劳动力到机械化的发展历程及其附着的知识与技能体现着职业的高级化发展趋势。

（二）职业的技术要素

职业的技术要素指完成职业活动所需要的知识理论、专门技术或技能，是劳动者运用劳动手段作用于劳动对象的方法与方式。这些内容可以通过文字、图像等记录下来并经过学习、培训等多种方式传授给其他的劳动者。不同的职业具有不同的技术要素，有的职业的技术要素低一些，劳动者不需要经过培训或者仅仅需要经过简单培训与学习就可以掌握；有的职业的技术要素高一些，劳动者需要经过专门的学习培训才能够掌握。

（三）职业的空间要素

职业的空间要素指一定的工作场所以及工作场所的物质环境，这是职业基本要素活动的空间场所。职业活动总是需要在一定的空间环境中进

---

① 郭宇强. 我国职业结构变迁研究［D］. 北京：首都经济贸易大学，2007.

行，一定的空间环境总是与一定的温度、光线、噪声、色彩等联系在一起，包括工作地的组织①、色彩与照明、仪器仪表和操作器的设计与位置、生活服务设施与办公室、空气的温度与湿度、噪声等。

（四）职业的时间要素

职业是与一定的时间联系在一起的。首先，职业是在人类社会发展到一定历史阶段才产生的；其次，职业不是一成不变的，职业的劳动对象、劳动资料、劳动技能等要素的发展与变化是与一定的历史时期联系在一起的；最后，不同的历史时期，职业的劳动对象、劳动资料、技能要求不一样。因此，研究职业不能脱离职业当时所处的历史时期。

（五）职业的衍生要素

职业的衍生要素是由职业的基本要素、技术要素、空间要素等综合产生的与职业有关的一些要素，这些要素不局限于职业本身，而是包括了一些活动规范、道德判断、价值标准等内容，如由于共同的职业活动条件、职业技能等要求而形成的职业纪律、职业道德，由于对职业的评价等形成的职业声望等。

四、相关和衍生概念

（一）相关概念

1. 职业分类

职业分类，通常指按照一定的规则、标准与方法，结合职业的性质和特点，将一般特征和本质特征相同或相似的社会职业合并归纳到一定类别系统中去的过程。职业是社会分工的产物，职业种类随着社会生产力不断发展和社会分工逐步细化的过程而日渐增多。由于不同职业存在不同的结构与功能，从管理角度看，要求国家有关部门对不同职业的类别进行鉴定以确定其地位与归属，从而使其与社会生产和谐联动。职业分类工作对具有就业能力的人具有咨询和指导作用，对人口与就业等统计信息的国际交流具有规范作用，更是对国家劳动资源的需求预测与开发、国家劳动力的管理和使用具有科学的指导意义。职业分类的依据包括职业性质、活动方

---

① 工作地组织是在一个工作地上，合理安排工人与劳动工具、劳动对象之间关系的组织工作。

式、技术要求、管理范围和产业行业等。

2. 职业演进

职业演进是指职业从产生到衰退发展变化的过程，在不同的阶段，劳动者的数量、劳动技能的稳定性、关联职业的数量、社会管理等与职业相关的内容均会有不同的特点。职业有从产生到衰退发展变化的过程。职业的演进周期通常包括萌芽、成长、稳定、衰退四个阶段，职业的周期阶段是与产业发展和技术进步等密切联系在一起的，对职业周期阶段的预期影响着职业的从业数量与要求，进而改变职业结构。影响职业演进的主要因素有产业结构、技术进步、劳动力资源和制度环境等。作为社会分工的产物，职业随着社会分工的产生而产生，而商品经济的充分发展及产业革命对职业的劳动力分布具有重要的影响。

3. 职业标准

职业标准又称职业技术技能标准，是指在职业分类的基础上，根据职业活动内容，对从业人员的理论知识和技术技能要求提出的综合性水平规定。它是开展职业教育培训和人才技术技能评价鉴定的基本依据。目前，我国的职业技术技能标准通常可分为"三类五级"，三类是国家职业技术技能标准、行业（地区）职业技术技能标准、企业职业技术技能标准；"五级"由低到高可分为五级/初级工、四级/中级工、三级/高级工、二级/技师、一级/高级技师。职业技术技能标准的主要内容包括职业概况、基本要求、工作要求和权重表四部分。制定职业技能标准必须满足以下要求：坚持先进合理的标准、科学划分等级、具有可操作性、坚持标准形式规范化等。

4. 职业资格

职业资格是对从事某一职业所必备的学识、技术和能力的基本要求。我国的职业资格制度始于20世纪90年代，经过三十年的发展，已经形成清晰的目录清单式管理制度。2017年9月第一版《国家职业资格目录》发布，共计140项职业资格，包括专业技术人员职业资格59项，含准入类33项，水平评价类26项；技能人员职业资格81项，含准入类5项，水平评价类76项。最新的《国家职业资格目录》于2021年12月发布，共计72项职业资格。其中，专业技术人员职业资格59项，含准入类33项，水平评价类26项；技能人员职业资格13项。目录中准入类职业资格关系公共利益或涉及国家安全、公共安全、人身健康、生命财产安全，均有法律法规或国务院决定作为依据；水平评价类职业资格具有较强的专业性和社会通用性，技术技能要求较高，行业管理和人才队伍建设确实需要。国家按照规定的条件和程序将职业资格纳入国家职业资格目录，实行清单式管理，目录之外一律不得许可和认定职业资格，目录之内除准入类职业资格外一律不得与就业创业挂钩。

5. 职业管理

职业管理，又称职业规制（occupational regulation），广义上来说是一个社会系统工程，政府、行业组织、用人单位和公民个人是重要的参加者。所有参加者相互作用，共同推动职业发展，同时规范劳动力市场，保障公众权益。在相互作用中，各个参加者有特定的管理范围、对象和内容，形成社会职业管理的三个层次：政府管理、行业管理、组织内部管理。① 受历史、文化、经济、政治等多方因素的影响，我们可以发现各国职业管理体系的发展程度不同，管理层次权重和方法各具特色。美国职业管理体系相对完善，以亨普希尔（Hemphill）与卡彭特（Carpenter）梳理的美国当前职业管理方法为例，可见明显层次结构、管理主体和方法，应其联邦制的政治体制呈现出多方参与、分类管理、按需设置、机构与立法保障以及持续监督（日出和日落审查）的特征。②③ 目前，我们习惯将职业管理分为三个层面，首先是基础层，主要包含职业分类、职业观察和信息分析、职业基础研究，作为职业管理的逻辑地点；其次是制度层，包括职称制度、职业资格制度、职业技能等级制度、职业教育制度等，是职业管理的宏观应用；最后是应用层，主要包括人才与人力资源开发、就业创业、统计调查、教育培训、国际交流合作，是职业管理的具体应用领域，也是建立科学职业管理工作体系和运行机制的目的所在。

6. 职业生涯

生涯领域适用最广泛的一个定义是美国国家生涯发展协会（National

① 董志超. 建立有中国特色的职业管理制度 [J]. 中国人力资源开发，2008（6）：72 - 75.
② 缪静敏，蒋亦璐. 美国职业监管制度探究 [J]. 中国职业技术教育，2020（9）：67 - 75.
③ HEMPHILL, T. A., CARPENTERII, D. M. Occupations：A Hierarchy of Regulatory Options [J]. Regulation, 2024, 39（3）.

Career Development Association）提出的，即生涯是个人从事工作所创造出的一个有目的、延续一定时间的生活模式。从时间跨度上来讲，狭义的"生涯"即"职业生涯"，不仅指个体一生经历的各种工作职位的综合，还包括个体为了职业进行准备而接受教育与培训的阶段；从内容角度来看，职业生涯不仅包括个体所从事的职业与工作，还包含与之紧密相关的一系列教育或训练活动。[①] 有研究提出，一个人的职业生涯是他一生从事的各种工作以及在工作中所扮演的角色，在不同的职务活动中的工作、学习等各方面积累的经验、经历。同时还有与日常生活紧密联系的历史教训总结和对未来的展望规划。国内专家对职业生涯的研究讨论起步较晚，但也取得了一定发展，认为职业生涯的规划就是对人在工作中的各种潜在能力开发的基础上，经过工作岗位中技术进步、职务晋升变迁、角色变换、学习研究与调研开发，达到人生理想目标的实现。[②]

7. 职业声望

职业声望指在一定时期内人们对某一职业所持的地位、权力、工作性质、教育和收入的综合评价。高职业声望从业者通常会对公众赋予其职业的评价寄予较高的期望。在社会学领域，职业声望一直被认为是社会分层的主要参考指标，职业声望会提升从业者对自我较高的社会身份的认可。高职业声望往往意味着其从业者拥有较高的社会地位，但现实生活中，一些众所周知的高声望职业，如医生、警察、律师等，在付出劳动、为社会作出贡献的同时，承受着来自外界的负面评价。[③] 在职业培训过程中，学徒在获得职业知识的同时，也在发展职业身份的过程中转变了个人和社会身份，职业身份是通过工作社区不同成员的归属感和社会化在工作和（或）培训场所传播、发展和认可的。国外有学者提出，职业自我形象总是与他人对特定职业的重要评价相关联，这既有助于个体的社会认同，又可能阻碍个体的社会认同，这种关系也包括职业局外人对职业或从事职业

---

① 余艳梅. 美国公立高中职业生涯教育研究 [D]. 上海：上海师范大学, 2015.
② 张建伟. 中职院校学生职业生涯规划教育研究 [D]. 陕西：西北农林科技大学, 2015.
③ 周晔, 黄旭. 高职业声望从业者职业污名感知和员工幸福感——基于认知失调视角 [J]. 经济管理, 2018, 40（4）：84 – 101.

的人的社会感知和交流，也即体现了职业威望的概念。[①]

8. 职业道德

职业道德的概念有广义和狭义之分。广义的职业道德是指从业人员在职业活动中应该遵循的行为准则，涵盖了从业人员与服务对象、职业与职工、职业与职业之间的关系。狭义的职业道德是指在一定职业活动中应遵循的、体现一定职业特征的、调整一定职业关系的职业行为准则和规范。不同的职业人员在特定的职业活动中形成了特殊的职业关系，包括了职业主体与职业服务对象之间的关系、职业团体之间的关系、同一职业团体内部人与人之间的关系，以及职业劳动者、职业团体与国家之间的关系。其特点包括适用范围的有限性、发展的历史继承性、表达形式的多样性和强烈的纪律性。职业道德是社会道德体系的重要组成部分，能够调节职业交往中从业人员内部以及从业人员与服务对象间的关系，有助于维护和提高本行业的信誉，促进本行业的发展，提高全社会的道德水平。

9. 职业兴趣

职业兴趣是兴趣在职业方面的表现，是指人们对某种职业活动具有的比较稳定而持久的心理倾向，使人对某种职业给予优先注意，并向往之。职业兴趣是个人进行职业规划时需要注意的十五大要素之一，兴趣对一个人的个性形成和发展，对一个人的生活和活动有巨大的作用，拥有职业兴趣将增加个人的工作满意度、职业稳定性和职业成就感。根据霍兰德职业兴趣分类方法，职业兴趣可分为六种类型：常规型、艺术型、实践型、研究型、社会型、管理型。

（二）衍生概念

1. 职系、职组、职级

职系（series）是以工作性质为标准对职位所作的最基本层次的划分，由两个或两个以上的工作组成，职责繁简难易、轻重大小及所需资格条件不同，但工作性质充分相似的所有职位的集合。简而言之，一个职系就是一种专门职业（如教师系列）。

职组（group），也叫职群，是工作性质相近的若干职系的总和。我国

[①] Kerstin Duemmler, Isabelle Caprani, Alexandra Felder. The challenge of occupational prestige for occupational identities: Comparing bricklaying and automation technology apprentices in Switzerland [J]. Vocations and Learning: Studies in Vocational and Professional Education, 2020, 13 (3).

现有 27 个职组 43 个职系。

职级是工作的难易程度、责任轻重以及所需的资格条件相同或充分相似的职系的集合，是一定职务层次所对应的级别。例如，公务员职级序列为一级巡视员、二级巡视员、一级调研员、二级调研员、三级调研员、四级调研员、一级主任科员、二级主任科员、三级主任科员、四级主任科员、一级科员、二级科员。

2. 职位、职务

职位是任务与责任的集合，它是人与事有机结合的基本单元。职务则是同类职位的集合，它是职位的统称。职位的数量是有限的，职位的数量又称为编制，一个人所担任的职务不是终身的，可以专任，也可以兼任，可以常设，也可以临时，是经常变化的。职位不随人员的变动而改变，当某人的职务发生变化时，是指他所担任的职位发生了变化，即组织赋予他的责任发生了变化，但他原来所担任的职位依旧是存在的，并不因为他的离去而发生变化或消失。职位可以按不同的标准加以分类，但职务一般不加以分类。

3. 职权、职责

职权是依法赋予职位的某种权力，以保障履行职责，完成工作任务。职权与组织内的一定职位相关，是一种职位的权力，而与任职者没有任何直接的关系。某人从有权力的职位上被辞退，离职者就不再享有该职位的任何权力，职权仍保留在该职位中，并给予新的任职者。

职责是指该职位必须承担的工作范围、工作任务和工作责任。职责往往是与职权密切联系的，特定的职责要赋予特定的职权，甚至是特定的职责等同于特定的职权。例如，对生产信息的统计既是生产统计员的职责，又是他的职权，而且是必不可少的职权。

第二节　职业的理论基础

一、职业社会学

（一）职业社会学的含义

职业社会学是社会学的重要分支，它是系统研究职业行为、职业过程与职业群体的社会学新兴学科。根据邓肯·米契尔（Duncan Mitehell，1968）的界定：职业社会学是一门探讨职业结构、职业现象、职业作为、职业形态的特殊社会学，其内容是讨论职业与家庭、经济、教育、阶级等有关的议题，并说明分工的原因与结果。职业社会学的研究对象是职业结构和职业过程中的社会关系、社会行为及社会变迁等现象。

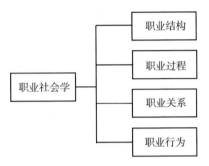

图 1-1 职业社会学分类

1. 职业结构

人类社会是由一定社会要素构成的复杂有机系统。其发展牵涉许多关系，既有社会系统与自然环境的关系，又有社会系统与其他系统的关系，还有各子系统之间的关系，以及各子系统内部的关系。各种关系犹如一个大网络，构成一种特定的社会结构。只有在各种关系相互适应、相互协调的情况下，社会有机系统才可能正常运行。

职业结构有狭义和广义之分。狭义的职业结构是指社会劳动力在各种职业之间分布的数量、比例及相互之间的关系。广义的职业结构包括职业与个人、家庭、团体、组织、民族、社区等实体结构的关系，也包括职业与风俗习惯、道德法律、价值规范、理想信念、行为方式结构的关系。职业结构的变动与发展，是职业自身演进与外在因素双重作用的过程。

2. 职业过程

若职业结构属于"社会静态"研究，则职业过程属于"社会动态"研究，其内涵有职业互动和职业变迁。职业互动指的是职场中人际互相作用的方式，诸如合作、竞争、冲突、顺应、同化等。职业变迁是指社会现象的变动，包含前进、后退，既有长久的，又有短暂的，它的范围包括职业群体、组织、制度的突变、发展、衰弱等于时间上呈现的一切变化情形。

与职业过程相关的概念还有职业生涯，职业生涯是指个人的具体职业内容和职位发展与变化。职业生涯不仅表示职业工作的时间长短，而且内含着职业变更与发展的经历和过程，包括从事何种职业，职业发展的阶段，职业的转换、晋升等具体内容。

3. 职业关系

职业关系是在社会生活中形成的。职业群体与组织是一定社会关系的结构形式；职业是人与人之间的关系在空间范围内的表现。因此，研究职业关系必然要研究职业生活。职业动机是职业生活的动力，是推动并引导人们的工作与职业活动以实现一定目标的动力。动机在职业活动中起着发起、维持、推动作用，能够强化人们在职业活动中的积极性、创造性。曼纽尔·朗登于1983年提出了职业动机概念，他把"职业动机"定义为"反映个体的职业认同、职业洞察力、职业弹性的系列个体特征、职业决策和行为。"朗登的职业动机理论模型由三个部分构成：个人特征、情境条件、决策和行为。个人特征是指与个体的职业潜在相关的个人需要、兴趣、人格变量。与职业相关的个人特征变量众多，可归为三类：职业弹性、职业洞察力、职业认同，由此构成职业动机的三个结构维度，其中，职业认同为职业动机指定方向，职业洞察力起激发和唤醒作用，职业弹性则起维持作用。

4. 职业行为

职业现象和职业问题都是由人们的职业行为造成的。因此，研究职业行为必然要研究职业现象和职业问题等。职业社会学的研究不在于描述这些职业现象和职业问题的表面现象和发展过程，而在于探求隐藏在其背后的人们的职业行为规律，从而把握处于特定地位的人们在什么情况下将采取什么行为，这种行为对他人会产生什么影响，会产生什么社会后果，等等。

（二）职业社会学相关理论

1. 管理的心理学取向

管理的心理学取向着重职场内的管理者应如何运用技巧，管理职场内的每一个成员，重要诀窍在于人性化管理，而非了解人性。主要的分支包括科学管理、人性主义等。

科学管理的代表人物为美国著名管理学家弗雷德里克·温斯洛·泰勒，强调对人的劳动的每种要素规定一种科学的方法，用以代替陈旧的凭经验管理的方法；科学地挑选工人，然后进行训练、教育，发展他们的技能；与工人合作，保证所有工作都能按已发展起来的科学原则来进行；在管理和工人之间，工作的分配和责任的分担几乎是均等的，管理者把自己比工人更胜任的各种工作都承揽下来。泰勒对科学管理作了这样的定义，"诸种要素——不是个别要素的结合，构成了科学管理，它可以概括如下：科学，不是单凭经验的方法。协调，不是不和别人合作，不是个人主义。最高的产量，取代有限的产量。发挥每个人最高的效率，实现最大的富裕。"既阐明了科学管理的真正内涵，又综合反映了泰勒的科学管理思想。

人性主义的代表人物为美国著名心理学家亚伯拉罕·哈罗德·马斯洛和卡尔·兰塞姆·罗杰斯，强调人的尊严、价值、创造力和自我实现，把人的本性的自我实现归结为潜能的发挥；主张通过参与，让职场成员自己制定工作或发展目标、丰富员工的工作内涵、减少监督与教导的工作以及发展更开放、更真实的同事关系，以提高组织效率。

2. 埃米尔·涂尔干的社会系统观点

埃米尔·涂尔干是法国著名社会学家，是社会唯实论的代表人物，他认为个人行为深受社会集体意识的影响，即在于强调外在因素的影响力，首先是职业组织内的每一个成员，是完全受制于诸如价值、风俗、规范、角色等，换言之，个人是在社会模式之下进行一切行为；其次，职场组织的内部结构及分部门与分部门之间的动态关系，同样地受到组织外在因素的深度影响。因此，其主张强调组织成员应放弃自我主义和自我利益等不利于社会整合的想法，而应通过社会力来制定规约，以作为职场组织成员的指导方针和行为准则。职场组织作为一个系统，是充满活力、有生命的单位，内部各单元是次系统，各次系统都有一个共同的目标，维持整体的均衡与稳定。

这一观点应用在职业组织内最为著称的是邓洛普的职业关系系统，包括成员、环境、意识形态、规约四个要素。

3. 符号互动论观点

符号互动论是一种侧重于从心理学角度研究社会的理论流派，又称象征互动论。这一理论认为，社会是由互动着的个人构成的，对于诸种社会现象的解释只能从这种互动中寻找。美国社会学家米德被认为是符号互动论的开创者，除了米德之外，托马斯、库利等人也对符号互动论做出了重要贡献。后来，布鲁默和库恩等发展了米德的"符号互动论"思想，并形成了以布鲁默为首的芝加哥学派和以库恩为首的衣阿华学派，他们在研究方法等问题上形成了不同的看法。

符号互动论的基本观点是事物本身不存在客观的意义，它是人在社会互动过程中赋予的；人在社会互动过程中，根据自身对事物意义的理解来应对事物；人对事物意义的理解可以随着社会互动的过程而发生改变，不是绝对不变的。

在符号互动理论中，符号是基本的概念。符号是指所有能代表人的某种意义的事物，比如语言、文字、动作、物品甚至场景等。一个事物之所以成为符号是因为人们赋予了它某种意义，而这种意义是大家所公认的。文字是一种符号，它是认识或使用该种文字的人的沟通工具。语言是所有符号中最丰富、最灵活的一个符号系统，通过口头语言、身体语言（包括表情与体态）等人们可以传达各种意义，实现人们之间的复杂交往。物品也是重要的符号，比如校徽是一间学校的代表，国旗是国家的象征。

4. 马克思的社会批判与人的全面发展理论

马克思和恩格斯所主张的阶级、冲突、分工、疏离与虚伪意识等观点，在劳工运动中独树一帜。马克思主义的焦点在于探讨雇主的表现、雇主与员工关系、产业结构和劳动疏离等问题，认为资本主义通过管理设计和控制工作职责，创造更多剩余价值，以达到累计更大利润的目标。因此在职业组织内经常出现结构性的矛盾，并形成劳资对立及劳动疏离情形，面对此景只有革命一途方有解决之道。在对人类历史发展，特别是对资本主义历史阶段的全面剖析的基础之上，马克思提出了"人的全面而自由发展"的概念。人的全面而自由发展是人的发展的目标，也是人类世世代代为之奋斗的崇高理想。它是指人的劳动活动、才能、社会关系、个性的全面而自由发展，具体说来有如下四个方面：第一，人的劳动活动全面而自由发展；第二，人的才能全面而自由发展；第三，人的社会关系全面而自由发展；第四，人的个性全面而自由发展。

二、专业社会学

（一）专业社会学的含义

作为社会学的一门分支学科，专业社会学已有 50 多年的发展历史。专业社会学关注于人类社会中一部分知识含量极高的特殊职业，如医生、律师、工程师和教师等，研究其在社会整体中的作用、与其他社会单位（如客户、公众、大学和国家等）的内在联系，以及这些职业自身作为社会有机体运动、变化和发展的规律。专业、专业服务、专业人员、专业组织、专业主义、专业化等是该领域的典型概念和术语。专业主义作为基于专门技术、专业权威和专业制度的观念体系和社会制度，已经成为工业文明和西方文化的重要组成部分。

（二）专业社会学相关理论

1. 亚当·斯密的专业化和分工理论

1776 年 3 月，亚当·斯密的《国富论》中第一次提出了劳动分工的观点，并系统全面地阐述了劳动分工对提高劳动生产率和增进国民财富的巨大作用。"通过分工促进经济增长"的论断即被称为"斯密定理"。从斯密的论述中可以得出交换产生分工的原因，即交换使人们发现，如果只从事一种专门职业，专门生产某种产品，然后用它来交换自己所需要的一切，比自己生产自己所需要的一切要有利得多。这样，每个人都愿意从事某一种专门的工作，于是便产生了分工。如果没有交换，每个人都自己生产自己所需要的一切，那么，所有人的工作就全无区别，也就不会有分工了。

2. 马克思的专业化分工理论

马克思高度重视分工和专业化对提高劳动生产力的作用，并把它视为一种生产组织方式或形式。

马克思区分了分工的不同形态，他将自然分工和社会分工看作分工的两种重要形式。自然形态的分工包括纯粹生理基础上产生的性别分工和自然地理因素决定的地域分工。社会分工分为"一般的分工""特殊的分工""个别的分工"三种形态。马克思认为分工和协作是不同的概念，分工指的是不同生产活动的劳动者之间的工作或职能的划分极其专门化，而协作则是指较多工人在同一时间、同一空间（或者说同一劳动场所），为了生产同种商品,在同一资本家的指挥下工作。分工所强调的是工作的专门化,而协作所强调的是工作的群体协同效应。从这一意义上说,分工有别于协作。在工厂内部,各个劳动小组之间是分工关系,而在各劳动小组内部则是协作关系。

3. 新制度经济学理论观点

新制度经济学的交易费用、产权、委托—代理分析等理论,主要是围绕企业组织对市场价格机制的替代、产权明晰对组织形成、企业有效治理机制的构建等组织运行与效率问题进行了广泛而深入的研究。经过诺斯、威廉姆森、阿尔钦、德姆塞茨、哈特等众多经济学家的努力,由科斯开创的新制度经济学重新把制度、制度结构、经济组织及演进等问题纳入现代主流经济学分析的视野中。

科斯的贡献在于他揭示了"交易价值"在经济组织结构的产权和功能中的重要性。威廉姆森将企业看作与市场组织相类似的治理结构,从而构建起交易费用分析框架,为研究专业化分工程度与水平影响组织形式及其演进提供了重要的视角。

三、社会分工论

(一)社会分工论的含义

埃米尔.涂尔干的社会分工论主要包括三大组成部分:劳动分工的功能、劳动分工的原因和条件以及劳动分工的反常形式。

社会分工是职业分类的依据,职业是谋生的工作,是人赖以生存的社会分工。在分工体系的每一个环节上,劳动对象、劳动工具以及劳动的支出形式都各有特殊性,这种特殊性决定了各种职业之间的区别。

(二)社会分工论相关理论

1. 柏拉图的分工学说

柏拉图在研究国家问题时不可避免地接触到社会分工这个普遍存在的现象。他发现,国家是由从事生产和商业活动的人和不从事生产的人组成的。在他的观念里,要么是生产者,要么就是非生产者。他清楚地看到了社会分工的不同,以及工农业生产者、商人、教师、音乐家等职业的划分。

柏拉图不仅探讨了社会分工的起源,而且进一步论证了社会分工的本质，试图揭示社会分工的基本特征。柏拉图认为，社会分工的第一个本质特征就是工作的专业化。在他看来，专业化的含义在于人们只干适合的工作。柏拉图看到的社会分工的另一个本质属性是分工的整体性和层次性，人多种多样需要的满足是分工产生的根源，每一个成员既为别人服务又接受别人的服务，分工的本质在于工作的专业化，并由此形成人们之间不可分离的相互联系，同时也带来了生产率的显著提高。

2. 亚当·斯密的分工学说

继柏拉图以后，更为系统而深刻地论述社会分工的人是英国著名经济学家亚当·斯密。他把柏拉图对社会分工的探索推到了一个更高的阶段。

首先，柏拉图至多看到分工使人们专门从事某一工作而日益提高了熟练程度，亚当·斯密还进一步揭示了分工与节约工作时间、技术发明之间的关系。亚当·斯密看到，一方面，分工使人们免除了由一种工作转到另一种工作所需花费的时间，而时间的节约也就是劳动生产率的提高；另一方面，分工又使劳动简化，而工人的全部智慧都集中在简化了的工作上，这就很容易产生新的技术发明和技术创造。技术的进步是生产力发展的巨大杠杆。

其次，亚当·斯密也研究了人的才能的差别与分工的关系。柏拉图认为分工产生的原因除了人的多种多样的需要外，还有人的能力的差别。亚当·斯密的观点与柏拉图的相反，人类才能的差别仅仅是分工的结果，而不是分工的原因。如果某人长期只干一种特定的工作，那么他的这方面才能必然得到较大发展，而其他方面的才能则会逐期减退。

另外，亚当·斯密还研究了分工与交换的关系。他指出交换的发展制约着分工的发展，而分工的确立又是交换发展的前提。在这个问题上，斯密较多地看到交换对分工的制约作用。他认为，分工不是人类智慧的结果，也不是人的观念的产物。他把交换看作分工的根源，同时把交换与分工看成是相互作用的。

3. 埃·迪尔凯姆的分工学说

埃·迪尔凯姆是法国著名的社会学家，他的《社会分工论》全面地研究了社会分工的作用、社会分工与道德以及法律的关系。

第一，在分工的本质问题上迪尔凯姆的理解是极为宽泛的。在他看来，工业、农业和商业是不同的分工，政治上、司法上的职务划分甚至连艺术上的与科学上的职务划分也都属于不同的分工。

第二，迪尔凯姆认为分工是社会的基础，分工的真正作用在于把社会中的人紧密地连接起来。分工首先把人们分割开来，造成人们之间的相异性，相互分离的人都有各自的需求，因而都需要别人的合作。这就是所谓的"相需相成"，社会分工是社会存在的基础。

第三，迪尔凯姆试图揭示社会分工与道德、法律的关系。社会分工是道德的基础。分工使人们相互区别又相互联系，这就要求人们既要尽自己的职责，又要承担必要的义务。而所谓道德就是"必要的义务"。不仅如此，分工的发展还是道德演化的根源。社会分工是从单一向复杂发展的，道德的标准也从单一化走向多元化。迪尔凯姆进一步研究分工与法律的关系，他认为分工产生道德。

第四，迪尔凯姆还认为社会分工也是社会发展的基础。在分工尚不发达的情况下，社会表现为"机械的连带性"，社会规模较小，专业化程度很低，人们只能通过家庭及宗教的纽带联系在一起。随着社会分工的日益发展，劳动的专业化程度越来越高，被分离的人们由共同利益、相互依赖性等联系在一起，社会表现为"有机的连带性"。人类社会的发展是由"机械的连带性"向"有机的连带性"转化的过程，而这种转化的基础则是社会分工即专业化程度的进步。

4. 马克思主义分工理论

马克思在《1844 年经济学哲学手稿》中第一次提出了马克思分工理论，马克思将哲学的"异化"和经济学的"劳动"相结合，率先提出了异化劳动的概念，并且将异化劳动看作分工导致劳动者越来越贫困的原因。马克思总结了亚当·斯密等国民经济学家的分工理论成果，并在此思想上更加深刻地对分工进行了研究，用辩证的方法看待社会分工，并将分工与异化劳动和私有财产结合起来分析。在马克思看来，私有财产导致的资本积累使人类分工变得更加精细和发达，由于资本的增多，社会分工的多样性也就随之增强，分工所需的工人数量也随之增多，同时工人数量的增多和分工的发展也促进私有财产的累积和资本的扩张；由于资本的积累，机器被大规模运用，这就导致人工价值降低，工人的薪水下降，劳动阶级和资本家的两极分化更加严重，工人成为生产的手段、机器的零件，而分工的发展必然会促进异化劳动程度的加深，三者在马克思看来是相互促进、相互影响的关系。

随着马克思分工理论的不断发展，在《资本论》中，马克思将分工划分在政治经济学的范畴中，从唯物史观的视角出发去探究分工及内在矛盾规律，从而也进一步指出资本积累下奴役工人、贫富差距扩大的真相。对于商品和分工的关系而言，在马克思看来，分工发展到一定阶段的时候，商品才会出现，分工是商品产生的前提条件，但是分工也使私有制的出现成为必然。马克思还进一步阐述了"社会分工"和"工场内部分工"，并发现了资本主义的社会矛盾是这两种分工的外化显现。对于如何消灭分工所带来的弊端，只有当公有制占据社会主体的时候，当私有制被消灭的时候才能真正消灭旧分工带来的两极分化和工人被压榨现象。①

四、职业规制理论

职业规制（occupational regulation）意指基于职业的管理，主要是国家宏观层面的。例如职称制度、职业资格制度、职业技能等级制度、职业教育，技工教育、专业学位、国家资历框架等。

（一）职称制度

职称最初源于职务名称，理论上职称是指专业技术人员的专业技术水平、能力，以及成就的等级称号，是反映专业技术人员的技术水平、工作能力的标志。随着社会发展，逐步产生了对专业技术人员的水平评价与聘任岗位相分离的需要，即"评聘分离"，职称的概念也相应发生了变化。聘任的岗位称之为"专业技术职务"，简称职务；而专业技术人员的水平则以"专业技术职务任职资格"来标识，简称职称。根据现行的制度，职称按不同的系列去划分种类，如高等学校教师系列、中小学教师系列、卫生系列等。职称的级别一般分为正高级、副高级、中级、初级四个级别。有部分系列初级可分设为助理级和员级。

1986 年 2 月，国务院颁布《关于实行专业技术职务聘任制度的规定》，开始实行专业技术职务聘任制度，截至 1988 年，职称系列从 22 个增加到 29 个。随后，中、高级专业技术资格评审条件陆续完善，专业技术职务聘任制和评聘结合模式由此产生，专业技术人员管理制度正式形

---

①　陶虹旭. 马克思主义中的分工理论［J］. 经济研究导刊，2021，480（22）：1-3.

成。1993 年 11 月，党的十四届三中全会通过《中共中央关于建立社会主义市场经济体制若干问题的决定》，提出国家实行学历制度和职业资格制度，1994 年正式建立职业资格制度。自此，职称制度和职业资格制度成为专业技术人员评价和管理的两种基本制度。2007 年 12 月，国务院办公厅印发《关于清理规范各类职业资格相关活动的通知》，将职业资格纳入职称制度框架体系。2009 年，全国专业技术人才工作会提出，要建立包括许可类职业资格、职业水平评价和任职资格评价的新职称框架体系。2016 年 11 月 1 日，中央全面深化改革领导小组第二十九次会议审议通过了《关于深化职称制度改革的意见》，指出"深化职称制度改革，要以职业分类为基础，以科学评价为核心，以促进人才开发使用为目的，健全职称制度体系，完善职称评价标准，创新职称评价机制，促进职称评价和人才培养使用相结合，改进职称管理服务方式。"这是专业技术职务聘任制实施 30 年来首次出台的改革意见。2018 年 2 月和 7 月，中共中央办公厅、国务院办公厅连续印发了《关于分类推进人才评价机制改革的指导意见》和《关于深化项目评审、人才评价、机构评估改革的意见》两个重要文件，进一步强调职称评价的指挥棒和风向标作用，突出分类评价导向，明确新时代职称制度改革深化的着力点。2019 年出台《职称评审管理暂行规定》，确立了职称评审的法律地位。随着人才强国战略的深入推进，深化职称制度改革，符合时代发展趋势，体现出与时俱进的人才观。目前，本轮职称改革已经基本完成，包括自然科学、社会科学、中小学教师、公共法律服务在内的 27 个职称系列共同组成了我国新的职称评价制度体系。

(二) 职业资格制度

职业资格获得也是个人在职业生涯中高层次职业发展的一个重要选择，是与社会互动的重要环节。职业资格的设置和职业资格制度反映了国家对劳动者职业发展的价值取向。在现代社会中，"资格"是指从事某种社会活动（职业）应具备的公认的甚至是政府认可的标准条件。在经济全球化的时代，随着多种职业的出现，这类公认标准的职业资格定义开始跨过国界。

职业资格制度的内容如下：调整不同职业资格主体的法律关系的职业资格法规、建立不同性质类别职业分类体系、职业资格标准（含有强制性标准和推荐性标准）及设置程序、职业资格考试（鉴定）体系、职业资格考试操作规程、职业资格的注册和管理办法等，以及为保证公平原则而设定的其他相关的一些服务规范、程序和措施等。该项制度内容还应该包括目前对职业资格认证的不同管理方式。

职业资格制度本身存在的基本作用，包括规范职业市场、保护公众健康安全、建立统一的职业资格标准和客观评价专业人才。从国家的角度而言，实施职业资格制度，是实现社会对职业的基本规范，尤其在准入性资格方面，明确关键性执业者的职业基本素质和职业道德方面的要求，一方面避免各种职业事故的发生，保护生产者，维护产品或服务的基本品质；另一方面是通过对其服务质量或服务产品品质的保护，从而维护公众健康、生命安全的最基本利益。如医师、药师、建筑师等职业资格，这类职业资格功能更加明确，以保证患者和消费者不受到损害，进而保障了社会公众健康和生命安全。职业资格制度是社会主义市场经济条件下科学评价各类专业人才的一项重要制度。职业资格制度以职业分类为基础，建立了全国统一的职业资格标准，起到了人才从业或执业的"度量衡"作用，也为科学评价和合法、合理使用专业人才提供了根本的依据。

自 2013 年以来，人力资源和社会保障部按照国务院要求，连续 7 批集中取消 434 项职业资格许可和认定事项，削减比例达 70% 以上，进一步降低了就业创业门槛，有力推动了大众创业、万众创新的发展，社会感受明显。在"七连清"的基础上，人力资源和社会保障部经与各有关部门反复协商并报国务院批准，公布了国家职业资格目录，初步形成了我国职业资格目录框架。2021 年，人社部公示了新版《国家职业资格目录（专业技术人员职业资格）》。相对于 2017 年版的目录，专业技术人员职业资格共计少了 1 项。其中准入类证书减少了 5 项，水平评价类增加了 4 项，共计 58 项。这些职业资格基本涵盖了经济、教育、卫生、司法、环保、建设、交通等国家重要的行业领域，符合国家职业资格设置的条件和要求。职业资格证书包括准入类证书和水平评价类证书，准入类和水平评价类证书在等级划分、报考条件、证书定义以及使用方式等多方面都有所区别。准入类职业资格是对涉及公共安全、人身健康、人民生命财产安全等特殊职业，依据有关法律、行政法规或国务院决定设置的。准入类职业资格，是指按照相关要求，个人拿到证书才能进入相关行业的工作岗位。也就是说，此类工作必须持证上岗，企业也不得招募无证人员。水平评价类职业资格是指对社会通用性强、专业性强的职业建立的非行政许可类职业资格制度。建立公开、科学、规范的职业资格目录，是深化"放管服"改革、职业资格制度改革的重大成果，实现了职业资格清理由"治标"到"治本"的关键性转变，对于提高职业资格设置管理的科学化、规范化水平，持续激发市场主体创造活力，推进供给侧结构性改革具有重要意义。

（三）职业技能等级制度

职业技能等级制度是指由用人单位和社会培训评价组织按照有关规定开展职业技能等级认定的制度。符合条件的用人单位可结合实际面向本单位职工自主开展，或按规定面向本单位以外人员提供职业技能等级认定服务。符合条件的社会培训评价组织可根据市场和就业需要，面向全体劳动者开展。职业技能等级一般分为初级工、中级工、高级工、技师和高级技师五个等级。企业可根据需要，在相应的职业技能等级内划分层次，或在高级技师之上设立特级技师、首席技师等。

中华人民共和国成立以来，我国技能人才职业技能等级制度先后经历了"八级工""三级工""五级工"阶段，目前正在从"六级工"向新的"八级工"方向发展。我国职业技能等级制度源于技能薪酬制。20 世纪五六十年代在国营企业广泛实施的"八级工制度"，严格地说，实为"八级工资制"。八级工资制是在我国企业工人中实行的一种工资等级制度，按照生产劳动的复杂程度和技术的熟练程度，将工资分为八个等级。从 1988年开始，原劳动部在广泛调查和充分论证的基础上，颁布了我国首部《中华人民共和国工种分类目录》，简化了等级结构，将传统的八级工制度改造为初、中、高三级工制度。1999 年 5 月，原劳动和社会保障部、原国家质量技术监督局和国家统计局三部门联合颁布了《中华人民共和国职业分类大典》。我国确定了国家职业分类并开始制定新的国家职业标准，建立了职业技能鉴定的组织实施和技术支持体系，完善了职业技能鉴定的质量管理体系，使我国的"五级工"国家职业资格制度得以确立并不断发展。

2017 年，经国务院同意，人社部向社会公布国家职业资格目录，对职业资格实行清单式管理。此后，技能人员水平评价类职业资格分批退出国家职业资格目录，由政府认定改为实行社会化等级认定。2019 年，人社部印发《关于改革完善技能人才评价制度的意见》，提出建立健全以职业资格评价、职业技能等级认定和专项职业能力考核等为主要内容的技能人才评价制度，健全完善技能人才评价体系，形成科学化、社会化、多元化的技能人才评价机制。2021年，根据中共中央办公厅、国务院办公厅《关于提高技术工人待遇的意见》和人社部《关于改革完善技能人才评价制度的意见》等有关要求，在总结地方和企业实践基础上，人社部组织开展特级技师评聘试点工作，在高级技师之上增加特级技师（岗位）技术职务，标志着我国进入"六级工"时代。2022年，人社部在总结特级技师评聘试点经验基础上制定出台了《关于健全完善新时代技能人才职业技能等级制度的意见（试行）》，在现有初级工、中级工、高级工、技师、高级技师5个职业技能等级基础上，向上增设特级技师、首席技师技术职务（岗位），向下补设学徒工，形成新的"八级工"职业技能等级（岗位）序列，打破技能人才成长"天花板"。

（四）职业教育

职业教育是指让受教育者获得某种职业或生产劳动所需要的职业知识、技能和职业道德的教育，包括初等职业教育、中等职业教育、高等职业教育（专科层次职业教育、本科层次职业教育、研究生层次职业教育）。职业教育包括职业学校教育和职业培训。

2019年1月，国务院印发的《国家职业教育改革实施方案》指出："职业教育与普通教育是两种不同教育类型，具有同等重要地位"，正式确定职业教育在我国教育体系中是一个单独种类的教育。这一重要定位，一方面是对职业教育的重大理论贡献，明确了职业教育是一个教育类型，而不是教育层次，对于摆正职业教育的地位，发挥职业教育服务社会和个体发展的能力，以及推进职业教育治理体系和治理能力现代化，具有重要的发展战略意义，极大地丰富了中国特色职业教育理论；另一方面，具有重要的政策指导和实践意义，明晰了职业教育和普通教育的联系与区别，指明了职业教育的发展方向，有利于职业教育系统更明晰自己的功能和作用，进一步探索和完善职业教育独特的办学模式和人才培养模式，更好地服务、支撑国家现代化建设。

随着国家系列职教政策的出台，越来越多的人认识到职业教育对社会经济发展的作用，职业教育迎来了发展的黄金时期。《国家职业教育改革实施方案》（职教 20 条）的出台，将职业教育摆在经济社会发展的突出位置，国家加大了职业教育的投入，各地政府为了提升职业院校办学职业教育发展水平，改善办学条件，建设国家级、省级改革发展示范校，以及打造国家和省级品牌专业，通过各种渠道筹措资金，保障职业教育的资金投入。职业教育办学质量逐年提高，按照国家对职业教育发展要求，各地积极打造职业教育交流、竞技平台。每年举办教师、学生等交流、竞赛活动，各类比赛涉及层面逐年提高，人数、成绩逐年上升。同时，积极申报教学项目，比如国家级、省级精品课程建设项目、教学成果项目等。

2019 年，国务院颁布了《国家职业教育改革实施方案》（以下简称《实施方案》），在全国吹响了全面开展职业教育改革的号角。《实施方案》中有几个关键词，是我国今后若干年要为之努力的重要工作，即推进资历框架建设，探索实现学历证书和职业技能等级证书互通衔接；启动 1 + X 证书制度试点工作；加快推进职业教育国家"学分银行"建设；深化产教融合、校企合作。《实施方案》颁布之后，人力资源和社会保障部根据要求，开展了一系列卓有成效的工作，包括国家职业技能等级证书评价鉴定工作；完善技能人才评价制度；积极制定国家职业技能标准，加大新职业的开发力度；积极促进国家高级技能人才职称评审的对接工作，高层次技能人才也可以进行职称评审。以上措施促进了广大从业人员学习知识和技能的积极性，为我国实现人才强国战略打下坚实基础。

（五）技工教育

技能人才是支撑中国制造、中国创造的重要力量，是我国制造业发展的第一资源，而技工教育肩负着向社会输出高素质技术、技能人才，培育能工巧匠、大国工匠的职责，是助力推动我国制造业转型升级的不竭动力。党的二十大报告提出实施科教兴国战略，强化现代化建设人才支撑，"要坚持教育优先发展、科技自立自强、人才引领驱动，加快建设教育强国、科技强国、人才强国"。习近平总书记在首届全国职业技能大赛贺信中也指出，"各级党委和政府要高度重视技能人才工作，大力弘扬劳模精神、劳动精神、工匠精神，激励更多劳动者特别是青年一代走技能成才、技能报国之路，培养更多高技能人才和大国工匠，为全面建设社会主义现代化国家提供有力人才保障"。① 2022 年，新修订的《中华人民共和国职业教育法》从法律角度赋予了技工教育应有的地位。同年，中共中央办公厅、国务院办公厅印发《关于加强新时代高技能人才队伍建设的意见》，对深入实施新时代人才强国战略，做好高技能人才有关工作做了重要部署，彰显了我国加强高技能人才队伍建设的决心和信心。

技工教育作为技能人才培育的主阵地，是实现我国制造业产业结构转型升级等重大现代化战略部署的重要保障，在全面推进中华民族伟大复兴新征程中具有重要作用。

（六）专业学位

专业学位，又称职业学位、职业型学位，是针对社会特定职业领域的需要，培养具有较强的专业能力和职业素养、能够创造性地从事实际工作的高层次应用型专门人才而设置的一种学位类别（学位类型），具体类别为专业学位类别。专业学位与相应的学术学位、学术型学位处于同一层次，培养规格各有侧重。专业学位具有相对独立的教育模式，以产教融合培养为鲜明特征，是职业性与学术性的高度统一。专业学位主要面向经济社会产业部门专业需求，培养各行各业特定职业的专业人才，其目的重在知识、技术的应用能力，培养具有较好职业道德、专业能力和素养的特定社会职业的专门人才，如工程师、医师、教师、律师等。

专业学位研究生俗称"应用型研究生"。从 1991 年我国正式开始设立专业学位研究生教育，多行业、多部门先后颁发了很多相关的政策规定，还协调设立了专业学位研究生教育指导委员会等机构，主要来制定培养计划和考核标准。在政府、高校和市场的共同推动下，国家出台的相关政策规定，有力地保证了我国专业学位研究生教育的健康发展。为提升专业学位研究生培养质量，政府监管一直发挥着重要作用，从宏观层面把握专业学位研究生教育整体质量，主要在政策法规、质量标准、健全监控体系等方面不断加强。社会方面也通过社会中介、用人单位和社会舆论等途径对专业学位研究生的培养实施质量监控。近年来，研究生教育的学位点及学科点的评估也有效推动了研究生质量的不断提高，学位和学科的发展情况也受到了社会的广泛关注。在评估过程中，教育行政

---

① 习近平致首届全国职业技能大赛的贺信—新华网，www.xinhuanet.com。

部门职能发生了转变，管理与评价分离，实施清单和名单管理，动态调整考核结果，这些都对专业学位研究生教育的质量提升起到了十分重要的推动作用。

专业学位研究生教育从无到有、从小到大经过三十余年的发展，培养质量出现了质的飞跃，但仍然存在一些问题，如社会、部分导师及研究生对专业学位研究生教育的认知不清楚、认可度不高、概念模糊；部分专业学位研究生培养方案接近学术性研究生教育培养方案，在实际开设的课程中，两者差别不大，不能很好地凸显专业学位研究生培养应用型、复合型、高层次人才培养的特点；企业导师在专业学位研究生的培养环节指导较少；实践创新平台建设不完善，专业实践环节没有达到理想效果等问题。

2020 年 9 月 25 日，国务院学位委员会、教育部印发《专业学位研究生教育发展方案（2020－2025）》。一是明确了新时代专业学位研究生教育的发展目标。该方案从类别设置、招生规模、培养模式、机制环境、质量水平、体系建设等角度，提出了到 2025 年的具体目标。二是明确了专业学位的定位内涵。博士专业学位的定位是培养服务国家重大需求的应用型未来领军人才，硕士专业学位的定位是培养应用型专门人才，并提出了提升博士、硕士专业学位研究生的能力水平要求。三是明确了专业学位类别的设置标准和程序。博士专业学位类别的设置标准更高，程序更加严格，一般应具有较好的硕士专业学位发展基础。硕士专业学位类别的设置标准和程序更为灵活，给予学位授权自主审核单位更大的探索空间，以便及时响应社会需求。四是提出了稳健发展硕士专业学位研究生教育。稳步扩大硕士专业学位授权布局，新增学位授权以硕士专业学位为主，将产教融合、联合培养基地建设作为硕士专业学位授权点申请基本条件的重要内容。五是提出了加快发展博士专业学位研究生教育。在保证质量的前提下，提出以临床医学博士专业学位、工程类博士专业学位、教育博士专业学位为重点，增设一批博士专业学位授权点，快速提升培养能力。六是提出了大力提升专业学位研究生教育质量。要求培养单位联合行业产业共同拟定培养方案，建设实践课程，编写精品教材，开展联合培养基地建设。要求加强导师队伍建设，提升导师实践育人能力。要求强化学位论文应用导向，硕士专业学位论文可以调研报告、规划设计、产品开发、案例分析、项目管理、艺术作品等为主要内容，以论文形式呈现。要求强化行业产业协同作用，健全产教融合激励措施，提升行业产业参与专业学位研究生教育的积极性。七是提出了支持专业学位研究生教育发展的举措。从编制专业学位目录、与职业资格衔接、强化行业产业协同、需求与就业反馈机制、多元投入、发挥专家作用、督导落实和组织领导八个方面，提出了具体发展措施。

（七）国家资历框架

国家（地区）资历框架是一种综合框架，是一个国家（地区）制定的能力水平等级和类别体系，一般是根据知识、技能和能力要求构建的一个连续地被认可的资历阶梯。它旨在保证国家（地区）人才和劳动力合理分层、有效配置和人力资源合理开发、有序流动的基本制度体系。具体而言，"国家（地区）资历框架"是一个纵向分级、横向分类的资历等级系统。纵向上看，它由资历和资历等级构成；横向上看，它包含了不同的类型和领域。

就其功能而言，一是为不同层次、不同类型教育的知识、技能和能力制定一个统一的评价标准，让每个人的知识、技能和能力以外显的方式呈现出来，使外界能用一个统一标准对个人资历等级做出判断；二是为了构建资历阶梯，保证各类资历的可比性和可转换性，实现资历间的上下互通，促进个人终身学习；三是为提升人力资源存量、优化人力资源增量提供有效工具。从存量维度看，它可以提升人力资源开发水平；从增量维度看，它可以确保国家（地区）人力资源的总体规格和规模效应。可以说，建设国家（地区）资历框架是终身教育体系建设达到一定阶段的政策建设需要，具有基础性和先导性意义。

不同国家（地区）资历框架的结构要素有所不同。综合经合组织（OECD）、欧盟和亚太经合组织中已实施资历框架的国家（地区）的做法来看，资历框架结构主要包括横向的类型、领域和纵向的等级及描述。

（1）覆盖范围：以涵盖义务教育阶段以后的各级各类教育为主，有的只涵盖高等教育、职业教育和培训，或者只覆盖职业培训领域。前者是完全框架，而后者被称为局部框架。欧洲已开发资历框架的国家中，29个国家的资历框架覆盖了中学后各级各类教育和培训。

（2）水平等级：以8级为主，也有分5级、7级甚至10级的，总体上是在 5～12 级，对应的教育资历从最低资历的中学程度到最高级的博士学位水平。其中法国和孟加拉国等为 5 级框架；中国香港、挪威、新加坡等为 7 级；马来西亚、菲律宾等为 8 级；印度尼西亚和泰国为 9 级；澳大利亚、印度等为 10 级；苏格兰为 12 级。欧洲国家资历框架（38 个国家）和东南亚国家联盟资历框架（10 个国家和地区）等区域框架为 8 级。

（3）资历类型：代表着每一等级水平资格，主要分为证明、证书、文凭、学位 4 种。"资历"是"国家（地区）资历框架"中的核心要素，也将其称为"学习成果"。首先，资历是一种总称，是个人获得某一层次或某一类型知识、技能和能力的综合反映，代表着"具备的资格""准入条件""胜任""达到标准"等含义。其次，"资历"是对学习成果的证明，获得"资历"意味着得到法定肯定。"资历"有多种证明形式，一般而言，它包括教育资格证书和职业资格证书等，是一个由学历、学位、文凭证书、资格证书、学业证明等构成的结构体系。

（4）资历标准：每一级资历都有其资历标准。资历标准框定了达到该级资历所需的知识、技能和能力水平，特定的标准是个人获得相应资历的根本依据。不同级别的资历等级反映了不同资历要求的学习深度、难度和复杂程度，表征着学习者拥有的知识、技能和能力上的差距。大多数通过资历（学习成果）包含的知识、技能、能力三个核心要素来进行描述，还有的强调学习者的自主性、责任感和责任心等方面。每一等级在各个要素范畴都有详细的标准说明。

我国国家资历框架建设起步较晚，国家级政策文件首次提及"国家资历框架"这一概念是在 2016 年颁布的《中华人民共和国国民经济和社会发展第十三个五年规划纲要》之中，该文件提出要"制定国家资历框架，推进非学历教育学习成果、职业技能等级学分转换互认"。2019 年国务院印发的《国家职业教育改革实施方案》再次强调"推进资历框架建设，探索实现学历证书和职业技能等级证书互通衔接"。国家资历框架建设已经成为新时期我国发展社会主义教育事业的重要抓手。《实施方案》明确提出"从 2019 年开始，要探索建立职业教育个人学习账号，实现学习成果可追溯、可查询、可转换"。同年，国家开启了职业教育"1＋X"证书制度试点工作，为不同资历之间的衔接和转换开创了良好局面。各级政府应当在现有试点工作的基础上总结经验，大胆创新，探索建立既符合市场需求，又能满足公民个人发展需要的资历衔接转换管理办法，结合国家"学分银行"制度，让各种类型、各种渠道的公民教育和学习成果都能得到统一、标准的考核评估和权威认定。

党的二十大报告提出"统筹职业教育、高等教育、继续教育协同创新，推进职普融通"。可见建立国家资历框架是实现职业教育、高等教育和继续教育协同发展和职普融通的重要前提。目前我国尚未建立完整的资历框架，但可以看出这是未来的发展方向。

五、职业演进理论

(一) 历史视角下的职业演进

职业是社会分工的产物，社会分工又起源于社会生产力发展的客观需要。可见，职业自其产生之日起，就必然打上时代生产力发展水平的深深烙印。换言之，生产力水平的提高不断地改变社会分工体系，社会分工体系的变化又直接促使职业的分化与演变。

可以说，生产力发展水平是职业应有的主题。如果说整个人类的历史就是一部人类思想发展史的话，那么整个人类的职业发展史其实就是一部生产力发展史。生产力水平每向前发展一步，职业就必然体现它并日趋丰富。随着社会科技及生产力水平的进步与发展，如今的职业已经涵盖了所有社会经济、社会生活的各个层面，并随着社会发展，旧的职业不断消失，新的职业不断产生，并且新旧职业更替的速度愈益加快。

基于职业与社会生产力及科技发展水平之间的天然联系，依据不同时代社会生产力及科技发展水平的不同，本节尝试根据历史发展脉络探讨职业的演化历程。职业的产生和历史演变如表 1-1 所示。

表 1-1　　　　　　　　　职业的产生和历史演变

时期	主要职业分工
旧石器时代	男子打猎、捕鱼以及制作劳动工具和武器；女子负责采集果实、缝制衣物和看管小孩等活动
新石器时代	原始农业和原始畜牧业

续表

时期	主要职业分工
原始社会末期	三次大分工完成，农业、畜牧业和手工业均有专人负责，各领域劳动人手不断增多，以商品交换为职业的商人阶层出现
奴隶社会	出现运输和生产工具、兵器、乐器、容器、玉器、皮革、染色、建筑等30项生产部门，形成了掌握上述生产技术的专职人员队伍
秦、汉时期	根据所执掌事物不同，设铁官、盐官、工官，手工业百工队伍来源丰富，包含"工""卒""徒"
宋、元、明时期	设少府监、将作监、军器监，专人负责监督管理官手工业；印刷、纺织、医药医术等领域出现大批职业匠人
明、清时期	专业分工日趋精细，如在兴旺的盐业，每个盐井都有四井、司牛、司篾、司梆、司漕、司涧、司锅、司火、司饭、司草，又有医工、井工、铁匠、木匠等，随着生产工艺的革新细化，形成数量庞大的专职技术人员
18世纪60年代	第一次工业革命期间，出现了机器设计制造人员、工业生产人员、机器维修人员、水上运输服务人员、铁路客货运输服务人员、电报设备制造人员、发报员和相关产业管理人员等。
19世纪下半叶起	汽车驾驶员、电车司机、电影业从业人员等新职业产生
20世纪中叶至今	脑力劳动者增多，职业种类更为丰富，职业内涵得到拓展，职业分类不断发展

注：笔者根据相关资料整理。

职业的萌芽可以追溯到原始社会，原始社会是一个没有私有财产、没有阶级、没有阶级剥削和阶级压迫的社会。它可以分为原始人群和氏族公社两个阶段，先后经历了旧石器时代和新石器时代。在旧石器时代，一般来说，人们的劳动分工是成年男子打猎、捕鱼以及制作劳动工具和武器；妇女则主要从事采集果实、缝制衣物和看管小孩等活动；老人指导并制造工具；儿童协助妇女劳动。这种按性别和年龄的分工，是纯粹自然的分工，因此称为自然分工，还不能称这些活动为职业。

到了新石器时代，原始人类在长期的劳动实践中，逐渐掌握了某些自然规律。如在长期的采集活动中，通过观察，逐渐掌握了植物性能和生长规律，并掌握了植物的栽培技术，出现了原始农业；而狩猎经济的结果，又使人类掌握了牲畜饲养的奥秘，最早在中石器时代，人类就开始驯养犬，但是一直到新石器时代，人类才开始驯养捕捉到的动物，从而产生了原始畜牧业。由于原始农业和畜牧业的出现，人类打破了单纯依靠天然物维持生活的局面，开创了经济生活的新领域。到了父系氏族公社阶段，生产力进一步发展，农业、畜牧业和手工业的生产水平比以往时期有所提高。

农业和畜牧业的产生，是人类自学会用火以来又一次最伟大的经济革命，它标志着人类从蒙昧时代转入野蛮时代。恩格斯指出："蒙昧时代是以采集现成的天然产物为主的时期；人类的制造品主要用作这种采集的辅助工具。野蛮时代是学会靠人类的活动来增加天然产物生产的方法的时代"。野蛮时代也是人类有社会分工的肇始，也是职业的孕育与产生开端。

到了原始社会末期，古代人类开始了三次社会大分工。第一次人类社会的大分工产生于畜牧业和农业的分离。由于气候条件、地理环境等各种因素，生活在各个不同地区的人类，其经济生活的内容也因地而异。大体来说，在我国原始社会末期，古代黄河流域的氏族部落形成了以原始农业为主的综合经济，边远草原地区的氏族部落形成了以畜牧业为主的经济，南方长江下游地区的一些氏族部落虽然也经营农业，但渔猎所占比重也较大。随着生产力的发展，原始农业和原始畜牧业也有了较大的发展，这时需要有人专门从事农业，有人专门从事畜牧业，渐渐出现了农业和畜牧业的分工。

手工业作为一个独立的生产部门，脱离了农业或畜牧业，这是第二次社会大分工。我国考古发现，原始社会末期的社会生产部门已有许多门类，除了农业和畜牧业以外，原始手工业已有了长足的发展，如制陶、玉石加工、纺织、皮毛加工、冶炼、建筑、酿酒，等等。可以推测，这些手工业的出现也是基于农业和畜牧业发展的基础上的，由于生产力的发展，促成了剩余粮食的出现，于是需要加工和贮存这类粮食，由此而产生了制陶业；而从事畜牧业生产的部落，皮毛加工业也应运而生了。随着生产力和生活水平的提高，社会所提供的产品逐渐增多，这支新兴的手工业者队伍也逐步得到了充实和独立，劳动人手增多了，技术水平也提高了。

第三次社会大分工要归因于劳动产品的剩余、商品生产与贸易的出现。劳动产品的剩余促成了商业的产生，在生产力水平极其有限的时候，人们从事生产的主要目的是自给自足，满足自身生活的需要。但由于社会生产力的发展导致了剩余产品的出现，于是以交换为直接目的的生产——商品生产就应运而生了。紧随着商品生产而来的是贸易的出现，而随着商品生产和贸易的发展，一些人在贸易的过程中，逐渐脱离生产队伍，专门以商品的交换为职业。至此，发生了人类历史上的第三次社会大分工——商人阶层出现。由此，社会首次出现了一个不以生产为生存手段，而是以产品交换作为自己谋生手段的特殊集团。

由于原始社会末期生产力的发展，客观上导致了人类社会三次社会化的大分工。而正是这些分工，导致了不同的人群专门从事不同的社会活动，而且从事不同的社会活动要求专门的知识、经验、技术、能力等。也就是说，此时的分工不同于以往那种出于生存本能的自然分工，这种社会分工是建立在人类的社会需要基础上，带有一定的社会性目的（为了求得生存或更好的发展）和社会规定（必须完成一定的任务和具有专门的知识或能力），而这些都是职业的基本内涵。也就是说，经历了原始社会末期的三次社会大分工，真正意义上的职业产生了。

到了奴隶社会，社会生产力获得了长足的发展，社会分工日益深化和细化，职业随之日益增多。随着冶炼技术的发明，大型水利工程的实施和医术的发展，社会上出现了不少专门的生产领域，它们涉及运输和生产工具、兵器、乐器、容器、玉器、皮革、染色、建筑等30项生产部门，并随之而形成了以掌握上述领域的生产技术为谋生手段的专职人员队伍。"攻木之工七，攻金之工六，攻皮之工五，设色之工四，刮摩之工三，搏埴之工二"，这些工种就是著名的史志典籍《周礼·考工记》所做的记载。当时，几乎每个生产部门都有具体的分工，如车辆的制作有专门造轮子的"轮人"，专门制车厢的"舆人"和专门制车辕的"辀人"。

秦、汉处在封建社会的初期，社会生产力和职业分工空前发展，尤其手工业发展速度较快，荟萃了众多能工巧匠、管理严格、分工细密的官手工业，更是取得了很大的进步。秦汉时期的职业分工情况如下：主管部门为少府，属下有尚书、考工室、若卢、东织、西织、东园匠等，分别负责禁器物[①]、用具、兵器、纺织品服饰、陵内器物的制作，有一批手工业作

---

① "禁"是一种礼器，主要盛酒。《礼记·士冠礼》注："名之为禁者，因为酒戒也。"

坊。朝廷的太常、宗正、大司农、中尉、将作大匠、水衡都尉等机构，其下都有一批工官和作坊，分别从事铁器、铜器、铸钱、纺织印染、服饰、制陶和砖瓦、制玉、兵器、漆器、木器、官室营造、舟车等手工业。如大司农负责盐铁农具，水衡都尉负责铸钱。郡县除铁官、盐官外，手工业发达地区均设工官，如蜀郡、广汉郡工官主铜器、金银韧器，河内郡工官主兵器、漆器。还有专业的工官，如临淄、襄邑的三服官"作工各数千人，一岁数巨万"。汉代的手工业百工队伍，有来源于农民和市民的"工"，来源于戍卒和更卒的"卒"，以及具有工艺技巧的工巧奴隶的"徒"。

宋、元时期，手工业生产中占统治地位的仍是规模庞大且组织严密的官营手工业。北宋设少府监、将作监、军器监监督管理官手工业，其中，少府监是宋代官手工业中最大的生产和管理部门，它的主要职能是"掌造门戟、神衣、旌节、郊庙诸坛祭玉、法物，铸牌印朱记，百官拜表案、褥之事。凡祭祀，则供祭器、爵、瓒、照烛"。少府监下属文思院、绫锦院、染院、裁造院、文秀院、铸钞监等。两宋时期商品经济日益发达，为手工业行业部门的增加提供了前提条件。特别是农民的加入，形成了农、工、商三位一体的复合式经济单元，促进了社会结构的变动，使之成为更具弹性、韧劲和张力的稳定结构。宋代手工业经济出现了结构性变革迹象，表现出四个移动现象，分别为生产部门移动（独立的手工业部门分离出），劳动力要素移动（独立的工商者分离出），空间布局移动（原料供应、加工制造和消费市场分布变化）和资本要素移动（商业资本以多种方式向手工业生产领域渗透）。

此后，火药和兵器制造得到加强，航海和造船业别开生面，雕版印刷和活字印刷相继问世，纺织技术更加完善，医药医术则因医理、解剖、针灸外科等的发展而形成不同的流派。这些生产领域吸引了大批工匠艺人成为职业匠人。而不同的领域则形成了不同的职业类别。历代王朝大都设有吏、户、礼、兵、刑、工六部，对国家百官、百工实施分类管理，具有职业类别的性质。及至明清时代，棉纺织业、矿冶业、陶瓷业、造船、制糖、榨油、制茶、印刷等生产技术在原有基础上稳中创新，并因此而加强了对百工的划分与管理。以官营手工业为例，它分别是由朝廷的工部、户部、地方官府以及内府各监司管理，其中工部和内府各监司是手工业的主要管理机关。诸司下设有各行各业的手工工场，工匠齐备，分工细密。例如，明初最大的龙江船厂就有船木作、艌作、铜作、铸作、油画作等数十种分工。在整个古代社会中，随着科学技术的发展，社会生产领域大为拓宽，社会分工日趋细化，专业工匠队伍不断扩大，不同生产领域设置的各类工种岗位，反映了我国当时职业类别的面貌，形成了以行业或专业生产领域为分界的自然划分。

鸦片战争以后，中国经济的发展进入了一个新的历史时期。戊戌变法、洋务运动为中国经济的发展注入了新的生机与活力。此后，在传统农业、手工业和科学技术的基础上，新型经济部门陆续建立，大量新产品相继问世，这些都促使我国的职业领域发生巨变，新的社会分工和职业生产者不断出现。例如，随着工厂、矿山、铁路的兴建，职业劳动者的队伍迅速扩大，形成了不同职业类别的职业大军，特别是工种的细化有了新的发展。如在兴旺的盐业，每个盐井都有四井、司牛、司篾、司梆、司漕、司涧、司锅、司火，司饭、司草，又有医工、井工、铁匠、木匠等职。其时，不少行业的工匠人数，已是明代的数倍乃至数十倍，上千及至数千工匠的大厂已不是少数。

在我国近代史上，随着生产工艺的革新细化，数量庞大的专职技术人员形成。技术人员和工人的分工，标志着我国职业又有了新的发展与变迁。清光绪年间，直隶工艺总局率先开始了专业技术人员的培训。为了培养既能"精通理法"，又能"发明工业"的教师和工师，该局开办了直隶高等工业学堂，一方面以重金聘请外籍专家任教，一方面派专员出国进行工艺考察。学堂教育内容分为化学、机器、化学制造、图绘等专科，每科设 7~10 门课程。专业技术人员的出现，为国家增添了新的重要职业。当时，国家工匠艺人职业已非古代"百工"一词所能概括。在各专业生产领域，都形成了几种以致数十种工种职业。

18 世纪 60 年代起，第一次工业革命兴起，传统手工业被蒸汽化、机械化的机器大工业取代，逐渐形成了以机器制造、铁路运输、纺织、钢铁和煤炭为核心的产业结构，工业超过农业成为主要的产业部门。进而出现了机器设计制造人员、工业生产人员、机器维修人员等职业，产生了水上运输服务人员、铁路客货运输服务人员，出现了电报设备制造人员、发报员和相关产业管理人员等。

19 世纪下半叶开始了第二次产业革命，动力机械由蒸汽机发展到电机和内燃机，电力应用使得工业和社会进入新的时期，一系列电气产品的问世推动了相关产业的发展。第一次产业革命时期的新兴产业部门如钢铁、煤炭、机械加工等在这个阶段开始飞速跃起，同时，石油、电气、化工、汽车等新部门开始产生。汽车工业的飞速发展带动了钢材、机械、玻璃和石油等产业的发展，同时也促进了城市交通、商业、销售服务、汽车修理和保险等产业的发展，使得这些领域各职业的从业人数增长。第二次产业革命使得工业成长为国民经济中的主导部门，农业地位继续下降，服务业得到迅猛发展。诸如汽车驾驶员、电车司机、电影业从业人员等新职业产生，发展迅速的重工业在迅速扩张的同时，也带动了相关领域职业如生产工人、运输服务人员和技术人员等从业人数的增长。

第三次产业革命自 20 世纪中叶起得到蓬勃发展，以微电子、新材料、新能源、生物工程、航天技术和海洋技术为代表，它革新了职业的劳动工具，丰富了劳动对象，扩大了职业活动的领域。由于计算机的诞生和应用，与手工工具相适应的体力型劳动者逐渐转变为与机械工具相适应的技术型劳动者，进而发展到与智能型工具相适应的脑力劳动型劳动者。从国民经济宏观结构的转变来看，农业部门就业人口及其占国民经济的比重继续下降，工业部门先升后降，服务部门迅速增长，尤其是服务于现代工业的运输业、金融业等产业飞速发展。一些行业根据行业特性和需要产生了特有职业，总的来看，职业种类更为丰富，职业内涵得到拓展，职业分类不断发展。可以看出，新职业的产生和发展既是社会生产和社会生活的需要，又是生产力发展和社会化进步的必然结果。职业为人类社会创造出多种多样的产品，职业结构和产业结构有着紧密联系。

（二）职业的生命发展周期

个人有工作/职业生命周期，职业也有从产生到衰退发展变化的过程。通常认为职业的周期阶段包括萌芽、成长、稳定[①]、衰退四个阶段。

1. 萌芽期

随着社会生产力的发展，一些劳动行为逐渐固定下来由一定的劳动者

———————

① 中国人事科学研究院，腾讯社会研究中心. 腾讯新职业与就业发展报告（2022）。

去完成，并成为这些劳动者的主要工作，于是新的职业产生了。这个时期的特点是职业刚刚产生，从事这一职业的劳动者比较少，职业所对应的职业功能、工作内容不明确，劳动者从事该职业所需的劳动技能还不是很稳定，职业也没有被纳入国家和社会管理体系中。

2. 成长期

随着生产力的进一步发展与需求的扩大，对这个职业的产品需求增加，一些符合职业要求的劳动力开始大量进入这个职业领域；而伴随着职业发展，劳动技能也得到了改进。该阶段的特点是从事该职业的劳动者无论在数量还是比例方面都得到增加；与该职业相关联的职业的就业人数也在逐渐增加，并且增加迅速；该职业与相关职业逐渐能够形成一个职业群；职业的劳动技能进一步完善，职业的技术要求逐渐规范；与职业有关的培训体系初步建立，职业纳入国家和社会管理的体系之中，但是管理体系尚需进一步完善。

3. 稳定期

在职业的稳定期，职业得到进一步的细分，派生出更多职业类型，从业人数增加。这一时期的特点是职业拥有稳定的从业劳动者，稳定的劳动对象；该职业与相关职业形成一个稳定的职业群；职业功能、工作内容清晰明确；职业技能趋于成熟稳定，与职业有关的教育与培训体系完善；职业有关的各方面管理规范，职业管理制度化、标准化。

4. 衰退期

在职业衰退阶段，职业不能适应生产力发展的需求因而逐渐被淘汰。最初，职业的某一方面不能满足社会发展的需要，逐渐地，多方面都不能满足需要，于是就被淘汰。职业在这一阶段的特点是从业人数逐渐减少，在就业人口中的比例逐渐降低，该职业的从业者或者转移到其他职业中，或者失去工作。如随着电脑照排系统的问世，报社、印刷厂的"拣字和排字工人"这一职业逐渐消失，原来的从业者只能转行从事其他工作。但是，职业在这个阶段也可以通过一定的途径重新获得生机，获得继续存在的机会，并得到进一步的发展。主要途径有提升劳动技能、改进劳动工具、满足其他服务需求等。通过这些途径满足社会发展的需求，并形成对职业的新的需求，从而增加该职业从业人员的需求量。如人力车夫，最初是仅仅作为操作人力车这种交通工具满足人们出行需要的职业，随着自行车、出租车、地铁等更为方便快捷的交通工具的出现，这种职业逐渐到了消失的边缘。但是旅游业的兴起使这一职业重新焕发了生机，人力车不仅仅是一种交通工具，更成为人们体验休闲生活的一种方式。

（三）影响职业演进的因素

1. 产业结构

产业结构的演进对职业结构具有重要的影响作用。产业结构由低级到高级的演进过程影响着职业种类、从业人数的变化，进而影响着职业结构的变化。例如，在现在的后工业化时代，产业结构越发复杂，为经济发展、城市扩张以及农业、工业服务配套的服务业得到迅猛发展，在其中就业的劳动者规模也愈发庞大。同时，各产业内部的行业分类越来越细，行业的兴衰更替均影响着劳动者职业结构的不断转换。概括来看，在产业演进过程中，产业结构从以下几个方面影响着职业结构：首先，在各产业中形成专门从事相关产业活动的职业人员；其次，产业的经济技术特性决定着劳动者在各个职业的分布；再者，产业发展扩大了职业种类，交通运输业发展和行业从业人员的不断细化与扩充就是典型例证。

2. 技术进步

技术进步对职业的主要影响表现为以下几个方面：一是其改变了职业原有的劳动工具，其中电子计算机（及自动化技术、通信技术）在生产中的应用极大地节约了劳动消耗量；二是技术进步改进了职业所需的劳动技能，既有原有的劳动技能出现贬值（如操作办公软件）甚至被淘汰（如熟练操作算盘），又有新的劳动技能产生；三是技术进步改进了职业活动的生产组织方式，多人协作的集体劳动在现代企业的生产过程中得到体现，例如流水线生产方式的采用使得生产节奏加快，对职业从业人员提出了新的要求；四是技术进步改善了职业活动的劳动环境，如设定符合人体生理的灯光、温度和办公设备等；五是技术进一步扩大了职业劳动对象的种类，不仅包括物质产品、劳务产品，还包括比重增长迅速的信息产品。随着技术进步对职业要素的改进与升级作用，职业逐渐发生了分化，部分职业成为知识型、技能型职业，其他则成为非知识型、非技能型职业。

3. 劳动力资源

劳动力资源又称人力资源、劳动资源，指一个国家和地区内具有劳动能力的总人口数，在一定的生产技术水平下，它决定着其他资源的开发和利用程度，进而关系着社会财富的总量。一般来说，劳动力资源包括劳动力数量和劳动力质量两个方面，数量方面受到人口数量、人口年龄和性别等多因素影响，质量方面由劳动者的身体素质、智力素质和心理素质决定。如何将有限的劳动力按照一定方式合理地分配到职业上，使其在生产过程中发挥最有效的作用，是劳动力资源职业配置的问题。劳动力在各职业的配置主要包括三个方面：一是将一定数量的劳动力配置到需要的各个行业和职业中；二是使得配置劳动力的知识和技能得到充分利用；三是劳动力资源在各职业中的有效配置应当促进经济的持续快速增长。近年来，劳动者的异质性明显增强，劳动力资源的质量直接影响着职业结构的升级，职业结构的变化对劳动力资源进行人力资本投资等具有一定的指导意义。

4. 制度环境

一定的历史条件下，所形成的社会政治、经济、文化和教育等多个制度对劳动力在职业上的分布是影响职业结构的重要因素。良好的制度有利于从业人员在各职业之间的有序流动，实现劳动力资源的有效配置。制度通过作用于劳动力的职业流动、职业选择、职业准入、职业素质等多个方面推动职业结构的变动与转变。主要体现在以下几个方面：首先，通过一些制度的设计与改进，能够减少劳动力在职业之间流动的障碍，改善职业结构水平。例如我国改革开放后"以公有制为主体，多种所有制经济共同发展"的基本经济制度促使个体工商户和私营企业主等的规模出现快速增长。其次，部分制度制约着劳动力在职业间的流动。这一方面是基于社会管理需要而设限，另一方面是为了保证从业者的素质符合职业要求以促进职业水平整体提高和长远健康发展，如律师、医生等。最后，一定的政策制度背景对劳动力职业选择具有导向作用，主要体现在社会经济制度、社会管理制度、劳动人事制度和教育制度方面。如近年来国家大力发展生物、信息等高新技术，相关职业从业人员数量大大增加，有关职业培养的专业人才储备也出现了扩充等。除此之外，一个国家和地区的非正式制度（文化传统、道德观念、风俗习惯、价值取向和伦理规范等）对职业的各类资源及由此产生的职业声望产生影响，进而也可能导致职业选择和职业结构的转变。如随着社会经济的发展，从事文艺表演和曲艺的职业已经逐渐成为人们承认和乐意追求的职业。[①]

第三节　职业的未来发展趋势

一、从社会分工角度看，职业结构将会发生根本变革

职业的产生是社会分工的结果。在人类社会发展的过程中，职业并非一成不变的，而是在多种因素作用下不断变化与发展的，社会政治制度、宗教、文化、经济发展等诸多因素都会影响职业的兴衰。未来的职业结构将发生深刻的变化。

（一）职业分类会进一步趋于细化

科学技术和生产力的发展，将使社会分工更为精细和具体，专业化程度越来越高。其中传统的职业会进一步分解，细化为许多专业化程度更深的职业，如财务工作，现在已经是包括资产评估、税务、会计、精算等一系列职业在内的职业群落。从历史数据看，1980 年，美国职业分类划分出 22 个大类、60 个中类、226 个小类和 666 个细类。[②] 2000 年，增至 23 个大类、96 个中类、449 个小类和 821 个细类。2018 年，增至 23 个大类、98 个中类、459 个小类和 867 个细类。我国也在不断调整标准职业分类，在 2015 年之后先后 4 次增加新职业，从这些数据中我们不难得出结论，职业的分类将越来越趋向细化。

（二）职业结构重心发生转移

第一产业的就业数量比例降低，劳动生产率很高，产品呈现绿色、高科技、深加工等特点，职业岗位则"少而精"，其知识、技术含量高，对从业者——"现代农民"的技能素质层次要求高。第二产业的结构随着社会需求变化而不断变化、更新，其产品和技术工艺的种类繁多，职业岗位的数量与层次将增多。未来的以服务为主的第三产业的职业将迅速发展，数量和比例进一步加大，岗位种类与层次众多，职业层次提高，形成若干大的"第三产业"职业群（如金融证券、物业管理、旅游、保健类职

---

① 郭宇强．我国职业结构变迁研究 ［D］．北京：首都经济贸易大学，2007.

② 资料来源：O＊NET OnLine（onetonline. org）。

业），以至于人们将提出"第四产业""第五产业"的概念。未来相当长一个时期内，与新科技革命相关的信息、能源、环境、生命、空间领域的技术岗位都将成为热门职业。

二、从职业的社会性看，从业者的社会活动方式将发生根本性的变革

职业作为人们参与社会生活、从事社会活动、进行人生实践的最主要场所，从多方向决定了从业者的特征和境遇。从业者的社会活动方式将发生根本性的变革，主要表现为工作方式、组织方式和人际关系的变革。

（一）工作方式的变革

工作以项目为核心的发展趋势日益明显，城市化的发展使员工居住的地方越来越分散，居家办公将进一步普及。信息产业成为第四产业，从事信息密集型行业的人数将逐渐超过从事传统服务业和制造业的人数。现代化的通信手段如电子邮件、网络会议的使用将成为人们工作联系的主要方式。在美国远程求职网站"弹性工作"（FlexJobs）进行的一项调查中，60%的女性和52%的男性表示，如果他们不能远程工作，他们会考虑寻找新的工作机会。有65%的员工认为，他们在家工作比在传统办公环境中工作更有效率。[①]

（二）组织方式的变革

工业社会组织特征是较稳定的内部组织结构，可预期的活动计划；易于分割的流水线工作流程；易于分解的职能和责任范围。而知识经济时代，职业结构将发生变革，越来越多的工作包含了知识的加工而不是对物质的处理。导致传统的、长期的、固定的工作正在被临时性工作、项目分包、专家咨询、交叉领域的合作所代替，生产方式呈多元化态势。与其相适应的组织方式也将发生变革，网络技术支持下的虚拟组织、交叉领域的团队组织以及完成外包工作的工作小组都将成为未来的组织方式。

（三）人际关系的变革

由于组织方式的多元化以及社会保障体系的完善，从业者对组织的依

---

① 混合办公将是美国未来长期主要工作趋势 ［EB/OL］. ［2023 - 05 - 06］. https：//baijia-hao. baidu. com/s？ id = 1765096630029499630&wfr = spider&for = pc.

赖性减弱，传统的固定组织中的人际关系被弱化。组织中群体间的思想、情感交流趋于表层，群体冲突和"办公室政治"相对弱化。组织中人际沟通方式也呈多样性，但以网络技术和现代通信手段为主，而非正式组织迅速发展，以此来满足人们的人际交往的需求。由工作项目支撑的或以合作交流为目的的非正式组织大多发展成为新的正式组织，从业者因此有了第二、第三职业，这就使从业者的人际关系更加广泛。

三、从职业伦理性看，劳动者职业道德趋向规范化

职业道德是整个社会道德体系的基本组成部分。职业道德本身不是一个凝固的东西，它追随着社会伦理的变化而变化。但我们发现一个问题就是职业道德的规范往往滞后于经济和社会的发展，而社会最终需要与之发展相适应的职业道德。因此，职业道德的规范化将成为21世纪职业发展的趋势。

（一）职业伦理的准则化

工作岗位的权利、职责和义务会被界定得非常清晰，而且和谐、统一。各行各业都有严谨的专业伦理规范，例如医药伦理、工程伦理、商业伦理，等等。而且各专业协会都有专门部门制定工作规范，制裁违反职业道德的专业人员。职业伦理逐步内化或落实为从业者个人的道德体认，从业者能够自觉恪守其所在职业的行为规范和伦理准则。

（二）职业道德的教育成为职业开发的重点

未来全社会对从业者的职业道德的要求会更高，政府将为职业道德的教育作出真正自觉而积极的努力，改进的力度和政策措施会大大增加。职业品德的培养成为人力资源开发的最重要的因素。体力、知识、技能与经验是基础，而职业道德是动力，是方向，是核心。职业道德的培育将成为职业化的最关键的环节。

（三）工作职责与社会职责的统一

新教伦理主张"努力工作以取悦上帝"，社会主义的职业伦理主张"干一行、爱一行"，但在许多职业情境中个人利益与社会伦理相矛盾乃至分裂的现象还普遍存在，如职务犯罪、以权谋私等。工作职责与社会职责将会趋向圆融和统一。公共精神得以培植起来，工作的目的体现在为社会服务，公私范畴被明确界定，从业者的社会责任感会增强，他们对团队的

忠诚以及对政府和社会的信心都会增强。

四、从职业经济性看，职业的经济性被弱化

从经济学意义上更强调职业的经济性。从业者从事某种职业，必须要从中取得经济收入，它是个人生存和维持家庭的物质基础。"趋利"与"避害"一样，都是生物对外部环境的必然选择。人的"趋利"更多地体现在追求高收入的职业上，这也就成为工业时代人们选择职业的主要标准。

随着社会生产力的发展，整个社会经济水平和社会福利水平大大提高，从业者的经济收入也快速增长，人们从谋生、养家的职业状态中摆脱出来。经济收入不再成为从业者选择职业的最重要的因素，职业的经济性被弱化。从业者更多考虑的是获得多种非经济利益。这种非经济的利益包括名誉、地位、权力、各种便利等，从而使个人获得心理满足，达到"乐业"的境地。

五、从职业稳定性看，职业模式趋于"易变性"

工业时代的特点可以用标准、秩序、生产、规律性和效率来形容，因而终身为一个组织工作，从事一个稳定的、长期的固定职业是未来有效的职业模式。然而，职业模式趋于"易变性"，主要表现在以下几个方面。

（一）从业多样化

人们越发清楚地认识到科技发展的真正方向是"让工作走开"。从制造业开始，继而进入办公室，每天都有更多的工作被自动化了，很多职业正在衰退甚至消失。这就使职业本身的生命周期越来越短，从业者一生从事一种职业的可能性在减少，从业者必须在多个职业领域出入。

（二）就业自主化

未来随着企业掌握了越来越多的技术手段，工作就越来越不受时间和地点的束缚，终身依附一个组织的固定职业不断削减，不依赖组织的自由职业不断产生。终身就职于一家企业的观念将被时代淘汰。人的就业自由选择权越来越得到承认和落实。政府通过法律、就业服务、失业救济或保险来对人们自由择业的基本权利加以保障。

（三）流动加速化

职业化的从业者是由全社会来整体配置，强调职业转换和职业流动，从业者的职业空间大大扩展，职业趋于无边界。同时，个人寻求自身发展的动机和行为大大强化，高度竞争条件下的用人单位人力资源优化配置的动机和行为也进一步加强，这从供给和需求两个方面都使得社会职业的流动加速。

六、从职业技术技能性看，职业技术技能教育社会化

科学技术的发展和人类社会需求层次的提高，对从业者的职业技能要求越来越高，主要体现出专业化和复合化的特点。无论是专业化还是复合化都将使从业者的知识结构发生重大的变化，职业技能教育将成为重要的社会现象。职业技能教育的网络在全社会形成，各种专业化的职业资格考试将成为职场的热点，职业资格考试培训，高、中等职业院校教育和企业内部培训作为职业技能教育的三大支柱将发挥巨大的作用。从业者的培训将被提到前所未有的战略高度。

七、从职业类型特征看，职业将趋于数字化、智能化和绿色化

目前数字化、智能化和绿色化转型也成为企业转型发展的标配。未来在数字化、智能化和绿色化的进程中，职业的类型也会随着企业的转型而不断变化。

（一）数字化

借鉴《2019 华为行业数字化转型方法论白皮书》给出的数字化转型的定义，数字化是利用云计算、大数据、物联网、人工智能等新一代数字技术，构建一个全感知、全连接、全场景、全智能的数字世界，在实现数字世界对物理世界的精准映射基础上，优化再造物理世界的业务，对传统管理模式、业务模式、商业模式进行创新和重塑，实现业务成功，数据是企业发展和运营的核心，数字化是智能化的初级形态。因此在数字化时代，传统管理模式、业务模式和商业模式的创新和重塑也就意味着与之对应职业的创新和重塑，职业内容会发生相应的改变。以企业财务部门为例，信息化让计算变得简单，但是凭证的录入还需要财务人员来

操作。在数字化转型的企业，每笔交易信息虽然还需要财务人员进行核实，但已经不需要财务人员来录入凭证，也不需要负责庞大的数据计算工作。

（二）智能化

智能化可以理解为一个主体对外部市场环境的变化作出响应的能力，这个主体可以是一个机器人、数控机床、立体仓库，可以是一个研发团队、一个人，也可以是一个车间。判断一个主体是不是智能，最重要的一个标志是该主体对外部环境的变化响应的能力有多高。由此可以看出智能化是数字化的更高级应用，它提升的不仅仅是工作效率，甚至消灭了"工作"。继续以财务部门举例，在智能化时代，公司通过研发自动识别数字会计凭证并分类会计科目的 AI 算法代替财务人员的核实工作。自此，会计这个"工作"很可能就消失了。以此类推，未来很多职业可能会因智能化进程而消亡，同时也会因为智能化而产生。

（三）绿色化

绿色化的概念包含在经济领域和社会生活领域。经济领域绿色化是指科技含量高、资源消耗低、环境污染少的产业结构和生产方式。社会生活绿色化是指生活方式和消费模式向勤俭节约、绿色低碳、文明健康的方向转变，力戒奢侈浪费和不合理消费。2021 年 9 月 22 日中共中央、国务院发布了《关于完整准确全面贯彻新发展理念做好碳达峰碳中和工作的意见》，这是中国对绿色化的最新指导意见。意见指出要推进经济社会发展全面绿色转型，推进经济社会发展全面绿色转型。具体而言，要加快推进农业绿色发展，促进农业固碳增效，加快推进工业领域低碳工艺革新和数字化转型，遏制高耗能高排放项目，大力发展绿色低碳产业。着力发展新一代信息技术、生物技术、新能源、新材料、高端装备、新能源汽车、绿色环保以及航空航天、海洋装备等战略性新兴产业。推动互联网、大数据、人工智能、第五代移动通信（5G）等新兴技术与绿色低碳产业深度融合。尽管绿色化概念从 20 世纪 90 年代开始在各个领域已经开始广泛应用。但绿色化在政治局会议中多次提及在中国还是首次。因此随着低碳产业的发展，未来必将衍生出较多关于绿色化产业相关的职业和岗位，这是时代发展的必然选择。

第二章

中国的职业分类

　　《管子》一书中记载"士农工商四民者，国之石民也。"四民，指的是古代中国的四种公民，即士、农、工、商。四民制度起源于春秋时期，具体指士民、农民、工民、商民，是古代中国政府对于平民职业的基本划分。中华人民共和国成立以后，自 1964 年第二次全国人口普查，我国开始统计有关"职业"的项目，并于 1981 年 7 月，制定出在第三次全国人口普查中使用的《职业分类与代码》，奠定了编制职业分类国家标准的基础。1992 年，由原国家劳动部会同国务院各行业部委编制的《中华人民共和国工种分类目录》颁布实施，初步形成了以"工种"为分类标志的职业分类体系。1999 年 5 月，原劳动保障部会同原国家质量技术监督局、国家统计局颁布了我国第一部《中华人民共和国职业分类大典》，填补了我国职业分类的空白，标志着适应我国国情的国家职业分类体系基本建立。本章节聚焦 20 世纪 90 年代以来，我国职业分类的主要发展和成果，包括《中华人民共和国工种分类目录》《中华人民共和国职业分类大典 (1999 年版)》《中华人民共和国职业分类大典（2015 年版)》《中华人民共和国职业分类大典（2022 年版)》以及我国台湾地区的职业分类情况等。

第一节　我国的职业分类大典

一、《中华人民共和国工种分类目录》

　　工种是根据生产管理的需要，按照生产劳动性质和工艺技术特点划分的工作种类。我国的工种划分源自全国第三次修订工人技术等级标准工作。在 1963 年和 1978 年，原劳动部和国家劳动总局组织了两次全国性的修订工人技术等级标准工作。从 1988 年下半年开始，原劳动部组织国务院四十五个行业主管部门进行了全国第三次修订工人技术等级标准工作。"修标"工作大致分三个阶段进行：第一阶段是进行前期的调查研究和论证工作，理出"修标"思路；第二阶段是编制工种分类目录；第三阶段是组织和指导各行业修订工人技术等级标准。《中华人民共和国工种分类目录》（以下简称《工种分类目录》）就是在全国第三次修订工人技术等级标准工作的过程中出台的。

（一）编制的必要性和意义

《工种分类目录》伴随着 1988 年下半年第三次"修标工作"而开始，与中华人民共和国成立初期相比，我国的劳动力市场、企业用工情况、人力资源管理等方面都发生了重大变化。

1. 编制的必要性

（1）人力资源服务业需要规范的工种分类。

20 世纪 70 年代末，劳动人事部门开始创立并组织劳动服务公司，解决待业人员就业问题。在此时期，人才公共服务机构也陆续成立。1979 年，北京市友谊商业服务总公司成立，市场化的人力资源服务开始出现。1981 年，中共中央、国务院下发《关于广开门路，搞活经济，解决城镇就业问题的若干规定》，要求在明确"三结合"就业方针的同时，积极成立劳动服务公司，负责对待业人员进行组织、培训和介绍职业。到 1990 年左右，围绕就业、人才资源优化配置的全国、省级人才交流服务机构相继成立，地市级、县区级机构也陆续建成，人力资源服务业规模逐步扩大，规范市场化的人力资源服务发展，工种分类变得十分重要。

（2）劳动力管理存在一定问题。

在《工种分类目录》颁布以前，我国劳动力由各部委和行业组织在系统内部进行管理，因此，对各类工种的划分缺乏统一标准和依据，存在工种划分过细、工种名称重复、技术等级标准不一致等问题。这些问题的存在阻碍了我国对劳动力的科学化管理，不利于从国家层面建立培训、考核、管理劳动力的相关制度。

2. 编制意义

《工种分类目录》由原劳动部会同国务院各行业部委组织各方面的专

家、学者和技术人员共同编制，其颁布是我国第一次对工种进行了科学规范的划分和归类，具有开创性意义。

一是为建立科学规范的职业分类体系打下基础。做好《工种分类目录》的完善工作，初步建立起行业齐全、层次分明、内容比较完整、结构比较合理的工种分类体系，有助于更好地建立既能符合我国国情，又可与国际标准体系相互转换的科学规范的职业分类体系，为进一步做好职业分类工作奠定了坚实基础。

二是社会劳动力管理重要的基础工作。随着改革开放的不断深化，充分开发、科学管理和有效利用人力资源，全面提高劳动者素质是劳动工作中面临的重要任务。《工种分类目录》的出台有助于就业人口所从事的各类职业有一个比较全面、系统化的分类，这种标准化的过程使得不同行业、不同地区在职业信息的收集、存储、检索、分析和研究等方面有了共同的语言，从而更有效地利用人力资源，更科学地进行社会劳动力的管理。

三是更科学地管理我国工人队伍的需要。科学的工种分类，不仅是修订我国工人技术等级标准、制定工人岗位规范、进行工人技能培训和考核的依据，而且是我国工人队伍的素质和技术结构不断适应国家经济建设和社会发展的需要。

四是作为开展对劳动力的预测、分析和研究的依据。是开展劳动力需求预测和规划，对就业人口的结构、层次及其发展趋势进行调查统计和分析研究，制定职业教育和培训计划，进行职业介绍和就业咨询的重要依据；在企业劳动组织管理和生产要素的合理组合以及建立培训、考核和使用及待遇相结合的制度等方面也有重要的意义和作用。

（二）编制的指导思想、原则和过程

《工种分类目录》的编制历时近四年，由原劳动部会同四十五个行业主管部门和各方面专家、学者和技术人员协同努力完成。

1. 指导思想

编制《工种分类目录》是为适应经济发展、技术进步和加强劳动管理的客观需要，逐步形成一个行业齐全、内容完整、层次分明、结构合理的工种分类体系，为劳动力社会化管理提供科学依据，为建立既能符合我国国情，又可与国际标准体系相互转换的科学、规范的职业分类体系奠定良好的基础。改变过去工种分类不科学，工种划分过细且重复交叉、技术内容失真的状况。

2. 编制原则

编制主要遵循了五个原则：规范化原则、实用性原则、适用性原则、简化和统一原则、行业归口原则，具体如下：

（1）规范化原则。

工种是根据劳动管理的需要，按照生产劳动的性质和工艺技术的特点而划分的工作种类。以工人所从事的工作性质的同一性进行工种划分，逐步达到工种分类体系的科学化和规范化。

（2）实用性原则。

工种划分以目前大多数企业专业分工和劳动组织的基本现状为依据，从目前企业生产技术和劳动管理水平的客观实际出发，适应合理组织劳动力的需要。结合企业生产技术发展和劳动组织改善等方面的因素，考虑工作岗位的稳定程度和工作量的饱满程度进行工种划分。

（3）适用性原则。

从我国的实际情况出发，按照物质生产领域和非物质生产领域行业的不同特点，提出适用于不同行业工种划分的依据和方法。在制造业中，突破主要以产品划分工种、以岗位或工序设置工种的旧模式，以生产过程中操作技术内容（操作设备、工作物）和生产工艺的同一性作为工种划分的基本依据和方法。

（4）简化和统一原则。

根据企业技术进步、设备更新、工艺改革、产品更新换代和劳动组织改善，以及提高工人队伍技术业务素质等方面的客观要求和发展趋势，改变工种划分过细的状况，对工种名称、内容相同，操作技术、工艺相近，使用设备、工具相仿的工种进行调整、合并、简化。

（5）行业归口原则。

工种按行业实行归口管理，协调解决工种交叉重复问题，确定交叉工种的行业归属。对于行业归属不明确的交叉工种，采取合作的方式妥善处理。

3. 编制过程

从20世纪80年代末开始，原劳动部培训司、职业技术教育研究所会同国务院四十五个行业主管部门的劳资机构，组织各方面的专家、学者和技术人员，在广泛调查研究和充分进行可行性论证的基础上，根据我国企业劳动组织管理和生产技术发展的实际情况，借鉴国外职业分类的先进经验，历时近四年时间，编辑出版了《工种分类目录》。具体编制过程如下：

原劳动部从 1988 年下半年开始组织四十五个行业主管部门编制工种目录初稿，至 1989 年底，各行业基本完成初稿。从 1990 年 5 月开始，陆续召开农业、建设、机械电子、化工、商业和轻工六大行业平衡工种目录的会议，并于同年 8 月底，由各行业对本行业工种目录进行修改。1990 年 9 月，原劳动部召开了有各行业专家参加的《工种分类目录》论证会，形成了专家论证报告。1991 年原劳动部聘请 14 位有丰富实践经验和较高理论研究水平的同志成立了"修标"专家组，并召开了四次专家审定会，分批审定行业上报的工种目录送审稿。各行业根据专家意见、再次修改形成报批稿。原劳动部再组织有关专家在技术内容和文字上进行最后编审，于 1992 年 6 月交劳动出版社编辑加工，1992 年 10 月正式出版发行。

（三）分类基本结构

《工种分类目录》按行业分成 46 个大类，包含 4700 多个工种，几乎覆盖了全国所有工人从事的工作种类，按照"行业—专业—工种"的顺序依次编排工种，见表 2 - 1。行业或专业名称参照《国民经济行业分类和代码》（国标 GB4754—1984），并考虑我国的实际情况确定。每一个行业被赋予一个二位数代码。行业内部工种目录编码按照"行业代码—顺序号"的顺序排列。

表 2 - 1　　　　　　　《工种分类目录》的 46 个大类

行业代码	行业类别	工种数量	行业代码	行业类别	工种数量	行业代码	行业类别	工种数量
01	民政	8	08	林业	99	15	冶金工业	134
02	印钞造币	44	09	机械工业	206	16	化学工业	191
03	商业	133	10	航空航天工业	259	17	纺织工业	549
04	旅游	11	11	电力	88	18	轻工业	510
05	对外经济贸易	10	12	水利	33	19	铁道	105
06	物资	14	13	建设	100	20	交通	139
07	农业	135	14	地质矿产	24	21	邮电	49

续表

行业代码	行业类别	工种数量	行业代码	行业类别	工种数量	行业代码	行业类别	工种数量
22	文化	16	31	黄金工业	3	39	有色金属工业	263
23	广播电影电视	50	32	烟草工业	65	40	石油天然气	44
24	体育	1	33	医药	198	41	矿山采选业	118
25	建筑材料工业	130	34	中医药	46	42	核工业（略）	
26	民用航空	72	35	环境保护	8	43	兵器工业	124
27	海洋	18	36	电子工业	321	44	汽车工业	29
28	测绘	21	37	船舶工业	50	45	海洋石油	6
29	新闻出版	88	38	石油化工	27	46	其他	13
30	技术监督	31						

资料来源：根据《工种分类目录》整理。

　　《工种分类目录》中的每个工种都包括编码、工种名称、工种定义、适用范围、等级线、学徒期（培训期和见习期）和熟练期等项内容，见表2-2。工种名称既准确地反映了工种的特性，又兼顾其行业的特点和习惯称谓。工种定义是对工种性质的描述和说明，一般包括工作手段、方式、对象和目的等项内容。适用范围是指工种所包括的主要生产工作岗位。

表2-2　　　　　　　　　　　《工种分类目录》节选

编码	工种名称	工种定义	适用范围	等级线	学徒期		熟练期
					培训期	见习期	
03-032	冷藏工	采用平面垂直运输机械及其他冷藏器具，对商品进行运输、储存、交接，维护有关制冷设备	肉联厂、肉制品加工厂、冷冻厂、冷库等	初、中、高	两年		
					一年	一年	
03-033	制冰工	利用制冷设备，制造各种食用、冷冻鲜活品用冰	肉联厂、肉制品加工厂、冷冻厂、冷库等	初、中			一年

工种等级线是工种技术复杂程度的客观反映。《工种分类目录》在科学划分工种的基础上，通过对工种的分析与评价，根据技术复杂程度及工人掌握其基本知识和技能所需专业培训时间的长短，合理地设定技术等级，并将以八级制为主体的等级结构形式简化为以三级制为主体的等级结构形式。技术要求复杂的工种等级线一般设定初、中、高三级；技术要求比较简单、不易或不宜划分等级的工种一般设初、中两级，或不再区分等级。某些工种技术等级为中、高两级的，属于转化或晋升工种。

（四）实践应用情况

1. 修订工人技术等级标准

《工种分类目录》是国家修订工人技术等级标准、企业制定工人岗位规范的基础，国务院各行业主管部门依据工种分类目录，开展修订或制定本行业工人技术等级标准工作。新标准经原劳动部审定后，由原劳动部和行业主管部门联合颁发。

2. 规定学徒培训期限

《工种分类目录》是对工人进行技术业务培训和考核的依据。根据《招用技术工种从业人员规定》（劳动和社会保障部令第6号），对于从事技术工种的学徒，用人单位应按照《工种分类目录》所规定的学徒期进行培训。学徒期和培训期是对工人掌握本工种基本的专业技术理论和操作技能，并能够独立工作所需的培训期限。《工种分类目录》根据国家的有关法规和企业的实际情况，提出了确定学徒期和熟练期的原则：凡技术复杂，等级线设初、中、高三级的工种，除个别行业外，一律实行两年以上（包括两年）的学徒期；凡技术要求比较简单的工种（等级线设初、中两级或初级的）实行两年以下的熟练期。考虑到我国今后学徒培训制度改革的趋势，在学徒期项目下增加了培训期和见习期两项内容。对实行三年学徒期的工种，规定培训期两年、见习期一年；对实行两年半学徒期的工种，规定培训期一年半、见习期一年；对实行两年学徒期的工种，规定培训期一年、见习期一年。2015年11月12日，人力资源社会保障部决定，对《招用技术工种从业人员规定》予以废止。

3. 其他

除了以上提到的两点之外，《工种分类目录》还广泛应用于以下场景：

对就业人口的结构、层次及其发展趋势进行调查统计和分析研究；劳动力需求预测和人力资源开发规划；职业教育和培训规划的制定；各类职业学校进行教学计划、教学大纲、教材的制定；就业指导和就业咨询；企业劳动组织管理和劳动力合理配置等诸多方面。

二、《中华人民共和国职业分类大典（1999 年版）》

职业结构的变化客观反映了经济和科技的发展变化，是社会进步的主要标志。自改革开放以来，我国的经济体制由指令性计划经济转向市场经济，大量农村剩余劳动力进入城市从事非农职业，我国的职业结构也开始了动态的发展过程，劳动者就业的职业化特征越来越明显。对职业进行系统分析和科学分类，是充分开发利用人力资源，促进人力资源管理科学化、规范化的一项十分重要的基础性工作。作为我国第一部对职业进行科学分类的权威性文献，《中华人民共和国职业分类大典（1999 年版）》（以下简称《大典（1999 年版）》）的颁布，标志着我国职业分类工作进入新的历史发展阶段。

（一）编制的必要性和意义

《大典（1999 年版）》的出台是一项开创性的工作，它的编制组织动用近千名专家学者的集体智慧，历时数载。

1. 编制的必要性

（1）职业分类的空白亟待填补。

在《大典（1999 年版）》出台之前，我国缺乏一部对职业进行科学分类的权威性文献。开展职业分类大典的制定工作，可以为适应我国在市场经济条件下，实现劳动力资源的社会化管理，为开展劳动力需求预测和规划、进行就业人口结构及发展趋势调查统计、了解行业或部门经济现状全貌等研究提供重要依据。职业分类大典将作为我国职业领域的工具书，揭示职业的内涵和外延，给各类职业完整的定义。

（2）《中华人民共和国劳动法》明确提出确定职业分类。

1995 年 1 月 1 日，《中华人民共和国劳动法》（以下简称《劳动法》）正式实施，《劳动法》的第六十九条明确规定"国家确定职业分类，对规定的职业制定职业技能标准，实行职业资格证书制度。"《劳动法》的出台为我国编制国家职业分类大典提供了基本的法律依据，同时也对国家职业分类工作的开展起到了一定的督促和推动作用。

（3）我国在职业分类领域与国际发展状况有较大差距。

世界各国，特别是经济发达国家，对职业分类都十分重视，这些国家最早在 20 世纪初就开始了职业分类相关的研究，并投入了相当大的人力、物力和财力。例如，美国早在 20 世纪 20 年代就制定了《职业名称词典》；国际劳工组织于 1949 年开始制定供各国参考和比照的职业分类，1958 年出版了《国际标准职业分类》，并于 1968 年、1988 年两次修订，以适应各国经济社会的飞速发展；加拿大于 1971 年出版了《加拿大职业分类词典》。相比之下，我国在职业分类领域与发达国家相比差距较大，仍有大量空白亟待填补。

2. 编制意义

《大典（1999 年版）》的编制具有重要的里程碑意义，主要表现在以下六点：

一是标志着适应我国国情的国家职业分类体系的基本建立。职业分类作为制定职业标准的依据，是促进人力资源科学化、规范化管理的重要基础性工作。职业分类大典是我国职业分类的成果形式和载体，其编制填补了我国在职业分类领域的一项空白。

二是客观地反映了我国社会职业结构状况。《大典（1999 年版）》的编制从我国经济发展、科技进步和产业结构变化的实际出发，按照工作性质同一性的基本原则，较为准确地描述了每个职业的工作内容及活动范围，全面客观地反映了当时我国社会职业结构状况。

三是为推动我国职业分类和职业标准体系建设打下基础。《大典（1999 年版）》颁布后，国家推动开发职业标准新模式，并对新模式进行试点，为我国建立适合社会主义市场经济条件下职业培训和技能鉴定需要的职业标准体系打下重要基础。

四是为推动职业教育培训等工作打下基础。编制国家职业分类大典，对于开展职业教育、职业培训、职业指导、就业介绍等活动，科学设置职业教育培训专业和课程内容，按需开展人才培养培训，提高劳动者素质等方面具有引领作用。

五是为促进创业就业提供支撑。国家职业分类大典的编制，为职业指导和职业介绍提供依据，对于加强就业岗位开发，挖掘就业潜力，都具有积极的促进作用。

六是标志着我国职业划分归类与国际职业划分正式接轨。我国国家职业分类在一定程度上研究和借鉴了国际职业分类的通行做法，在整体结构和分类方法的确定上和国际接轨。

（二）编制工作的指导思想、原则和过程

《大典（1999 年版）》的编制历时 6 年，并且组建了专门的工作委员会，相比《工种分类目录》，《大典（1999 年版）》的编制工作更为成熟。

1. 编制工作的指导思想

《大典（1999 年版）》编制工作的指导思想是从我国实际出发，以社会分工为基础，体现我国职业的现状与发展趋势：以国家标准——《国家职业分类和代码》为依据，在《工种分类目录》的基础上进行职业划分，并明确职业定义及其适用范围和主要职能：同时借鉴国际标准职业分类以及有关国家和地区职业分类的经验，使我国的职业分类与国际职业分类逐步接轨。

2. 编制工作的原则

《大典（1999 年版）》，编制工作的原则如下：第一，科学性、先进性。遵循职业活动的内在规律，正确反映不同管理层次、不同技术水平、不同业务范畴职业的特性。同时，体现社会经济发展、科技进步和产业结构的变化，并具有时代感和超前性。第二，客观性、适用性。从我国行业划分、产业技术结构和管理体制的现状出发，充分考虑各行业、各部门工作性质、技术特点、劳动组织、工作条件的不同情况，按照工作性质同一性进行职业划分。同时，还要适应我国信息统计、人口普查、劳动力管理、职业教育和职业培训、职业指导和就业服务等工作的实际需要。第三，开放性、国际性。学习借鉴国际上职业分类的做法，在结构框架等方面和国际接轨。

3. 编制过程

《大典（1999 年版）》从 1994 年下半年开始制定，于 1999 年 9 月 26 日由原劳动社会保障部、国家质量技术监督局、国家统计局联合颁布实施。其编制主要分为两个阶段。

（1）前期准备工作。

1994年11月，由原劳动部牵头，国务院有关部门参加，提出了编制职业大典的计划。1995年2月，原劳动部、国家统计局、国家技术监督局联合成立了"国家职业分类大典和职业资格工作委员会"，统一指导、组织和协调国家职业分类大典和职业资格标准的制定工作。1996年2月，"国家职业分类大典和职业资格专家委员会"成立，为《大典（1999年版）》的编制工作提供了组织保证。

（2）编写和审定阶段。

一是基本框架的确定。根据《大典（1999年版）》编制工作的目标、指导思想和选择，大典办公室确定了大典的总体结构及职业类别划分的基本原则，提出了职业类别划分的框架思路和原则，指导各行业部门进行职业框架的划分工作。此外，大典办公室还召开了二十多次专业委员会专家会议，对基本框架初稿存在的问题进行协调论证，按时完成了大典的基本框架。

二是职业定义与职业描述的编写。大典办公室先组织有关行业部门专家根据本行业特点，选择职业进行试写，然后召开研讨会，总结经验，对编写的原则、依据、工作程序等做统一规定，并印发了《编写范例》供专家编写时参考。

三是职业定义和职业描述的审定工作。大典工作委员会于1997年8月发出通知，对审定工作的组织形式、成员要求、审定内容等做了统一部署。按照规定的编写原则和工作程序，分别召开二十多个专业委员会的审定会，对各行业、部门编写的内容逐一审定。1998年12月，《大典（1999年版）》最后定稿。

（三）分类基本结构和分类原则

1. 基本结构

《大典（1999年版）》将我国现有从业人员的职业划分为8个大类，66个中类，413个小类，1838个细类（职业）。大类、中类、小类基本内容见表2-3。

表 2 – 3　　《大典（1999 年版）》的大类、中类、小类基本内容

大类	中类	小类
第一大类 1（BGM0） 国家机关、党群组织、企业、事业单位负责人	1 – 01（GBM0 – 1）中国共产党中央委员会和地方各级党组织负责人	1 – 01 – 00（GBM0 – 10）中国共产党中央委员会和地方各级党组织负责人
	1 – 02（GBM0 – 2）国家机关及其工作机构负责人	1 – 02 – 01（GBM0 – 21）国家权力机关及其工作机构负责人 1 – 02 – 02（GBM0 – 22）人民政协及其工作机构负责人 1 – 02 – 03（GBM0 – 23）人民法院负责人 1 – 02 – 04（GBM0 – 24）人民检察院负责人 1 – 02 – 05（GBM0 – 25）国家行政机关及其工作机构负责人 1 – 02 – 99（GBM0 – 29）其他国家机关及其工作机构负责人
	1 – 03（GBM0 – 3）民主党派和社会团体及其工作机构负责人	1 – 03 – 01（GBM0 – 31）民主党派负责人 1 – 03 – 02（GBM0 – 32）工会、共青团、妇联等人民团体及其工作机构负责人 1 – 03 – 03（GBM0 – 33）群众自治组织负责人 1 – 03 – 99（GBM0 – 39）其他社会团体及其工作机构负责人
	1 – 04（GBM0 – 4）事业单位负责人	1 – 04 – 01（GBM0 – 41）教育教学单位负责人 1 – 04 – 02（GBM0 – 42）卫生单位负责人 1 – 04 – 03（GBM0 – 43）科研单位负责人 1 – 04 – 99（GBM0 – 49）其他事业单位负责人
	1 – 05（GBM0 – 5）企业负责人	1 – 05 – 01（GBM0 – 50）企业负责人
第二大类 2（GBM1/2） 专业技术人员	2 – 01（GBM1 – 1 至 1 – 2）科学研究人员	2 – 01 – 01（GBM1 – 11）哲学研究人员 2 – 01 – 02（GBM1 – 12）经济学研究人员 2 – 01 – 03（GBM1 – 13）法学研究人员 2 – 01 – 04（GBM1 – 14）社会学研究人员 2 – 01 – 05（GBM1 – 15）教育科学研究人员 2 – 01 – 06（GBM1 – 16）文学、艺术研究人员 2 – 01 – 07（GBM1 – 17）图书馆学、情报学研究人员 2 – 01 – 08（GBM1 – 18）历史学研究人员 2 – 01 – 09（GBM1 – 19）管理科学研究人员 2 – 01 – 10（GBM1 – 21）数学研究人员 2 – 01 – 11（GBM1 – 22）物理学研究人员 2 – 01 – 12（GBM1 – 23）化学研究人员 2 – 01 – 13（GBM1 – 24）天文学研究人员 2 – 01 – 14（GBM1 – 25）地球科学研究人员 2 – 01 – 15（GBM1 – 26）生物科学研究人员 2 – 01 – 16（GBM1 – 27）农业科学研究人员 2 – 01 – 17（GBM1 – 28）医学研究人员 2 – 01 – 99（GBM1 – 29）其他科学研究人员

大类	中类	小类
第二大类 2（GBM1/2） 专业技术人员	2-02（GBM1-3至 1-6）工程技术人 员	2-02-01（GBM1-31）地质勘探工程技术人员 2-02-02（GBM1-32）测绘工程技术人员 2-02-03（GBM1-33）矿山工程技术人员 2-02-04（GBM1-34）石油工程技术人员 2-02-05（GBM1-35）冶金工程技术人员 2-02-06（GBM1-36）化工工程技术人员 2-02-07（GBM1-37）机械工程技术人员 2-02-08（GBM1-38）兵器工程技术人员 2-02-09（GBM1-39）航空工程技术人员 2-02-10（GBM1-41）航天工程技术人员 2-02-11（GBM1-42）电子工程技术人员 2-02-12（GBM1-43）通信工程技术人员 2-02-13（GBM1-44）计算机与应用工程技术人员 2-02-14（GBM1-45）电气工程技术人员 2-02-15（GBM1-46）电力工程技术人员 2-02-16（GBM1-47）邮政工程技术人员 2-02-17（GBM1-48）广播电影电视工程技术人员 2-02-18（GBM1-49）交通工程技术人员 2-02-19（GBM1-51）民用航空工程技术人员 2-02-20（GBM1-52）铁路工程技术人员 2-02-21（GBM1-53）建筑工程技术人员 2-02-22（GBM1-54）建材工程技术人员 2-02-23（GBM1-55）林业工程技术人员 2-02-24（GBM1-56）水利工程技术人员 2-02-25（GBM1-57）海洋工程技术人员 2-02-26（GBM1-58）水产工程技术人员 2-02-27（GBM1-59）纺织工程技术人员 2-02-28（GBM1-61）食品工程技术人员 2-02-29（GBM1-62）气象工程技术人员 2-02-30（GBM1-63）地震工程技术人员 2-02-31（GBM1-64）环境保护工程技术人员 2-02-32（GBM1-65）安全工程技术人员 2-02-33（GBM1-66）标准化、计量、质量工程技术人员 2-02-34（GBM1-67）管理（工业）工程技术人员 2-02-99（GBM1-69）其他工程技术人员
	2-03（GBM1-7） 农业技术人员	2-03-01（GBM1-71）土壤肥料技术人员 2-03-02（GBM1-72）植物保护技术人员 2-03-03（GBM1-73）园艺技术人员 2-03-04（GBM1-74）作物遗传育种栽培技术人员 2-03-05（GBM1-75）兽医兽药技术人员 2-03-06（GBM1-76）畜牧与草业技术人员 2-03-99（GBM1-79）其他农业技术人员

续表

大类	中类	小类
第二大类 2（GBM1/2） 专业技术人员	2 - 04（GBM1 - 8） 飞机和船舶技术人员	2 - 04 - 01（GBM1 - 81）飞行人员和领航人员 2 - 04 - 02（GBM1 - 82）船舶指挥和引航人员 2 - 04 - 99（GBM1 - 89）其他飞机和船舶技术人员
	2 - 05（GBM1 - 9） 卫生专业技术人员	2 - 05 - 01（GBM1 - 91）西医医师 2 - 05 - 02（GBM1 - 92）中医医师 2 - 05 - 03（GBM1 - 93）中西医结合医师 2 - 05 - 04（GBM1 - 94）民族医师 2 - 05 - 05（GBM1 - 95）公共卫生医师 2 - 05 - 06（GBM1 - 96）药剂人员 2 - 05 - 07（GBM1 - 97）医疗技术人员 2 - 05 - 08（GBM1 - 98）护理人员 2 - 05 - 99（GBM1 - 99）其他卫生专业技术人员
	2 - 06（GBM2 - 1） 经济业务人员	2 - 06 - 01（GBM2 - 11）经济计划人员 2 - 06 - 02（GBM2 - 12）统计人员 2 - 06 - 03（GBM2 - 13）会计人员 2 - 06 - 04（GBM2 - 14）审计人员 2 - 06 - 05（GBM2 - 15）国际商务人员 2 - 06 - 99（GBM2 - 19）其他经济业务人员
	2 - 07（GBM2 - 2） 金融业务人员	2 - 07 - 01（GBM2 - 21）银行业务人员 2 - 07 - 02（GBM2 - 22）保险业务人员 2 - 07 - 03（GBM2 - 23）证券业务人员 2 - 07 - 99（GBM2 - 29）其他金融业务人员
	2 - 08（GBM2 - 3） 法律专业人员	2 - 08 - 01（GBM2 - 31）法官 2 - 08 - 02（GBM2 - 32）检察官 2 - 08 - 03（GBM2 - 33）律师 2 - 08 - 04（GBM2 - 34）公证员 2 - 08 - 05（GBM2 - 35）司法鉴定人员 2 - 08 - 06（GBM2 - 36）书记员 2 - 08 - 99（GBM2 - 39）其他法律专业人员
	2 - 09（GBM2 - 4） 教学人员	2 - 09 - 01（GBM2 - 41）高等教育教师 2 - 09 - 02（GBM2 - 42）中等职业教育教师 2 - 09 - 03（GBM2 - 43）中学教师 2 - 09 - 04（GBM2 - 44）小学教师 2 - 09 - 05（GBM2 - 45）幼儿教师 2 - 09 - 06（GBM2 - 46）特殊教育教师 2 - 09 - 99（GBM2 - 49）其他教学人员

大类	中类	小类
第二大类 2（GBM1/2） 专业技术人员	2-10（GBM2-5） 文学艺术工作人员	2-10-01（GBM2-51）文艺创作和评论人员 2-10-02（GBM2-52）编导和音乐指挥人员 2-10-03（GBM2-53）演员 2-10-04（GBM2-54）乐器演奏员 2-10-05（GBM2-55）电影电视制作及舞台专业人员 2-10-06（GBM2-56）美术专业人员 2-10-07（GBM2-57）工艺美术专业人员 2-10-99（GBM2-59）其他文学艺术工作人员
	2-11（GBM2-6） 体育工作人员	2-11-01（GBM2-60）体育工作人员
	2-12（GBM2-7） 新闻出版、文化工作人员	2-12-01（GBM2-71）记者 2-12-02（GBM2-72）编辑 2-12-03（GBM2-73）校对员 2-12-04（GBM2-74）播音员及节目主持人 2-12-05（GBM2-75）翻译 2-12-06（GBM2-76）图书资料与档案业务人员 2-12-07（GBM2-77）考古及文物保护专业人员 2-12-99（GBM2-79）其他新闻出版、文化工作人员
	2-13（GBM2-8） 宗教职业者	2-13-00（GBM2-80）宗教职业者
	2-99（GBM2-9） 其他专业技术人员	2-99-00（GBM2-90）其他专业技术人员
第三大类 3（GBM3） 办事人员和有关人员	3-01（GBM3-1） 行政办公人员	3-01-01（GBM3-11）行政业务人员 3-01-02（GBM3-12）行政事务人员 3-01-99（GBM3-19）其他行政办公人员
	3-02（GBM3-2） 安全保卫和消防工作人员	3-02-01（GBM3-21）人民警察 3-02-02（GBM3-22）治安保卫人员 3-02-03（GBM3-23）消防人员 3-02-99（GBM3-29）其他安全保卫和消防人员
	3-03（GBM3-3） 邮政和电信业务人员	3-03-01（GBM3-31）邮政业务人员 3-03-02（GBM3-32）电信业务人员 3-03-03（GBM3-33）电信通信传输业务人员 3-03-99（GBM3-99）其他邮政和电信业务人员
	3-99（GBM3-9） 其他办事人员和有关人员	3-99-00（GBM3-90）其他办事人员和有关人员

续表

大类	中类	小类
第四大类 4（GBM4） 商业、服务业人员	4-01（GBM4-1） 购销人员	4-01-01（GBM4-11）营业人员 4-01-02（GBM4-12）推销、展销人员 4-01-03（GBM4-13）采购人员 4-01-04（GBM4-14）拍卖、典当及租赁业务人员 4-01-05（GBM4-15）废旧物资回收利用人员 4-01-06（GBM4-16）粮油管理人员 4-01-07（GBM4-17）商品监督和市场管理人员 4-01-99（GBM4-19）其他购销人员
	4-02（GBM4-2） 仓储人员	4-02-01（GBM4-21）保管人员 4-02-02（GBM4-22）储运人员 4-02-99（GBM4-29）其他仓储人员
	4-03（GBM4-3） 餐饮服务人员	4-03-01（GBM4-31）中餐烹饪人员 4-03-02（GBM4-32）西餐烹饪人员 4-03-03（GBM4-33）调酒和茶艺人员 4-03-04（GBM4-34）营养配餐人员 4-03-05（GBM4-35）餐厅服务人员 4-03-99（GBM4-39）其他餐饮服务人员
	4-04（GBM4-4） 饭店、旅游及健身娱乐场所服务人员	4-04-01（GBM4-41）饭店服务人员 4-04-02（GBM4-42）旅游及公共游览场所服务人员 4-04-03（GBM4-43）健身和娱乐场所服务人员 4-04-99（GBM4-49）其他饭店、旅游及健身娱乐场所服务人员
	4-05（GBM4-5） 运输服务人员	4-05-01（GBM4-51）公路道路运输服务人员 4-05-02（GBM4-52）铁路客货运输服务人员 4-05-03（GBM4-53）航空运输服务人员 4-05-04（GBM4-54）水上运输服务人员 4-05-99（GBM4-59）其他运输服务人员
	4-06（GBM4-6） 医疗卫生辅助服务人员	4-06-01（GBM4-60）医疗卫生辅助服务人员
	4-07（GBM4-7至4-8）社会服务和居民生活服务人员	4-07-01（GBM4-71）社会中介服务人员 4-07-02（GBM4-72）物业管理人员 4-07-03（GBM4-73）供水、供热及生活燃料供应服务人员 4-07-04（GBM4-74）美容美发人员 4-07-05（GBM4-75）摄影服务人员 4-07-06（GBM4-76）验光配镜人员 4-07-07（GBM4-77）洗染织补人员 4-07-08（GBM4-78）浴池服务人员 4-07-09（GBM4-79）印章刻字人员 4-07-10（GBM4-81）日用机电产品维修人员 4-07-11（GBM4-82）办公设备维修人员 4-07-12（GBM4-83）保育、家庭服务人员 4-07-13（GBM4-84）环境卫生人员 4-07-14（GBM4-85）殡葬服务人员 4-07-99（GBM4-89）其他社会服务和居民生活服务人员

大类	中类	小类
第四大类 4（GBM4） 商业、服务业人员	4-99（GBM4-9） 其他商业、服务业人员	4-99-00（GBM4-90）其他商业、服务业人员
第五大类 5（GBM5） 农、林、牧、渔、水利业生产人员	5-01（GBM5-1） 种植业生产人员	5-01-01（GBM5-11）大田作物生产人员 5-01-02（GBM5-12）农业实验人员 5-01-03（GBM5-13）园艺作物生产人员 5-01-04（GBM5-14）热带作物生产人员 5-01-05（GBM5-15）中药材生产人员 5-01-06（GBM5-16）农副林特产品加工人员 5-01-99（GBM5-19）其他种植业生产人员
	5-02（GBM5-2） 林业生产及野生动物植物保护人员	5-02-01（GBM5-21）营造林人员 5-02-02（GBM5-22）森林资源管护人员 5-02-03（GBM5-23）野生动植物保护及自然保护区人员 5-02-04（GBM5-24）木材采运人员 5-02-99（GBM5-29）其他林业生产及野生动植物保护人员
	5-03（GBM5-3） 畜牧业生产人员	5-03-01（GBM5-31）家畜饲养人员 5-03-02（GBM5-32）家禽饲养人员 5-03-03（GBM5-33）蜜蜂饲养人员 5-03-04（GBM5-34）实验动物饲养人员 5-03-05（GBM5-35）动物疫病防治人员 5-03-06（GBM5-36）草业生产人员 5-03-99（GBM5-39）其他畜牧业生产人员
	5-04（GBM5-4） 渔业生产人员	5-04-01（GBM5-41）水产养殖人员 5-04-02（GBM5-42）水产捕捞及有关人员 5-04-03（GBM5-43）水产品加工人员 5-04-99（GBM5-49）其他渔业生产人员
	5-05（GBM5-5） 水利设施管理养护人员	5-05-01（GBM5-51）河道、水库管养人员 5-05-02（GBM5-52）农田灌排工程建设管理维护人员 5-05-03（GBM5-53）水土保持作业人员 5-05-04（GBM5-54）水文勘测作业人员 5-05-99（GMB5-59）其他水利设施管理养护人员
	5-99（GBM5-9） 其他农、林、牧、渔、水利业生产人员	5-99-01（GBM5-91）农林专用机械操作人员 5-99-02（GBM5-92）农村能源开发利用人员

大类	中类	小类
第六大类 6（GBM6/7/8/9） 生产、运输设备操作人员及有关人员	6-01（GBM6-1）勘测及矿物开采人员	6-01-01（GBM6-11）地质勘查人员 6-01-02（GBM6-12）测绘人员 6-01-03（GBM6-13）矿物开采人员 6-01-04（GBM6-14）矿物处理人员 6-01-05（GBM6-15）钻井人员 6-01-06（GBM6-16）石油、天然气开采人员 6-01-07（GBM6-17）盐业生产人员 6-01-99（GBM6-19）其他勘测及矿物开采人员
	6-02（GBM6-2至6-3）金属冶炼、轧制人员	6-02-01（GBM6-21）炼铁人员 6-02-02（GBM6-22）炼钢人员 6-02-03（GBM6-23）铁合金冶炼人员 6-02-04（GBM6-24）重有色金属冶炼人员 6-02-05（GBM6-25）轻有色金属冶炼人员 6-02-06（GBM6-26）稀贵金属冶炼人员 6-02-07（GBM6-27）半导体材料制备人员 6-02-08（GBM6-28）金属轧制人员 6-02-09（GBM6-29）铸铁管人员 6-02-10（GBM6-31）碳素制品生产人员 6-02-11（GBM6-32）硬质合金生产人员 6-02-12（GBM6-39）其他金属冶炼、轧制人员
	6-03（GBM6-4至6-5）化工产品生产人员	6-03-01（GBM6-41）化工产品生产通用工艺人员 6-03-02（GBM6-42）石油炼制生产人员 6-03-03（GBM6-43）煤化工生产人员 6-03-04（GBM6-44）化学肥料生产人员 6-03-05（GBM6-45）无机化工产品生产人员 6-03-06（GBM6-46）基本有机化学品生产人员 6-03-07（GBM6-47）合成树脂生产人员 6-03-08（GBM6-48）合成橡胶生产人员 6-03-09（GBM6-49）化学纤维生产人员 6-03-10（GBM6-51）合成革生产人员 6-03-11（GBM6-52）精细化工产品生产人员 6-03-12（GBM6-53）信息记录材料生产人员 6-03-13（GBM6-54）火药制造人员 6-03-14（GBM6-54）炸药制造人员 6-03-15（GBM6-55）林产化工产品生产人员 6-03-16（GBM6-56）复合材料加工人员 6-03-17（GBM6-57）日用化学品生产人员 6-03-99（GBM6-59）其他化工产品生产人员
	6-04（GBM6-6）机械制造加工人员	6-04-01（GBM6-61）机械冷加工人员 6-04-02（GBM6-62）机械热加工人员 6-04-03（GBM6-63）特种加工设备操作人员 6-04-04（GBM6-64）冷作钣金加工人员 6-04-05（GBM6-65）工件表面处理加工人员 6-04-06（GBM6-66）磨料磨具制造加工人员 6-04-07（GBM6-67）航天器件加工成型人员 6-04-99（GBM6-69）其他机械制造加工人员

大类	中类	小类
第六大类 6（GBM6/7/8/9） 生产、运输设备操作人员及有关人员	6－05（GBM6－7至6－9）机电产品装配人员	6－05－01（GBM6－71）基础件、部件装配人员 6－05－02（GBM6－72）机械设备装配人员 6－05－03（GBM6－73）动力设备装配人员 6－05－04（GBM6－74）电气元件及设备装配人员 6－05－05（GBM6－75）电子专用设备装配调试人员 6－05－06（GBM6－76）仪器仪表装配人员 6－05－07（GBM6－77）运输车辆装配人员 6－05－08（GBM6－78）膜法水处理设备制造人员 6－05－09（GBM6－79）医疗器械装配及假肢与矫形器制作人员 6－05－10（GBM6－81）日用机械电器制造装配人员 6－05－11（GBM6－82）五金制品制作装配人员 6－05－12（GBM6－83）装甲车辆试装人员 6－05－13（GBM6－84）枪炮制造人员 6－05－14（GBM6－85）弹制造人员 6－05－15（GBM6－86）引信加工制造人员 6－05－16（GBM6－87）火工品制造人员 6－05－17（GBM6－88）防化器材制造人员 6－05－18（GBM6－89）船舶制造人员 6－05－19（GBM6－91）航空产品装配与调试人员 6－05－20（GBM6－92）航空产品试验人员 6－05－21（GBM6－93）导弹卫星装配测试人员 6－05－22（GBM6－94）火箭发动机装配试验人员 6－05－23（GBM6－95）航天器结构强度温度环境试验人员 6－05－24（GBM6－96）靶场试验人员 6－05－99（GBM6－99）其他机电产品装配人员
	6－06（GBM7－1）机械设备修理人员	6－06－01（GBM7－11）机械设备维修人员 6－06－02（GBM7－12）仪器仪表修理人员 6－06－03 民用航空器维修人员 6－06－99（GBM7－19）其他机械设备修理人员
	6－07（GBM7－2）电力设备安装、运行、检修及供电人员	6－07－01（GBM7－21）电力设备安装人员 6－07－02（GBM7－22）发电运行值班人员 6－07－03（GBM7－23）输电、配电、变电设备值班人员 6－07－04（GBM7－24）电力设备检修人员 6－07－05（GBM7－25）供用电人员 6－07－06（GBM7－26）生活生产电力设备安装、操作、修理人员 6－07－99（GBM7－29）其他电力设备安装、运行、检修及供电人员
	6－08（GBM7－3）电子元器件与设备制造、装配调试及维修人员	6－08－01（GBM7－31）电子器件制造人员 6－08－02（GBM7－32）电子元件制造人员 6－08－03（GBM7－33）电池制造人员 6－08－04（GBM7－34）电子设备装配调试人员 6－08－05（GBM7－35）电子产品维修人员 6－08－99（GBM7－39）其他电子元器件与设备制造、装配调试及维修人员

大类	中类	小类
第六大类 6（GBM6/7/8/9） 生产、运输设备操作人员及有关人员	6－09（GBM7－4）橡胶和塑料制品生产人员	6－09－01（GBM7－41）橡胶制品生产人员 6－09－02（GBM7－42）塑料制品加工人员 6－09－99（GBM7－49）其他橡胶和塑料制品生产人员
	6－10（GBM7－5）纺织、针织、印染人员	6－10－01（GBM7－51）纤维预处理人员 6－10－02（GBM7－52）纺纱人员 6－10－03（GBM7－53）织造人员 6－10－04（GBM7－54）针织人员 6－10－05（GBM7－55）印染人员 6－10－99（GBM7－59）其他纺织、针织、印染人员
	6－11（GBM7－6）裁剪缝纫和皮革、毛皮制品加工制作人员	6－11－01（GBM7－61）裁剪缝纫人员 6－11－02（GBM7－62）鞋帽制作人员 6－11－03（GBM7－63）皮革、毛皮加工人员 6－11－04（GBM7－64）缝纫制品再加工人员 6－11－99（GBM7－69）其他裁剪缝纫和皮革、毛皮制品加工制作人员
	6－12（GBM7－7）粮油、食品、饮料生产加工及饲料生产加工人员	6－12－01（GBM7－71）粮油生产加工人员 6－12－02（GBM7－72）制糖和糖制品加工人员 6－12－03（GBM7－73）乳品、冷食品及罐头、饮料制作人员 6－12－04（GBM7－74）酿酒人员 6－12－05（GBM7－74）食品添加剂及调味品制作人员 6－12－06（GBM7－75）粮油食品制作人员 6－12－07（GBM7－76）屠宰加工人员 6－12－08（GBM7－77）肉、蛋食品加工人员 6－12－09（GBM7－78）饲料生产加工人员 6－12－99（GBM7－79）其他粮油、食品、饮料生产加工及饲料生产加工人员
	6－13（GBM7－8）烟草及其制品加工人员	6－13－01（GBM7－81）原烟复烤人员 6－13－02（GBM7－82）卷烟生产人员 6－13－03（GBM7－83）烟用醋酸纤维丝束滤棒制作人员 6－13－99（GBM7－89）其他烟草及其制品加工人员
	6－14（GBM7－9）药品生产人员	6－14－01（GBM7－91）合成药物制造人员 6－14－02（GBM7－92）生物技术制药（品）人员 6－14－03（GBM7－93）药物制剂人员 6－14－04（GBM7－94）中药制药人员 6－14－99（GBM7－99）其他药品生产人员
	6－15（GBM8－1）木材加工、人造板生产及木材制品制作人员	6－15－01（GBM8－11）木材加工人员 6－15－02（GBM8－12）人造板生产人员 6－15－03（GBM8－13）木材制品制作人员 6－15－99（GBM8－19）其他木材加工、人造板生产及木材制品制作人员

大类	中类	小类
第六大类 6（GBM6/7/8/9） 生产、运输设备 操作人员及有关 人员	6－16（GBM8－1） 制浆、造纸和纸制品 生产加工人员	6－16－01（GBM8－14）制浆人员 6－16－02（GBM8－15）造纸人员 6－16－03（GBM8－16）纸制品制作人员 6－16－99（GBM8－19）其他制浆、造纸和纸制品生产加工人员
	6－17（GBM8－2） 建筑材料生产加工 人员	6－17－01（GBM8－21）水泥及水泥制品生产加工人员 6－17－02（GBM8－22）墙体屋面材料生产人员 6－17－03（GBM8－23）建筑防水密封材料生产人员 6－17－04（GBM8－24）建筑保温及吸音材料生产人员 6－17－05（GBM8－25）装饰石材生产人员 6－17－06（GBM8－26）非金属矿及其制品生产加工人员 6－17－07（GBM8－27）耐火材料生产人员 6－17－99（GBM8－29）其他建筑材料生产加工人员
	6－18（GBM8－3） 玻璃、陶瓷、搪瓷及 其制品生产加工人员	6－18－01（GBM8－31）玻璃熔制人员 6－18－02（GBM8－32）玻璃纤维及制品生产人员 6－18－03（GBM8－33）石英玻璃制品加工人员 6－18－04（GBM8－34）陶瓷制品生产人员 6－18－05（GBM8－35）搪瓷制品生产人员 6－18－99（GBM8－39）其他玻璃、陶瓷、搪瓷及其制品生产加工人员
	6－19（GBM8－4） 广播影视制品制作、 播放及文物保护作业 人员	6－19－01（GBM8－41）影视制品制作人员 6－19－02（GBM8－42）音像制品制作复制人员 6－19－03（GBM8－43）广播影视舞台设备安装调试及运行操作人员 6－19－04（GBM8－44）电影放映人员 6－19－05（GBM8－45）文物保护作业人员 6－19－99（GBM8－49）其他广播影视制品制作、播放及文物保护作业人员
	6－20（GBM8－5） 印刷人员	6－20－01（GBM8－51）印前处理人员 6－20－02（GBM8－52）印刷操作人员 6－20－03（GBM8－53）印后制作人员 6－20－99（GBM8－59）其他印刷人员
	6－21（GBM8－6） 工艺、美术品制作 人员	6－21－01（GBM8－61）珠宝首饰加工制作人员 6－21－02（GBM8－62）地毯制作人员 6－21－03（GBM8－63）玩具制作人员 6－21－04（GBM8－64）漆器工艺品制作人员 6－21－05（GBM8－65）抽纱刺绣工艺品制作人员 6－21－06（GBM8－66）金属工艺品制作人员 6－21－07（GBM8－67）雕刻工艺品制作人员 6－21－08（GBM8－68）美术品制作人员 6－21－99（GBM8－69）其他工艺、美术品制作人员

续表

大类	中类	小类
第六大类 6（GBM6/7/8/9） 生产、运输设备 操作人员及有关 人员	6-22（GBM8-7） 文化教育、体育用品 制作人员	6-22-01（GBM8-71）文教用品制作人员 6-22-02（GBM8-72）体育用品制作人员 6-22-03（GBM8-73）乐器制作人员 6-22-99（GBM8-79）其他文化教育、体育用品制作人员
	6-23（GBM8-8至 8-9）工程施工人 员	6-23-01（GBM8-81）土石方施工人员 6-23-02（GBM8-82）砌筑人员 6-23-03（GBM8-83）混凝土配制及制品加工人员 6-23-04（GBM8-84）钢筋加工人员 6-23-05（GBM8-85）施工架子搭设人员 6-23-06（GBM8-86）工程防水人员 6-23-07（GBM8-87）装饰装修人员 6-23-08（GBM8-88）古建筑修建人员 6-23-09（GBM8-89）筑路、养护、维修人员 6-23-10（GBM8-91）工程设备安装人员 6-23-99（GBM8-99）其他工程施工人员
	6-24（GBM9-1） 运输设备操作人员及 有关人员	6-24-01（GBM9-11）公（道）路运输机械设备操作及有关人员 6-24-02（GBM9-12）铁路、地铁运输机械设备操作及有关人员 6-24-03（GBM9-13）民用航空设备操作及有关人员 6-24-04（GBM9-14）水上运输设备操作及有关人员 6-24-05（GBM9-15）起重装卸机械操作及有关人员 6-24-99（GBM9-19）其他运输设备操作人员及有关人员
	6-25（GBM9-2） 环境监测与废物处理 人员	6-25-01（GBM9-21）环境监测人员 6-25-02（GBM9-22）海洋环境调查与监测人员 6-25-03（GBM9-23）废物处理人员 6-25-99（GBM9-29）其他环境监测与废物处理人员
	6-26（GBM9-3） 检验、计量人员	6-26-01（GBM9-31）检验人员 6-26-02（GBM9-32）航空产品检验人员 6-26-03（GBM9-33）航天器检验测试人员 6-26-04（GBM9-34）计量人员 6-26-99（GBM9-39）其他检验、计量人员
	6-99（GBM9-9） 其他生产、运输设备 操作人员及有关人员	6-99-01（GBM9-91）包装人员 6-99-02（GBM9-92）机泵操作人员 6-99-03（GBM9-93）简单体力劳动人员
第七大类 7（GBMX）军人	7-00（GBMX-0） 军人	7-00-00（GBMX-00）军人
第八大类 8（GBMY） 不便分类的其他 从业人员	8-00（GBMY-0） 不便分类的其他从业 人员	8-00-00（GBMY-00）不便分类的其他从业人员

资料来源:《中华人民共和国职业分类大典（1999年版）》。

2. 分类原则

根据《大典（1999 年版）》，大类、中类、小类和细类（职业）的分类原则如下。

（1）大类的分类原则。

大类是职业分类结构中的最高层次。大类的划分和归类是根据工作性质的同一性进行的，同时考虑了我国政治制度、管理体制、科技水平和大产业结构的现状与发展等因素。第七和第八大类的中类、小类、细类（职业）名称相同，所以未做细分。

（2）中类的分类原则。

中类是大类的子类，是对大类的分解。中类的划分和归类是根据职业活动所涉及的知识领域、使用的工具和设备、采用的技术和方法，以及所提供的产品和服务种类等的同一性进行的。

（3）小类的分类原则。

小类是中类的子类，是对中类的分解。小类的划分和归类是根据从业人员的工作环境、工作条件和技术性质等的同一性进行的。一般情况下，第一大类的小类，以职责范围和工作业务的同一性进行划分和归类；第二大类的小类，以工作或研究领域、专业的同一性进行划分和归类；第三和第四大类的小类，以所办理事务的同一性和所从事服务项目的同一性进行划分和归类；第五和第六大类的小类，以工作程序、工艺技术、操作对象以及生产产品的同一性进行划分和归类。

（4）细类（职业）的分类原则。

细类是最基本的类别，即职业。细类的划分和归类，是根据工作对象、工艺技术、操作方法等的同一性进行的。一般情况下，第一大类的细类（职业）主要是按照工作业务领域和所承担的职责划分和归类的；第二大类的细类（职业）主要按照所从事工作的专业性与专门性划分和归类的；第三和第四大类的细类（职业）主要是按照工作任务、内容的同一性或所提供服务的类别、对象的同一性划分和归类的；第五和第六大类的细类（职业）主要是按照工艺技术的同一性、使用工具设备的同一性、使用主要原材料的同一性、产品用途和服务的同一性，并按此先后顺序划分和归类的。

在按上述原则分类的同时，《大典（1999 年版）》还参照了我国的组织机构分类、行业分类、学科分类、职位职称分类、工种分类以及国际标准职业分类等。

（四）与 1992 年版《工种分类目录》的关系

1. 工种与职业的区别

工种是根据管理工作的需要，按照生产劳动的性质和工艺技术的特点而划分的工作种类。职业是指从业人员为获取主要生活来源所从事的社会工作类别。工种的划分以大多数企业专业分工和劳动组织的基本现状为依据，从当时行业、企业生产技术和劳动管理水平的客观实际出发，结合行业、企业生产技术发展和劳动组织改革等方面的因素，考虑工作岗位的稳定程度和工作量的饱满程度等进行。职业分类是指以工作性质的同一性或相似性为基本原则，对社会职业进行的系统划分与归类。相比之下，工种划分侧重反映生产岗位技术业务的要求和企业劳动组织管理的需要，而职业是对社会性质相同的一类工作的通称，适应社会主义市场经济条件下的劳动力资源社会化管理的需要。

我国的工种分类目录编制最初是作为第三次工人技术等级标准修订的基础性工作而开始的，而标准修订工作与职业分类大典的制定密不可分，前者是制定职业分类大典的基础，后者是标准的延拓和细化。在增加工种或职业时，应分清职业与工种两者的差异性。

2. 实际应用中的关系

《大典（1999 年版）》所确定的职业分类结构包括四个层次，即大类—中类—小类—细类，依次体现由粗到细的职业类别，细类是最基本的类别，即职业。大类编码，以一位数码表示，中类、小类和细类以两位数码表示。为了便于与国家标准《职业分类与代码》对照，在每个大、中、小类编码之后标注了国家标准编码，以"（GBM……）"表示。部分职业下列若干工种。列入职业的工种主要以《工种分类目录》为准，工种后编码为该工种在《工种分类目录》中的编码。（＊）表示未列入《工种分类目录》的新增工种；（＊＊）表示该工种虽然未列入《工种分类目录》，但已由原劳动部与行业主管部门联合颁发了职业（工种）技能标准。

例如，在《大典（1999 年版）》中，中类 6 - 04（GBM6 - 6）机械制造加工人员包含小类 6 - 04 - 01（GBM6 - 61）机械冷加工人员，而该小类包含职业车工：

6-04-01-01车工：操作车床，进行工件旋转表面切削加工的人员。

车工从事的工作主要如下：（1）安装夹具，调整车床，装卡工件；（2）维护保养和刃磨车刀；（3）操作卧式、立式车床及数控车床等，进行带有旋转表面的圆柱体、圆柱孔、圆锥体、圆锥孔、台阶面、端面、特形面、内外圆珠笔柱面、车槽及钻孔、扩孔、绞孔和各种形式的螺纹的切削加工；（4）维护保养机床设备及工艺装备，排除使用过程中的一般故障。

下列工种归入本职业：

车工（09-018）刃具铲工（09-139）飞机桨叶车工（＊＊）数控车床工（＊）

在《工种分类目录》中，"车工"是一个工种，而在《大典（1999年版）》中，"车工"既是一个职业，又是一个工种，对应《工种分类目录》中编码"09-018"的车工。该职业下还包含编码"09-139"的刃具铲工。此外，"飞机桨叶车工"和"数控车床工"都是未列入《工种分类目录》的新增工种，而"飞机桨叶车工"已由原劳动部与行业主管部门联合颁发了职业（工种）技能标准。

（五）实践应用情况

1. 制定职业技能标准

《劳动法》第六十九条规定"国家确定职业分类，对规定的职业制定职业技能标准，实行职业资格证书制度"。人力资源社会保障部根据这一规定，牵头组织开发国家职业技能标准。国家职业技能标准是在职业分类的基础上，根据职业活动内容，对从业人员的理论知识和技能要求提出的综合性水平规定。国家职业技能标准对引导职业教育培训、规范技能鉴定评价、开展职业技能竞赛等发挥了积极作用。

2. 有效规范职业资格的设置

通过职业分类，可以统一规划、有效规范职业资格的设置，有利于国家职业资格框架体系的建立和国家职业资格目录清单管理制度的实行。2021年4月7日，国务院办公厅印发《关于服务"六稳""六保"进一步做好"放管服"改革有关工作的意见》，指出要持续动态优化国家职业资格目录。科学合理的职业分类可以更好地支撑《国家职业资格目录》修订工作。

3. 开展职业和劳动力相关统计研究

根据职业分类大典，政府能够更科学地统计出某职业的从业人数，从而有助于引导整个社会的职业构成，也便于对开展职业培训作出积极的预测和规划。对个人来说，也可以通过了解职业发展前景从而做出正确的职业选择。科学的职业分类也为劳动力管理的科学化、规范化、现代化打下基础。

4. 开发行业企业评价规范

各行业协会、龙头企业依据职业分类大典，牵头开发行业企业评价规范，推动成熟的行业企业评价规范上升为国家职业技能标准，加快职业标准开发。此外，龙头企业还可在国家职业技能标准基础上开发应用体现国际最新技术的企业评价规范。

三、《中华人民共和国职业分类大典（2015 年版）》

随着经济社会发展，我国的社会职业构成和内涵发生了较大变化，一些传统职业开始衰落甚至消失，新职业不断涌现并迅速发展，《大典（1999 年版）》已无法准确客观地反映职业领域的新变化。因此，《中华人民共和国职业分类大典》的修订工作于 2010 年底开始启动，历时 5 年，七易其稿，最终形成《中华人民共和国职业分类大典（2015 年版）》（以下简称《大典（2015 年版）》）。

（一）编制的必要性和意义

经过十几年的经济社会高速发展，我国的就业人员结构、劳动雇佣关系、社会劳动分工等均发生了翻天覆地的变化，《大典（2015 年版）》编制工作的启动面临着焕然一新的社会背景。

1. 必要性

（1）劳动雇佣关系变革孕育出新职业。

互联网和移动智能设备在工作中的广泛应用，打破了工作场所、工作时间对劳动者的限制，越来越多的劳动者不满足于单一的工作方式，而是利用网络平台同时拥有多种职业，"大众创业、万众创新"诠释了人们就业的新特点。劳动雇佣关系也随之发生了新的变革，传统的固定时间、固定办公场所的工作方式，逐渐被松散的、协同式的、灵活参与的新工作方式所取代，独立自主的职业观念方兴未艾，拥有多重职业的"斜杠青年"悄然兴起。

（2）需求变化导致劳动分工更加精细化。

人们收入水平的提高导致了需求的变化，劳动分工也随之更为精细化。更细分的市场需求反映在职业领域，就是传统的"专业技术人员""社会生产服务和生活服务人员"等呈现越来越细化的发展趋势。例如，传统的家政服务人员，又可细化为婴幼儿发展引导员、育婴员、保育员、孤残儿童护理员等职业。

（3）人工智能等新技术逐渐改变职业结构。

人工智能、云计算，以及终端设备为代表的全球化网络数字技术等新技术，在创造新的生产力和产业模式的同时，也给职业结构的变迁埋下伏笔。通过电脑运算，可替代重复性和常规性劳动逐渐被人工智能取代，同时也催生了新的职业和岗位，从工业领域到消费领域，劳动力从低价值劳动密集型岗位向高价值岗位转移，从重复性劳动向创造性劳动转移，例如芯片设计师、机器人制造、数据标注员等岗位劳动力缺口不断加大。

（4）新职业的出现亟须制定新的行业规范。

随着信息时代的到来，新模式、新业态、新职业不断涌现。高技能、高技术、高创造的劳动和职业将取代传统体力劳动，成为发展新动力。面对已经出现或者即将出现的新业态、新职业，新的行业规范亟待制定，以便更积极地应对新出现的用工形式，鼓励新业态发展，拓宽职业发展空间。

2. 编制意义

一是全面科学客观地反映我国社会职业构成等情况。作为我国对职业进行科学分类的权威性文献，《大典（2015 年版）》的修订密切跟踪了我国职业活动领域的新发展和新变化，展现了现阶段我国社会的职业构成、内涵、特点和发展规律，标志着我国职业分类管理工作进入了一个新的发展阶段。

二是有助于更科学地加强人力资源开发与管理。对职业进行分类管理，是现代市场经济条件下实现社会化管理的必然选择。随着劳动者就业观念的转变和职业结构的快速迭代发展，《大典（2015 年版）》的修订可以更好地反映我国当前职业领域情况，为开展劳动力需求预测和规划，进行就业人口结构和发展趋势的调查统计与分析研究，加强人力资源开发管理，促进人才队伍建设等提供了最新依据。

三是成为反映经济社会发展状况的"晴雨表"。更新、修订职业分类对于适应和反映经济结构特别是产业结构变化、社会结构特别是人口和就业结构变化，以及人力资源开发与管理特别是人力资源配置需求等方面都具有重要意义。《大典（2015 年版）》的修订适时地反映了我国产业结构、人口、就业结构以及人力资源配置需求等方面的变化。

四是为建立国家职业信息数据库奠定了基础。《大典（2015 年版）》的修订工作充分利用现代信息技术手段，建立了"国家职业分类大典修订工作平台"。该工作平台详细、系统地记录了修订各阶段的原始数据和工作进展情况，为职业信息采集、统计分析作出了巨大贡献。自 2011 年到 2015 年，通过该平台共采集修订建议和反馈意见约 34 万条，收集整理了各行业提供的职业描述信息，为国家职业信息数据库和"中国职业信息网络系统"的建设奠定了重要基础。

（二）编制工作的指导思想、原则和过程

有《大典（1999 年版）》编制的经验累积，且经过十几年的实践应用和发展，《大典（2015 年版）》的编制工作融合了现代信息技术手段，编制过程也更加科学化。

1. 编制工作的指导思想和原则

根据《大典（2015 年版）》，其编制工作以"深入贯彻科教兴国和人才强国战略，以适应国家经济社会发展需要为导向，根据我国实际，借鉴国际职业分类先进经验，构建与国民经济发展相适应、符合我国国情的现代职业分类体系，促进我国人力资源管理工作的科学发展"为指导思想，并严格遵循下列工作原则：

一是客观性原则。从我国经济社会发展现状出发，充分考虑各行业、各部门工作性质、技术特点的异同，全面、客观、如实、准确反映当前社会职业发展实际状况。

二是继承性原则。沿用《大典（1999 年版）》所确定的大类、中类、小类和细类（职业）层级结构，并维持 8 个大类不变。

三是科学性原则。遵循职业发展规律，运用科学的职业分类理论和方法，参照国际标准，借鉴国际先进经验，充分考虑我国社会转型期社会分工的特点。

四是开放性原则。坚持与时俱进，适应经济社会发展实际和未来发展趋势，为今后实时对社会职业进行动态维护和更新、新职业及时发布留有空间和接口。

2. 编制过程

2010 年底，人力资源社会保障部牵头成立国家职业分类大典修订工作委员会，下设工作办公室和专家委员会。工作办公室由人力资源社会保障部、国家质量监督检验检疫总局、国家统计局三部门有关司局负责人及工作人员组成，具体负责修订日常工作；专家委员会主要由国内职业分类领域的专家和国务院有关部门、行业的专家组成，具体承担修订的技术性工作。

《大典（2015 年版）》修订工作共分组织部署、信息采集、汇总研究、调整定稿、审核颁布五个阶段。

（1）组织部署阶段。

根据行业部门申请，统筹下发修订工作任务书和工作计划，并对承担修订工作的专家、工作人员进行统一培训。

（2）信息采集阶段。

组织各行业部门开展本行业职业信息调查，组建 1120 个调研组，7239 名专家参与工作，调查 9843 个单位，采集调查成果 325083 份，依此提出修订意见。

（3）汇总研究阶段。

召开 41 次行业专业委员会会议，对已有和新增的 2497 个职业描述信息进行逐条审核；对争议较大的职业，组织专题研究和调研；对《大典（1999 年版）》存在的问题进行协调和论证。在此基础上，完成《大典（2015 年版）》职业分类体系表（征求意见稿）的编制。

（4）调整定稿阶段。

组织召开专家委员会全体会议，审议通过《大典（2015 年版）》职业分类体系表（征求意见稿）。在收集梳理分类体系及职业描述信息反馈意见的基础上，形成《大典（2015 年版）》（征求意见稿）。向中央和国家机关有关部门、行业和社会公众公开征求意见后，形成修改稿，通过专家委员会审核，形成《大典（2015 年版）》（送审稿）。

（5）审核颁布阶段。

2015 年 7 月 29 日召开国家职业分类大典修订工作委员会全体会议，审议并表决通过了送审稿，最终形成《大典（2015 年版）》，以人社部发〔2015〕76 号文颁布。

（三）分类基本结构和原则

1. 基本结构

《大典（2015 年版）》将我国现有从业人员的职业划分为 8 个大类、75 个中类、434 个小类、1481 个职业。大类、中类、小类基本内容见表 2 - 4。

表 2 - 4   《大典（2015 年版）》的大类、中类、小类基本内容

大类	中类	小类
1（GBM10000）党的机关、国家机关、群众团体和社会组织、企事业单位负责人	1 - 01（GBM10100）中国共产党机关负责人	1 - 01 - 00（GBM10100）中国共产党机关负责人
	1 - 02（GBM10200）国家机关负责人	1 - 02 - 01（GBM10201）国家权力机关负责人 1 - 02 - 02（GBM10202）国家行政机关负责人 1 - 02 - 03（GBM10203）人民政协机关负责人 1 - 02 - 04（GBM10204）人民法院和人民检察院负责人
	1 - 03（GBM10300）民主党派和工商联负责人	1 - 03 - 00（GBM10300）民主党派和工商联负责人
	1 - 04（GBM10400）人民团体和群众团体、社会组织及其他成员组织负责人	1 - 04 - 01（GBM10401）人民团体和群众团体负责人 1 - 04 - 02（GBM10402）社会团体负责人 1 - 04 - 03（GBM10403）民办非企业单位负责人 1 - 04 - 04（GBM10404）社会中介组织负责人 1 - 04 - 05（GBM10405）基金会负责人 1 - 04 - 06（GBM10406）宗教组织负责人
	1 - 05（GBM10500）基层群众自治组织负责人	1 - 05 - 00（GBM10500）基层群众自治组织负责人
	1 - 06（GBM10600）企事业单位负责人	1 - 06 - 01（GBM10601）企业负责人 1 - 06 - 02（GBM10602）事业单位负责人
2（GBM20000）专业技术人员	2 - 01（GBM20100）科学研究人员	2 - 01 - 01（GBM20101）哲学研究人员 2 - 01 - 02（GBM20102）经济学研究人员 2 - 01 - 03（GBM20103）法学研究人员 2 - 01 - 04（GBM20104）教育学研究人员 2 - 01 - 05（GBM20105）历史学研究人员 2 - 01 - 06（GBM20113）自然科学和地球科学研究人员 2 - 01 - 07（GBM20107）农业科学研究人员 2 - 01 - 08（GBM20108）医学研究人员 2 - 01 - 09（GBM20109）管理学研究人员 2 - 01 - 10（GBM20112GBM20115）文学、艺术学研究人员 2 - 01 - 11（GBM20111）军事学研究人员 2 - 01 - 99（GBM20199）其他科学研究人员

大类	中类	小类
2（GBM20000）专业技术人员	2-02（GBM20200）工程技术人员	2-02-01（GBM20201）地质勘探工程技术人员 2-02-02（GBM20202）测绘和地理信息工程技术人员 2-02-03（GBM20203）矿山工程技术人员 2-02-04（GBM20204）石油天然气工程技术人员 2-02-05（GBM20205）冶金工程技术人员 2-02-06（GBM20206）化工工程技术人员 2-02-07（GBM20207）机械工程技术人员 2-02-08（GBM20208）航空工程技术人员 2-02-09（GBM20209）电子工程技术人员 2-02-10（GBM20210）信息和通信工程技术人员 2-02-11（GBM20211）电气工程技术人员 2-02-12（GBM20212）电力工程技术人员 2-02-13（GBM20213）邮政和快递工程技术人员 2-02-14（GBM20214）广播电影电视及演艺设备工程技术人员 2-02-15（GBM20215）道路和水上运输工程技术人员 2-02-16（GBM20216）民用航空工程技术人员 2-02-17（GBM20217）铁道工程技术人员 2-02-18（GBM20218）建筑工程技术人员 2-02-19（GBM20219）建材工程技术人员 2-02-20（GBM20220）林业工程技术人员 2-02-21（GBM20221）水利工程技术人员 2-02-22（GBM20222）海洋工程技术人员 2-02-23（GBM20223）纺织服装工程技术人员 2-02-24（GBM20224）食品工程技术人员 2-02-25（GBM20225）气象工程技术人员 2-02-26（GBM20226）地震工程技术人员 2-02-27（GBM20227）环境保护工程技术人员 2-02-28（GBM20228）安全工程技术人员 2-02-29（GBM20229）标准化、计量、质量和认证认可工程技术人员 2-02-30（GBM20230）管理（工业）工程技术人员 2-02-31（GBM20231）检验检疫工程技术人员 2-02-32（GBM20232）制药工程技术人员 2-02-33（GBM20233）印刷复制工程技术人员 2-02-34（GBM20234）工业（产品）设计工程技术人员 2-02-35（GBM20235）康复辅具工程技术人员 2-02-36（GBM20236）轻工工程技术人员 2-02-37（GBM20237）土地整治工程技术人员 2-02-99（GBM20299）其他工程技术人员

大类	中类	小类
2（GBM20000）专业技术人员	2－03（GBM20300）农业技术人员	2－03－01（GBM20301）土壤肥料技术人员 2－03－02（GBM20302）农业技术指导人员 2－03－03（GBM20303）植物保护技术人员 2－03－04（GBM20304）园艺技术人员 2－03－05（GBM20305）作物遗传育种栽培技术人员 2－03－06（GBM20306）兽医兽药技术人员 2－03－07（GBM20307）畜牧与草业技术人员 2－03－08（GBM20308）水产技术人员 2－03－09（GBM20309）农业工程技术人员 2－03－99（GBM20399）其他农业技术人员
	2－04（GBM20400）飞机和船舶技术人员	2－04－01（GBM20401）飞行人员和领航人员 2－04－02（GBM20402）船舶指挥和引航人员 2－04－99（GBM20499）其他飞机和船舶技术人员
	2－05（GBM20500）卫生专业技术人员	2－05－01（GBM20501）临床和口腔医师 2－05－02（GBM20502）中医医师 2－05－03（GBM20503）中西医结合医师 2－05－04（GBM20504）民族医医师 2－05－05（GBM20505）公共卫生与健康医师 2－05－06（GBM20506）药学技术人员 2－05－07（GBM20507）医疗卫生技术人员 2－05－08（GBM20508）护理人员 2－05－09（GBM20509）乡村医生 2－05－99（GBM20599）其他卫生专业技术人员
	2－06（GBM20600）经济和金融专业人员	2－06－01（GBM20601）经济专业人员 2－06－02（GBM20602）统计专业人员 2－06－03（GBM20603）会计专业人员 2－06－04（GBM20604）审计专业人员 2－06－05（GBM20605）税务专业人员 2－06－06（GBM20606）评估专业人员 2－06－07（GBM20607）商务专业人员 2－06－08（GBM20608）人力资源专业人员 2－06－09（GBM20609）银行专业人员 2－06－10（GBM20610）保险专业人员 2－06－11（GBM20611）证券专业人员 2－06－12（GBM20612）知识产权专业人员 2－06－99（GBM20699）其他经济和金融专业人员
	2－07（GBM20700）法律、社会和宗教专业人员	2－07－01（GBM20701）法官 2－07－02（GBM20702）检察官 2－07－03（GBM20703）律师 2－07－04（GBM20704）公证员 2－07－05（GBM20705）司法鉴定人员 2－07－06（GBM20706）审判辅助人员 2－07－07（GBM20707）法律顾问 2－07－08（GBM20708）宗教教职人员 2－07－09（GBM20709）社会工作专业人员 2－07－99（GBM20799）其他法律、社会和宗教专业人员

大类	中类	小类
2（GBM20000）专业技术人员	2-08（GBM20800）教学人员	2-08-01（GBM20801）高等教育教师 2-08-02（GBM20802）中等职业教育教师 2-08-03（GBM20803）中小学教育教师 2-08-04（GBM20804）幼儿教育教师 2-08-05（GBM20805）特殊教育教师 2-08-99（GBM20899）其他教学人员
	2-09（GBM20900）文学艺术、体育专业人员	2-09-01（GBM20901）文艺创作与编导人员 2-09-02（GBM20902）音乐指挥与演员 2-09-03（GBM20903）电影电视制作专业人员 2-09-04（GBM20904）舞台专业人员 2-09-05（GBM20905）美术专业人员 2-09-06（GBM20906）工艺美术与创意设计专业人员 2-09-07（GBM20907）体育专业人员 2-09-99（GBM20999）其他文学艺术、体育专业人员
	2-10（GBM21000）新闻出版、文化专业人员	2-10-01（GBM21001）记者 2-10-02（GBM21002）编辑 2-10-03（GBM21003）校对员 2-10-04（GBM21004）播音员及节目主持人 2-10-05（GBM21005）翻译人员 2-10-06（GBM21006）图书资料与微缩摄影专业人员 2-10-07（GBM21007）档案专业人员 2-10-08（GBM21008）考古及文物保护专业人员 2-10-99（GBM21099）其他新闻出版、文化专业人员
	2-99（GBM29900）其他专业技术人员	2-99-00（GBM29900）其他专业技术人员
3（GBM30000）办事人员和有关人员	3-01（GBM30100）办事人员	3-01-01（GBM30101）行政业务办理人员 3-01-02（GBM30102）行政事务处理人员 3-01-03（GBM30103）行政执法和仲裁人员 3-01-99（GBM30199）其他办事人员
	3-02（GBM30200）安全和消防人员	3-02-01（GBM30201）人民警察 3-02-02（GBM30202）保卫人员 3-02-03（GBM30203）消防和应急救援人员 3-02-99（GBM30299）其他安全和消防人员
	3-99（GBM39900）其他办事人员和有关人员	3-99-00（GBM39900）其他办事人员和有关人员

续表

大类	中类	小类
4（GBM40000）社会生产服务和生活服务人员	4－01（GBM40100）批发与零售服务人员	4－01－01（GBM40101）采购人员 4－01－02（GBM40102）销售人员 4－01－03（GBM40103）贸易经纪代理人员 4－01－04（GBM40104）再生物资回收人员 4－01－05（GBM40105）特殊商品购销人员 4－01－99（GBM40199）其他批发与零售服务人员
	4－02（GBM40200）交通运输、仓储和邮政业服务人员	4－02－01（GBM40201）轨道交通运输服务人员 4－02－02（GBM40202）道路运输服务人员 4－02－03（GBM40203）水上运输服务人员 4－02－04（GBM40204）航空运输服务人员 4－02－05（GBM40205）装卸搬运和运输代理服务人员 4－02－06（GBM40206）仓储人员 4－02－07（GBM40207）邮政和快递服务人员 4－02－99（GBM40299）其他交通运输、仓储和邮政业服务人员
	4－03（GBM40300）住宿和餐饮服务人员	4－03－01（GBM40301）住宿服务人员 4－03－02（GBM40302）餐饮服务人员 4－03－99（GBM40399）其他住宿和餐饮服务人员
	4－04（GBM40400）信息传输、软件和信息技术服务人员	4－04－01（GBM40401）信息通信业务人员 4－04－02（GBM40402）信息通信网络维护人员 4－04－03（GBM40403）广播电视传输服务人员 4－04－04（GBM40404）信息通信网络运行管理人员 4－04－05（GBM40405）软件和信息技术服务人员 4－04－99（GBM40499）其他信息传输、软件和信息技术服务人员
	4－05（GBM40500）金融服务人员	4－05－01（GBM40501）银行服务人员 4－05－02（GBM40502）证券服务人员 4－05－03（GBM40503）期货服务人员 4－05－04（GBM40504）保险服务人员 4－05－05（GBM40505）典当服务人员 4－05－06（GBM40506）信托服务人员 4－05－99（GBM40599）其他金融服务人员
	4－06（GBM40600）房地产服务人员	4－06－01（GBM40601）物业管理服务人员 4－06－02（GBM40602）房地产中介服务人员 4－06－99（GBM40699）其他房地产服务人员
	4－07（GBM40700）租赁和商务服务人员	4－07－01（GBM40701）租赁业务人员 4－07－02（GBM40702）商务咨询服务人员 4－07－03（GBM40703）人力资源服务人员 4－07－04（GBM40704）旅游及公共游览场所服务人员 4－07－05（GBM40705）安全保护服务人员 4－07－06（GBM40706）市场管理服务人员 4－07－07（GBM40707）会议及展览服务人员 4－07－99（GBM40799）其他租赁和商务服务人员

大类	中类	小类
4（GBM40000）社会生产服务和生活服务人员	4-08（GBM40800）技术辅助服务人员	4-08-01（GBM40801）气象服务人员 4-08-02（GBM40802）海洋服务人员 4-08-03（GBM40803）测绘服务人员 4-08-04（GBM40804）地理信息服务人员 4-08-05（GBM40805）检验、检测和计量服务人员 4-08-06（GBM40806）环境监测服务人员 4-08-07（GBM40807）地质勘查人员 4-08-08（GBM40808）专业化设计服务人员 4-08-09（GBM40809）摄影扩印服务人员 4-08-99（GBM40899）其他技术辅助服务人员
	4-09（GBM40900）水利、环境和公共设施管理服务人员	4-09-01（GBM40901）水利设施管养人员 4-09-02（GBM40902）水文服务人员 4-09-03（GBM40903）水土保持人员 4-09-04（GBM40904）农田灌排人员 4-09-05（GBM40905）自然保护区和草地监护人员 4-09-06（GBM40906）野生动植物保护人员 4-09-07（GBM40907）环境治理服务人员 4-09-08（GBM40908）环境卫生服务人员 4-09-09（GBM40909）有害生物防治人员 4-09-10（GBM40910）绿化与园艺服务人员 4-09-99（GBM40999）其他水利、环境和公共设施管理服务人员
	4-10（GBM41000）居民服务人员	4-10-01（GBM41001）生活照料服务人员 4-10-02（GBM41002）服装裁剪和洗染织补人员 4-10-03（GBM41003）美容美发和浴池服务人员 4-10-04（GBM41004）保健服务人员 4-10-05（GBM41005）婚姻服务人员 4-10-06（GBM41006）殡葬服务人员 4-10-07（GBM41007）宠物服务人员 4-10-99（GBM41099）其他居民服务人员
	4-11（GBM41100）电力、燃气及水供应服务人员	4-11-01（GBM41101）电力供应服务人员 4-11-02（GBM41102）燃气供应服务人员 4-11-03（GBM41103）水供应服务人员 4-11-99（GBM41199）其他电力、燃气及水供应服务人员
	4-12（GBM41200）修理及制作服务人员	4-12-01（GBM41201）汽车摩托车修理技术服务人员 4-12-02（GBM41202）计算机和办公设备维修人员 4-12-03（GBM41203）家用电子电器产品维修人员 4-12-04（GBM41204）日用产品修理服务人员 4-12-05（GBM41205）乐器维修人员 4-12-06（GBM41206）印章制作人员 4-12-99（GBM41299）其他修理及制作服务人员

大类	中类	小类
4（GBM40000） 社会生产服务和 生活服务人员	4－13（GBM41300） 文化、体育和娱乐服 务人员	4－13－01（GBM41301）群众文化活动服务人员 4－13－02（GBM41302）广播、电视、电影和影视录 音制作人员 4－13－03（GBM41303）文物保护作业人员 4－13－04（GBM41304）健身和娱乐场所服务人员 4－13－05（GBM41305）文化、娱乐、体育经纪代理 人员 4－13－99（GBM41399）其他文化、体育和娱乐服务 人员
	4－14（GBM41400） 健康服务人员	4－14－01（GBM41401）医疗辅助服务人员 4－14－02（GBM41402）健康咨询服务人员 4－14－03（GBM41403）康复矫正服务人员 4－14－04（GBM41404）公共卫生辅助服务人员 4－14－99（GBM41499）其他健康服务人员
	4－99（GBM49900） 其他社会生产和生活 服务人员	4－99－00（GBM49900）其他社会生产和生活服务人 员
5（GBM50000） 农、林、牧、渔 业生产及辅助人 员	5－01（GBM50100） 农业生产人员	5－01－01（GBM50101）作物种子（苗）繁育生产人员 5－01－02（GBM50102）农作物生产人员 5－01－99（GBM50199）其他农业生产人员
	5－02（GBM50200） 林业生产人员	5－02－01（GBM50201）林木种苗繁育人员 5－02－02（GBM50202）营造林人员 5－02－03（GBM50203）森林经营和管护人员 5－02－04（GBM50204）木材采运人员 5－02－99（GBM50299）其他林业生产人员
	5－03（GBM50300） 畜牧业生产人员	5－03－01（GBM50301）畜禽种苗繁育人员 5－03－02（GBM50302）畜禽饲养人员 5－03－03（GBM50303）特种经济动物饲养人员 5－03－99（GBM50399）其他畜牧业生产人员
	5－04（GBM50400） 渔业生产人员	5－04－01（GBM50401）水产苗种繁育人员 5－04－02（GBM50402）水产养殖人员 5－04－03（GBM50403）水产捕捞及有关人员 5－04－99（GBM50499）其他渔业生产人员
	5－05（GBM50500） 农、林、牧、渔业生 产辅助人员	5－05－01（GBM50501）农业生产服务人员 5－05－02（GBM50502）动植物疫病防治人员 5－05－03（GBM50503）农村能源利用人员 5－05－04（GBM50504）农村环境保护人员 5－05－05（GBM50505）农机化服务人员 5－05－06（GBM50506）农副林特产品初加工人员 5－05－99（GBM50599）其他农、林、牧、渔业生产 辅助人员
	5－99（GBM59900） 其他农、林、牧、渔 业生产及辅助人员	5－99－00（GBM59900）其他农、林、牧、渔业生产 及辅助人员

大类	中类	小类
6（GBM60000）生产制造及有关人员	6－01（GBM60100）农副产品加工人员	6－01－01（GBM60101）粮油加工人员 6－01－02（GBM60102）饲料加工人员 6－01－03（GBM60103）制糖人员 6－01－04（GBM60104）畜禽制品加工人员 6－01－05（GBM60105）水产品加工人员 6－01－06（GBM60106）果蔬和坚果加工人员 6－01－07（GBM60107）淀粉和豆制品加工人员 6－01－99（GBM60199）其他农副产品加工人员
	6－02（GBM60200）食品、饮料生产加工人员	6－02－01（GBM60201）焙烤食品制造人员 6－02－02（GBM60202）糖制品加工人员 6－02－03（GBM60203）方便食品和罐头食品加工人员 6－02－04（GBM60204）乳制品加工人员 6－02－05（GBM60205）调味品及食品添加剂制作人员 6－02－06（GBM60206）酒、饮料及精制茶制造人员 6－02－99（GBM60299）其他食品、饮料生产加工人员
	6－03（GBM60300）烟草及其制品加工人员	6－03－01（GBM60301）烟叶初加工人员 6－03－02（GBM60302）烟用材料生产人员 6－03－03（GBM60303）烟草制品生产人员 6－03－99（GBM60399）其他烟草及其制品加工人员
	6－04（GBM60400）纺织、针织、印染人员	6－04－01（GBM60401）纤维预处理人员 6－04－02（GBM60402）纺纱人员 6－04－03（GBM60403）织造人员 6－04－04（GBM60404）针织人员 6－04－05（GBM60405）非织造布制造人员 6－04－06（GBM60406）印染人员 6－04－99（GBM60499）其他纺织、针织、印染人员
	6－05（GBM60500）纺织品、服装和皮革、毛皮制品加工制作人员	6－05－01（GBM60501）纺织品和服装剪裁缝纫人员 6－05－02（GBM60502）皮革、毛皮及其制品加工人员 6－05－03（GBM60503）羽绒羽毛加工及制品制造人员 6－05－04（GBM60504）鞋帽制作人员 6－05－99（GBM60599）其他纺织品、服装和皮革、毛皮制品加工制作人员
	6－06（GBM60600）木材加工、家具与木制品制作人员	6－06－01（GBM60601）木材加工人员 6－06－02（GBM60602）人造板制造人员 6－06－03（GBM60603）木制品制造人员 6－06－04（GBM60604）家具制造人员 6－06－99（GBM60699）其他木材加工、家具与木制品制作人员

续表

大类	中类	小类
6 （GBM60000）生产制造及有关人员	6 – 07 （GBM60700）纸及纸制品生产加工人员	6 – 07 – 01 （GBM60701）制浆造纸人员 6 – 07 – 02 （GBM60702）纸制品制作人员 6 – 07 – 99 （GBM60799）其他纸及纸制品生产加工人员
	6 – 08 （GBM60800）印刷和记录媒介复制人员	6 – 08 – 01 （GBM60801）印刷人员 6 – 08 – 02 （GBM60802）记录媒介复制人员 6 – 08 – 99 （GBM60899）其他印刷和记录媒介复制人员
	6 – 09 （GBM60900）文教、工美、体育和娱乐用品制作人员	6 – 09 – 01 （GBM60901）文教用品制作人员 6 – 09 – 02 （GBM60902）乐器制作人员 6 – 09 – 03 （GBM60903）工艺美术品制作人员 6 – 09 – 04 （GBM60904）体育用品制作人员 6 – 09 – 05 （GBM60905）玩具制作人员 6 – 09 – 99 （GBM60999）其他文教、工美、体育和娱乐用品制作人员
	6 – 10 （GBM61000）石油加工和炼焦、煤化工生产人员	6 – 10 – 01 （GBM61001）石油炼制生产人员 6 – 10 – 02 （GBM61002）炼焦人员 6 – 10 – 03 （GBM61003）煤化工生产人员 6 – 10 – 99 （GBM61099）其他石油加工和炼焦、煤化工生产人员
	6 – 11 （GBM61100）化学原料和化学制品制造人员	6 – 11 – 01 （GBM61101）化工产品生产通用工艺人员 6 – 11 – 02 （GBM61102）基础化学原料制造人员 6 – 11 – 03 （GBM61103）化学肥料生产人员 6 – 11 – 04 （GBM61104）农药生产人员 6 – 11 – 05 （GBM61105）涂料、油墨、颜料及类似产品制造人员 6 – 11 – 06 （GBM61106）合成树脂生产人员 6 – 11 – 07 （GBM61107）合成橡胶生产人员 6 – 11 – 08 （GBM61108）专用化学产品生产人员 6 – 11 – 09 （GBM61109）火工品制造、保管、爆破及焰火产品制造人员 6 – 11 – 10 （GBM61110）日用化学品生产人员 6 – 11 – 99 （GBM61199）其他化学原料和化学制品制造人员
	6 – 12 （GBM61200）医药制造人员	6 – 12 – 01 （GBM61201）化学药品原料药制造人员 6 – 12 – 02 （GBM61202）中药饮片加工人员 6 – 12 – 03 （GBM61203）药物制剂人员 6 – 12 – 04 （GBM61204）兽用药品制造人员 6 – 12 – 05 （GBM61205）生物药品制造人员 6 – 12 – 99 （GBM61299）其他医药制造人员

大类	中类	小类
6（GBM60000）生产制造及有关人员	6－13（GBM61300）化学纤维制造人员	6－13－01（GBM61301）化学纤维原料制造人员 6－13－02（GBM61302）化学纤维纺丝及后处理人员 6－13－99（GBM61399）其他化学纤维制造人员
	6－14（GBM61400）橡胶和塑料制品制造人员	6－14－01（GBM61401）橡胶制品生产人员 6－14－02（GBM61402）塑料制品加工人员 6－14－99（GBM61499）其他橡胶和塑料制品制造人员
	6－15（GBM61500）非金属矿物制品制造人员	6－15－01（GBM61501）水泥、石灰、石膏及其制品制造人员 6－15－02（GBM61502）砖瓦石材等建筑材料制造人员 6－15－03（GBM61503）玻璃及玻璃制品生产加工人员 6－15－04（GBM61504）玻璃纤维及玻璃纤维增强塑料制品制造人员 6－15－05（GBM61505）陶瓷制品制造人员 6－15－06（GBM61506）耐火材料制品生产人员 6－15－07（GBM61507）石墨及碳素制品生产人员 6－15－08（GBM61508）高岭土、珍珠岩等非金属矿物加工人员 6－15－99（GBM61599）其他非金属矿物制品制造人员
	6－16（GBM61600）采矿人员	6－16－01（GBM61601）矿物采选人员 6－16－02（GBM61602）石油和天然气开采与储运人员 6－16－03（GBM61603）采盐人员 6－16－99（GBM61699）其他采矿人员
	6－17（GBM61700）金属冶炼和压延加工人员	6－17－01（GBM61701）炼铁人员 6－17－02（GBM61702）炼钢人员 6－17－03（GBM61703）铸铁管人员 6－17－04（GBM61704）铁合金冶炼人员 6－17－05（GBM61705）重有色金属冶炼人员 6－17－06（GBM61706）轻有色金属冶炼人员 6－17－07（GBM61707）稀贵金属冶炼人员 6－17－08（GBM61708）半导体材料制备人员 6－17－09（GBM61709）金属轧制人员 6－17－10（GBM61710）硬质合金生产人员 6－17－99（GBM61799）其他金属冶炼和压延加工人员
	6－18（GBM61800）机械制造基础加工人员	6－18－01（GBM61801）机械冷加工人员 6－18－02（GBM61802）机械热加工人员 6－18－03（GBM61803）机械表面处理加工人员 6－18－99（GBM61899）其他机械制造基础加工人员

大类	中类	小类
6（GBM60000）生产制造及有关人员	6-19（GBM61900）金属制品制造人员	6-19-01（GBM61901）五金制品制作装配人员 6-19-99（GBM61999）其他金属制品制造人员
	6-20（GBM62000）通用设备制造人员	6-20-01（GBM62001）通用基础件装配制造人员 6-20-02（GBM62002）锅炉及原动力设备制造人员 6-20-03（GBM62003）金属加工机械制造人员 6-20-04（GBM62004）物料搬运设备制造人员 6-20-05（GBM62005）泵、压缩机、阀门及类似机械制造人员 6-20-06（GBM62006）烘炉、水处理、衡器等设备制造人员 6-20-07（GBM62007）文化办公机械制造人员 6-20-99（GBM62099）其他通用设备制造人员
	6-21（GBM62100）专用设备制造人员	6-21-01（GBM62101）采矿、建筑专用设备制造人员 6-21-02（GBM62102）印刷生产专用设备制造人员 6-21-03（GBM62103）纺织服装和皮革加工专用设备制造人员 6-21-04（GBM62104）电子专用设备装配调试人员 6-21-05（GBM62105）农业机械制造人员 6-21-06（GBM62106）医疗器械制品和康复辅具生产人员 6-21-99（GBM62199）其他专用设备制造人员
	6-22（GBM62200）汽车制造人员	6-22-01（GBM62201）汽车零部件、饰件生产加工人员 6-22-02（GBM62202）汽车整车制造人员 6-22-99（GBM62299）其他汽车制造人员
	6-23（GBM62300）铁路、船舶、航空设备制造人员	6-23-01（GBM62301）轨道交通运输设备制造人员 6-23-02（GBM62302）船舶制造人员 6-23-03（GBM62303）航空产品装配、调试人员 6-23-04（GBM62304）摩托车、自行车制造人员 6-23-99（GBM62399）其他铁路、船舶、航空设备制造人员
	6-24（GBM62400）电气机械和器材制造人员	6-24-01（GBM62401）电机制造人员 6-24-02（GBM62402）输配电及控制设备制造人员 6-24-03（GBM62403）电线电缆、光纤光缆及电工器材制造人员 6-24-04（GBM62404）电池制造人员 6-24-05（GBM62405）家用电力器具制造人员 6-24-06（GBM62406）非电力家用器具制造人员 6-24-07（GBM62407）照明器具制造人员 6-24-08（GBM62408）电气信号设备装置制造人员 6-24-99（GBM62499）其他电气机械和器材制造人员

大类	中类	小类
6（GBM60000） 生产制造及有关 人员	6－25（GBM62500） 计算机、通信和其他 电子设备制造人员	6－25－01（GBM62501）电子元件制造人员 6－25－02（GBM62502）电子器件制造人员 6－25－03（GBM62503）计算机制造人员 6－25－04（GBM62504）电子设备装配调试人员 6－25－99（GBM62599）其他计算机、通信和其他电 子设备制造人员
	6－26（GBM62600） 仪器仪表制造人员	6－26－01（GBM62601）仪器仪表装配人员 6－26－99（GBM62699）其他仪器仪表制造人员
	6－27（GBM62700） 废弃资源综合利用 人员	6－27－01（GBM627011）废料和碎屑加工处理人员 6－27－99（GBM62799）其他废弃资源综合利用人员
	6－28（GBM62800） 电力、热力、气体、 水生产和输配人员	6－28－01（GBM62801）电力、热力生产和供应人员 6－28－02（GBM62802）气体生产、处理和输送人员 6－28－03（GBM62803）水生产、输排和水处理人员 6－28－99（GBM62899）其他电力、热力、气体、水 生产和输配人员
	6－29（GBM62900） 建筑施工人员	6－29－01（GBM62901）房屋建筑施工人员 6－29－02（GBM62902）土木工程建筑施工人员 6－29－03（GBM62903）建筑安装施工人员 6－29－04（GBM62904）建筑装饰人员 6－29－05（GBM62905）古建筑修建人员 6－29－99（GBM62999）其他建筑施工人员
	6－30（GBM63000） 运输设备和通用工程 机械操作人员及有关 人员	6－30－01（GBM63001）专用车辆操作人员 6－30－02（GBM63002）轨道交通运输机械设备操作 人员 6－30－03（GBM63003）民用航空设备操作人员及有 关人员 6－30－04（GBM63004）水上运输设备操作人员及有 关人员 6－30－05（GBM63005）通用工程机械操作人员 6－30－99（GBM63099）其他运输设备和通用工程机 械操作人员及有关人员
	6－31（GBM63100） 生产辅助人员	6－31－01（GBM63101）机械设备修理人员 6－31－02（GBM63102）船舶、民用航空器修理人员 6－31－03（GBM63103）检验试验人员 6－31－04（GBM63104）称重计量人员 6－31－05（GBM63105）包装人员 6－31－06（GBM63106）安全生产管理人员 6－31－99（GBM63199）其他生产辅助人员
	6－99（GBM69900） 其他生产制造及有关 人员	6－99－00（GBM69900）其他生产制造及有关人员

续表

大类	中类	小类
7（GBM70000）军人	7 - 00（GBM70000）军人	7 - 00 - 00（GBM70000）军人
8（GBM80000）不便分类的其他从业人员	8 - 00（GBM80000）不便分类的其他从业人员	8 - 00 - 00（GBM80000）不便分类的其他从业人员

资料来源：《中华人民共和国职业分类大典（2015 年版)》。

2. 分类原则

《大典（2015 年版)》的大类划分以工作性质相似性和技能水平相似性为主要依据，并考虑我国政治制度、管理体制、科技水平和产业结构的现状与发展等因素。中类划分基于我国行业发展业态，参照国民经济行业分类，将《大典（1999 年版)》"以职业活动所涉及的知识领域、使用的工具和设备、采用的技术和方法，以及所提供的产品和服务种类"的划分原则修订为"以职业活动所涉及的经济领域、知识领域以及所提供的产品和服务种类"为主要参照。小类划分是中类划分的细化，与中类划分的原则基本一致。细类（职业）划分则主要以工作分析为基础，以职业活动领域和所承担的职责，工作任务的专门性、专业性与技术性，服务类别与对象的相似性，工艺技术、使用工具设备或主要原材料、产品用途等的相似性，同时辅之以技能水平相似性为依据，并按此先后顺序划分和归类。

（四）与《大典（1999 年版)》比较

《大典（2015 年版)》是在《大典（1999 年版)》的基础上，运用科学的职业分类理论和方法，参照最新修订的国际职业分类原则，充分考虑我国社会转型期社会分工的特点，将职业分类原则由"工作性质同一性"调整为以"工作性质相似性为主、技能水平相似性为辅"。"工作性质同一性"侧重传统社会分工的本原，"工作性质相似性"则反映现代社会分工的复合性，更好地体现复杂职业活动的总体与部分的关系；依据"技能水平"的差异进行职业分类，增加了分类维度，提高了分类结果的合理性，有利于淡化职业的"身份"界限，促进从业者职业能力发展。《大典（2015

年版)》的修订严格遵循客观性、继承性、科学性、开放性的工作原则，主要对如下四个方面的内容进行了修订。变化具体体现在以下几个方面：

1. 总体修订内容

《大典（2015 年版)》总体修订内容涉及整体职业分类体系、职业信息描述、绿色职业标志和更新国家标准编码，简要修订情况介绍见表 2 - 5 和表 2 - 6。

表 2 - 5　　　　　　　　　职业分类体系的修订内容

修订模块	修订内容
职业分类体系	维持 8 个大类不变，增加了 9 个中类和 21 个小类，减少了 205 个职业，取消了 342 个"其他"余类职业 修订后职业分类体系为 8 个大类、75 个中类、434 个小类、1481 个职业，并列出了 2670 个工种，标注了 127 个绿色职业
职业信息描述	维持了 142 个类别描述内容基本不变，修订、取消、新增的类别描述内容分别为 220 个、125 个、155 个；维持了 612 个职业描述内容基本不变，修订、取消、新增的职业描述内容分别为 522 个、552 个、347 个。同时，将《大典（1999 年版)》"下列工种归入本职业"的表述调整为"本职业包含但不限于下列工种"
绿色职业标识	首次尝试对具有"环保、低碳、循环"特征的职业活动进行探索研究和分析，将部分社会认知度较高、具有显著绿色特征的职业标示为绿色职业。本次修订共标识了 127 个绿色职业，并统一以"绿色职业"的汉语拼音首字母"L"标识
更新国家标准编码	《大典（2015 年版)》中的国家标准编码按照《职业分类与代码》（GB/T6565—2015）进行标注

表 2 - 6　　　　　《大典（1999 年版)》与《大典（2015 年版)》
职业分类体系对比

《大典（1999 年版)》				《大典（2015 年版)》			
大类	中类	小类	细类 （职业）	大类	中类	小类	细类 （职业）
第一大类国家机关、党群组织、企业、事业单位负责人	5	16	25	第一大类党的机关、国家机关、群众团体和社会组织、企事业单位负责人	6	15	23

续表

《大典（1999 年版）》				《大典（2015 年版）》			
大类	中类	小类	细类（职业）	大类	中类	小类	细类（职业）
第二大类专业技术人员	14	115	440	第二大类专业技术人员	11	120	451
第三大类办事人员和有关人员	4	12	53	第三大类办事人员和有关人员	3	9	25
第四大类商业、服务业人员	8	43	197	第四大类社会生产服务和生活服务人员	15	93	278
第五大类农、林、牧、渔、水利业生产人员	6	30	135	第五大类农、林、牧、渔业生产及辅助人员	6	24	52
第六大类生产、运输设备操作人员及有关人员	27	195	1176	第六大类生产制造及有关人员	32	171	650
第七大类军人	1	1	1	第七大类军人	1	1	1
第八大类不便分类的其他从业人员	1	1	1	第八大类不便分类的其他从业人员	1	1	1
合计	66	413	2028	合计	75	434	1481

注：《大典（1999 年版）》细类数据包括 2005 年版、2006 年版、2007 年版增补本的相关数据。

2. 分类修订内容和主要依据

《大典（2015 年版）》对《大典（1999 年版）》中前六大类别的有关内容进行了修订，第七大类和第八大类均维持原内容表述，未作修订。前六大类别的修订内容和主要依据如下。

（1）第一大类。

该大类的修订主要依据《中华人民共和国宪法》《中华人民共和国公司法》《中华人民共和国公务员法》等法律法规，以及《中国共产党章程》《〈中华人民共和国公务员法〉实施方案》《党政机关公文处理工作条例》等，对具有决策和管理权的社会职业依据组织类型、职责范围的层次和业务相似性、工作的复杂程度和所承担的职责大小等进行划分与归类。因该类职业工作性质的相似性程度较高，从业者所体现出的活动特征与职业行为特征具有同质性，且规范从业行为的法律法规及政策约束性较强，其主要工作任务表述多以组织机构等的职责体现，部分职业只进行职业名称与职业定义描述。修订后的大类名称为"党的机关、国家机关、群众团体和社会组织、企事业单位负责人"。

（2）第二大类。

该大类的修订除遵循职业分类一般原则和技术规范外，还着重考量了职业的专业化、社会化和国际化水平。其中，专业化是指该职业的专业知识和专业技能的独特性，社会化是指职业活动的社会通用性和国家对该职业的呼应程度，国际化是指职业定义和活动描述的国际可比性和等效性。该大类参照学科分类、专业分类、职位职称分类等分类结果，将劳动条件、工作环境、工作对象、生产工具、工作内容相同或相近，具有相同的职业行为模式、共同的话语体系和道德规范的职业活动，均归属为同一类职业。其中，工学因其涉及面宽广，未按独立学科分类。该大类的修订中，还根据专业技术类职业的组群性特点，按照职业活动的专业性与技术性特征，将原归属为第四大类的部分职业调整归入该大类；根据产业性特征，在工业产业链中，将突出以研究、开发、应用、指导为主要工作任务的职业划归该大类；根据职位性特征，将职权相同、责任一致的工作分工归入同一职业。修订后的大类名称维持不变。

（3）第三大类。

该大类的修订主要依据我国公共管理与社会组织的实际业态进行，修订了大类描述，强化了其公共管理、企事业管理等领域行政业务、行政事务属性；调整了《大典（1999 年版）》邮政电信业职业归类。修订后的大类名称维持不变。

（4）第四大类。

该大类修订主要根据我国服务业发展现状，特别关注新兴服务业的职业发展，按照服务属性归并职业。将《大典（1999 年版）》第三大类"邮政和电信业务人员"、第五大类分属生态环境保护服务和部分水利服务的职业类别、第六大类"检验、计量人员"中的具有公共服务属性的职业等统一归并至此大类。修订后的大类名称为"社会生产服务和生活服务人员"。

（5）第五大类。

该大类的修订主要依据农、林、牧、渔业生产环境，生产技术和产业结构的变化，现代农业生产领域中生产技术应用、生产分工与合作的现状，将《大典（1999 年版）》此大类的中类体系修订为"农业生产人员，林业生产人员，畜牧业生产人员，渔业生产人员，农、林、牧、渔业生产辅助人员和其他农、林、牧、渔业生产加工人员"；调整了《大典（1999 年版）》水利设施管护人员职业归类。修订后的大类名称为"农、林、牧、渔业生产及辅助人员"。

（6）第六大类。

该大类的修订主要依据生产制造业发展业态，以及工艺技术、工具设备、主要原材料、产品用途等，将《大典（1999 年版）》"水产品加工人员"类职业归并至此大类；新增"电力、热力、气体、水生产和输配人员"中类，将《大典（1999 年版）》分属于各中小类的职业归入此类；调整了《大典（1999 年版）》属于第六大类供电、运输、物流等具有服务属性的职业归类；将修理、产品生产检验试验等生产辅助性职业统一归并为"生产辅助人员"，并对印刷、纺织、烟草、化工、石油行业的职业进行了较大调整。修订后的大类名称为"生产制造及有关人员"。

（五）实践应用情况

职业分类作为制定职业标准的依据，是促进人力资源科学化、规范化管理的重要基础性工作。职业分类大典作为职业分类的成果形式和载体，对国民经济信息统计和人口普查、人力资源开发与管理、制定新版国家职业技能标准、职业教育培训等起着规范和引领作用。

1. 服务于国民经济信息统计和人口普查

我国各地区、各部门以《职业分类大典》和《职业分类与代码》确定的职业分类为基础，将其应用于国民经济信息统计和人口普查、就业人口结构变化、劳动力供求状况、需求预测和规划等研究分析中。此外，《大典（2015 年版）》的成果还可进一步用于规范劳动力市场信息统计口径，使之更加科学和准确，从而提高统计信息工作的科学化、规范化水平。

2. 人力资源开发与管理中的基础作用

我国是劳动力资源大国，《大典（2015 年版）》确定的职业分类可作为基础，用于开展就业人口、劳动力需求变化等各类人力资源研究分析中，为制定人力资源市场政策提供科学依据。此外，职业分类还可为加强和规范人力资源市场建设、强化职业指导和就业服务提供支撑，从而发挥其在人力资源开发和管理中的基础性作用。例如，各地公共就业和人才服务机构在开展职业介绍和职业指导时，参照《大典（2015年版）》的职业定义和职业描述的内容，向求职者介绍有关的职业背景。

3. 制定新版国家职业技能标准

职业分类是制定和开发职业标准的基础。人力资源社会保障部以《大典（2015年版）》为依据，进行职业标准的开发、论证和发布工作，包括制定新版国家职业技能标准和开发"国家职业技能标准查询系统"。截至2021年6月，该查询系统覆盖正式出版的全部国家职业技能标准，共计1109个，其中，依据《大典（1999年版）》规定的职业（工种）制定颁布并正式出版的有898个；依据《大典（2015年版）》规定的职业（工种）制定颁布并正式出版的有211个。

4. 引导职业教育培训

职业分类是职业教育和职业培训的"定位仪"。在职业教育和培训方面，职业分类可应用于以下情形：（1）建立专业教学标准和职业标准联动开发机制；（2）专业设置、课程内容与职业标准相衔接的职业教育培训课程体系；（3）制定对应的人才培养标准和课程规范，促进职业教育培训质量提升，提高劳动者职业素质和技术技能水平等。一方面，各类职业教育培训机构根据新的职业分类，合理设置专业，及时制定培养标准和课程规范；另一方面，企业将新的职业分类应用于人力资源管理、员工职业教育培训和员工职业技能等级认定等工作。

5. 规范职业资格制度改革

对大典进行修订是改革完善职业资格制度的重要内容。一方面，国家实行国家职业资格目录清单式管理制度，各类职业资格考核评价机构在根据《大典（2015年版）》制定的国家职业资格目录清单内，依据市场需要自行开展能力水平评价活动。通过职业分类统一规划，可以有效规范职业资格的设置，规范开展职业资格的考核评价等工作。另一方面，新的职业分类有助于更好地规范和约束职业资格设置行为，从而推动职业资格的清理规范工作，从源头上遏制职业资格设置乱象，确保职业资格制度改革顺利进行。

6. 建立《大典》修订工作平台

"国家职业分类大典修订工作平台"的建立，为国家职业信息数据库的建设奠定了重要基础，推动了职业信息采集和统计分析的电子化发展，有助于更好地建立并完善职业分类动态更新机制，对职业分类进行及时调整和补充完善。

四、《中华人民共和国职业分类大典（2022年版）》

"十三五"时期以来，我国经济实力、科技实力、综合国力跃上新台阶，新经济、新业态、新模式不断涌现，引发了社会职业结构新的变迁。为适应新时代我国人力资源管理的需要，从2018年至2021年，国家先后分四批征集、发布了56个新职业，并于2021年4月启动了大典第二次修订工作。本次修订，历时18个月，最终形成《中华人民共和国职业分类大典（2022年版）》（以下简称《大典（2022年版）》）。

（一）修订过程

本次大典修订工作共分组织筹备、征集建议、专家论证、征求意见、审定颁布五个阶段。

1. 组织筹备

人社部会同国家市场监督管理总局、国家统计局牵头成立由中央和国家机关有关部门、行业组织、企事业单位组成的国家职业分类大典修订工作机构。为确保大典修订工作的科学性、规范性，制定了修订工作方案和实施方案、修订专家工作手册等技术性文件，并设计开发了"国家职业分类大典与新职业工作平台"。

2. 征集建议

为充分调动社会各界力量，扩大公众参与度，通过人社部官网向社会发布征集修订意见建议的通告，共收到来自各方面意见建议1000余条。

3. 专家论证

论证过程中，充分发挥专家作用，职业分类专家、行业专家对大典内容和数字职业、绿色职业标识进行了充分论证，共召开职业分类专家全体会议 2 次，职业分类专家组长联席会议 25 次，行业专家全体会议 2 次，召开数字、网络安全、电子商务和涉碳相关职业等专题论证会 38 次。

4. 征求意见

以书面形式征求了中央和国家机关有关部门、行业组织、企事业单位的意见。在充分吸收合理化意见的基础上，通过人社部官网向社会公众征求意见，共收到意见建议近 3000 条。对这些意见建议，组织专家逐条进行了研究论证。

5. 审定颁布

2022 年 9 月 27 日，组织召开《中华人民共和国职业分类大典（2022 年版)》审定颁布会，审议并表决通过了 2022 年版大典（送审稿）。由人社部、国家市场监督管理总局、国家统计局三部门以人社部发〔2022〕68 号文颁布。

（二）修订工作原则

本次修订工作，以习近平新时代中国特色社会主义思想为指导，深入贯彻落实习近平总书记对就业创业、人才、职业教育等工作的重要指示精神，主动适应新形势，积极开拓新思路，遵循客观性、科学性、创新性原则，坚持统一性和灵活性相结合，在保持职业分类原则、原大类结构基本不变的基础上，对中类、小类、细类（职业）等进行适当调整，优化更新描述信息，力求做到与时俱进，全面、准确、客观地反映现阶段我国经济社会和科技发展带来的社会职业发展变化，使大典成为反映经济社会发展状况的"晴雨表"，成为引领产业转型升级发展的"风向标"，成为规范人力资源开发管理的"标准尺"。

（三）分类基本结构

《大典（2022 年版)》将我国现有从业人员的职业划分为 8 个大类、79 个中类、450 个小类、1639 个职业（细类）和 2967 个工种。大类、中类、小类基本内容见表 2 - 7。

表 2-7　　《大典（2022 年版）》的大类、中类、小类基本内容

大类	中类	小类
1 党的机关、国家机关、群众团体和社会组织、企事业单位负责人	1-01 中国共产党机关和基层组织负责人	1-01-00 中国共产党机关和基层组织负责人
	1-02 国家机关负责人	1-02-01 国家权力机关负责人 1-02-02 国家行政机关负责人 1-02-03 人民政协机关负责人 1-02-04 监察机关负责人 1-02-05 人民法院和人民检察院负责人
	1-03 民主党派和工商联负责人	1-03-00 民主党派和工商联负责人
	1-04 人民团体和群众团体、社会组织及其他成员组织负责人	1-04-01 人民团体和群众团体负责人 1-04-02 社会团体负责人 1-04-03 民办非企业单位负责人 1-04-04 社会中介组织负责人 1-04-05 基金会负责人 1-04-06 宗教组织负责人
	1-05 基层群众自治组织负责人	1-05-00 基层群众性自治组织负责人
	1-06 企事业单位负责人	1-06-01 企业负责人 1-06-02 事业单位负责人
2 专业技术人员	2-01 科学研究人员	2-01-01 哲学研究人员 2-01-02 经济学研究人员 2-01-03 法学研究人员 2-01-04 教育学研究人员 2-01-05 历史学研究人员 2-01-06 自然科学和地球科学研究人员 2-01-07 农业科学研究人员 2-01-08 医学研究人员 2-01-09 管理学研究人员 2-01-10 文学、艺术学研究人员 2-01-11 军事学研究人员 2-01-99 其他科学研究人员

续表

大类	中类	小类
2 专业技术人员	2－02 工程技术人员	2－02－01 地质勘探工程技术人员 2－02－02 测绘和地理信息工程技术人员 2－02－03 矿山工程技术人员 2－02－04 石油天然气工程技术人员 2－02－05 冶金工程技术人员 2－02－06 化工工程技术人员 2－02－07 机械工程技术人员 2－02－08 航空工程技术人员 2－02－09 电子工程技术人员 2－02－10 信息和通信工程技术人员 2－02－11 电气工程技术人员 2－02－12 电力工程技术人员 2－02－13 邮政和快递工程技术人员 2－02－14 广播电影电视及演艺设备工程技术人员 2－02－15 道路和水上运输工程技术人员 2－02－16 民用航空工程技术人员 2－02－17 铁道工程技术人员 2－02－18 建筑工程技术人员 2－02－19 建材工程技术人员 2－02－20 林草工程技术人员 2－02－21 水利工程技术人员 2－02－22 海洋工程技术人员 2－02－23 纺织服装工程技术人员 2－02－24 食品工程技术人员 2－02－25 气象工程技术人员 2－02－26 地震工程技术人员 2－02－27 环境保护工程技术人员 2－02－28 安全工程技术人员 2－02－29 标准化、计量、质量和认证认可工程技术人员 2－02－30 管理（工业）工程技术人员 2－02－31 检验检疫工程技术人员 2－02－32 制药工程技术人员 2－02－33 印刷复制工程技术人员 2－02－34 工业（产品）设计工程技术人员 2－02－35 康复辅具工程技术人员 2－02－36 轻工工程技术人员 2－02－37 国土空间规划与生态修复工程技术人员 2－02－38 数字技术工程技术人员 2－02－99 其他工程技术人员
	2－03 农业技术人员	2－03－01 土壤肥料技术人员 2－03－02 农业技术指导人员 2－03－03 植物保护技术人员 2－03－04 园艺技术人员 2－03－05 作物遗传育种栽培技术人员 2－03－06 兽医兽药技术人员 2－03－07 畜牧与草业技术人员 2－03－08 水产技术人员 2－03－09 农业工程技术人员 2－03－99 其他农业技术人员

大类	中类	小类
2 专业技术人员	2-04 飞机和船舶技术人员	2-04-01 飞行人员和领航人员 2-04-02 船舶指挥和引航人员 2-04-99 其他飞机和船舶技术人员
	2-05 卫生专业技术人员	2-05-01 临床和口腔医师 2-05-02 中医医师 2-05-03 中西医结合医师 2-05-04 民族医医师 2-05-05 公共卫生与健康医师 2-05-06 药学技术人员 2-05-07 医疗卫生技术人员 2-05-08 护理人员 2-05-09 乡村医生 2-05-10 盲人医疗按摩人员 2-05-99 其他卫生专业技术人员
	2-06 经济和金融专业人员	2-06-01 经济专业人员 2-06-02 统计专业人员 2-06-03 会计专业人员 2-06-04 审计专业人员 2-06-05 税务专业人员 2-06-06 资产和资源评估专业人员 2-06-07 商务专业人员 2-06-08 人力资源专业人员 2-06-09 银行专业人员 2-06-10 保险专业人员 2-06-11 证券期货基金专业人员 2-06-12 知识产权专业人员 2-06-13 社会保险专业人员 2-06-14 金融科技专业人员 2-06-99 其他经济和金融专业人员
	2-07 监察、法律、社会和宗教专业人员	2-07-01 监察人员 2-07-02 法官 2-07-03 检察官 2-07-04 律师 2-07-05 公证员 2-07-06 司法鉴定人员 2-07-07 审判辅助人员 2-07-08 检察辅助人员 2-07-09 法律顾问 2-07-10 宗教教职人员 2-07-11 社会工作专业人员 2-07-99 其他监察、法律、社会和宗教专业人员
	2-08 教学人员	2-08-01 高等学校教师 2-08-02 中小学教师 2-08-03 幼儿园教师 2-08-04 特殊教育教师 2-08-99 其他教学人员

续表

大类	中类	小类
2 专业技术人员	2-09 文学艺术、体育专业人员	2-09-01 文艺创作与编导人员 2-09-02 音乐指挥与演员 2-09-03 电影电视制作专业人员 2-09-04 舞台专业人员 2-09-05 美术专业人员 2-09-06 工艺美术与创意设计专业人员 2-09-07 体育专业人员 2-09-99 其他文学艺术、体育专业人员
	2-10 新闻出版、文化专业人员	2-10-01 记者 2-10-02 编辑 2-10-03 校对员 2-10-04 播音员及节目主持人 2-10-05 翻译人员 2-10-06 图书资料与微缩摄影专业人员 2-10-07 档案专业人员 2-10-08 考古及文物保护专业人员 2-10-99 其他新闻出版、文化专业人员
	2-99 其他专业技术人员	2-99-00 其他专业技术人员
3 办事人员和有关人员	3-01 行政办事及辅助人员	3-01-01 行政业务办理人员 3-01-02 行政事务处理人员 3-01-03 行政执法人员 3-01-04 社区和村务工作人员 3-01-99 其他行政办事及辅助人员
	3-02 安全和消防及辅助人员	3-02-01 人民警察 3-02-02 保卫和警务辅助人员 3-02-03 消防和应急救援人员 3-02-99 其他安全和消防人员
	3-03 仲裁、调解及辅助人员	3-03-01 民商事仲裁及辅助人员 3-03-99 其他仲裁、调解及辅助人员
	3-99 其他办事人员和有关人员	3-99-00 其他办事人员和有关人员
4 社会生产服务和生活服务人员	4-01 批发与零售服务人员	4-01-01 购销服务人员 4-01-02 销售人员 4-01-03 贸易经纪代理人员 4-01-04 再生物资回收人员 4-01-05 特殊商品购销人员 4-01-06 电子商务服务人员 4-01-99 其他批发与零售服务人员

大类	中类	小类
4 社会生产服务 和生活服务人员	4-02 交通运输、仓 储物流和邮政业服务 人员	4-02-01 轨道交通运输服务人员 4-02-02 道路运输服务人员 4-02-03 水上运输服务人员 4-02-04 航空运输服务人员 4-02-05 装卸搬运和运输代理服务人员 4-02-06 仓储物流服务人员 4-02-07 邮政和快递服务人员 4-02-99 其他交通运输、仓储和邮政业服务人员
	4-03 住宿和餐饮服 务人员	4-03-01 住宿服务人员 4-03-02 餐饮服务人员 4-03-99 其他住宿和餐饮服务人员
	4-04 信息传输、软 件和信息技术服务 人员	4-04-01 信息通信业务人员 4-04-02 信息通信网络维护人员 4-04-03 广播电视传输服务人员 4-04-04 信息通信网络运行管理人员 4-04-05 软件和信息技术服务人员 4-04-99 其他信息传输、软件和信息技术服务人员
	4-05 金融服务人员	4-05-01 银行服务人员 4-05-02 证券期货服务人员 4-05-03 保险服务人员 4-05-04 典当服务人员 4-05-05 信托和资产管理服务人员 4-05-99 其他金融服务人员
	4-06 房地产服务 人员	4-06-01 物业管理服务人员 4-06-02 房地产中介服务人员 4-06-99 其他房地产服务人员
	4-07 租赁和商务服 务人员	4-07-01 租赁和拍卖业务人员 4-07-02 商务咨询服务人员 4-07-03 人力资源服务人员 4-07-04 旅游及公共游览场所服务人员 4-07-05 安全保护服务人员 4-07-06 市场管理服务人员 4-07-07 会议及展览服务人员 4-07-99 其他租赁和商务服务人员
	4-08 技术辅助服务 人员	4-08-01 气象服务人员 4-08-02 海洋服务人员 4-08-03 测绘服务人员 4-08-04 地理信息服务人员 4-08-05 检验、检测和计量服务人员 4-08-06 环境监测服务人员 4-08-07 地质勘查人员 4-08-08 专业化设计服务人员 4-08-09 摄影扩印服务人员 4-08-10 生产现场技术工艺人员 4-08-99 其他技术辅助服务人员

大类	中类	小类
4 社会生产服务和生活服务人员	4-09 水利、环境和公共设施管理服务人员	4-09-01 水利设施管理养护人员 4-09-02 水文服务人员 4-09-03 水土保持人员 4-09-04 农田灌排人员 4-09-05 自然保护区和草地监护人员 4-09-06 野生动植物保护人员 4-09-07 环境治理服务人员 4-09-08 环境卫生服务人员 4-09-09 有害生物防治人员 4-09-10 绿化与园艺服务人员 4-09-99 其他水利、环境和公共设施管理服务人员
	4-10 居民服务人员	4-10-01 生活照料服务人员 4-10-02 服装裁剪和洗染织补人员 4-10-03 美容美发和浴池服务人员 4-10-04 保健服务人员 4-10-05 婚姻服务人员 4-10-06 殡葬服务人员 4-10-07 宠物服务人员 4-10-08 社区生活服务人员 4-10-99 其他居民服务人员
	4-11 电力、燃气及水供应服务人员	4-11-01 电力供应服务人员 4-11-02 燃气供应服务人员 4-11-03 水供应服务人员 4-11-99 其他电力、燃气及水供应服务人员
	4-12 修理及制作服务人员	4-12-01 汽车摩托车修理技术服务人员 4-12-02 计算机和办公设备维修人员 4-12-03 家用电子电器产品维修人员 4-12-04 日用产品修理服务人员 4-12-05 乐器维修人员 4-12-06 印章制作人员 4-12-99 其他修理及制作服务人员
	4-13 文化和教育服务人员	4-13-01 社会文化活动服务人员 4-13-02 广播、电视、电影和影视录音制作人员 4-13-03 考古及文物保护作业人员 4-13-04 教育服务人员 4-13-99 其他文化和教育服务人员
	4-14 健康、体育和休闲服务人员	4-14-01 医疗辅助服务人员 4-14-02 健康咨询服务人员 4-14-03 康复矫正服务人员 4-14-04 公共卫生辅助服务人员 4-14-05 体育健身和娱乐场所服务人员 4-14-06 康养、休闲服务人员 4-14-99 其他健康、体育和休闲服务人员
	4-99 其他社会生产和生活服务人员	4-99-00 其他社会生产和生活服务人员

大类	中类	小类
5 农、林、牧、渔业生产及辅助人员	5－01 农业生产人员	5－01－01 作物种子（苗）繁育生产人员 5－01－02 农作物生产人员 5－01－99 其他农业生产人员
	5－02 林业生产人员	5－02－01 林草种苗繁育人员 5－02－02 营造林人员 5－02－03 森林经营和管护人员 5－02－04 木材采运人员 5－02－99 其他林业生产人员
	5－03 畜牧业生产人员	5－03－01 畜禽种苗繁育人员 5－03－02 畜禽饲养人员 5－03－03 特种经济动物饲养人员 5－03－99 其他畜牧业生产人员
	5－04 渔业生产人员	5－04－01 水产苗种繁育人员 5－04－02 水产养殖人员 5－04－03 水产捕捞及有关人员 5－04－99 其他渔业生产人员
	5－05 农、林、牧、渔业生产辅助人员	5－05－01 农业生产服务人员 5－05－02 动植物疫病防治人员 5－05－03 农村能源利用人员 5－05－04 农村环境保护人员 5－05－05 农机化服务人员 5－05－06 农副林特产品初加工人员 5－05－99 其他农、林、牧、渔业生产辅助人员
	5－99 其他农、林、牧、渔业生产及辅助人员	5－99－00 其他农、林、牧、渔业生产及辅助人员
6 生产制造及有关人员	6－01 农副产品加工人员	6－01－01 粮油加工人员 6－01－02 饲料加工人员 6－01－03 制糖人员 6－01－04 畜禽制品加工人员 6－01－05 水产品加工人员 6－01－06 果蔬和坚果加工人员 6－01－07 淀粉和豆制品加工人员 6－01－99 其他农副产品加工人员
	6－02 食品、饮料生产加工人员	6－02－01 焙烤食品制造人员 6－02－02 糖制品加工人员 6－02－03 方便食品和罐头食品加工人员 6－02－04 乳制品加工人员 6－02－05 调味品及食品添加剂制作人员 6－02－06 酒、饮料及精制茶制造人员 6－02－99 其他食品、饮料生产加工人员

续表

大类	中类	小类
6 生产制造及有关人员	6 – 03 烟草及其制品加工人员	6 – 03 – 01 烟叶初加工人员 6 – 03 – 02 烟用材料生产人员 6 – 03 – 03 烟草制品生产人员 6 – 03 – 99 其他烟草及其制品加工人员
	6 – 04 纺织、针织、印染人员	6 – 04 – 01 纤维预处理人员 6 – 04 – 02 纺纱人员 6 – 04 – 03 织造人员 6 – 04 – 04 针织人员 6 – 04 – 05 非织造布制造人员 6 – 04 – 06 印染人员 6 – 04 – 99 其他纺织、针织、印染人员
	6 – 05 纺织品、服装和皮革、毛皮制品加工制作人员	6 – 05 – 01 纺织品和服装剪裁缝纫人员 6 – 05 – 02 皮革、毛皮及其制品加工人员 6 – 05 – 03 羽绒羽毛加工及制品制造人员 6 – 05 – 04 鞋帽制作人员 6 – 05 – 99 其他纺织品、服装和皮革、毛皮制品加工制作人员
	6 – 06 木材加工、家具与木制品制作人员	6 – 06 – 01 木材加工人员 6 – 06 – 02 人造板制造人员 6 – 06 – 03 木制品制造人员 6 – 06 – 04 家具制造人员 6 – 06 – 99 其他木材加工、家具与木制品制作人员
	6 – 07 纸及纸制品生产加工人员	6 – 07 – 01 制浆造纸人员 6 – 07 – 02 纸制品制作人员 6 – 07 – 99 其他纸及纸制品生产加工人员
	6 – 08 印刷和记录媒介复制人员	6 – 08 – 01 印刷人员 6 – 08 – 02 记录媒介复制人员 6 – 08 – 99 其他印刷和记录媒介复制人员
	6 – 09 文教、工美、体育和娱乐用品制造人员	6 – 09 – 01 文教用品制作人员 6 – 09 – 02 乐器制作人员 6 – 09 – 03 工艺美术品制造人员 6 – 09 – 04 体育用品制作人员 6 – 09 – 05 玩具制作人员 6 – 09 – 99 其他文教、工美、体育和娱乐用品制造人员
	6 – 10 石油加工和炼焦、煤化工生产人员	6 – 10 – 01 石油炼制生产人员 6 – 10 – 02 炼焦人员 6 – 10 – 03 煤化工生产人员 6 – 10 – 99 其他石油加工和炼焦、煤化工生产人员

续表

大类	中类	小类
6 生产制造及有关人员	6 – 11 化学原料和化学制品制造人员	6 – 11 – 01 化工产品生产通用工艺人员 6 – 11 – 02 基础化学原料制造人员 6 – 11 – 03 化学肥料生产人员 6 – 11 – 04 农药生产人员 6 – 11 – 05 涂料、油墨、颜料及类似产品制造人员 6 – 11 – 06 合成树脂生产人员 6 – 11 – 07 合成橡胶生产人员 6 – 11 – 08 专用化学产品生产人员 6 – 11 – 09 火工品制造、保管、爆破及焰火产品制造人员 6 – 11 – 10 日用化学品生产人员 6 – 11 – 99 其他化学原料和化学制品制造人员
	6 – 12 医药制造人员	6 – 12 – 01 化学药品原料药制造人员 6 – 12 – 02 中药饮片加工人员 6 – 12 – 03 药物制剂人员 6 – 12 – 04 兽用药品制造人员 6 – 12 – 05 生物药品制造人员 6 – 12 – 99 其他医药制造人员
	6 – 13 化学纤维制造人员	6 – 13 – 01 化学纤维原料制造人员 6 – 13 – 02 化学纤维纺丝及后处理人员 6 – 13 – 99 其他化学纤维制造人员
	6 – 14 橡胶和塑料制品制造人员	6 – 14 – 01 橡胶制品生产人员 6 – 14 – 02 塑料制品加工人员 6 – 14 – 99 其他橡胶和塑料制品制造人员
	6 – 15 非金属矿物制品制造人员	6 – 15 – 01 水泥、石灰、石膏及其制品制造人员 6 – 15 – 02 砖瓦石材等建筑材料制造人员 6 – 15 – 03 玻璃及玻璃制品生产加工人员 6 – 15 – 04 玻璃纤维及玻璃纤维增强塑料制品制造人员 6 – 15 – 05 陶瓷制品制造人员 6 – 15 – 06 耐火材料制品生产人员 6 – 15 – 07 石墨及炭素制品生产人员 6 – 15 – 08 高岭土、珍珠岩等非金属矿物加工人员 6 – 15 – 99 其他非金属矿物制品制造人员
	6 – 16 采矿人员	6 – 16 – 01 矿物采选人员 6 – 16 – 02 石油和天然气开采与储运人员 6 – 16 – 03 采盐人员 6 – 16 – 99 其他采矿人员

续表

大类	中类	小类
6 生产制造及有关人员	6-17 金属冶炼和压延加工人员	6-17-01 炼铁人员 6-17-02 炼钢人员 6-17-03 铸铁管人员 6-17-04 铁合金冶炼人员 6-17-05 重有色金属冶炼人员 6-17-06 轻有色金属冶炼人员 6-17-07 稀贵金属冶炼人员 6-17-08 半导体材料制备人员 6-17-09 金属轧制人员 6-17-10 硬质合金生产人员 6-17-99 其他金属冶炼和压延加工人员
	6-18 机械制造基础加工人员	6-18-01 机械冷加工人员 6-18-02 机械热加工人员 6-18-03 机械表面处理加工人员 6-18-04 工装工具制造加工人员 6-18-99 其他机械制造基础加工人员
	6-19 金属制品制造人员	6-19-01 五金制品制作装配人员 6-19-99 其他金属制品制造人员
	6-20 通用设备制造人员	6-20-01 通用基础件装配制造人员 6-20-02 锅炉及原动设备制造人员 6-20-03 金属加工机械制造人员 6-20-04 物料搬运设备制造人员 6-20-05 泵、阀门、压缩机及类似机械制造人员 6-20-06 烘炉、衡器、水处理等设备制造人员 6-20-07 文化办公机械制造人员 6-20-99 其他通用设备制造人员
	6-21 专用设备制造人员	6-21-01 采矿、建筑专用设备制造人员 6-21-02 印刷生产专用设备制造人员 6-21-03 纺织服装和皮革加工专用设备制造人员 6-21-04 电子专用设备装配调试人员 6-21-05 农业机械制造人员 6-21-06 医疗器械制品和康复辅具生产人员 6-21-99 其他专用设备制造人员
	6-22 汽车制造人员	6-22-01 汽车零部件、饰件生产加工人员 6-22-02 汽车整车制造人员 6-22-99 其他汽车制造人员
	6-23 铁路、船舶、航空设备制造人员	6-23-01 轨道交通运输设备制造人员 6-23-02 船舶制造人员 6-23-03 航空产品装配、调试人员 6-23-04 摩托车、自行车制造人员 6-23-99 其他铁路、船舶、航空设备制造人员

续表

大类	中类	小类
6 生产制造及有关人员	6-24 电气机械和器材制造人员	6-24-01 电机制造人员 6-24-02 输配电及控制设备制造人员 6-24-03 电线电缆、光纤光缆及电工器材制造人员 6-24-04 电池制造人员 6-24-05 家用电力器具制造人员 6-24-06 非电力家用器具制造人员 6-24-07 照明器具制造人员 6-24-08 电气信号设备装置制造人员 6-24-99 其他电气机械和器材制造人员
	6-25 计算机、通信和其他电子设备制造人员	6-25-01 电子元件制造人员 6-25-02 电子器件制造人员 6-25-03 计算机制造人员 6-25-04 电子设备装配调试人员 6-25-99 其他计算机、通信和其他电子设备制造人员
	6-26 仪器仪表制造人员	6-26-01 仪器仪表装配人员 6-26-99 其他仪器仪表制造人员
	6-27 再生资源综合利用人员	6-27-01 废料和碎屑加工处理人员 6-27-99 其他再生资源综合利用人员
	6-28 电力、热力、气体、水生产和输配人员	6-28-01 电力、热力生产和供应人员 6-28-02 气体生产、处理和输送人员 6-28-03 水生产、输排和水处理人员 6-28-99 其他电力、热力、气体、水生产和输配人员
	6-29 建筑施工人员	6-29-01 房屋建筑施工人员 6-29-02 土木工程建筑施工人员 6-29-03 建筑安装施工人员 6-29-04 建筑装饰人员 6-29-05 古建筑修建人员 6-29-99 其他建筑施工人员
	6-30 运输设备和通用工程机械操作人员及有关人员	6-30-01 专用车辆操作人员 6-30-02 轨道交通运输机械设备操作人员 6-30-03 民用航空设备操作及有关人员 6-30-04 水上运输设备操作及有关人员 6-30-05 通用工程机械操作人员 6-30-99 其他运输设备和通用工程机械操作人员及有关人员

续表

大类	中类	小类
6 生产制造及有关人员	6-31 生产辅助人员	6-31-01 机械设备修理人员 6-31-02 船舶、航空器修理人员 6-31-03 检验试验人员 6-31-04 称重计量人员 6-31-05 包装人员 6-31-06 安全生产管理人员 6-31-07 工业机器人操作运维人员 6-31-99 其他生产辅助人员
	6-99 其他生产制造及有关人员	6-99-00 其他生产制造及有关人员
7 军队人员	7-01 军官（警官）	7-01-00 军官（警官）
	7-02 军士（警士）	7-02-00 军士（警士）
	7-03 义务兵	7-03-00 义务兵
	7-04 文职人员	7-04-00 文职人员
8 不便分类的其他从业人员	8-00 不便分类的其他从业人员	8-00-00 不便分类的其他从业人员

（四）与《大典（2015 年版）》比较

1. 总体修订内容

修订的主要内容包括三个方面：

一是职业分类体系修订。本次修订优化调整了部分归类，围绕数字经济、绿色经济、制造强国和依法治国等要求，专门增设或调整了相关中类、小类和职业。与《大典（2015 年版）》相比，中类新增 5 个，取消 1 个，净增 4 个；小类新增 21 个，取消 5 个，净增 16 个；职业新增 168 个，取消 10 个，净增 158 个；工种新增 377 个，取消 80 个，净增 297 个。据此，《大典（2022 年版）》职业分类为 8 个大类、79 个中类、450 个小类、1639 个职业（细类）和 2967 个工种，见表 2-8。

二是职业信息描述修订。与《大典（2015 年版）》相比，大类中，维持不变的 6 个，修改名称的 1 个，修改定义的 1 个；中类中，维持不变的 47 个，修改名称的 7 个，修改定义的 25 个；小类中，维持不变的 345 个，修改编码的 17 个，修改名称的 25 个，修改定义的 67 个；细类（职业）中，维持不变的 1125 个，调整归类的 15 个，修改编码的 55 个，修改名称的 52 个，修改定义的 196 个，修改主要工作任务的 251 个；工种中，维持不变的 2423 个，调整归类的 12 个，修改名称的 88 个。

三是增加数字职业标识和延续绿色职业标识。随着数字经济在国民经济中占比越来越多，本次修订首次标识了数字职业 97 个（标识为 S），约占职业总数的 6%。数字职业是从数字产业化和产业数字化两个视角，围绕数字语言表达、数字信息传输、数字内容生产三个维度，以及工具、环境、目标、内容、过程、产出六项指标进行综合论证而界定。标识数字职业是我国职业分类的重大创新，对推动数字经济和数字技术发展以及提升全民数字素养具有重要意义。

为顺应碳达峰碳中和形势发展要求，契合绿色发展理念，本次修订沿用《大典（2015 年版）》做法，将具有环保、低碳、循环特征的职业标识为绿色职业，共标识绿色职业 134 个（标识为 L），约占职业总数的 8%。《大典（2015 年版）》中标识绿色职业 127 个，经专家重新论证，调减为 119 个，此次新增 15 个，如碳管理工程技术人员、节水工程技术人员、增材制造工程技术人员、农业数字化技术员等。

此外，上述职业中既是绿色职业又是数字职业的有 23 个（标识为 L/S）。

表 2-8 《大典（2015 年版）》与《大典（2022 年版）》职业分类体系对比

《大典（2015 年版）》				《大典（2022 年版）》			
大类	中类	小类	细类（职业）	大类	中类	小类	细类（职业）
第一大类党的机关、国家机关、群众团体和社会组织、企事业单位负责人	6	15	23	第一大类党的机关、国家机关、群众团体和社会组织、企事业单位负责人	6	16	25
第二大类专业技术人员	11	120	451	第二大类专业技术人员	11	125	492
第三大类办事人员和有关人员	3	9	25	第三大类办事人员和有关人员	4	12	36
第四大类社会生产服务和生活服务人员	15	93	278	第四大类社会生产服务和生活服务人员	15	96	356
第五大类农、林、牧、渔业生产及辅助人员	6	24	52	第五大类农、林、牧、渔业生产及辅助人员	6	24	54

续表

《大典（2015 年版）》				《大典（2015 年版）》			
大类	中类	小类	细类（职业）	大类	中类	小类	细类（职业）
第六大类生产制造及有关人员	32	171	650	第六大类生产制造及有关人员	32	172	671
第七大类军人	1	1	1	第七大类军人	4	4	4
第八大类不便分类的其他从业人员	1	1	1	第八大类不便分类的其他从业人员	1	1	1
合计	75	434	1481	合计	79	450	1639

2. 分类修订内容、主要依据及相关说明

（1）第一大类。

2018 年 3 月《中华人民共和国监察法》颁布，根据实际情况新增了"监察机关负责人"小类和细类（职业）；新增了"中国共产党基层组织负责人"职业；将"民办非企业单位负责人"修改为"社会服务机构负责人"。根据国家现代管理理念，将大类定义中的"管理权"修改为"管理职权"，体现"职"与"权"相统一，更符合依法治国的要求。

（2）第二大类。

随着我国数字经济、社会保险、监察制度的发展，新增了"数字技术工程技术人员""金融科技专业人员""社会保险专业人员""监察人员""检察辅助人员"等小类。将数字技能类职业、人工智能类职业和智能制造类职业进行重新归类。按照新修订的《中华人民共和国职业教育法》调整了教育类职业设置，在"高等学校教师"小类下设置"普通高等学校教师"和"高等职业学校教师"2 个细类（职业）；取消了"中等职业教育教师"小类，将"中等职业学校教师"与"高级中学教师"等一并列入"中小学教师"小类。

（3）第三大类。

为更好厘清行政事务和法律事务的关系，将中类"办事人员"更名为"行政办事及辅助人员"，新增了"仲裁、调解及相关法律事务辅助人员"中类。为进一步区分行政办事和政务服务、行政执法和司法事务的关系，将"行政执法和仲裁人员"小类,拆分为"行政执法人员"和"仲裁、调解及辅助人员"两个小类。为加强基层建设,新增了"社区和村镇工作人员"小类,下设"村和社区工作者""退役军人事务员""医疗保障专理员"等细类(职业)。

(4)第四大类。

为适应电子商务、养老服务、教育服务等产业发展的新要求,满足人们对美好生活的需求,新增了"电子商务服务人员""生产现场技术工艺人员""社区生活服务人员""教育服务人员""康养、休闲服务人员"5个小类。将健康、体育、教育、智能、数字类的相关职业进行了重新归类。

(5)第五大类。

为适应乡村振兴新形势,新增了"农业数字化技术员""农业经理人"2个新职业,新增了村镇供暖员、植物组织培养工等12个工种。

(6)第六大类。

为推动智能制造行业发展,新增了"工业机器人操作运维人员"小类;将"增材制造设备操作员""工业机器人系统运维员""工业机器人系统操作员""管廊运维员""装配式建筑施工员""工业视觉系统运维员"6个职业进行了重新归类。

(7)第七大类。

顺应国防和军队改革要求,将大类名称"军人"修改为"军队人员",并增设"军官(警官)""军士(警士)""义务兵""文职人员"4个中类,以及相应4个小类和4个细类(职业)。

(8)第八大类。

维持《大典(2015年版)》的内容表述不变。

(五)实践应用情况

1. 对产业发展的推动作用

职业的产生和发展是社会生产力进步的结果,是产业发展的结果。同时,新产生的职业又反馈到经济社会领域,推动产业发展,促进生产力提高。党的十九届五中全会提出,加快发展现代产业体系,推动经济体系优化升级,坚定不移建设制造强国、质量强国、网络强国、数字中国。这要求我们加快产业转型升级发展,特别注重加强数字经济发展、数字技术运用和数字技能提升此次《大典（2022 年版）》修订中对数字职业的标识，就是不断调整优化社会职业构成助力产业转型升级发展的具体体现。我们要大力宣传、培育新职业，引导各方面资源支持新职业发展，满足经济社会高质量发展需要。要密切跟踪职业活动领域的新发展新变化，不断完善新职业发布制度，通过持续向社会征集等方式，不断发现新职业、规范新职业，使《大典（2022 年版）》及时反映我国经济社会发展状况及国民经济结构调整的趋势，引领并推动相关产业发展。

2. 对就业创业的促进作用

近年来，我国就业总量压力大，就业结构性矛盾日益突出，表现为人力资源供给与岗位需求不相匹配，"有人无岗"就业难和"有岗无人"招工难的现象并存。这一现象在新职业领域更为突出。《大典（2022 年版）》对新职业的规范和公布，赋予并提升了相关从业人员的社会认同度，成为新的就业岗位的增长点。我们要敏锐洞察新职业蕴含的就业潜力，积极开发就业岗位，加强职业培训，不断拓展就业新领域。要加快建设全国职业信息在线查询系统及共享平台，提高人力资源与就业创业信息关联度和人力资源供需匹配度，为劳动者提供即时、公益的就业创业服务，促进劳动者高质量就业创业。

3. 对人才培养的引导作用

《大典（2022 年版）》规范并统一了社会各类型职业，是职业分类的"百科全书"，为人才培养提供了标尺，有助于研究分析以职业分类为基础的人才及就业人口结构、劳动力供求状况等，开展劳动力需求预测和规划，有助于组织开展有针对性的就业创业培训，实现人力资源的规划管理与合理配置。我们要充分发挥《大典（2022 年版）》在人才培养中的引导作用，根据《大典（2022 年版）》确定的职业分类，加快职业标准的开发、论证和发布工作，为人才培养提供基本依据。要推动政府、学校社会机构等主体共同打造新时代人才培养体系，建立专业教学标准和职业标准联动机制，推进专业课程内容设置与职业需求衔接，培养出国家所需社会所求的人才。

第二节　新职业的发布和应用

新职业是指国家职业分类大典中没有收录的，经济社会发展中已经存在一定规模的从业人员且具有相对独立成熟的专业和技能要求的职业。为充分适应和反映人力资源开发管理需求，促进劳动者就业创业，原劳动和社会保障部于 2004 年建立了新职业信息发布制度。

一、新职业信息发布制度的建立、发展和意义

1999 年，我国颁布了首部《国家职业分类大典》，共收录了 1838 个职业。进入 21 世纪后，我国经济社会迅速发展，产业结构不断调整和转型升级，现代科学技术持续进步，大众创业创新深入发展，社会上涌现出许多新业态，亟待在国家层面上予以认可规范，新职业信息发布制度由此应运而生。

（一）建立和发展

我国的新职业信息发布制度由原劳动和社会保障部于 2004 年 8 月建立。新职业包括全新职业和更新职业两种，全新职业指随着社会经济发展和技术进步而形成的新的社会群体性工作，更新职业指原有职业内涵因技术更新产生较大变化，从业方式已与原有职业发生质的变化。从 2004 年至 2009 年，累计发布了 12 批次 122 个新职业。

2010 年后，国家启动了对《大典（1999 年版）》的修订工作。2015 年 7 月，颁布了《大典（2015 年版）》，共收录了 1481 个职业。自《大典（2015 年版）》颁布后，随着经济社会发展、科学技术进步和产业结构调整，新产业、新业态、新模式蓬勃发展，大众创业、万众创新态势深入推进，新职业也随之不断产生并发展起来，我国亟须重启新职业信息发布工作。

2018 年 5 月 3 日，国务院印发《关于推行终身职业技能培训制度的意见》明确提出"紧跟新技术、新职业发展变化，建立职业分类动态调整机制，加快职业标准开发工作"。同年 12 月，中国就业培训技术指导中心发布《关于开展新职业信息征集工作的通告》，面向社会开展新职业信息征集工作。2019 年，人力资源社会保障部、国家市场监督管理总局、国家统

计局联合发布了 13 项新职业信息。2020 年 7 月 31 日，国务院办公厅发布
《关于支持多渠道灵活就业的意见》提出"推动新职业发布和应用"的新
要求。中国就业培训技术指导中心于 2020 年 8 月 25 日发布《关于持续开
展新职业信息征集工作的通告》，明确提出今后将持续开展新职业信息征
集和论证工作。

2019 年以来，经自主申报、专家评估论证、书面征求中央和国家机关
有关部门意见、面向社会公示征求意见等程序，人力资源社会保障部会同
国家市场监督管理总局、国家统计局分 5 批向社会共发布了 74 个新职业
信息，同时调整变更了一些职业信息。

（二）重要意义

一是更及时客观地反映社会职业和经济等发展变化。建立新职业信息
发布制度，有利于及时对《职业分类大典》进行补充完善，更准确及时地
反映当前的社会职业发展变化。而新职业的产生和发展变迁情况，又深刻
地反映出社会经济、产业、科技以及生产力水平等状况。

二是有利于完善人力资源市场建设。新职业的发布为国家制定相关产
业发展政策、开展就业人口结构变化和劳动力供求状况研究分析、制定人
力资源市场政策等提供了科学依据，这些都有利于完善我国人力资源市场
建设，实现劳动力管理的科学化、规范化和现代化。

三是引领产业转型升级。职业的发展和产生是社会生产力进步的结
果，也可以反过来进一步促进生产力的提高。因此，通过建立职业分类动
态调整机制，不断调整优化社会职业构成，重点标注绿色职业等，有助于
让社会公众更好地认知和了解这些职业，提升全民数字技能，促进科技进
步，推动产业转型升级。

四是为企业与从业者提供明确的职业导向。一方面，有利于指导用人
单位的岗位设置、人员招录、员工培训等工作，规范企业用工行为；另一
方面，可以指导从业人员的从业行为，使从业人员的职业发展规划更加明
晰，有利于促进其提升职业能力和素养，对于增强从业人员的社会认同
度，促进就业创业，引领职业教育培训改革，推动产业发展等都具有重要
意义。

二、新职业出现的社会背景

新职业如同时代发展的"晴雨表"一样与经济社会和科学技术的发展水平紧密相连。2019 年后发布的五批新职业，从行业角度来看，涉及卫生、文化、农业、民航、海关、轻工、机械制造等众多行业，与老百姓的吃、穿、住、行、医疗、娱乐等生活需要息息相关。《大典（2015 年版）》出台后发布的新职业主要基于以下社会背景：

（一）信息化数字化技术广泛应用

一方面，信息化如同催化剂，使传统职业的职业活动内容发生变革，从而衍生出新职业。例如，随着物联网在办公、住宅等领域得到广泛应用，信息化与现代制造业深度结合，物联网安装调试从业人员需求量激增。另一方面，数字技术正以新理念、新业态、新模式全面融入社会建设各领域和全过程，加速促进经济社会各领域数字化转型，给人类生产生活带来广泛而深刻的影响。"密码技术应用员""智能硬件装调员""工业视觉系统运维员"等都是数字化技术发展和变革催生出的新职业。

（二）高新技术领域迅速迭代

近几年，人工智能、物联网、大数据和云计算在我国经济社会各领域广泛运用，对相关的高新技术产业从业人员的需求大幅增长，形成相对稳定的从业人群。"人工智能工程技术人员""物联网工程技术人员""大数据工程技术人员""云计算工程技术人员""集成电路工程技术人员"等专业技术类新职业应运而生。这些新职业属于高新技术产业，以较高的专业技术知识和能力为支撑，从业人员普遍具有较高学历。

（三）传统产业智能化升级

随着智慧计算时代的到来，人工智能与传统产业深度交叉融合，在制造、农业、物流、金融、商务、家居等行业得到广泛应用，深刻地影响着人们的工作和生活。人工智能与各行业的融合创新，推动着传统产业的智能化升级，衍生出一系列的新职业。例如，近年来服务机器人已广泛应用在教育、娱乐、物流、安防巡检等领域。特别是新冠疫情发生后，服务机器人在医疗、餐饮等方面的应用迎来爆发式增长。"服务机器人应用技术员"负责服务机器人的需求反馈、应用与推广，是推动服务机器人产业发展的重要人才支撑。

（四）企业高质量发展的需求

扎实推动经济高质量发展和提升企业国际竞争力，对企业合规管理提出了更高要求。企业合规管理是对企业法律、财务、审计、进出口、劳动环境、社会责任等多方面进行合规管控，具有较强的综合性、独立性和技术性。例如，"企业合规师"将在规范企业投资经营行为、注重环境保护、履行社会责任、提高企业竞争软实力等方面发挥积极作用；"公司金融顾问"对接金融机构和金融市场，可有效避免投融资信息不对称等问题，培育新的业务和商机；"易货师"系统运用资源整合理论，促进产、供、销和谐分配和优化资源，有效解决企业产品迟销、滞销和停销问题。

（五）绿色发展理念深入贯彻

我国进入新发展阶段，加快构建新发展格局，推动高质量发展，需要发挥生态环境高水平保护的基础支撑和关键保障作用。绿色发展理念影响了经济社会发展的方方面面。例如，2020 年 12 月，《碳排放权交易管理办法（试行）》出台，推动经济发展方式绿色低碳转型。碳排放管理是一个技术性、综合性较强的工作，需要掌握相关碳排放技术，"碳排放管理员"则是熟悉碳排放相关政策和标准，负责碳排放监测、核算、核查、交易和咨询等工作的人员。

（六）人民日益增长的美好生活需要

随着人民生活水平显著提高，人们的基本生活需求已经发生很大变化，对美好生活的向往更加强烈，对美好生活的要求也不断提高，由过去的吃饱穿暖，逐步向吃得更精、穿得更美、住得更好、行得更快和医疗服务更好转变。在物质方面得到基本满足以后，也追求更丰富多彩的精神文化生活，由此而衍生出一些新的职业，如调饮师、在线学习服务师、社群健康助理员等。

三、新职业信息的征集

2019 年以来，新职业由人力资源社会保障部委托中国就业培训技术指导中心，面向社会公开征集新职业信息，组织职业分类专家，严格按照标准和程序从大量新职业征集建议中评估论证，经有关行业部委、行业协会（学会）、企业及研究机构申报建议和专家评审论证等程序，并通过网络媒体等向社会公示，广泛征求相关部门及社会各界意见后确定。

（一）征集范围

面向社会各级各类法人单位和个人征集新职业信息，主要包括 2015 年修订颁布的《中华人民共和国职业分类大典（2015 年版）》中未收录，或者虽已收录但职业活动内涵已发生明显变化的新的职业信息。

（二）征集内容和方式

由中国就业培训技术指导中心建立在线系统（www. cettic. gov. cn），专门负责收集新职业信息，包括新职业名称、定义、主要工作任务等。有关意见建议可以在线提交，也可以书面提交。具体新职业信息建议表如表 2 – 9 所示。

表 2 – 9   新职业信息建议表

一、新职业类别①				
（　）全新职业（　）更新职业				
二、新职业描述信息				
新职业名称②		备选名称	1.	
			2.	
新职业定义③				
与相关职业的关系④				
所属行业⑤				
主要工作任务	序号	内容	特有工具/设备	专门技术
	1			
	2			
	3			
	4			
	…			
三、从业要求				
职业操守与职业道德				
基本文化程度				
特殊能力				
身体素质与体能				
人际协作				
职业安全				

续表

四、从业人员情况			
全国从业人数			
地区分布情况			
最近一年劳动力市场供需情况			
薪酬情况			
数据来源			
吸纳从业人员较多的用人单位⑥	单位名称	单位地址	联系电话

五、职业分析
新职业产生背景（400字以内）
新职业在经济社会发展中的作用（300字以内）
与新职业直接相关的技术和从业方式的发展变化情况（400字以内）
新职业的发展前景（200字以内）

六、职业教育与培训情况			
学校教育情况	院校名称		
	专业名称		
	主干课程		
培训机构情况	名称	地址	联系电话

七、有关法律法规情况⑦

八、国外相关情况			
国家或地区	1.	同类职业名称	1.
	2.		2.
	…		…

续表

主要工作内容	1. 2. 3. 4. 5.	
对从业人员要求		
相关职业标准要求		
专业教育与职业培训情况		
九、建议人情况		
通信地址		
联系人		联系电话
电子信箱		
十、其他需要说明的情况		

注：①请在选项前的括号内画"√"。全新职业是指在《中华人民共和国职业分类大典（2015年版）》（以下简称《大典（2015年版）》）中未收录的职业；更新职业是指《大典（2015年版）》中虽已收录但职业活动的内涵已发生明显变化的职业。

②由最能说明该职业类别特性的组合名词构成，如：×××工、××员、××××师等。

③用简练的语句表述职业的本质属性。

④列出《大典（2015年版）》中与所填新职业相关或相近的职业名称及编码，并说明其区别。

⑤参照《中华人民共和国国民经济行业分类》（GB/T 4754—2017）中的行业名称填写。

⑥相关用人单位人力资源部门提供的从业情况说明另附。

⑦列出对新职业有特殊约束的相关法律法规名称及具体条款内容。

（三）组织论证和统一发布新职业

对社会各方面提交的新职业信息建议，中国就业培训技术指导中心汇总整理并组织专家进行论证。对信息完整、比较成熟，并通过专家论证的新职业信息，中国就业培训技术指导中心将上报人力资源社会保障部并向社会公示。对公示后社会反映良好、无重大意见的新职业信息，人力资源社会保障部将统一对外发布，明确职业编码、职业定义及主要工作任务，纳入职业分类统一管理，并根据产业发展、技术进步和人才队伍建设需要，加快推动职业技能标准开发、职业培训、技能评价等工作。

（四）工作要求

一是把握职业特点。职业是从业人员为获取主要生活来源所从事的社会工作类别，应具有目的性、社会性、稳定性、规范性和群体性等特点。职业信息应翔实准确，既要客观反映新产业新就业形态，又要准确把握职业特点。

二是加强宣传动员。新职业信息征集工作涉及面广、时效性强，各地区、各部门要加强宣传，广泛发动，鼓励各级各类企业、职业教育培训机构、科研机构和专家学者、社会公众积极参与，建言献策。

三是规范发布工作。为维护国家职业分类的统一性、严肃性和权威性，人力资源社会保障部将统一负责新职业信息发布工作。

四、新职业信息发布

新职业信息发布的内容包括职业名称、职业定义、主要工作内容等。随着新职业信息发布制度的完善，新职业信息发布内容将不断扩充和完善。

（一）《大典（1999 年版）》后的 12 批新职业和大典 2005、2006、2007 增补本

1.《大典（1999 年版）》后的 12 批新职业

2004 年至 2009 年，原劳动保障部在《大典（1999 年版）》基础上先后发布了 12 批 122 个新职业，具体信息如下：

第一批新职业：2004 年 8 月 19 日，劳动和社会保障部正式向社会发布第一批 9 个新职业，具体职业名称为形象设计师、锁具修理工、呼叫服务员、水生哺乳动物驯养师、汽车模型工、水产养殖质量管理员、汽车加气站操作工、牛肉分级员、首饰设计制作员。

第二批新职业：2004 年 12 月 2 日，劳动和社会保障部正式向社会发布第二批 10 个新职业，具体职业名称为商务策划师、会展策划师、数字视频（DV）策划制作师、景观设计师、模具设计师、建筑模型设计制作员、家具设计师、客户服务管理师、宠物健康护理员、动画绘制员。

第三批新职业：2005 年 3 月 31 日，劳动和社会保障部正式向社会发布第三批 10 个新职业，具体职业名称为信用管理师、网络编辑员、房地产策划师、职业信息分析师、玩具设计师、黄金投资分析师、企业文化师、家用纺织品设计师、微水电利用工、智能楼宇管理师。

第四批新职业：2005 年 10 月 25 日，劳动和社会保障部正式向社会发布第四批 11 个新职业，具体职业名称为健康管理师、公共营养师、芳香保健师（SPA）、宠物医师、医疗救护员、计算机软件产品检验员、水产品质量检验员、农业技术指导员、激光头制造工、小风电利用工、紧急救助员。

第五批新职业：2005 年 12 月 12 日，劳动和社会保障部正式向社会发布第五批 10 个新职业，具体职业名称为礼仪主持人、水域环境养护保洁员、室内环境治理员、霓虹灯制作员、印前制作员、集成电路测试员、花艺环境设计师、计算机乐谱制作师、网络课件设计师、数字视频合成师。

第六批新职业：2006 年 4 月 29 日，劳动和社会保障部正式向社会发布第六批 14 个新职业，具体职业名称为数控机床装调维修工、体育经纪人、木材防腐师、照明设计师、安全防范设计评估师、咖啡师、调香师、陶瓷工艺师、陶瓷产品设计师、皮具设计师、糖果工艺师、地毯设计师、调查分析师、肥料配方师。

第七批新职业：2006 年 9 月 21 日，劳动和社会保障部正式向社会发布第七批 12 个新职业，具体职业名称为房地产经纪人、品牌管理师、报关员、可编程序控制系统设计师、轮胎翻修工、医学设备管理师、农作物种子加工员、机场运行指挥员、社会文化指导员、宠物驯导师、酿酒师、鞋类设计师。

第八批新职业：2007 年 1 月 11 日，劳动保障部在上海召开第八批新职业信息发布会，正式向社会发布 10 个新职业，这些职业是会展设计师、珠宝首饰评估师、创业咨询师、手语翻译员、灾害信息员、孤残儿童护理员、城轨接触网检修工、数控程序员、合成材料测试员、室内装饰装修质量检验员。

第九批新职业：2007 年 4 月 25 日，劳动和社会保障部正式向社会发布 10 个新职业，分别是衡器装配调试工、汽车玻璃维修工、工程机械修理工、安全防范系统安装维护员、助听器验配师、豆制品工艺师、化妆品配方师、纺织面料设计师、生殖健康咨询师和婚姻家庭咨询师。

第十批新职业：2007 年 11 月 22 日，劳动和社会保障部在青岛召开第十批新职业信息发布会，正式向社会发布我国服务业领域近来产生的 10

个新职业的信息。这 10 个新职业是劳动关系协调员、安全评价师、玻璃分析检验员、乳品评鉴师、品酒师、坚果炒货工艺师、厨政管理师、色彩搭配师、电子音乐制作师、游泳救生员。

第十一批新职业：2008 年 5 月 28 日，人力资源和社会保障部在广州市召开第十一批新职业信息发布会，中国就业培训技术指导中心、职业技能鉴定中心刘康主任，代表人力资源和社会保障部正式向社会发布了动车组司机、动车组机械师、燃气轮机运行值班员、加氢精制工、干法熄焦工、带温带压堵漏工、设备点检员、燃气具安装维修工 8 个新职业信息。

第十二批新职业：2009 年 11 月 12 日，人力资源和社会保障部在上海召开第十二批新职业信息发布会，正式向社会发布中国生产操作和服务业领域近来产生的 8 个新职业的信息。这 8 个新职业是皮革护理员、调味品品评师、混凝土泵工、机动车驾驶教练员、液化天然气操作工、煤气变压吸附制氢工、废热余压利用系统操作工、工程机械装配与调试工。

2. 大典 2005、2006、2007 增补本

2005 年，原劳动和社会保障部组织专家对《大典（1999 年版）》进行了增补修订，同年 12 月，《中华人民共和国职业分类大典（2005 增补本）》（以下简称《大典（2005 增补本）》）正式发行。《大典（2005 增补本）》共收录了《大典（1999 年版）》颁布后截至 2005 年上半年新增的 77 个职业（工种）。这些新职业涉及第一、二、三产业，重点对信息产业、现代制造业和现代服务业领域的新职业进行增补，以管理、策划、创意、设计、分析、制作和健康、环境管理居多。对从业人员的理论知识和实际职业能力都有较强要求，多属于高技能人才中的知识技能型。

2007 年 1 月，《中华人民共和国职业分类大典（2006 增补本）》（以下简称《大典（2006 增补本）》）正式发行。《大典（2006 增补本）》共收录 2005 年下半年至 2006 年发布的 82 个新职业（工种），主要对信息产业、现代服务业和制造业领域的新职业进行增补。

2008 年 5 月，《中华人民共和国职业分类大典（2007 增补本）》（以下简称《大典（2007 增补本）》）正式发行。《大典（2007 增补本）》收录了 2007 年发布的 31 个新职业（工种），主要是现代服务业、制造业等领域的新职业，具体见表 2 - 10。

表 2 − 10　　　　　2005 ～ 2007 增补本的新职业（工种）信息

来源	发布时间	新职业（工种）信息
《大典（2005 增补本）》	2005 年 12 月	太阳能利用工（X5 – 99 – 02 – 05） 中央空调系统操作员（X4 – 07 – 03 – 05） 牛肉分级员（X5 – 03 – 01 – 03） 风力发电运行检修员（X6 – 07 – 04 – 16） 计算机网络管理员（X2 – 02 – 13 – 05） 计算机程序设计员（X2 – 02 – 13 – 06） 心理咨询师（X4 – 07 – 99 – 01） 水生生物病害防治员（X5 – 03 – 05 – 05） 水生生物检疫检验员（X5 – 03 – 05 – 06） 水生哺乳动物驯养师（X4 – 04 – 99 – 01） 水产养殖质量管理员（X5 – 04 – 01 – 10） 水泥中央控制室操作员（X6 – 17 – 01 – 05） 水泥生产巡检工（X6 – 17 – 01 – 04） 石膏粉生产工（X6 – 17 – 02 – 05） 电厂化学设备检修工（X6 – 07 – 04 – 15） 电厂热力试验工（X6 – 07 – 04 – 18） 电力调度员（X6 – 07 – 03 – 05） 电子商务师（X4 – 99 – 00 – 01） 电网调度自动化厂站端调试检修员（X6 – 07 – 04 – 14） 电网调度自动化运行值班员（X6 – 07 – 02 – 11） 电网调度自动化维护员（X6 – 07 – 03 – 06） 用电客户受理员（X6 – 07 – 05 – 07） 印制电路检验工（X6 – 26 – 01 – 39） 包装设计师（X2 – 10 – 07 – 09） 动画绘制员（X2 – 10 – 07 – 15） 有害生物防制员（X4 – 06 – 01 – 04） 网络编辑员（X2 – 12 – 02 – 05） 会展策划师（X2 – 02 – 34 – 13） 企业信息管理师（X2 – 02 – 34 – 10） 企业培训师（X2 – 02 – 34 – 08） 多媒体作品制作员（X2 – 02 – 13 – 07） 农网配电营业工（X6 – 07 – 05 – 06） 农产品经纪人（X4 – 07 – 01 – 04） 形象设计师（X4 – 07 – 04 – 04） 运行方式员（X6 – 07 – 03 – 07） 劳动保障协理员（X4 – 07 – 99 – 02） 汽车加气站操作工（X4 – 07 – 99 – 06） 汽车饰件制造工（X6 – 04 – 99 – 06） 汽车模型工（X6 – 04 – 99 – 05） 评茶员（X6 – 26 – 01 – 38） 社会工作者（X4 – 07 – 01 – 05） 玩具设计师（X2 – 10 – 07 – 10） 呼叫服务员（X4 – 07 – 99 – 04） 物流师（X2 – 02 – 34 – 11） 育婴员（X4 – 07 – 12 – 04） 宠物健康护理员（X4 – 07 – 99 – 08） 房产测量员（X6 – 01 – 02 – 06） 建筑模型设计制作员（X2 – 10 – 07 – 13）

续表

来源	发布时间	新职业（工种）信息
《大典（2005增补本）》	2005年12月	项目管理师（X2-02-34-09） 钢琴调律师（X4-07-10-07） 科技咨询师（X4-07-01-03） 保健刮痧师（X4-04-03-05） 美甲师（X4-07-04-03） 首饰设计制作员（X2-10-07-11） 客户服务管理师（X4-07-99-07） 珠心算教练师（X2-09-99-01） 盐斤分装设备操作工（X6-01-07-12） 盐斤收放保管工（X4-02-01-06） 速录师（X3-01-02-07） 海水水生动物养殖工（X5-04-01-08） 家具设计师（X2-10-07-14） 养老护理员（X4-07-12-03） 理财规划师（X2-07-03-04） 职业信息分析师（X4-07-01-06） 营造林工程监理员（X5-02-01-05） 脱硫设备检修工（X6-07-04-17） 脱硫值班员（X6-07-02-12） 商务策划师（X2-02-34-12） 淡水水生动物养殖工（X5-04-01-09） 棉花检验员（X6-26-01-37） 景观设计师（X2-02-21-10） 锁具修理工（X4-07-99-05） 锂离子蓄电池制造工（X6-08-03-06） 锌银电池制造工（X6-08-03-07） 温差电制冷组件制造工（X6-08-03-08） 数字视频（DV）策划制作师（X2-02-13-08） 模具设计师（X2-10-07-12）
《大典（2006增补本）》	2007年10月	小风电利用工（X5-99-02-07） 木材防腐师（X6-15-01-03） 公共营养师（X2-05-05-08） 计算机乐谱制作师（X2-10-04-03） 计算机软件产品检验员（X6-26-01-42） 水产品质量检验员（X6-26-01-41） 水域环境养护保洁员（X5-05-01-06） 可编程序控制系统设计师（X2-02-13-10） 电报业务员（3-03-02-03） 电信业务员（3-03-02-04） 电信业务营业员（3-03-02-01） 电信机务员（3-03-03-01） 用户通信终端维修员（3-03-03-03） 印前制作员（X6-20-01-05） 市话测量员（3-03-03-05） 礼仪主持人（X4-07-99-10） 皮具设计师（X2-10-07-20） 地毯设计师（X2-10-07-19）

来源	发布时间	新职业（工种）信息
《大典（2006 增补本）》	2007 年 10 月	机场运行指挥员（X4－05－03－03） 机要业务员（3－03－01－11） 网络课件设计师（X2－02－13－09） 网络设备调试员（X6－08－04－16） 企业文化师（X2－02－34－14） 安全防范设计评估师（X2－02－32－01） 农业技术指导员（X2－03－01－01） 农作物种子加工员（X5－01－01－05） 花艺环境设计师（X2－02－23－11） 芳香保健师（X4－04－03－06） 医疗救护员（X4－06－01－05） 医学设备管理师（X2－02－07－05） 报刊业务员（3－03－01－06） 报关员（X2－06－05－01） 邮件分拣员（3－03－01－02） 邮件转运员（3－03－01－03） 邮政业务员（3－03－01－10） 邮政业务档案员（3－03－01－08） 邮政机务员（3－03－01－09） 邮政投递员（3－03－01－04） 邮政物品配送员（3－03－01－14） 邮政营业员（3－03－01－01） 邮政储汇业务员（3－03－01－05） 体育经纪人（X4－07－01－08） 社会文化指导员（X4－07－01－07） 其他电信业务人员（3－03－02－99） 其他电信通信传输业务人员（3－03－03－99） 轮胎翻修工（X4－01－05－04） 咖啡师（X4－03－03－03） 肥料配方师（X2－03－01－02） 宠物驯导师（X4－07－99－11） 宠物医师（X5－03－05－07） 房地产经纪人（X4－07－01－09） 房地产策划师（X2－02－21－11） 话务员（3－03－02－02） 线务员（3－03－03－02） 品牌管理师（X2－02－34－15） 信用管理师（X2－07－03－06） 室内环境治理员（X2－02－31－04） 保健按摩师（4－04－03－04） 速递业务员（3－03－01－12） 紧急救助员（X4－07－99－09） 健康管理师（X2－05－05－09） 家用纺织品设计师（X2－10－07－16） 调查分析师（X2－06－02－01） 调香师（X2－02－06－04） 陶瓷工艺师（X2－10－07－18）

续表

来源	发布时间	新职业（工种）信息
《大典（2006 增补本）》	2007 年 10 月	陶瓷产品设计师（X2 – 10 – 07 – 17） 通信电力机务员（3 – 03 – 03 – 04） 通信网络管理员（3 – 03 – 03 – 06） 通信信息业务员（3 – 03 – 01 – 13） 黄金投资分析师（X2 – 07 – 03 – 05） 智能与管理师（X4 – 07 – 02 – 02） 集成电路测试员（X6 – 08 – 04 – 17） 集邮业务员（3 – 03 – 01 – 07） 照明设计师（X2 – 02 – 14 – 04） 微水电利用工（X5 – 99 – 02 – 06） 数字视频合成师（X2 – 02 – 17 – 04） 数控机床装调维修工（X6 – 05 – 02 – 03） 酿酒师（X2 – 02 – 28 – 02） 鞋类设计师（X2 – 10 – 07 – 21） 霓虹灯制作员（X2 – 02 – 14 – 05） 糖果工艺师（X2 – 02 – 28 – 01） 激光头制造工（X6 – 08 – 02 – 16）
《大典（2007 增补本）》	2008 年 5 月	安全防范系统安装维护员（X6 – 08 – 05 – 02） 安全评价师（X4 – 07 – 01 – 11） 玻璃分析检验员（X6 – 26 – 01 – 46） 城轨接触网检修工（X6 – 07 – 06 – 06） 厨政管理师（X4 – 03 – 99 – 01） 创业咨询师（X4 – 07 – 01 – 10） 电子音乐制作师（X2 – 02 – 13 – 12） 豆制品工艺师（X2 – 02 – 28 – 03） 纺织面料设计师（X2 – 02 – 27 – 04） 工程机械修理工（X6 – 06 – 01 – 06） 孤残儿童护理员（X4 – 07 – 12 – 05） 合成材料测试员（X6 – 26 – 01 – 43） 衡器装调试工（X6 – 05 – 10 – 07） 化妆品配方师（X2 – 02 – 06 – 05） 会展设计师（X2 – 10 – 07 – 22） 婚姻家庭咨询师（X4 – 07 – 99 – 15） 坚果炒货工艺师（X2 – 02 – 28 – 06） 劳动关系协调员（X4 – 07 – 99 – 17） 品酒师（X2 – 02 – 28 – 05） 汽车玻璃维修工（X6 – 06 – 01 – 05） 汽车生产线操作调整工（X6 – 06 – 01 – 04） 乳品评鉴师（X2 – 02 – 28 – 04） 色彩搭配师（X2 – 10 – 07 – 23） 生殖健康咨询师（X4 – 07 – 99 – 14） 室内装饰装修质量检验员（X6 – 26 – 01 – 44） 手语翻译员（X4 – 07 – 99 – 16） 数控程序员（X2 – 02 – 13 – 11）

续表

来源	发布时间	新职业（工种）信息
《大典（2007 增补本）》	2008 年 5 月	游泳救生员（X4－04－03－07） 灾害信息员（X4－07－99－12） 珠宝首饰评估师（X6－26－01－45） 助听器验配师（X4－07－99－13）

资料来源：《大典（2005 增补本）》《大典（2006 增补本）》《大典（2007 增补本）》。

（二）《大典（2015 年版）》颁布以来发布的五批新职业

2019 年 4 月，人力资源和社会保障部、国家市场监督管理总局、国家统计局联合发布了人工智能工程技术人员等 13 个新职业信息，调整变更了 4 个职业（工种）信息，新增了 3 个工种信息。2020 年 2 月，联合发布了智能制造工程技术人员等 16 个新职业信息，调整变更了 11 个职业信息。2020 年 6 月，联合发布了区块链工程技术人员等 9 个新职业信息，调整变更了 7 个职业信息。2021 年 3 月，联合发布了集成电路工程技术人员等 18 个新职业信息，调整变更了 19 个职业信息。2022 年 7 月，联合发布了机器人工工程技术人员等 18 个新职业信息，见表 2－11。

表 2－11　《大典（2015 年版）》颁布以来发布的五批新职业（工种）信息

发布时间	增加新职业信息	调整变更职业信息
第一批 2019 年 4 月 1 日	2－02－10－09 人工智能工程技术人员 2－02－10－10 物联网工程技术人员 2－02－10－11 大数据工程技术人员 2－02－10－12 云计算工程技术人员 2－02－30－11 数字化管理师 4－04－05－04 建筑信息模型技术员 L 4－13－05－03 电子竞技运营师 4－13－99－00 电子竞技员 4－99－00－00 无人机驾驶员 5－05－01－02 农业经理人 L 6－25－04－09 物联网安装调试员 6－30－99－00 工业机器人系统操作员 6－31－01－10 工业机器人系统运维员	"电子音乐编辑（2－10－02－06）"更改为："电子音乐制作师（2－10－02－06）"。 "鉴定估价师（4－05－05－02）"下设的工种"二手车鉴定评估师"更改为："机动车鉴定评估师"。 将"企业人力资源管理师"由第二大类"人力资源管理专业人员"职业下工种（未列），恢复调整为第四大类"人力资源服务人员"小类下职业，职业编码为：4－07－03－04。 "农业技术员（5－05－01－00）"的职业编码更改为：5－05－01－01。 在"家政服务员（4－10－01－06）"下增设"母婴护理员"工种。 在"农业技术员（5－05－01－01）"下增设"茶园管理员"工种。 在"经济昆虫产品加工工（5－05－06－06）"下增设"蜂产品品评员"工种。

续表

发布时间	增加新职业信息	调整变更职业信息
第二批 2020 年 2 月 25 日	2 - 02 - 07 - 13 智能制造工程技术人员 2 - 02 - 10 - 13 工业互联网工程技术人员 2 - 02 - 10 - 14 虚拟现实工程技术人员 4 - 01 - 02 - 06 连锁经营管理师 4 - 02 - 06 - 05 供应链管理师 4 - 02 - 07 - 10 网约配送员 4 - 04 - 05 - 05 人工智能训练师 4 - 08 - 05 - 07 电气电子产品环保检测员 L 4 - 13 - 05 - 04 全媒体运营师 4 - 14 - 01 - 02 健康照护师 4 - 14 - 01 - 03 呼吸治疗师 4 - 14 - 02 - 04 出生缺陷防控咨询师 4 - 14 - 03 - 06 康复辅助技术咨询师 6 - 23 - 03 - 15 无人机装调检修工 6 - 29 - 02 - 16 铁路综合维修工 6 - 29 - 99 - 00 装配式建筑施工员	在"行政办事员（3 - 01 - 01 - 01）"职业下增设"政务服务综合窗口办事员"工种。 在"秘书（3 - 01 - 02 - 02）"职业下增设"科研助理"工种。 在"电子商务师（4 - 01 - 02 - 02）"职业下增设"跨境电子商务师"工种。 在"轨道列车司机（4 - 02 - 01 - 01）"职业下增设"动力集中型电力动车组司机"和"动力集中型内燃动车组司机"2 个工种。 在"职业指导员（4 - 07 - 03 - 01）"职业下增设"残疾人就业辅导员"工种。 在"企业人力资源管理师（4 - 07 - 03 - 04）"职业下增设"薪税师"工种。 在"首饰设计师（4 - 08 - 08 - 11）"职业下增设"珠宝设计师"和"饰品设计师"2 个工种。 将"医疗临床辅助服务员（4 - 14 - 01 - 00）"的职业编码更改为"4 - 14 - 01 - 01"，同时将该职业原下设的"医疗护理员"工种调整为"健康照护师（4 - 14 - 01 - 02）"职业下设的工种。 将"防腐蚀工（6 - 11 - 01 - 06）"职业名称变更为"腐蚀控制工"。 在"废旧物资加工处理工（6 - 27 - 01 - 00）"职业下增设"废矿物油再生处置工"工种。 在"铁路自轮运转设备工（6 - 29 - 02 - 01）"职业下增设"轨道作业车司机"工种，同时取消该职业原下设的"轨道车司机"和"接触网作业车司机"2 个工种。
第三批 2020 年 6 月 28 日	2 - 02 - 10 - 15 区块链工程技术人员 3 - 01 - 01 - 06 城市管理网格员 4 - 01 - 02 - 07 互联网营销师 4 - 04 - 04 - 04 信息安全测试员 4 - 04 - 05 - 06 区块链应用操作员 4 - 13 - 99 - 02 在线学习服务师 4 - 14 - 01 - 04 社群健康助理员 4 - 14 - 02 - 05 老年人能力评估师 6 - 20 - 99 - 00 增材制造设备操作员 L	在"互联网营销师（4 - 01 - 02 - 07）"职业下增设"直播销售员"工种。 在"网络与信息安全管理员（4 - 04 - 04 - 02）"职业下增设"互联网信息审核员"工种。 在"银行信贷员（4 - 05 - 01 - 02）"职业下增设"小微信贷员"工种。 在"企业人力资源管理师（4 - 07 - 03 - 04）"职业下增设"劳务派遣管理员"工种。 将"电子竞技员（4 - 13 - 99 - 00）"的职业编码更改为"4 - 13 - 99 - 01"。 将"公共卫生辅助服务人员（4 - 14 - 04）"小类下"公共卫生辅助服务员（4 - 14 - 04 - 00）"职业取消；同时将该职业下的"防疫员""消毒员""公共场所卫生管理员"等 3 个工种分别上升为职业。职业信息如下： 4 - 14 - 04 - 01 防疫员 4 - 14 - 04 - 02 消毒员 4 - 14 - 04 - 03 公共场所卫生管理员。 在"壁画制作工（6 - 09 - 03 - 07）"职业下增设"泥板画创作员"工种。

续表

发布时间	增加新职业信息	调整变更职业信息
第四批 2021年3月9日	2－02－09－06 集成电路工程技术人员 2－06－06－06 企业合规师 2－06－09－07 公司金融顾问 4－01－03－03 易货师 4－01－03－04 二手车经纪人 4－02－02－09 汽车救援员 4－03－02－10 调饮师 4－03－02－11 食品安全管理师 4－04－05－07 服务机器人应用技术员 4－04－05－08 电子数据取证分析师 4－07－03－05 职业培训师 4－07－05－06 密码技术应用员 4－08－08－21 建筑幕墙设计师 4－09－07－04 碳排放管理员 L 4－09－11－00 管廊运维员 6－02－06－12 酒体设计师 6－25－04－10 智能硬件装调员 6－31－01－11 工业视觉系统运维员	将"社区事务员（3－01－01－02）"职业名称变更为"社区工作者"。 在"应急救援员（3－02－03－08）"职业下增设"直升机紧急救护员"工种。 在"营销员（4－01－02－01）"职业下增设"外贸营销员"工种。 将"道路客运汽车驾驶员（4－02－02－01）"职业下设的"出租汽车司机"工种取消，并在该职业下增设"巡游出租车司机""网约出租车司机"2个工种。 在"食品安全管理师（4－03－02－11）"职业下增设"冷链食品安全管理员"工种。 在"网络与信息安全管理员（4－04－04－02）"职业下增设"数据安全管理员"工种。 在"信息安全测试员（4－04－04－04）"职业下增设"渗透测试员""合规测试员"2个工种。 在"职业指导员（4－07－03－01）"职业下增设"残疾人职业能力评估师"工种。 将"创业指导师（4－07－03－03）"职业下设的"企业培训师"工种调整为"职业培训师（4－07－03－05）"职业下设的工种。 在"安检员（4－07－05－02）"职业下增设"邮件快件安检员"工种。 在"碳排放管理员（4－09－07－04）"职业下增设"民航碳排放管理员""碳排放监测员""碳排放核算员""碳排放核查员""碳排放交易员""碳排放咨询员"6个工种。 将"保育员（4－10－01－03）"职业名称变更为"保育师"。 在"家政服务员（4－10－01－06）"职业下增设"整理收纳师"工种。 在"美容师（4－10－03－01）"职业下增设"皮肤管理师"工种。 在"保健调理师（4－10－04－01）"职业下增设"藏药调理师"工种。 在"芳香保健师（4－10－04－03）"职业下增设"植物精油调理师"工种。 在"汽车维修工（4－12－01－01）"职业下增设"二手车整备工"工种。 在"体育场馆管理员（4－13－04－02）"职业下增设"压雪车驾驶员"工种。 在"公共营养师（4－14－02－01）"职业下增设"营养指导员"工种。

续表

发布时间	增加新职业信息	调整变更职业信息
第五批 2022 年 7 月 18 日*	1. 机器人工程技术人员 2. 增材制造工程技术人员 3. 数据安全工程技术人员 4. 退役军人事务员 5. 数字化解决方案设计师 6. 数据库运行管理员 7. 信息系统适配验证师 8. 数字孪生应用技术员 9. 商务数据分析师 10. 碳汇计量评估师 11. 建筑节能减排咨询师 12. 综合能源服务员 13. 家庭教育指导师 14. 研学旅行指导师 15. 民宿管家 16. 农业数字化技术员 17. 煤提质工 18. 城市轨道交通检修工	

注：*第五批新职业发布适逢《大典（2022 年版）》修订阶段，故职业编码省略。
资料来源：根据人力资源和社会保障部官网资料整理。

五、新职业的实践应用情况

新职业是经济社会发展、产业结构转型升级后的成果。新职业的发布应用广泛，包括推动人力资源开发管理，使国家职业分类体系更加科学完善，更好地服务于职业教育培训、就业创业等。新职业还可以指引新产业发展，并在遇到突发公共危机事件时发挥一定的积极作用。

（一）推动人力资源开发管理的规范化

由国家统一发布新职业信息，对新职业名称进行统一规范，不仅为我国制定相关产业发展政策，开展就业人口结构变化分析、劳动力需求预测和规划，制定人力资源市场政策等奠定基础，也为开展职业介绍、职业指导提供了重要依据，有助于推动人力资源开发管理的规范化。

（二）完善我国职业分类和职业标准体系

建立新职业信息发布制度，将新职业纳入国家职业分类统一管理，有利于建立动态更新的职业分类体系，使国家职业分类体系更加科学完善。此外，根据产业发展和人才队伍建设需要，加快新职业的职业技能标准开发工作，是完善国家职业标准体系的重要措施。对于新发布的新职业，人力资源和社会保障部会组织制定新职业的国家职业技能标准，为开展技能人才评价工作提供重要依据。

（三）促进职业教育和职业培训的发展

新职业的发布，有利于引领职业教育和职业培训的方向，为职业培训机构、职业院校等设置职业教育专业和课程，确定教育教学培训内容，以及开发新教材新课程等提供依据和参照，进一步推动职业教育的专业设置、课程内容与社会需求、企业生产实际相适应。对于促进职业教育培训质量提升，实现人才培养培训与社会需求紧密衔接，提高劳动者素质具有重要的实际意义。

（四）促进就业创业

新职业的产生和确立反映了我国劳动力市场的需求，对新职业进行征集、规范并加以公布，可以有效提升新职业的社会认同度和公信力，满足人力资源市场的双向选择需要。新职业信息发布对于增强就业人员信心、扩大就业岗位、促进转岗和失业人员再就业以及规范灵活就业等，都会起到良好积极的作用。

（五）为新产业发展提供"风向标"

新职业是科技进步、产业变革、社会分工细化多元的结果。例如，互联网、人工智能、大数据与实体经济的深度融合，催生了智能制造工程技术人员、工业互联网工程技术人员和人工智能训练师、全媒体运营师等新职业。这些新职业的产生，反过来又促进相关产业的发展，为新产业发展提供"风向标"，引导市场投入，促进产业转型升级和经济结构调整。

（六）更好地应对突发公共危机事件

在遇到突发公共危机事件等特殊时期，新职业的及时颁布，有助于更好地稳定就业局势，对维护社会稳定，保持经济平稳较快发展，具有十分重要的意义。例如 2020 年 2 月，在新冠疫情防控期间，人力资源和社会保障部与国家市场监督管理总局、国家统计局联合发布了 16 个新职业，其中包括呼吸治疗师、装配式建筑施工员、网约配送员，以及与无人机、人工智能等相关的新职业信息。这些新职业的从业人员，在助力疫情防控期间的医疗救治、服务生产生活、支撑新兴产业发展等方面都发挥了积极作用。

第三节　国家职业技能标准

我国最早的职业标准可追溯至春秋时期，管仲提出"四民分业"，极力推行对"士、农、工、商"的专职化教育。根据《管子》一书的记载，四民都有对应的职业技术要求：士人包括军士和文士，军士需要加强军事训练，提高实际作战能力，而文士则需要学习"义孝敬悌"，提高知识修养和道德情操；农民要"务五谷、养桑麻、育六畜"，根据农时耕作，保证粮食供应；工匠要根据四季需要，制造适用的手工业品，不断提高技艺，以满足社会需要；商人要"观凶吉，审国变"，通过观察国家发展情况，根据四时要求，预告市场行情，养成经商的职业素养。

我国现行职业技能标准体系发端于 20 世纪 50 年代建立的工人技术等级标准，最早按照苏联模式作为工人等级工资制度的组成部分而制定。工人技术等级标准是衡量工人技术业务水平和工作能力的尺度，是对工人技术培训、考核、使用的基本依据，也是工人工资制度的重要组成部分。1963 年、1978 年、1988 年，原劳动部曾组织三次全国性的修订技术等级标准工作。到 20 世纪 90 年代中期，共修订完成了 4000 多个工种的工人技术等级标准。1999 年，我国第一部《职业分类大典》颁布后，原劳动部根据推行职业资格证书制度的需要，在总结制定工人技术等级标准经验、借鉴国外方法的基础上，开始牵头组织制定国家职业技能标准。

一、编制国家职业技能标准的背景

（一）三次"修标"工作完成

经过 20 世纪 60 年代、70 年代和 80 年代的三次全国性修订工人技术等级标准工作，到 1994 年，工人技术等级标准体系已经覆盖了 46 个行业共 4700 多个工种。三次"修标"工作为我国制定职业技能标准提供了基础经验和方法借鉴。

（二）《中华人民共和国劳动法》明确提出制定职业技能标准

《中华人民共和国劳动法》的第六十九条明确规定"国家确定职业分类，对规定的职业制定职业技能标准，实行职业资格证书制度。"《中华人民共和国劳动法》的出台为我国编制国家职业技能标准提供了基本的法律依据。

（三）学历文凭和职业资格证书并重的制度开始实行

1993 年，党的十四届三中全会《中共中央关于建立社会主义市场经济体制若干问题的决定》首次明确提出，我国要实行学历文凭和职业资格两种证书并重的制度。1996 年颁布的《中华人民共和国职业教育法》第八条明确指出："实施职业教育应当根据实际需要，同国家制定的职业分类和职业等级标准相适应，实行学历证书、培训证书和职业资格证书制度。"《中华人民共和国职业教育法》对实行国家职业资格证书制度作出了明确的规定，将其确定为一项法律制度。1996 年 6 月，中共中央、国务院下发的《关于深化教育改革全面推进素质教育的决定》，再次强调要在"全社会实行学业证书、职业资格证书并重的制度"。

（四）劳动者技能需求和职业的变化

随着产业结构调整和"铁饭碗"的终结，劳动者的职业变化更加频繁，对职业技能的需求也更加多样化，大量从事陈旧技术的传统职业从业人员需要转岗重新就业，只掌握一种技能的劳动者难以在职场上站稳脚跟。此外，随着互联网、云计算等技术在各行各业中广泛应用，从业人员的技术技能水平也亟待提高，只适用于单个工种的工人技术等级标准已经无法满足劳动力市场变化的需求。

（五）新职业的涌现亟待制定国家职业标准

随着人民生活水平的提高和服务需求的扩大，新职业不断涌现，许多行业处于没有相关法律法规管理的空白状态，因此，有必要制定相应的职业标准，并对从业人员开展对应的职业培训，提高从业人员的技术水平，促进新职业的健康发展。

二、编制国家职业技能标准的意义

一是有助于更好地完善职业标准开发机制。国家职业技能标准由人力资源社会保障部会同有关行业部门组织制定并颁布，行业企业评价规范由行业组织和用人单位参照《国家职业技能标准编制技术规程》开发；专项职业能力考核规范按照有关规定组织开发。编制国家职业技能标准可以更好地建立由国家职业技能标准、行业企业评价规范、专项职业能力考核规范等构成的多层次、相互衔接的职业标准体系。

二是对设计和实施职业教育培训起导向作用。职业教育或培训的大纲教材等均根据职业标准的要求进行编制。制定相应的职业标准，有利于更好地规范职业教育或培训的课程、教材的设计，使劳动者通过科学、规范的教育或培训，掌握标准中某一等级的技术理论知识和实际操作技能，更具针对性地培养不同职业所需的劳动者。

三是作为确定劳动者工资水平的参考依据。职业技能标准是对劳动者业务知识和技术操作能力的认定。一般情况下，劳动者技能等级高低与其生产效率贡献大小成正比，通过职业技能标准对员工进行职业技能水平的考核，是确定劳动报酬的一个重要因素。

四是作为对劳动者招聘的重要依据。根据职业技能标准内容的要求，对劳动者就业、上岗（转岗）、晋级等进行考核，鉴定劳动者所具有的技术能力，包括掌握专业知识的程度和实际操作技能等方面的情况，有助于更好地规范劳动力市场建设，为劳动者就业创造平等竞争的就业环境，实现劳动力资源合理开发和配置。

五是更好地推进国家职业资格制度改革。颁布职业技能标准，有利于深入推进国家职业资格制度改革，更好地推动国家职业资格证书制度与技能人才评价制度的衔接，为引导产教融合、校企合作等工作奠定坚实基础，不断促进人才素质提升。

六是有助于调整劳动力资源和人才结构。从企业的角度来说，企业可以根据职业技能标准确定员工的技能水平，并根据市场的需要调整不同水平员工的比例和结构，及时培养所需的人才。从劳动者的角度，职业技能标准是鼓励劳动者努力争取事业发展和个人进步的重要参考，有助于劳动者提高自己的专业化、职业化水平。因此，职业技能标准关系着劳动力整体素质水平的提高，有助于更好地把我国的劳动力资源转化为人才优势。

三、《国家职业技能标准编制技术规程》

2012年，人力资源和社会保障部印发了《国家职业技能标准编制技术规程》（以下简称2012年版《规程》），对于规范国家职业技能标准编制工作发挥了重要促进作用。近年来，随着职业资格改革的深入推进，特别是国家职业资格目录的公布实施，2012 年版《规程》已不能适应形势发展要求。

为贯彻落实党的十九大报告关于"大规模开展职业技能培训""建设知识型、技能型、创新型劳动者大军"的要求，2018 年，人力资源和社会保障部对 2012 年版《规程》进行了全面修订，颁布了《国家职业技能标准编制技术规程（2018 年版）》（以下简称 2018 年版《规程》）。2023 年人力资源和社会保障部在 2018 年版《规程》的基础上进行了全面修订，颁布了《国家职业标准编制技术规程（2023 年版）》（以下简称 2023 年版《规程》）。

（一）颁布《国家职业技能标准编制技术规程》的意义

颁布《国家职业技能标准编制技术规程》，一是有助于更好地建立以职业活动为导向、以职业能力为核心的国家职业技能标准体系；二是有助于弘扬工匠精神，营造劳动光荣的社会风尚和精益求精的敬业风气；三是满足职业教育培训、人才技能水平评价和人力资源管理的需要，促进人力资源市场发展和从业人员素质的提高。

（二）2023 年版《规程》与 2018 年版《规程》比较

2023 年版《规程》的修订是在健全完善由国家职业标准、行业企业评价规范、专项职业能力考核规范等构成的多层次、相互衔接的职业标准体系的基础上开展的，新的 2023 年版《规程》新增了专业技术类职业标准编制有关内容。与 2018 年版《规程》相比，2023 年版《规程》重点作了以下修改：

一是统一名称表述。将技能类职业的"国家职业技能标准"和专业技术类职业的"国家职业技术技能标准"统称为"国家职业标准"，新增了专业技术类职业标准编制有关内容。

二是优化编制程序。将职业标准的开发程序优化为组织开发和公开征集两种方式，通过增加向社会征集相对成熟的标准稿的方式，缩短职业标准开发流程和时间，加快职业标准开发颁布速度。

三是完善申报条件。涵盖各类有评价需求的人员，对企业职工、各类院校学生、技能类与专业技术类职业发展贯通人员、其他社会从业人员的申报条件予以明确，综合考虑促进就业需要和各类院校学生、专业技术人员的技能评价需求，对申请条件进行优化调整。

（三）2023 年版《规程》大纲（见表 2 - 12）

表 2 - 12　　　2023 年版《规程》（技能类/专业技术类）大纲

章	节	小节
1 范围		
2 术语和定义	2.1 职业 2.2 职业分类 2.3 国家职业技能标准（技能类/专业技术类）	
3 总则	3.1 指导思想 3.2 工作目标 3.3 编制原则	3.3.1 整体性原则 3.3.2 等级性原则 3.3.3 规范性原则 3.3.4 实用性原则 3.3.5 可操作性原则
4 职业标准结构要素	4.1 封面 4.2 说明 4.3 内容 4.4 附录	
5 职业标准内容	5.1 职业概况	5.1.1 职业名称 5.1.2 职业编码 5.1.3 职业定义 5.1.4 职业技能等级/专业技术等级 5.1.5 职业环境条件 5.1.6 职业能力特征 5.1.7 普通受教育程度 5.1.8 职业技能培训要求 5.1.9 职业技能评价要求/专业技术考核要求
	5.2 基本要求	5.2.1 职业道德 5.2.2 基础知识
	5.3 工作要求	5.3.1 通则 5.3.2 职业功能 5.3.3 工作内容 5.3.4 技能要求/专业能力要求 5.3.5 相关知识要求
	5.4 权重表	5.4.1 理论知识权重表 5.4.2 技能要求权重表/专业能力要求权重表

续表

章	节	小节
6 编制程序（技术类）	6.1 组织开发	6.1.1 受理申请 6.1.2 评估遴选 6.1.3 发布计划 6.1.4 开发编写 6.1.5 审定颁布
	6.2 公开征集	6.2.1 发布公告 6.2.2 受理 6.2.3 征求意见 6.2.4 终审 6.2.5 颁布
6 编制程序（专业技术类）	6.1 职业标准立项	6.1.1 提出计划 6.1.2 组建工作组 6.1.3 开展职业调查和职业分析
	6.2 职业标准开发	6.2.1 召开职业标准编制启动会 6.2.2 编写职业标准初稿
	6.3 职业标准审定	6.3.1 初审 6.3.2 征求意见 6.3.3 终审
	6.4 颁布	
7 职业标准编排格式	7.1 职业标准报批稿格式	
	7.2 职业标准出版格式	7.2.1 通则 7.2.2 封面 7.2.3 说明 7.2.4 正文 7.2.5 封底 7.2.6 其他

资料来源：《国家职业标准编制技术规程（2023 年版）》。

（四）职业标准结构图（见图2-1）

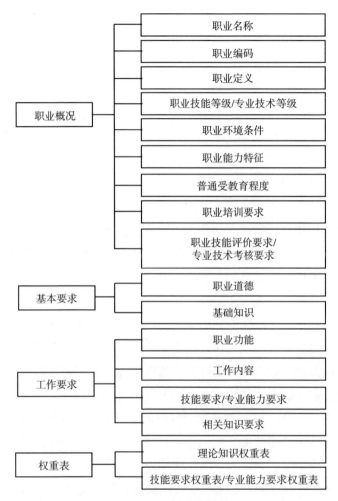

图2-1　职业标准结构

资料来源：《国家职业标准编制技术规程（2023年版）》。

（五）职业技能等级划分依据

根据2023年版《规程》，职业技能共划分为八个等级，具体如下：

（1）学徒工：在师傅指导下，完成本职业某一方面工作。

（2）五级/初级工：能够运用基本技能独立完成本职业的常规工作。

（3）四级/中级工：能够熟练运用基本技能独立完成本职业的常规工

作；在特定情况下，能够运用专门技能完成技术较为复杂的工作；能够与他人合作。

（4）三级/高级工：能够熟练运用基本技能和专门技能完成本职业较为复杂的工作，包括完成部分非常规性的工作；能够独立处理工作中出现的问题；能够指导和培训初、中级工。

（5）二级/技师：能够熟练运用专门技能和特殊技能完成本职业复杂的、非常规性的工作；掌握本职业的关键技术技能，能够独立处理和解决技术或工艺难题；在技术技能方面有创新；能够指导和培训初、中、高级工；具有一定的技术管理能力。

（6）一级/高级技师：能够熟练运用专门技能和特殊技能在本职业的各个领域完成复杂的、非常规性工作；熟练掌握本职业的关键技术技能，能够独立处理和解决高难度的技术问题或工艺难题；在技术攻关和工艺革新方面有创新；能够组织开展技术改造、技术革新活动；能够组织开展系统的专业技术培训；具有技术管理能力。

（7）特级技师：在生产科研一线从事技术技能工作、业绩贡献突出的企业高技能领军人才。能够熟练运用专门技能和特殊技能在本职的各个领域完成复杂的、非常规性工作；精通本职业领域的重要理论原理及关键技术技能，能够独立处理和解决高难度的技术问题或工艺难题；承担传授技艺的任务，在技能人才梯队培养上做出突出贡献。

（8）首席技师：在技术技能领域做出重大贡献，或在本地区、本行业企业具有公认的高超技能、精湛技艺的地方或行业企业高技能领军人才。为地方、行业企业高技能人才队伍建设做出突出贡献；为国家重大技术攻关、成果转化、技术创新、发明等做出突出贡献，在地方、行业企业的技术进步与发展中发挥关键作用，专业水平在地方、行业企业具有很高认可度和影响力。

根据2023年版《规程》，专业技术类专业技术等级共划分三个等级，具体如下：

（1）初级：能够运用基本技术独立完成本职业的常规工作。

（2）中级：能够熟练运用基本技术独立完成本职业的常规工作；在特定情况下，能够运用专门技术完成技术较为复杂的工作；能够与他人合作。

（3）高级：能够熟练运用基本技术和专门技术完成本职业较为复杂的工作，包括完成部分非常规性的工作；能够独立处理工作中出现的问题；能够指导和培训初、中级专业技术人员。

四、实践应用情况

（一）开展职业教育培训

国家职业技能标准是职业教育培训的基本依据，编制国家职业技能标准，一方面可以更好地指导技工院校加强学科建设，对相关职业技能培训的教材开发、师资培训、职业技能竞赛等基础性工作给予支持，推进专业设置、教学标准和国家职业技能标准对接，培养更多专业人才和实用人才；另一方面为推行终身职业技能培训制度、大规模开展职业技能培训提供基本航向。国家职业技能标准可应用于以企业、职业院校和各类培训机构为依托，大规模开展的多种形式职业技能培训，包括企业职工岗位技能提升培训、企业新型学徒制培训、高技能人才培训、技能扶贫培训等，有助于加强劳模精神和工匠精神培育，切实提高从业人员素质，加强劳动力就业稳定性，助力岗位成才。

（二）职业资格制度改革

国家职业技能标准是完善国家职业资格目录的基本依据。我国自1994年建立职业资格证书制度，并在全国全面推行，职业资格证书是国家根据职业技能标准对申请者相关学识、技术、能力的鉴定和认可，是劳动者求职、独立开业和单位录用的主要依据。2013年以来，随着"放管服"改革的深入推进，国务院对职业资格证书市场清理整顿力度不断加大，积极推进减少职业资格许可和认定事项。2017年9月，人力资源和社会保障部向社会公布国家职业资格目录，实行清单式管理。2021年12月，人力资源和社会保障部公布了《国家职业资格目录（2021年版）》。优化后的目录包含72项职业资格，职业资格总量比2017年目录减少68项，压减比例达49%。国家职业技能标准是深化技能人员职业资格制度改革不可或缺的基本依据。

（三）职业技能等级认定

国家职业技能标准对建立并推行职业技能等级制度发挥"导向"作用，由用人单位和社会培训评价组织按照有关规定开展职业技能等级认定。符合条件的用人单位可结合实际面向本单位职工自主开展，符合条件的用人单位按规定面向本单位以外人员提供职业技能等级认定服务，符合条件的社会培训评价组织可根据市场和就业需要，面向全体劳动者开展。职业技能等级，一般分为初级工、中级工、高级工、技师和高级技师五个等级，国家职业技能标准是认定劳动者职业技能等级的基本参考。

（四）专项职业能力考核

国家职业技能标准是专项职业能力考核的"度量衡"。根据脱贫攻坚、乡村振兴、农村转移就业劳动力培训等工作需要，结合新兴产业发展、地方特色产业需要和就业创业需求，选择市场需求大、可就业创业的最小技能单元（模块），开展专项职业能力考核工作，作为技能人才评价的重要补充。国家职业技能标准是专项职业能力考核的基本参考。

（五）技能人才激励机制

国家职业技能标准是企业对技能人才奖励激励的重要参考。企业根据国家职业技能标准在关键岗位、关键工序培养使用高技能人才，进一步完善劳动薪酬制度，做好对技能人才的使用和激励工作，实现多劳者多得、技高者多得。有助于形成更利于技能人才发展的社会环境，传播行业正能量、提升行业软实力，在全社会营造崇尚劳动、尊重技能人员的良好氛围。

第四节 《国家职业分类大典》第二、第四大类间职业判定标准和平衡

2021年4月27日，时任国家人社部副部长汤涛同志在2022年版《国家职业分类大典》（以下简称《大典》）修订工作启动会上的讲话中提到"在保持大类不变的情况下，对中类、小类和细类（职业）等进行适当调整，力求做到与时俱进"。在此要求下，如何更好地解决2015年版《大典》修订中存在的跨大类重复特别是第二大类"专业技术人员"和第四大类"社会生产服务和生活服务人员"分类重复问题，成了重要议题之一。针对于此，笔者作为方法专家团队一员专门成立工作专班，从国际、

国内、国民经济行业分类等多个视角对《大典》存在的跨大类重复问题进行梳理、分析，尝试提出解决方案和建议，供《大典》修订工作委员会和专家委员会参考。

一、《大典》跨大类重复是我国职业分类的固有特点

《大典》自1999年发布，共有1999年和2015年两个版本，两个版本大类数量和内涵基本保持不变。除去第七大类"军人"和第八大类"不便分类的其他从业人员"，核心的第一至第六大类呈现为两个体系。体系一由第一大类（党的机关、国家机关、群众团体和社会组织、企事业单位负责人）和第三大类（办事人员和有关人员）组成，反映了我国公共管理和社会组织的实际业态，二者呈现较为清晰的上下、从属关系。体系二由第二大类（专业技术人员）和第四大类（社会生产服务和生活服务人员）、第五大类（农林牧渔业生产和辅助人员）、第六大类（生产制造及有关人员）大类组成，其中第四、五、六大类直接对应我国第一、二、三产业，第二大类除少数职业外（如律师、会计、宗教人员）则可以认定为是在我国第一、二、三产业从业人员中专业和技术水平较高者，二者呈现较为清晰的职业链和专业、技术、技能水平链。但在实际《大典》分类当中稍有不慎就容易产生明显的交叉重复。

事实上，考虑到解决此问题，2015年版《大典》修订将职业分类原则从1999年版的"工作性质同一性"调整为"工作性质相似性为主、技能水平相似性为辅"，但在实际分类中，对技能水平相似性考量较少，特别是新技术、新产业、新业态、新模式层出不穷，既有职业的工作内容发生改变，新职业新工种的不断涌现也对新职业信息发布工作提出更高要求和更强挑战。这就造成无论是2015年版《大典》还是新发布的4批新职业和新工种，依然在第二、四大类存在较为明显的重复混淆问题。

在国家统计局2022年初发给《大典》修订工作委员会的函件《准确识别职业分类的意见建议》中就提出"要确立科学周全的分类原则，保证分类识别的唯一性"。并举例说明在国家统计局人口和劳动调查中，根据《大典》进行职业检索和编码，职业编码中发现一个人可以赋予不同职业代码，如"网络技术人员"既可以编为第二大类的"信息和通信工程技术人员（2－02－10）"，又可以归为第四大类"计算机和办公设备维修人员（4－12－02）"，这给职业分类编码带来不确定性，建议增加有关技能水平、技能专业程度等维度进一步区分工作对象或工作目的相似的工作。

据此，在2015年版《大典》修订过程中，如何在不改变职业大类划分基础上解决这一固有问题，需要我们以更新的分类思路、更新的分类原则、更新的分类方法做统筹考虑，这也是本研究的立足点和出发点。

二、国际职业分类中的大类间分类情况

（一）国际标准职业分类（ISOC－08）

国际劳工组织颁布的《国际标准职业分类》（ISCO）主要是根据两个关键指标：工作和胜任该工作需要的技能。工作主要是指一个人需要完成的一系列任务和职责，技能是指从事特定工作任务和职责所需要的能力。技能可以从两个方面进一步描述：技能等级和技能专业化。技能等级主要与工作任务、工作职责的复杂性和范围有关，技能的专业化主要由完成工作所需要掌握的知识范畴、应用的工具和设备、工作材料以及工作提供的产品和服务决定。具体来说技能等级与从业者所接受的正规教育以及正式或非正式的培训以及工作经验相关，分为四个等级：第一等级：指需要接受基本的教育（5~7岁开始，约需要5年）；第二等级：需要接受中学教育（11~12岁开始，约需要5~7年）；第三等级：需要接受高等教育（17~18岁开始，约3~4年时间，但是不一定拥有大学教育学位）；第四等级：需要至少接受大学本科教育（17~18岁开始，约3~6年时间，需要获得大学中的学位）。

ISOC采用四级职业分类，2008年版包括10个大类、43个中类、125个小类、436个细类。相比我国2015年版《大典》8个大类，75个中类，434个小类，1481个细类，ISOC（2008）要"粗"很多，这也和ISOC（2008）更多定位为指导世界各国职业分类有关。

ISOC（2008）的10个大类如下：（1）管理人员；（2）专业人员；（3）技术和辅助专业人员；（4）文书支持工作者；（5）服务和市场销售人员；（6）农业、林业和水产技术工人；（7）手艺（工艺）人和有关行

业的工人；（8）设备与机械的操作工和装配工；（9）初级劳动职业者；（10）军人。其中专业技术人员指在物理、数学、工程领域具有很高的专业知识水平和丰富经验的人员，需要的技能水平是最高的第四级，技术和辅助专业人员主要完成的是调查、操作应用等任务，需要的技能水平是第三级。

将 ISOC（2008）与我国 2015 年版《大典》做大类对应分析，结果如表 2 – 13、表 2 – 14 所示。

表 2 – 13　　　　　　　　ISOC（2008）大类和中类情况

大类	中类
管理人员	主管人员，高级官员和立法者
	行政和商业管理人员
	生产和专业化服务经理
	接待、零售和其他服务业经理
专业技术人员	科学和工程学专业人员
	卫生专业人员
	教学专业人员
	商务和行政管理专业人员
	信息和通信技术专业人员
	法律、社会和文化专业人员
技术和辅助专业人员	科学和工程学辅助专业人员
	卫生辅助专业人员
	商业和管理辅助专业人员
	法律、社会、文化及相关辅助专业人员
	信息和通信技术人员

续表

大类	中类
文书支持工作者	普通和键盘操作办事员
	客户服务人员
	数字和材料记录员
	其他文书支持工作者
服务和销售人员	个人服务人员
	销售人员
	个人护理人员
	保安人员
农业、林业和水产技术工人	以销售为目的的农业技术工人
	以销售为目的的林业、水产业和狩猎业技术工人
	以维持生计为目的的农民、渔民、猎人和采集者
手艺（工艺）人和有关行业的工人	建筑工和有关行业的工人，除电工外
	金属、机械和有关行业的工人
	手艺（工艺）人和印刷工
	印刷行业工人
	食品加工、木工、服装、其他工艺和有关行业的工人
设备与机械操作工和装配工	固定式设备与机械的操作工
	装配工
	司机和移动式设备操作工
初级劳动职业者	清洁工和帮工
	农业、林业和水产业劳工
	采矿、建筑、制造和运输业劳工
	食品制作助手
	基层销售与服务有关人员
	垃圾清理工和其他简单劳动者
军队职业	雇佣军队军官
	义务军队军官
	军队职业，其他军衔

表 2 - 14 ISOC（2008）与我国 2015 年版《大典》大类对应情况

大类	我国职业标准分类	大类	ISOC - 08	
1	党的机关、国家机关、群众团体和社会组织、企事业单位负责人	1	管理者	
2	专业技术人员	2	专业技术人员	
		3	技术和辅助专业人才	
3	办事人员和有关人员	4	文书支持工作者	
4	社会生产服务和生活服务人员	5	服务和销售人员	9 初级劳动职业者
5	农、林、牧、渔业生产及辅助人员	6	农业、林业和水产技术工人	
6	生产制造及有关人员	7	手艺（工艺）人和有关行业的工人	
		8	设备与机械操作工和装配工	
7	军人	0	军人	
8	不便分类的其他从业人员			

可以看到，即便是以指导世界其他国家为主要定位的 ISOC（2008）也比 2015 年版《大典》在大类上多三类（不考虑其他不便分类从业人员）。对比 ISOC（2008）与 2015 年版《大典》，在大类上基本能相互对应，只是第九大类"初级劳动职业者"因是按照技能水平最低要求进行区分，可以认为是 2015 年版《大典》第四、五、六大类从业人员中技能水平较低者。且因从业人员技能水平要求低，具有较高的跨行业流动性。

（二）美国 SOC 职业分类体系

美国现行国家职业分类是 2018 年修订的标准职业分类体系（SOC - 2018）。该体系采取的分类方法是把职业活动的相似性和技能的等级性作为划分的标准结合在一起，共分为四个层级。第一层级基于职业工作活动的相似性划分为 23 个大类，例如第一大类管理类职业和第八大类教育培训和图书馆类职业。第二层级按照技能化水平将 23 个大类划分成 98 个中类，例如把第八大类教育培训和图书馆职业划分为五个中类：高等教育教师；学前班、小学、中学和特殊教育学校老师；其他教师和指导员；图书管理员、策展人和档案管理员；其他教育、培训和图书馆职业。第三层级和第四层级依然按照职业活动的相似性分别将中类和小类划分成了 459 个小类以及 867 个细类。从中可以看出美国 2018 年版《标准职业分类》中不同层级的分类标准是不同的，第二层级中体现了技能的等级性，第一、第三、第四层级基本都是基于职业活动的相似性来进行分类的。大类和中类情况如表 2 –15 所示。

表 2 –15 　　　　　　　　 美国 SOC（2018）大类和中类情况

大类	中类
管理人员	高层管理人员
	广告、市场、促销、公共关系和销售经理
	专业运营经理
	其他管理职业
商业和金融运营人员	商业业务运营专业人员
	金融专业人员
计算机、数学分析相关职业	计算机相关职业
	数学分析相关职业
建筑和工程相关职业	建筑师、勘测师和制图师
	工程师
	制图员、工程技术员和绘图技术员
生命、物理和社会科学相关职业	生命科学研究人员
	物理学研究人员
	社会研究人员及相关工作者
	生命、物理和社会科学技术人员
社区和社会服务职业	顾问、社会工作者和其他社区、社会专业服务人员
	宗教工作者
	法律职业
	法律辅助工作者

续表

大类	中类
教育、培训和图书馆职业	高等教育教师
	学前班、小学、中学和特殊教育学校老师
	其他教师和指导员
	图书管理员、策展人和档案管理员
	其他教育、培训和图书馆职业
艺术、设计、娱乐、体育和传媒职业	艺术设计工作者
	艺人和演员、体育和相关工作者
	媒体和传播工作者
	媒体和通信设备工作者
医疗保健执业医师和技师	健康诊疗从业人员
	卫生技师和技术人员
	其他所有保健医师和技师
医疗保健辅助职业	护理、精神病学和家庭健康助理
	职业治疗和物理治疗师助理和助手
	其他医疗保健辅助职业
安全保卫职业	安保服务工作者的监督员
	消防和预防工作者
	执法人员
	其他保护性服务工作者
食品准备、服务相关职业	食品准备、服务人员的主管
	厨师和食品准备人员
	食品和饮料服务人员
	其他食品准备和服务相关人员
建筑物和地面清洁和维护职业	建筑物和地面清洁主管、维修人员
	建筑清洁和虫害防治人员
	地面维护人员

续表

大类	中类
个人护理和服务职业	个人护理和服务工作者的直线主管
	动物护理和服务工作者
	娱乐服务人员及相关工作者
	殡仪服务人员
	个人形象服务人员
	行李搬运工、服务员和礼宾员
	导游和领队
	其他个人护理和服务工作者
销售及相关职业	销售人员主管
	零售销售人员
	销售服务代表
	批发、制造业的销售代表
	其他销售及相关人员
办公室和行政支持职业	办公室和行政支持人员的主管
	通讯设备操作员
	财务相关人员
	信息和记录文员
	物料记录、调度、调度和分发工人
	秘书和行政助理
	其他办公室和行政支持人员
农业、渔业和林业职业	农、渔、林职工的监事
	农业工人
	渔业工人
	森林养护和伐木工人
施工和开采职业	施工和开采工的监督员
	施工行业工人
	施工行业助手
	其他施工行业相关工作人员
	开采工

续表

大类	中类
安装、维护和维修职业	安装、维护和维修工人的主管
	电气和电子设备机械师、安装和修理工
	车辆和移动设备机械师、安装工和修理工
	其他安装、维护和修理职业
生产类职业	生产工人监事
	组装人员和制造人员
	食品加工人员
	金属和塑料相关工人
	印刷工人
	纺织、服装和家具工人
	木工
	工厂和系统操作员
	其他生产类职业
交通运输与物流职业	运输和运输工人的主管
	航空运输人员
	机动车运营人员
	轨道交通工人
	水运工人
	其他运输工人
	搬运工人
军事特定类职业	特种部队军官和战术行动领导人
	第一线服役的军事监督员
	空军武器专家和机组人员

可以看出，美国职业分类SOC-2018在分类原则上一方面充分考虑了职业活动的相似性，另一方面直接将技能的等级性作为重要职业分类依据。且SOC-2018大类划分为23类，相较我国2015年版《大典》8个大类要细致很多；98个中类、459个小类以及867个细类，相较我国2015年版《大典》75个中类、434个小类、1481个细类，在中类划分上依旧

更细，在小类划分上基本一致，在细类划分上则是我国更为细致。整体看，美国 SOC – 2018 四级职业分类划分呈上下比较高的梯形分布，我国的 2015 年版《大典》呈上下比较低的金字塔形分布。

（三）英国职业分类体系

英国现行职业分类体系（SOC）是 2020 年修订的，也分为大类、中类、小类和细类四个层级，根据"技能水平"和"技能专业化"进行职业分类。技能水平是指为胜任和有效地执行与工作有关的活动，通常需要的培训和/或工作经验的持续时间。技能专业化定义为胜任、彻底和有效的执行任务所需的知识领域。大类和中类主要参考以下四个技能等级：

第一等级等同于普通教育相关的能力，通常一个人完成他/她的义务教育时便可获得。胜任这一级别的工作还将涉及适当的健康和安全法规知识，并可能需要短期的与工作有关的培训。在 SOC – 2010 中，这一技能水平的职业包括有邮政工人、酒店搬运工、清洁工和餐饮助理。

第二等级涵盖了大量的职业，所有这些职业都需要通过良好的普通教育，也是接受义务教育便可获得，但后者通常有较长的一段时间与工作相关的培训或工作经验。这一级别的职业包括机器操作、驾驶、护理、零售、文书和秘书等。

第三等级适用于通常需要与义务教育阶段相关的知识体系但通常不需要高等学位水平的职业。对于贸易类职业和小企业主来说，副学位的教育资格或长时间的职业培训可能不是胜任工作的必要条件，但必须具有相当长的工作经验。

第四个技能级别涉及企业或国家/地方政府中所谓的"专业"职业和高级管理职位。这方面的职业水平通常需要学位或同等时间的相关工作经验。

英国职业分类 SOC – 2020 包括 9 个大类、26 个中类、91 个小类和 412 个细类，相较 2010 年增加了 1 个中类，1 个小类，43 个细类。其中大类、中类及对应技能水平如表 2 – 16 所示。

表 2 - 16　　　　英国 SOC - 2010 大类、中类和技能水平对应情况

大类	中类	技能水平
1. 经理、董事、高级官员	公司经理和董事	4 级
	其他经理和经营者	3 级
2. 专业人员	科学、研究、工程和技术专业人员	4 级
	卫生专业人员	4 级
	教学和教育专业人员	4 级
	商业、媒体和公共服务专业人员	4 级
3. 技术和辅助专业人员	科学、工程和技术助理专业人员	3 级
	保健和社会护理助理专业人员	3 级
	保护性服务职业	3 级
	文化、媒体和体育职业	3 级
	商业和公共服务助理专业人员	3 级
4. 行政和秘书工作者	行政职业	2 级
	秘书及有关职业	2 级
5. 技术工人	农业及相关行业技术工人	3 级
	金属、电气和电子行业技术工人	3 级
	建筑和建筑行业技术工人	3 级
	纺织、印刷和其他熟练行业技术工人	3 级
6. 护理、休闲及其他服务人员	关怀个人服务人员	2 级
	休闲、旅游及相关个人服务人员	2 级
7. 销售和客户服务人员	销售人员	1 级
	客户服务人员	1 级
8. 工艺、设备和机器操作人员	工艺、设备和机器操作人员	1 级
	运输和移动机器驾驶员和操作人员	1 级
9. 基础职业	基本行业及相关人员	1 级
	初级行政和服务人员	1 级

　　与我国 2015 年版职业分类大典各大类的对应关系如表 2 - 17 所示。

表 2 – 17　英国 SOC – 2010 与我国 2015 年版《大典》大类对应情况

大类	我国 2015 年版职业标准分类	大类	英国职业分类 SOC – 2010
1	党的机关、国家机关、群众团体和社会组织、企事业单位负责人	1	经理、董事、高级官员
2	专业技术人员	2	专业人员
		3	技术和辅助专业人才
3	办事人员和有关人员	4	行政和秘书工作者
4	社会生产服务和生活服务人员	5	第 2、3、4 中类
		6	护理、休闲和其他服务人员
		7	销售和客户服务人员
5	农林牧渔业生产及辅助人员	5	第 1 中类农业及相关行业技术工人
		9	第 1 中类基本行业及相关人员
6	生产制造及有关人员	5	第 2、3、4 中类
		8	工艺、设备和机器操作人员
7	军人	0	军人
8	不便分类的其他从业人员	9	第 2 中类

可以看出，英国 SOC – 2010 基本遵循了国际劳动组织 ISOC 的思路，在分类中同时考虑了工作内容和技能水平。其分类程度大类不宽，中、小、细类不细，但是其将技能水平与职业分类紧密结合的方式非常值得我们借鉴学习。

（四）对我国 2015 年版《大典》修订工作的主要借鉴

在分类原则上，除工作性质和工作内容相似性外，均考虑了技能等级或技术层级。美国 2018 年版《标准职业分类》第二层级体现了技能的等级性，第一、第三、第四层级都是基于职业活动的相似性来进行分类的。英国是大类和中类考虑技能等级。我国 2015 年版职业大典分类标准比较复杂，不同层级的分类标准不同，大类是根据工作性质的同一性划分的，而中类是根据职业活动涉及的知识领域、使用的工具设备、采用的技术方法以及提供产品和服务的种类划分的，小类是根据从业者的工作环境、工作条件和技术性质划分的，细类是根据工作对象、工艺技术和操作方法等的同一性划分的。分类标准复杂在一定程度上会使得分类界限不明晰。因此，建议在 2015 年版《大典》的修订中，应该将工作性质的同一性具体化，把技能（种类和水平等级）作为重点考虑的因素。

在大类的划分上更细致。国际标准职业分类包括 10 个大类、美国职业分类是 23 个大类、英国为 9 个大类、我国台湾地区为 10 个大类，在大类划分上均比我国 2015 年版《大典》要多。主要有如下情形：（1）将专业技术人员分为专业人员和技术及辅助专业人员；（2）将工人分为技术工人和操作工人；（3）将技能水平要求最低的从业人员单列等。

三、2015 年版《大典》第二、四大类的分类依据和重复情况

在我国，职业分类主要依据职业性质、活动方式、技术要求和管理范围进行划分。职业性质是职业的本质属性，反映职业不同的表现形式、具体内容和类型特点。职业活动方式是职业运转时的方法和形式，是职业存在的客观状态，主要包括职业的活动目标、职业活动的主客观条件等。职业技术要求是某种职业活动的指标、数据、程序或模式，是职业分类中显性最强，也最易作为判别依据的职业特征。职业管理范围是职业功能边际界限的表现，管理部门以此确定职责范围。

（一）2015 年版《大典》大中小细类职业划分依据

1. 大类的分类原则

大类是职业分类结构中的最高层次。大类的划分和归类是根据工作性质同一性，并考虑我国政治制度、管理体制、科技水平和产业结构的现状与发展等因素。第七和第八大类的中类、小类、细类（职业）名称相同，不做细分。

2. 中类的分类原则

中类是大类的子类，是对大类的分解。中类的划分和归类是根据职业活动所涉及的知识领域、使用的工具和设备、采用的技术和方法，以及所提供的产品和服务种类等的同一性。

3. 小类的分类原则

小类是中类的子类，是对中类的分解。小类的划分和归类是根据从业人员的工作环境、工作条件和技术性质等的同一性。一般情况下，第一大类的小类，是以职责范围和工作业务的同一性进行划分和归类；第二大类的小类，是以工作或研究领域、专业的同一性进行划分和归类；第三大类

和第四大类的小类，是以所办理事务的同一性和所从事服务项目的同一性进行划分和归类；第五和第六大类的小类，是以工作程序、工艺技术、操作对象以及生产产品的同一性等进行划分和归类。

4. 细类（职业）的分类原则

细类是本大典最基本的类别，即职业。细类的划分和归类是根据工作对象、工艺技术、操作方法等的同一性。一般情况下，第一大类的细类（职业）主要是按照工作业务领域和所承担的职责划分和归类；第二大类的细类（职业）主要是按照所从事工作的专业性与专门性划分和归类；第三大类和第四大类的细类（职业）主要是按照工作任务、内容的同一性或所提供服务的类别、服务对象的同一性划分和归类；第五大类和第六大类的细类（职业）主要是按照工艺技术的同一性、使用工具设备的同一性、使用主要原材料的同一性、产品用途和服务的同一性，并按此先后顺序划分和归类。

《职业分类大典》在按上述原则分类的同时，还参照了我国的组织机构分类、行业分类、学科分类、职位职称分类、工种分类以及国际标准职业分类等。

（二）第二大类专业技术人员分类依据和词频分析

1. 第二大类的分类依据

第二大类专业技术人员主要划分依据是工作领域、工作技术、工作对象、工作任务的相似性。凡在这些方面具有相似性，应将某一个或某一层级的职业归于专业技术人员行列。

中类划分依据工作领域、工作技术、工作对象、工作任务的相似性等原则。

小类是以工作或研究领域、专业的同一性进行划分和归类。

细类（职业）主要是按照所从事工作的专业性与专门性划分和归类。

2. 第二大类的词频分析

从第二大类职业定义关于"工作行为"的词频分析看，排名前10位的主要工作是设计、管理、研究、指导、研发、应用、维护、预防、诊断、组织；从关于"工作对象"的词频分析看，排名前10位的是生产、设备、产品、理论、服务、疾病、患者、康复、系统、工艺，见图2-2、图2-3。

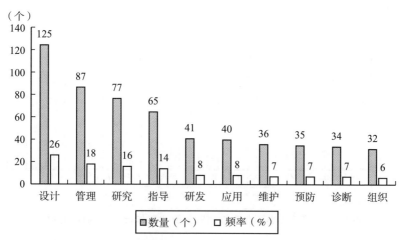

图 2 - 2　第二大类职业定义关于"工作行为"的词频分析

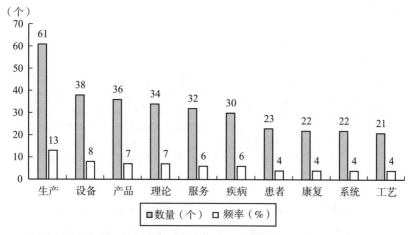

图 2 - 3　第二大类职业定义关于"工作对象"的词频分析

从第二大类职业工作内容关于"工作行为"的词频分析看，排名前 10 位的主要工作是研究、设计、分析、制订、指导、管理、应用、组织、实施、编制；从关于"工作对象"的词频分析看，排名前 10 位的是技术、生产、设备、产品、方案、系统、方法、工艺、安全、患者，见图 2 - 4、图 2 - 5。

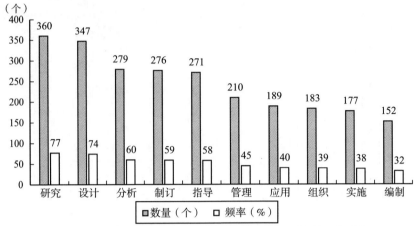

图 2-4 第二大类职业工作内容关于"工作行为"的词频分析

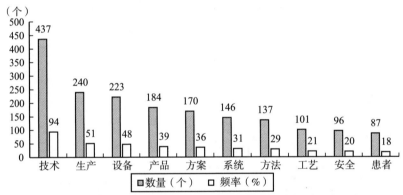

图 2-5 第二大类职业工作内容关于"工作对象"的词频分析

分析结果表明:

从专业技术人员职业的工作行为看,一方面聚焦于研究、设计、分析、制订、编制工作等,需要从业者有高技术含量和高知识密度作为支撑;二是指导、管理、组织等使令动词较多,说明这类职业在特定经济活动领域具有一定的"领导""决策"职能。

从专业技术人员职业的工作对象看,技术、生产、方案、系统、方法、工艺、安全等"抽象"对象的频次较高,设备、产品、患者等具体对象的频次相对较低。

(三)第四大类社会生产服务和生活服务人员分类依据和词频分析

1. 第四大类的分类依据

第四大类社会生产服务和生活服务人员,主要指从事商业、餐饮、旅游娱乐、运输、医疗辅助及社会和居民生活等服务工作的人员。主要划分依据是工作对象、使用工具、工作技能、工作成果相似性等。每个职业都依据工作对象（服务对象）、特定的工作成果、工作技能、工作工具相似性程度大小，决定其是否属于"商业、服务业人员"。

中类划分依据工作对象、使用工具、工作技能、工作成果相似等原则。第四大类的中类有仓储人员、购销人员、餐饮服务人员、饭店、旅游及健身娱乐人员、运输服务人员等。每个中类都具有特定的工作对象（服务对象）、特定的工作成果、需要使用特定的工具及设备，依据这些子原则的相似性程度大小，判定与构建某一中类职业。

小类划分以所办理事务的同一性和所从事服务项目的同一性进行划分和归类。

细类（职业）主要按照工作任务、内容的同一性或所提供服务的类别、服务对象的同一性划分和归类。

2. 第四大类的词频分析

从第四大类职业定义关于"工作行为"的词频分析看，排名前 10 位的主要工作是使用、维护、处理、管理、提供、操作、检测、运输、运用、检查。从职业定义关于"工作对象"的词频分析看，排名前 10 位的是服务、设备、工具、作业、信息、业务、活动、产品、技术、通信，见图 2 - 6、图 2 - 7。

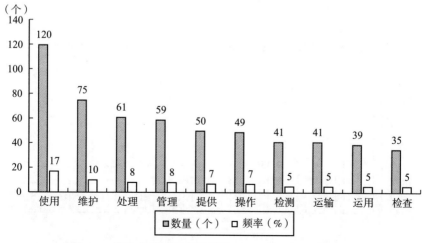

图 2 - 6　第四大类职业定义关于"工作行为"的词频分析

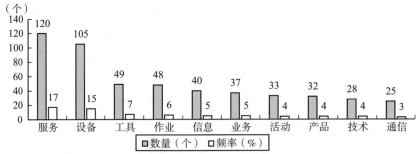

图 2-7　第四大类职业定义关于"工作对象"的词频分析

从第四大类职业工作内容关于"工作行为"的词频分析看，排名前 10 位的主要工作是使用、处理、维护、分析、检查、管理、操作、提供、设计、检测；从关于"工作对象"的词频分析看，排名前 10 位的是设备、信息、系统、服务、数据、客户、工作、工具、安全、业务，见图 2-8、图 2-9。

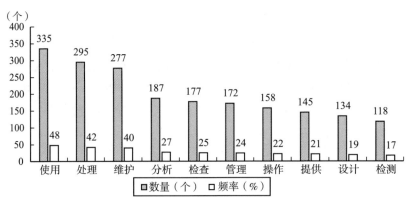

图 2-8　第四大类职业工作任务关于"工作行为"的词频分析

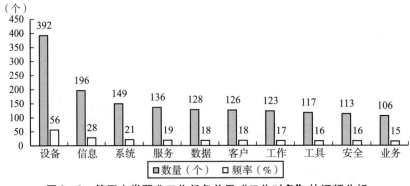

图 2-9　第四大类职业工作任务关于"工作对象"的词频分析

分析结果表明：

从社会生产服务、生活服务人员的工作行为看，使用、处理、维护、检查、操作、提供等频次较高，这类工作行为注重操作性；二是管理等使令动词相对较少，工作的指令性较弱。

从社会生产服务、生活服务人员的工作对象看，"抽象"对象的频次较低，设备等具体对象的频次相对较高。

（四）第二、四大类职业重复/衔接情况

分析 2015 年版《大典》第二、四大类职业重复问题，其实可以分为两种情况。一种是衔接，即符合前述分析的、在同一个行业/产业中，从事相辅相成的工作环节的职业群或职业族。另一种是重复，即第二、四大类都存在名称、定义和工作内容高度相似或重合的职业。

从第二大类和第四大类职业关于工作内容的词频分析结果看，两类职业均存在"分析""管理""检查""设计"等工作内容，且具有相同的"安全""设备""系统"等工作对象，这说明两类职业在某些领域存在工作内容交叉重叠的现象。

另外，从第二大类和第四大类职业工作内容与工作对象的结合情况看，第二大类职业更多的是研究技术、设计方案/系统/工艺、分析技术、制订方案、指导生产等，第四大类职业更多的是使用设备、处理信息、维护系统、分析数据、检查故障等，两者在工作领域具有前后衔接关系。

1. 中类衔接情况

从第二大类和第四大类的中类职业定义分析发现，两大类职业可能在以下三方面存在衔接情况：

一是工程技术人员与技术辅助服务人员有衔接。从工作性质看，两者差别在于工程技术人员的工作内容以开发、设计、指导、指挥为主，重在决策，工作具有专业性、主导性、主动性、技术性的特点，而技术辅助服务人员的工作性质是以"辅佐""帮助"工程技术人员为主，重在执行，工作内容具有单一性、执行性、辅助性、被动性、服务性的特点。从知识领域看，专业技术人员所用知识与学科专业较为接近，知识密度较高，偏重于技术开发，而技术辅助人员所用知识密度相对较低，偏重于方法应用，见表 2-18。

表 2 – 18   工程技术人员与技术辅助服务人员的中类职业定义分析

第二大类			第四大类		
2－02	工程技术人员	从事矿物勘探和开采、产品开发和设计、制造、建筑、交通、通信及其他工程规划、设计施工等工作的技术人员	4－08	技术辅助服务人员	从事气象、海洋、测绘、质检、环境保护监测、地质勘查、专业化设计等专业技术辅助服务工作的人员
2－03	农业技术人员	从事土壤肥料、植物保护、作物遗传育种、栽培和畜牧、兽医、水产养殖利用、农业技术指导和农业工程等工作的技术人员			
2－04	飞机和船舶技术人员	从事飞机驾驶和领航，船舶指挥和引航，以及通信和设备运行故障等工作的技术人员			

注：农业技术人员、飞机和船舶技术人员属于广义的工程技术人员。

二是工程技术人员、经济金融专业人员与生产服务人员存在衔接，如交通运输服务人员、信息传输服务人员、水利管理服务人员、金融服务人员、租赁商务服务人员等。从知识领域看，工程技术人员相对综合，工作对象横跨数个行业，而生产服务人员知识领域和工作领域的行业性特征明显，见表 2 – 19、表 2 – 20。

表 2 – 19   工程技术人员与生产服务人员的中类职业定义分析

第二大类			第四大类		
2－02	工程技术人员	从事矿物勘探和开采、产品开发和设计、制造、建筑、交通、通信及其他工程规划、设计、施工等工作的技术人员	4－02	交通运输、仓储和邮政业服务人员	从事客运、货运等运输服务以及仓储和邮政服务等工作的人员
			4－04	信息传输、软件和信息技术服务人员	从事信息通信网络运行维护、系统管理等工作的人员
			4－09	水利、环境和公共设施管理服务人员	从事水利设施管理维护、生态保护、环境治理、环境卫生

表 2 – 20 　　 经济金融专业人员与生产服务人员的中类职业定义分析

第二大类			第四大类		
2 – 06	经济和金融专业人	从事经济、统计、财会、审计、税务、资产和资源评估、商务和人力资源、银行、保险证券和知识产权等业务工作的专业人员	4 – 05	金融服务人员	从事证券、银行、期货、保险信托及典当等金融服务业务工作的人员
			4 – 07	租赁和商务服务人员	从事机械设备、耐用消费品租赁和咨询、人力资源、安全保障人员

　　三是文学艺术新闻、卫生专业人员和生活服务人员存在衔接，如文化体育娱乐服务人员、健康服务人员等生活服务人员，见表 2 – 21。

表 2 – 21 　　 文学艺术新闻、卫生专业人员和生活服务人员的中类职业定义分析

第二大类			第四大类		
2 – 09	文学艺术、体育专业人员	从事文学、艺术和体育工作的专业人员	4 – 13	文化、体育和娱乐服务人员	从事广播电视电影、文物保护、文化艺术、体育及娱乐等服务工作的人员
2 – 10	新闻出版、文化专业人员	从事新闻采访报道、文图编辑校对、翻译、播音与节目主持、图书资料与档案管理、考古及文物保护等工作的专业人员			
2 – 05	卫生专业技术人员	从事医疗、预防、康复、保健以及相关工作的专业技术人员	4 – 14	健康服务人员	从事医疗临床、药房、咨询、康复、卫生保健等辅助服务工作的人员

2. 小类衔接情况

从第二大类和第四大类的小类职业的职业名称分析，两大类职业可能在以下几方面存在衔接情况：

一是工程技术人员与技术辅助人员、社会生产生活服务人员的小类，如交通运输、仓储和邮政业服务人员、信息传输软件和信息技术服务人员、租赁和商务服务人员、技术辅助服务人员、水利环境和公共设施管理服务人员、电力燃气及水供应服务人员、修理及制作服务人员、文化体育和娱乐服务人员、健康服务人员的小类有衔接。

二是卫生专业技术人员与健康服务人员小类有衔接。

三是经济金融专业技术人员与金融服务人员、租赁和商务服务人员小类有衔接，见表2-22。

表2-22　　　　专业技术人员与社会生产服务人员的小类衔接情况

序号	第二大类		第四大类	
	代码	名称	代码	名称
1	2-02-01	地质勘探工程技术人员	4-08-07	地质勘查人员
2	2-02-02	测绘和地理信息工程技术人员	4-08-03	测绘服务人员
3	2-02-04	石油天然气工程技术人员	4-11-02	燃气供应服务人员
4	2-02-08	航空工程技术人员	4-02-04	航空运输服务人员
5	2-02-16	民用航空工程技术人员		
6	2-02-10	信息和通信工程技术人员	4-04-01	信息通信业务人员
			4-04-02	信息通信网络维护人员
			4-04-04	信息通信网络运行管理人员
7	2-02-12	电力工程技术人员	4-11-01	电力供应服务人员
8	2-02-13	邮政和快递工程技术人员	4-02-07	邮政和快递服务人员
9	2-02-14	广播电影电视及演艺设备工程技术人员	4-04-03	广播电视传输服务人员
			4-13-02	广播、电视、电影和影视录音制作人员
10	2-02-15	道路和水上运输工程技术人员	4-02-02	道路运输服务人员
11	2-02-20	林业工程技术人员	4-09-10	绿化与园艺服务人员

续表

序号	第二大类		第四大类	
	代码	名称	代码	名称
12	2-02-21	水利工程技术人员	4-09-01	水利设施管养人员
13	2-02-22	海洋工程技术人员	4-08-02	海洋服务人员
14	2-02-25	气象工程技术人员	4-08-01	气象服务人员
15	2-02-27	环境保护工程技术人员	4-08-06	环境监测服务人员
			4-09-07	环境治理服务人员
			4-09-08	环境卫生服务人员
16	2-02-28	安全工程技术人员	4-07-05	安全保护服务人员
17	2-02-31	检验检疫工程技术人员	4-08-05	检验、检测和计量服务人员
18	2-02-35	康复辅具工程技术人员	4-14-03	康复矫正服务人员
19	2-02-36	轻工工程技术人员	4-12-01	汽车摩托车修理技术服务人员
20	2-02-37	土地整治工程技术人员	4-09-02	水文服务人员
21	2-03-01	土壤肥料技术人员	4-09-03	水土保持人员
22	2-05-02	中医医师	4-14-01	医疗辅助服务人员
23	2-05-04	民族医医师	4-14-02	健康咨询服务人员
24	2-05-05	公共卫生与健康医师	4-14-04	公共卫生辅助服务人员
25	2-05-06	药学技术人员		
26	2-05-07	医疗卫生技术人员		
27	2-05-09	乡村医生		
28	2-06-01	经济专业人员	4-05-03	期货服务人员
29	2-06-07	商务专业人员	4-07-02	商务咨询服务人员
30	2-06-08	人力资源专业人员	4-07-03	人力资源服务人员
31	2-06-09	银行专业人员	4-05-01	银行服务人员
32	2-06-10	保险专业人员	4-05-04	保险服务人员
33	2-06-11	证券专业人员	4-05-02	证券服务人员

　　第二大类和第四大类职业的小类有衔接，二者除了中类衔接情况的差异特征外，从部分实例还可以总结出以下差异性特征：

　　一是工作性质的差异：社会生产生活服务人员等工作内容具有技术支

持性，更侧重于实际操作。

二是活动领域的差异：因社会生产生活服务行业特征较为显著，其职业的工作环境、活动领域和工作对象更为具体。见表2-23、表2-24和表2-25。

表2-23　安全工程技术人员与安全保护服务人员的小类衔接情况

项目	代码：2-02-28	代码：4-07-05
	小类名称：安全工程技术人员	小类名称：安全保护服务人员
定义	从事安全防范设计评估、消防、安全生产管理、安全评价、房屋鉴定和防伪等工作的工程技术人员	从事公共安全保护、管理、防范技术支持等服务工作的人员
下辖职业	2-02-28-01 安全防范设计评估工程技术人员	4-07-05-01 保安员
	2-02-28-02 消防工程技术人员	4-07-05-02 安检员
	2-02-28-03 安全生产管理工程技术人员	4-07-05-03 智能楼宇管理员
	2-02-28-04 安全评价工程技术人员	4-07-05-04 消防设施操作员
	2-02-28-05 房屋安全鉴定工程技术人员	4-07-05-05 安全防范系统安装维护员
	2-02-28-06 防伪工程技术人员	4-07-05-06 密码技术应用员

表2-24　地质勘探工程技术人员与地质勘查人员的小类衔接情况

项目	代码：2-02-01	代码：4-08-07
	名称：地质勘探工程技术人员	名称：地质勘查人员
定义	从事探测地球的内部结构、组成、构造特征和地层分布，绘制地质图件，确定石油、天然气、煤及其他金属与非金属矿床位置、储量及开发价值的工程技术人员	从事岩石、地层、构造、地下水、地貌等地质情况及矿产资源的调查、评价、勘探等工作的人员

续表

项目	代码：2 - 02 - 01	代码：4 - 08 - 07
	名称：地质勘探工程技术人员	名称：地质勘查人员
下辖职业	2 - 02 - 01 - 01 地质实验测试工程技术人员	4 - 08 - 07 - 01 地勘钻探工
	2 - 02 - 01 - 02 地球物理地球化学与遥感勘查工程技术人员	4 - 08 - 07 - 02 地勘掘进工
	2 - 02 - 01 - 03 水工环地质工程技术人员	4 - 08 - 07 - 03 物探工
	2 - 02 - 01 - 04 地质矿产调查工程技术人员	4 - 08 - 07 - 04 地质调查员
	2 - 02 - 01 - 05 钻探工程技术人员	4 - 08 - 07 - 05 地质实验员

表 2 - 25　　　　　　　银行专业人员与服务人员的小类衔接情况

项目	代码：2 - 06 - 09	代码：4 - 05 - 01
	名称：银行专业人员	名称：银行服务人员
定义	在储蓄性金融机构中，以货币及其衍生物为工具，从事资金筹措与资金运营、客户委托事项办理以及非资金服务的专业人员	从事银行存取款、汇兑、信贷以及银行信用卡业务等工作的人员
下辖职业	2 - 06 - 09 - 01 银行货币发行专业人员	4 - 05 - 01 - 01 银行综合柜员
	2 - 06 - 09 - 02 银行国库业务专业人员	4 - 05 - 01 - 02 银行信贷员
	2 - 06 - 09 - 03 银行外汇市场业务专业人员	4 - 05 - 01 - 03 银行客户业务员
	2 - 06 - 09 - 04 银行清算专业人员	4 - 05 - 01 - 04 银行信用卡业务员
	2 - 06 - 09 - 05 信贷审核专业人员	
	2 - 06 - 09 - 06 银行国外业务专业人员	
	2 - 06 - 09 - 07 公司金融顾问	

3. 细类衔接情况

一是工程技术人员与生产生活服务人员有衔接。

二是农业技术人员与生活类服务人员有衔接。

三是卫生专业技术人员与健康服务人员有衔接。

四是经济金融专业技术人员与金融服务人员、房地产服务人员、租赁和商务服务人员有衔接。

五是文学艺术体育专业人员、新闻出版、文化专业人员和文化、体育和娱乐服务人员有衔接。

从工作性质看，第二大类职业更多是从事研究、开发、设计、组织、开发标准、设计方案、开发流程、构思、选择、策划、运营、评估等工作，工作技术含量、知识密度较高，具有复杂性、决策性、主导性、综合性的特点；第四大类职业更多是从事执行、操作、搜集数据、提供服务等工作，工作内容较为简单、具体，在专业技术人员的指导下开展，所需知识和技术水平相对较低，工作次序较为滞后。

从工作对象看，第二大类职业较为抽象，对象适用于多个行业；第四大类职业较为具体，往往适用于单一行业。

从工艺技术看，第二大类侧重于技术开发，所用技术与产品和服务"距离"较远，职业活动的结果往往不是产品本身，而是生产制造产品的技术方法；第四大类职业侧重于工艺应用，其职业活动的直接结果是产品和服务本身。见表 2 - 26 ~ 表 2 - 36。

表 2 - 26　　　　　　　第二大类和第四大类职业细类衔接情况

序号	第二大类		第四大类	
	代码	名称	代码	名称
1	2 - 02 - 01 - 03	水工环地质工程技术人员	4 - 09 - 01 - 02	水工混凝土维修工
2	2 - 02 - 02 - 01	大地测量工程技术人员	4 - 08 - 03 - 01	大地测量员
3	2 - 02 - 02 - 02	工程测量工程技术人员	4 - 08 - 03 - 04	工程测量员
4	2 - 02 - 02 - 04	地图制图工程技术人员	4 - 08 - 03 - 03	地图绘制员
5	2 - 02 - 02 - 05	海洋测绘工程技术人员	4 - 08 - 02 - 02	海洋浮标工
6	2 - 02 - 02 - 06	地理国情监测工程技术人员	4 - 08 - 04 - 01	地理信息采集员
7	2 - 02 - 02 - 07	地理信息系统工程技术人员	4 - 08 - 04 - 02	地理信息处理员
			4 - 08 - 04 - 03	地理信息应用作业员

续表

序号	第二大类		第四大类	
	代码	名称	代码	名称
8	2-02-07-11	汽车工程技术人员	4-02-02-09	汽车救援员
9	2-02-10-02	计算机硬件工程技术人员	4-12-02-01	计算机维修工
10	2-02-10-03	计算机软件工程技术人员	4-04-05-01	计算机程序设计员
11	2-02-10-04	计算机网络工程技术人员	4-04-05-02	计算机软件测试员
12	2-02-10-07	信息安全工程技术人员	4-04-04-04	信息安全测试员
13	2-02-10-08	信息系统运行维护工程技术人员	4-12-02-03	信息通信网络终端维修员
14	2-02-10-09	人工智能工程技术人员	4-04-05-05	人工智能训练师
15	2-02-10-15	区块链工程技术人员	4-04-05-06	区块链应用操作员
16	2-02-12-02	供用电工程技术人员	4-11-01-00	供电服务员
17	2-02-13-01	邮政工程技术人员	4-02-07-01	邮政营业员
			4-02-07-02	邮件分拣员
			4-02-07-03	邮件转运员
			4-02-07-04	邮政投递员
			4-02-07-07	邮政市场业务员
18	2-02-13-02	快递工程技术人员	4-02-07-08	快递员
			4-02-07-09	快件处理员
19	2-02-14-02	广播电视传输覆盖工程技术人员	4-04-03-01	广播电视天线工
20	2-02-14-03	电影工程技术人员	4-13-02-04	电影洗印员
21	2-02-15-01	汽车运用工程技术人员	4-12-01-01	汽车维修工
22	2-02-17-01	铁道运输工程技术人员	4-02-01-02	铁路列车乘务员
			4-02-01-03	铁路车站客运服务员
			4-02-01-04	铁路行包运输服务员
			4-02-01-05	铁路车站货运服务员
23	2-02-18-02	建筑和市政设计工程技术人员	4-04-05-04	建筑信息模型技术员
			4-08-08-21	建筑幕墙设计师
24	2-02-20-03	园林绿化工程技术人员	4-09-10-01	园林绿化工

序号	第二大类		第四大类	
	代码	名称	代码	名称
25	2-02-20-04	野生动植物保护利用工程技术人员	4-09-06-01	野生动物保护员
			4-09-06-02	野生植物保护员
26	2-02-20-05	自然保护区工程技术人员	4-09-05-01	自然保护区巡护监测员
27	2-02-21-01	水资源工程技术人员	4-09-02-01	水文勘测工
28	2-02-21-02	水生态和江河治理工程技术人员	4-09-02-02	水文勘测船工
29	2-02-22-01	海洋调查与监测工程技术人员	4-08-02-03	海洋水文调查员
30	2-02-22-03	海洋资源开发利用和保护工程技术人员	4-08-02-04	海洋生物调查员
31	2-02-22-05	海水淡化工程技术人员	4-08-02-01	海洋水文气象观测员
			4-08-03-06	海洋测绘员
32	2-02-23-02	染整工程技术人员	4-10-02-03	染色师
33	2-02-24-00	食品工程技术人员	4-03-02-11	食品安全管理师
34	2-02-27-01	环境监测工程技术人员	4-08-06-00	环境监测员
35	2-02-27-02	环境污染防治工程技术人员	4-09-03-00	水土保持员
36	2-02-28-01	安全防范设计评估工程技术人员	4-07-05-05	安全防范系统安装维护员
37	2-02-28-02	消防工程技术人员	4-07-05-04	消防设施操作员
38	2-02-29-02	计量工程技术人员	4-08-05-06	计量员
39	2-02-30-02	物流工程技术人员	4-02-06-03	物流服务师
40	2-02-36-02	皮革化学工程技术人员	4-08-08-16	皮具设计师
			4-10-02-04	皮革护理员
41	2-03-06-03	宠物医师	4-10-07-01	宠物健康护理员
			4-10-07-02	宠物驯导师
			4-10-07-03	宠物美容师
42	2-03-07-02	草业技术人员	4-09-05-02	草地监护员
			4-09-10-02	草坪园艺师

续表

序号	第二大类		第四大类	
	代码	名称	代码	名称
43	2-04-02-03	船舶引航员	4-02-03-02	船舶业务员
44	2-05-01-07	口腔科医师	4-14-03-02	口腔修复体制作工
45	2-05-01-12	康复科医师	4-14-03-06	康复辅助技术咨询师
46	2-05-05-02	健康教育医师	4-14-01-02	健康照护师
47	2-05-05-03	公共卫生医师	4-14-04-00	公共卫生辅助服务员
48	2-05-07-02	口腔医学技师		
49	2-05-07-09	消毒技师	4-14-04-02	消毒员
50	2-05-07-13	康复技师		
51	2-05-08-07	口腔科护士	4-14-02-02	健康管理师
52	2-06-06-02	房地产估价专业人员	4-06-02-01	房地产经纪人
53	2-06-07-06	房地产开发专业人员		
54	2-06-07-05	会展策划专业人员	4-07-07-01	会展设计师
55	2-06-07-10	物业经营管理专业人员	4-06-01-01	物业管理员
56	2-06-08-01	人力资源管理专业人员	4-07-03-04	企业人力资源管理师
57	2-06-08-02	人力资源服务专业人员		
58	2-06-08-03	职业信息分析专业人员	4-07-03-01	职业指导员
			4-07-03-05	职业培训师
59	2-06-10-02	保险核保专业人员	4-05-04-01	保险代理人
60	2-06-10-03	保险理赔专业人员	4-05-04-02	保险保全员
61	2-06-11-02	证券交易专业人员	4-05-02-01	证券交易员
62	2-09-06-03	动画设计人员	4-13-02-02	动画制作员
63	2-09-06-05	染织艺术设计人员	4-08-08-05	工艺美术品设计师
64	2-09-06-06	工艺美术专业人员		
65	2-10-08-01	考古专业人员	4-13-03-01	考古探掘工
66	2-10-08-02	文物藏品专业人员	4-13-03-02	文物修复师

表 2 – 27 大地测量工程技术人员和测量员的细类衔接情况

项目	代码：2 – 02 – 02 – 01	代码：4 – 08 – 03 – 01
	职业名称：大地测量工程技术人员	职业名称：大地测量员
职业定义	从事地球及其他星球的形状、大小、重力场、整体与局部运动、地表点及近地空间运动物体位置确定，设计、构建测量基准与控制网的工程技术人员	使用卫星定位仪、水准仪、重力仪等仪器和工具，进行选点、造标、埋石、量距，以及天文、三角、水准、重力、卫星定位测量的人员
工作内容	1. 确定地球形状、大小、重力场以及整体与局部运动，监测其随时间的变化	1. 进行大地控制点的选点、造标、埋石，绘制点之记
	2. 建立平面、高程、重力控制网并进行动态监测及维护	2. 使用卫星定位仪、水准仪、重力仪等仪器，进行天文、重力、三角、水准、精密导线测量的观测和记簿
	3. 运用人造地球卫星及空间大地测量观测技术和方法，进行大地测量和数据处理	3. 进行全球定位系统（GNSS）接收机的观测、记录工作
	4. 测量其他行星的形状及重力场，建立测量基准和控制网	4. 进行外业观测成果资料整理、概算，提供测量数据
	5. 进行大地测量成果检查与验收	5. 维护保养仪器、设备、工具

表 2 – 28 动画设计人员和动画制作员的细类衔接情况

项目	代码：2 – 09 – 06 – 03	代码：4 – 13 – 02 – 02
	职业名称：动画设计人员	职业名称：动画制作员
职业定义	从事动画、漫画、游戏项目创意、设计、开发制作的专业人员	从事影视动画中间画绘制、描线上色、音乐音效、数字特效、后期合成、影像编辑等制作工作的人员
工作内容	1. 进行动画、漫画、游戏项目创意构思，制订设计方案	1. 绘制二维、三维、定格等动画中间画
	2. 进行剧本分镜头设计	2. 依动画片稿对复描线条和颜色设计的要求，使用计算机上描线、上色
	3. 进行项目的场景、角色、特效设计	3. 制作动画音乐音效、数字特效，并进行后期合成、影像编辑等

续表

项目	代码：2 - 09 - 06 - 03	代码：4 - 13 - 02 - 02
	职业名称：动画设计人员	职业名称：动画制作员
工作内容	4. 制订关键画设计和绘制标准，并指导实施	
	5. 进行特殊要求偶片人物及动画、游戏环境设计与制作	
	6. 开发制作动画、漫画、游戏产品及衍生品	
	7. 进行模型、样品制作与测试	
	8. 参与动画、漫画、游戏工艺流程制订与工艺图纸绘制	

表 2 - 29   工艺美术专业人员和工艺美术品设计师的细类衔接情况

项目	代码：2 - 09 - 06 - 06	代码：4 - 08 - 08 - 05
	职业名称：工艺美术专业人员	职业名称：工艺美术品设计师
职业定义	从事传统工艺美术品和现代实用工艺产品的设计、制作的专业人员	从事玉雕、牙雕、景泰蓝、漆器等传统工艺品设计，或以玻璃、纤维、金属、漆木等为材料设计现代实用工艺美术品的人员
工作内容	1. 收集民俗、民风素材，分析工艺美术品收藏和消费市场需求	1. 研究、分析优秀传统工艺的历史沿革及必须保持过程控制的技艺
	2. 进行工艺美术设计构思、筛选与新产品创意	2. 研究、分析消费者对现代实用工艺美术品的市场需求
	3. 编写工艺美术设计文案，绘制设计图稿	3. 采用传统技艺、天然材料或具有民族特色创作方法，进行玉雕、牙雕、景泰蓝、漆器等玩赏类特种工艺品设计
	4. 进行工艺美术品计算机辅助设计	4. 进行日用器皿、器具、抽纱刺绣、环境布置等造型和色彩具有美学特性的实用工艺美术品设计

续表

项目	代码：2 - 09 - 06 - 06	代码：4 - 08 - 08 - 05
	职业名称：工艺美术专业人员	职业名称：工艺美术品设计师
工作内容	5. 研究、选择制作工艺美术品材料	5. 借助现代科技手段或采用新工艺，以玻璃、纤维、金属、漆木等为材料进行现代工艺美术品设计
	6. 创作工艺美术作品，制作工艺美术产品模型和样品	6. 使用计算机辅助设计软件，进行系列化产品设计和新产品开发
	7. 绘制工艺美术品的生产图样，设计生产工艺	7. 运用物质和艺术手段，制作新产品的手工样板或产品模型
		8. 进行工业化生产的技术和工艺培训，指导施艺人员制作
		9. 对设计文件进行管理，保护知识产权

表 2 - 30　　会展策划专业人员和会展设计师的细类衔接情况

项目	代码：2 - 06 - 07 - 05	代码：4 - 07 - 07 - 01
	职业名称：会展策划专业人员	职业名称：会展设计师
职业定义	从事会展项目调研、策划、运营、推广的专业人员	在会议、展览及节事活动中，从事空间环境视觉化表现设计工作的人员
工作内容	1. 确定展览主题并进行可行性研究	1. 分析招标要求，撰写投标书
	2. 策划会展项目实施方案	2. 分析展品、参展企业、参展环境等资料
	3. 实施会展项目招商、招展、赞助、预算和运营管理	3. 设计标准展位及特装展位
	4. 策划开幕式、闭幕式、同期活动	4. 策划、安排展台照明
	5. 制订推广方案和宣传材料	5. 设计会展项目标识（LOGO）和配色方案
	6. 维护、管理与参展商、专业观众、赞助商、参会者、会展场馆客户关系	6. 设计产品展示、图文和声像演示方案
	7. 管理展览会合同、档案	7. 监督现场展台搭建、布展及展具安全
	8. 进行会展项目风险评估与风险管理	8. 管理展架、材料与服务，监督现场撤展，监督、协调展会过程
	9. 提供会展项目信息咨询服务	9. 核算项目经费
		10. 维护客户关系

表2-31　　　考古专业人员和考古探掘工的细类衔接情况

项目	代码：2-10-08-01	代码：4-13-03-01
	职业名称：考古专业人员	职业名称：考古探掘工
职业定义	从事古代实物遗存调查、勘探发掘、整理、评估等工作并开展研究的专业人员	使用探铲、手铲及水下考古等专门工具和设备，从事陆地埋藏、水域淹没古代遗存及相关遗存的勘探、发掘，进行记录、绘图及提取工作的人员
工作内容	1. 组织探寻、发现陆地、水域埋藏或淹没古代实物遗存以及相关遗存的科研活动	1. 勘探陆地、水下遗存，获取遗存的分布、深度、厚度、性状以及其他属性的基本信息
	2. 编制考古计划与文物保护预案，开展考古调查与勘测	2. 进行探方或探沟和墓葬的发掘、清理以及相关遗存的提取
	3. 发掘地下、水下遗存，清理堆积和遗迹，提取遗物、标本及相关遗迹，采集、记录发掘过程信息	3. 记录陆地或水下考古工作过程、揭露的迹象和获取的信息
	4. 分析、整理出土、出水遗存，确定考古遗存的年代、属性、功能等	4. 绘制田野发掘遗存和出土文物的图纸
	5. 整理所获得实物及信息，编写完成考古简报及考古调查、发掘报告	5. 整理保护出土（水）遗存，拼合与加固残损遗物
	6. 评估地下、水下遗存，提供文物保护与利用咨询服务	
	7. 运用相关资料和考古学方法，研究考古遗存及历史相关问题	
	8. 组织相关专业人员现场开展遗址或考古实物遗存保护及研究工作	

表2-32　　　物业经营管理专业人员和物业管理员的细类衔接情况

项目	代码：2-06-07-10	代码：4-06-01-01
	职业名称：物业经营管理专业人员	职业名称：物业管理员
职业定义	从事物业管理项目市场拓展、资产经营和管理的专业人员	在物业管理区域内，组织安排物业设施的维修养护、环境卫生的美化绿化、公共秩序的维护等工作的人员

项目	代码：2-06-07-10	代码：4-06-01-01
	职业名称：物业经营管理专业人员	职业名称：物业管理员
工作内容	1. 拓展物业项目，进行物业项目招投标及合同管理	1. 组织、管理修理人员，维修、养护房屋及配套设施设备和相关场地等
	2. 分析物业管理风险，设计物业管理风险防范方案，指导紧急事件处置	2. 组织、管理保洁、垃圾清运人员，清扫、维护物业管理区域内的环境卫生
	3. 参与配合物业的承接查验	3. 组织、管理园林绿化人员，维护、保养物业管理区域内的绿化环境
	4. 组织、管理入住与装修，对房屋及设备设施和物业环境进行维护和管理	4. 组织、管理保安人员，使用门禁、安防设备等，维护物业管理区域内的安全和公共秩序
	5. 维护和管理客户关系	5. 协调相关部门处理物业管理区域内停水、停电、火灾等紧急突发情况
	6. 经营管理物业资产	6. 编写、公示各类需公布的通知及事项
		7. 收缴物业管理费
		8. 协助业主委员会开展工作
		9. 为业主和使用人提供与物业管理相关的其他综合服务
		10. 填报工作记录，管理物业档案资料

表 2-33　　　　　消毒技师和消毒员的细类衔接情况

项目	代码：2-05-07-09	代码：4-14-04-02
	职业名称：消毒技师	职业名称：消毒员
职业定义	从事卫生学调查、消毒产品和消毒工作监测与评价的技术人员	从事消毒知识宣传、消毒药剂配制，对环境、场所、物品进行消毒和消毒效果评价，及消毒设备保养、检修的公共卫生防控辅助人员
工作内容	1. 进行消毒产品的检测	1. 制订消毒方案和防护措施
	2. 评价消毒工作的效果	2. 依据消毒要求配制消毒药剂
	3. 检查、指导医院消毒工作	3. 从事环境、场所、物品的消毒工作
	4. 指导疫区、灾区等突发公共卫生事件的消毒工作	4. 对消毒效果进行评价
	5. 检查、指导医疗废物的处理	5. 对消毒设备进行保养、检修
	6. 指导生物安全防护	

表 2 – 34　　　　证券交易专业人员和证券交易员的细类衔接情况

项目	代码：2 – 05 – 07 – 09	代码：4 – 14 – 04 – 02
	职业名称：消毒技师	职业名称：消毒员
职业定义	在证券经营机构中，从事证券交易市场分析、投资策略研究、管理业务设计的专业人员	在证券交易所大厅，从事证券代理交易和自营业务交易工作的人员
工作内容	1. 调查、分析证券市场和上市公司情况，并为所在机构提供投资建议	1. 接受客户委托，代理客户买卖在国内合法证券交易所上市的证券
	2. 根据客户投资标的确定交易方案，进行营利和风险控制	2. 代收证券本息和红利
	3. 研究、分析市场信息和走势，即时向客户反馈投资目标的市场信息，为客户调整投资策略提供依据	3. 分析证券市场行情和所委托品种交易价格趋势，提供投资建议
	4. 协助清算数据处理，提供交易分析报告及投资组合	4. 为所在机构买卖证券
	5. 参与证券投资类信托产品交易、管理业务设计	5. 办理证券交易资金交付等业务

表 2 – 35　　　人力资源管理专业人员和企业人力资源管理师的细类衔接情况

项目	代码：2 – 06 – 08 – 02	代码：4 – 07 – 03 – 04
	职业名称：人力资源管理专业人员	职业名称：企业人力资源管理师（2019）
职业定义	从事企事业单位人力资源规划设计、招聘配置、培训开发、绩效考核、薪酬福利、劳动关系管理的专业人员	从事企业人力资源规划、招聘与配置、培训与开发、绩效管理、薪酬管理、劳动关系管理等工作的管理人员
工作内容	1. 编制单位人力资源发展规划和年度计划，进行定员定额和工作岗位分析	
	2. 建立人员绩效考核体系，制订标准，组织实施绩效考核	
	3. 制订、实施单位人员招聘、甄选和配置计划	

续表

项目	代码：2 - 06 - 08 - 02	代码：4 - 07 - 03 - 04
	职业名称：人力资源管理专业人员	职业名称：**企业人力资源管理师**（2019）
工作内容	4. 制定单位人员职业生涯发展规划和职业技能开发计划，组织培训活动	
	5. 制订、实施单位人员薪酬福利和激励保障方案	
	6. 协调、处理单位内部的劳动关系	
	7. 进行组织文化建设	

表 2 - 36　　人力资源服务专业人员和企业人力资源管理师的细类衔接情况

项目	代码：2 - 06 - 08 - 02	代码：4 - 07 - 03 - 04
	职业名称：人力资源服务专业人员	职业名称：**企业人力资源管理师**
职业定义	在人力资源服务机构中，从事人力资源招聘、职业指导、人力资源和社会保障事务代理、人力资源培训、人才测评、劳务派遣、高级人才寻访、人力资源外包、人力资源管理咨询、人力资源信息软件服务等多种服务的专业人员	从事企事业单位人力资源规划设计、招聘配置、培训开发、绩效考核、薪酬福利、劳动关系管理的人员
工作内容	1. 研究、分析客户需求	工种：薪税师
	2. 调查、诊断客户人力资源管理状况	工种：劳务派遣
	3. 制订、实施客户人力资源招聘、职业指导、人力资源和社会保障事务代理、人力资源培训、人才测评、劳务派遣、高级人才寻访、人力资源外包、人力资源管理咨询、人力资源信息软件服务的服务方案	
	4. 维护客户关系	
	5. 评估方案实施效果	

四、解决《大典》第二、四大类间重复问题的建议

（一）主要结论

相较国际劳动组织和其他国家、地区职业分类情况，我国职业分类与其相比具有较高的一致性，同时具有一定的特异性。主要表现以下几点：

（1）在管理人员和办事人员的划分上与其他国家地区不同；（2）在具体分类中考虑技能水平区分不够；（3）在大类划分上较粗化等。

比较 2015 年版《大典》第二、四大类，我们发现以下问题：（1）在小类上，工程技术人员与技术辅助人员、社会生产生活服务人员、卫生专业技术人员与健康服务人员小类，经济金融专业技术人员与金融服务人员、租赁和商务服务人员有明显重复。（2）在细类上，工程技术人员与生产生活服务人员，农业技术人员与生活类服务人员有衔接，卫生专业技术人员与健康服务人员，经济金融专业技术人员与金融服务人员、房地产服务人员、租赁和商务服务人员，文学艺术体育专业人员、新闻出版、文化专业人员和文化、体育和娱乐服务人员有明显重复。

细究这种重复，可以分为两种情况。

一种是衔接，即第二大类从业人员和第四大类从业人员同在一个国民经济行业中，存在明显的工作性质、活动领域和技术技能水平要求的差异。

例如：从工作性质看，第二大类职业更多是从事研究、开发、设计、组织、开发标准、设计方案、开发流程、构思、选择、策划、运营、评估等工作，工作技术含量、知识密度较高，具有复杂性、决策性、主导性、综合性的特点；第四大类职业更多是从事执行、操作、搜集数据、提供服务等工作，工作内容较为简单、具体，在专业技术人员的指导下开展，所需知识和技术水平相对较低，工作次序较为滞后。从工作对象看，第二大类职业较为抽象，对象适用于多个行业；第四大类职业较为具体，往往适用于单一行业。从工艺技术看，第二大类侧重于技术开发，所用技术与产品和服务"距离"较远，职业活动的结果往往不是产品本身，而是生产制造产品的技术方法；第四大类职业侧重于工艺应用，其职业活动的直接结果是产品和服务本身。

我们认为这种衔接是正常的、良性的，甚至需要鼓励。这是不同经济行业业态发展到一定程度，其从业人员专业技术技能水平自然而然产生差异化分工的必然结果，某种意义上形成了清晰的职业链或职业族，俗称"有头有手有脚"。"头"指第二大类专业技术人员，"手""脚"指第四大类服务人员和第五、六大类生产和制造人员。事实上，我们一直认为除了极少数职业只能存在第二大类或某一个大类外，绝大多数职业都是与其他职业上下联动，自某个共同的行业/产业中，构筑了自己的职业金字塔的。

另一种情况是重复，单纯的冗余的重复。即第二大类从业人员和第四大类从业人员或其他大类从业人员在职业名称、职业定义和工作任务中存在明显的重复，无论是从专业技术技能水平，还是工作性质、职业领域都无法清晰地进行区分。在实际应用中统计部门无法清晰统计，教育培训部门无法差异化培训，国家和社会评价制度无法分类评价等，会影响国家政策的制订和修订，国家和社会教育机构的业务开展，影响《大典》在国民经济信息中的统计作用，在人力资源开发与管理中的基础作用，在职业教育培训中的引导作用，在职业资格制度改革中规范作用的发挥，严重影响《大典》的权威性和含金量。对这种单纯冗余的重复问题，必须在本次《大典》修订中予以解决。

（二）三种思路

针对前述内容，必须在本轮《大典》修订中采取干预引导的处理方式前提下，采用以下三种思路：

1. 大类调整

参考国际职业分类和国内国民经济行业分类，将现行《大典》八大类的职业分类体系扩充为十到十五个大类。大类的划分充分考虑工作领域和职业内容，中小类的划分兼顾技术技能要求。此方法看起来烦琐，工作量大，但实际难度并不大。一方面，我国现行分类体系中小细类已经非常完善，变动更多的是既有中小类的重新组合；另一方面，此方法可以一劳永逸地解决当前分类中存在的上窄下宽、跨大类重复问题，且更与国际接轨。

2. 中类调整

在不改变大类的情况下，对现行中类划分方式进行丰富，增加技术技能水平要求的分类模块，如在第二大类增加专业辅助人员中类，第四大类增加基础服务人员中类等。此方式的好处在于不改变现行《大典》框架，保持一定稳定性，同时可以解决《大典》跨大类重复和技术技能水平分类度不够的问题。不足在于分类难度较大，即如何在中类中体现技术技能水平，又不改变现行中类划分多以职业领域为主的方式。

3. 小类和细类（职业）调整

直接针对当前跨大类重复现象一一进行梳理，对"衔接"还是"冗余重复"作二选一判断，进而做保持现状、合并、删除、移动等分类方式处理。

这种方式的好处是最简单可行，针对性强；不足在于无法从根本上解决跨大类重复问题，无法在新《大典》中更好体现技能要求。

（三）几条具体建议

1. 调整分类原则

《大典（2015 年版）》将职业分类原则从《大典（1999 年版）》的"工作性质同一性"调整为"以工作性质相似性为主、技能水平相似性为辅"。实际在分类中对技能水平的考量较少。建议新版《大典》将分类原则升级为"工作性质和技术技能水平相似性并重"。

2. 强化分类中技术技能水平标示

我国正在探索建立国家资历框架，人社部也在推动技能人才和专业技术人才职业发展贯通、技能人才发展通道高企等。据此，参考国外做法，建议将技术技能等级水平要求列为每个职业的必要信息。例如可以采取 5 级 9 档制，1 级为最低级别的小学及以下/初级工；2 级为初中/中专/中级工；3 级为高中/大专/高级工；4 级为大学/技师；5 级为研究生/高级技师。5 级之间共分 9 档，分别是 1 档、1/2 档、2 档、2/3 档、3 档、3/4 档、4 档、4/5 档、5 档。9 档的好处是可以和现行资历框架更好衔接，不足之处在于过于烦琐，也可以直接采取 5 级 5 档制，清晰明了。

3. 建立分类框架中的跨大类职业族谱

借用职业链和职业族的概念，在分类中，建立跨大类的职业族谱。具体可以分为中类间、小类间、细类间的职业族谱。好处在于方便各行业从业人员和管理人员了解本行业核心职业关联，有利于行业内人员的职业发展、学习、晋升等。同时可以更好地减少跨职业重复。不足之处在于难度较大。

4. 建立第二、四大类细类职业名称、定义和工作内容描写规范化

一是名称问题，除约定俗成的职业名称，建议第二大类以"人员"结尾，第四大类以"员"结尾，第五、六大类以"工"结尾。这样可以较好地解决职业名称泛"师"化和泛资格化问题，避免将《大典》职业名称与职业规制后的职称、职业资格评价或职业技能等级认定名称混淆，同时可以减少新职业申报方和职业的行业管理方的功利性。

二是定义和工作描述问题。参考前述提到的词频分析结果，大类间的主要工作任务是有较为明显的区分的。第二大类职业的主要工作任务是

"研究、设计、分析、制订、指导等",第四大类职业主要是"使用、处理、维护、分析、检查等"工作,之间是有较大差异的。建议将此作为判断大类划分和指导职业描述的重要依据之一。

5. 准确处理当前第二、第四大类职业重复问题

建议在本轮《大典》修订的初稿形成期,由专家班子和核心专家对当前第二、第四大类存在的职业衔接和重复问题一一进行甄别和处理判断。具体可能包括如下情景:(1)第二、第四大类职业形成明显职业金字塔,只需修改部门定义和内容描述;(2)第二、第四大类职业形成明显冗余,需删除一方或合并到另一方;(3)第二、第四大类职业形成明显冗余,但通过较大幅度调整修改,可以建立跨大类职业金字塔。

在这个过程中,需要充分考虑职业领域、工作性质、技能水平和工作描述等问题,需要群策群力。因此,建议在《大典》初稿成形,新结构相对清晰稳定后,专家班子和有关专家集中处理。

五、《大典》修订中第二、第四大类职业的判定标准

基于既往研究《在 2015 版〈国家职业分类大典〉修订过程中做好第二、第四大类间平衡工作的意见和建议》,根据有关要求,我们尝试建立判定第二大类和第四大类的标准体系,并在随后的分类工作中进行指导和完善。

(一)定位差异

第二大类专业技术人员,定位为各行业从业人员中专业和技术水平要求较高者,包括第一产业、第二产业和第三产业相关人员,覆盖国民经济主要行业分类。

第四大类社会生产和生活服务人员,根据我国服务业发展现状,特别关注新兴服务业的职业发展,按照服务属性归并职业。

需要特别关注的是,第四大类中从业人员技术水平要求较高者应按照"专业服务人员"归为第二大类。

(二)技术技能水平差异

建议在本轮《大典》修订中参照国际通行做法,确立职业常见(最低)技术技能水平要求。可根据实际情况选择是否在本轮《大典》修订中公布或留待下一轮公布。

建议将细类职业技术技能水平等级分为 5 级，分别如下：

第一等级：接受基本的义务教育或者相应的简单技能培训便可达到，达到"初级技能"水平。

第二等级：需要接受中等教育，或者有一段时间与工作相关的培训或工作经验，达到"中级技能"水平。

第三等级：需要接受过完整的中等教育，或者接受了普通高等教育或高级职业教育，并有较长时间的专业培训或工作经验，达到"技术、高技能"水平。

第四等级：需要接受完整大学本科教育或高级职业教育并通过考核，或接受研究生及以上教育，并有较长时间的专业培训或工作经验，达到"准专业"水平。

第五等级：需要接受完整的研究生及以上教育，并有较长时间的专业培训或工作经验，达到"专业"水平。

第二大类专业技术从业人员主要处于第三、第四、第五等级，多数在第四、第五等级；

第四大类社会生产和生活服务人员主要处于第二、第三、第四等级，多数在第二、第三等级。

除此之外，第二、第四大类还在使用工具与机械、生产所需物料及产品种类等方面有明显差异，在此不一一赘述。

（三）职业描述表述差异

1. 职业名称和定义差异（见表 2 – 37）

表 2 – 37 　　　　　第二大类、第四大类工作行为、工作对象的
职业名称和定义差异

项目	工作行为	工作对象
第二大类	**设计**、**管理**、**研究**、**指导**、**研发**、应用、维护、预防、诊断、组织	**生产**、**设备**、**产品**、**理论**、**服务**、疾病、患者、康复、系统、工艺
第四大类	**使用**、**维护**、**处理**、**管理**、**提供**、操作、检测、运输、运用、检查	**服务**、**设备**、**工具**、**作用**、**信息**、业务、活动、产品、技术、通信

注：黑体字为词频分析前 5 位。

2. 职业工作任务差异（见表 2 – 38）

表 2 – 38　　第二大类、第四大类工作行为、工作对象的职业工作任务差异

项目	工作行为	工作对象
第二大类	**研究**、**设计**、**分析**、**制订**、**指导**、管理、应用、组织、实施、编制	**技术**、**生产**、**设备**、**产品**、**方案**、系统、方法、工艺、安全、患者
第四大类	**使用**、**处理**、**维护**、**分析**、**检查**、管理、操作、提供、设计、监测	**设备**、**信息**、**系统**、**服务**、**数据**、客户、工作、工具、安全、业务

注：黑体字为词频分析前 5 位。

3. 结果分析

分析结果表明：

从专业技术人员职业的工作行为看，一方面聚焦于研究、设计、分析、制订、编制等工作，需要从业者有高技术含量和高知识密度作为支撑；另一方面指导、管理、组织等使令动词较多，说明这类职业在特定经济活动领域具有一定的"领导""决策"职能。从专业技术人员职业的工作对象看，技术、生产、方案、系统、方法、工艺、安全等"抽象"对象的频次较高，设备、产品、患者等具体对象的频次相对较低。

从社会生产服务、生活服务人员的工作行为看，使用、处理、维护、检查、操作、提供等频次较高，这类工作行为注重操作性；同时管理等使令动词相对较少，工作的指令性较弱。从社会生产服务、生活服务人员的工作对象看，"抽象"对象的频次较低，设备等具体对象的频次相对较高。

从第二大类和第四大类职业关于工作内容的词频分析结果看，两类职业均存在"分析""管理""检查""设计"等工作内容，且具有相同的"安全""设备""系统"等工作对象，这说明两类职业在某些领域存在工作内容的交叉重叠。

另外，从第二大类和第四大类职业工作内容与工作对象的结合情况看，第二大类职业更多的是研究技术、设计方案/系统/工艺、分析技术、制订方案、指导生产等，第四大类职业更多的是使用设备、处理信息、维护系统、分析数据、检查故障等，两者在工作领域具有前后衔接关系。

（四）《大典》第二、第四大类职业判定标准

1. 工作性质

第二大类职业更多的是从事研究、开发、设计、组织、开发标准、设计方案、开发流程、构思、选择、策划、运营、评估等工作，工作技术含量、知识密度较高，具有复杂性、决策性、主导性、综合性的特点；第四大类职业更多是从事执行、操作、搜集数据、提供服务等工作，工作内容较为简单、具体，在专业技术人员的指导下开展，所需知识和技术水平相对较低，工作次序较为滞后。

2. 工作对象

从工作对象看，第二大类职业较为抽象，对象适用于多个行业；第四大类职业较为具体，往往适用于单一行业。

3. 技术水平

第二大类侧重于技术开发，所用技术与产品和服务"距离"较远，职业活动的结果往往不是产品本身，而是生产制造产品的技术方法；第四大类职业侧重于工艺应用，其职业活动的直接结果是产品和服务本身。

4. 判断标准（见表2-39）

表2-39　　第二大类、第四大类工作行为、工作对象的判断标准

项目		第二大类	第四大类	备注
职业名称		科学、工程、农业、专业、技术、人员、师、家	服务、业（机）务、测量（绘）、检测（验）、处理、制作、员、师	重点排查名称相似的跨大类职业
职业定义	工作行为	**设计、管理、研究、指导、研发（+4）** 应用、维护、预防、诊断、组织（+2）	使用、维护、处理、管理、提供（-4） 操作、监测、运输、运用、检查（-2）	相同表述取值为零
	工作对象	**生产、设备、产品、理论、服务** 疾病、患者、康复、系统、工艺	服务、设备、工具、作用、信息 业务、活动、产品、技术、通信	

续表

项目		第二大类	第四大类	备注
主要工作任务	工作行为	**研究、设计、分析、制订、指导（+2）** *管理、应用、组织、实施、编制（+1）*	<u>技术、生产、设备、产品、方案（-2）</u> 系统、方法、工艺、安全、患者（-1）	相同表述取值为零
	工作对象	**使用、处理、维护、分析、检查** *管理、操作、提供、设计、监测*	<u>设备、信息、系统、服务、数据</u> 客户、工作、工具、安全、业务	
赋分计算		职业定义赋分： 黑体字记4分，斜体计2分；下划线记负4分，无标注计负2分 工作任务赋分： 黑体字记2分，斜体计1分；下划线记负2分，无标注计负1分 最终得分超过10分为第二大类职业，低于-10分为第四大类职业；居间具体商定		

第五节　中国台湾地区的职业分类

一、中国台湾地区现行标准职业分类概述

台湾地区自古以来就是我国不可分割的一部分，由于历史原因，我国台湾地区的职业分类与我国大陆地区的《大典》存在一定异同。台湾地区的标准职业分类于1967年公布试行，分类体系依照1958年联合国国际职业标准分类分为3个层级，此后在1971年、1975年、1983年、1987年、1992年、2000年和2010年先后进行七次修订。分类层级相同，但编码方式不同。现行标准职业分类分为大、中、小、细类4个层级，共有10个大类、39个中类、125个小类以及380个细类。其编码方式依照国际标准职业分类体系（ISCO），大、中、小、细类分别采用1、2、3、4位数编码。其中，中、小、细类的尾数若为"0"，表示该层级不再细分，尾数若为"9"，则表示其他项。

我国台湾地区职业分类的原则是基于工作的本质及所负担的责任，将

相同或相似性质的工作归入同一类，而不考虑工作者个人的差异，例如新进老师与拥有20年教学经验的王牌老师归类相同。若需具备的技能和经验水平不同，考虑到需具备较高水平技术能力才能执行该项工作，故按照技术层次较高者归类，例如宅急便的送货员，其工作内容包括开车及搬运货物，开车的技术要求更高，则应归入技术层次较高的8322细类小客车及小货车驾驶人员。若工作内容涉及货品生产及配销等不同工作程序，且均属相同技术层次时，应以生产性工作进行职业归类，例如面包店中同时从事面包烘制及贩售工作的人员，面包烘制为生产性工作，则不能归类为5220细类商店销售有关人员，应归入7912细类面包、点心及糖果制造人员。具体分类如表2-40所示。

表2-40 中国台湾地区职业标准分类

分类编号				职业名称
大类	中类	小类	细类	
1				民意代表、主管及经理人员
	11			民意代表、高阶主管及总执行长
		111		民意代表及高阶主管人员
			1111	民意代表
			1112	政府高阶主管人员
			1113	民间团体高阶主管人员
		112		总经理及总执行长
			1120	总经理及总执行长
	12			行政及商业经理人员
		121		企业服务及行政经理人员
			1211	财务经理人员
			1212	人力资源经理人员
			1219	其他企业服务及行政经理人员
		122		行销及研发经理人员
			1221	行销及有关经理人员
			1222	广告及公关经理人员
			1223	研究发展经理人员
	13			生产及专业服务经理人员

续表

分类编号				职业名称
大类	中类	小类	细类	
		131		农、林、渔、牧业生产经理人员
			1310	农、林、渔、牧业生产经理人员
		132		采矿、制造、营造及配送经理人员
			1321	采矿及采石经理人员
			1322	制造经理人员
			1323	营造经理人员
			1324	供给、配送及仓储经理人员
		133		信息及通讯技术服务经理人员
			1330	信息及通讯技术服务经理人员
		134		专业服务经理人员
			1341	医疗保健服务主管人员
			1342	老人照顾服务主管人员
			1343	社会福利服务主管人员
			1344	教育服务主管人员
			1345	金融及保险服务经理人员
			1349	其他专业服务经理人员
2				专业人员
	21			科学及工程专业人员
		211		物理、化学及地球科学专业人员
			2111	物理及天文学专业人员
			2112	气象学专业人员
			2113	化学专业人员
			2114	地质及地球物理学专业人员
		212		数学、精算及统计学专业人员
			2120	数学、精算及统计学专业人员
		213		生命科学专业人员
			2131	生物、植物及动物学有关专业人员
			2132	农、林、渔、牧业专业人员

续表

分类编号				职业名称
大类	中类	小类	细类	
			2133	环境保护专业人员
		214		非电科技工程专业人员
			2141	工业及生产工程师
			2142	土木工程师
			2143	环境工程师
			2144	机械工程师
			2145	化学工程师
			2146	采矿工程师、冶金学及有关专业人员
			2149	其他工程专业人员
		215		电科技工程师
			2151	电机工程师
			2152	电子工程师
			2153	电信工程师
		216		建筑师、规划师及测量师
			2161	建筑师
			2162	都市及交通规划师
			2163	测量师及制图师
		217		设计师
			2171	室内设计师
			2172	平面及多媒体设计师
			2173	产品及服装设计师
	22			医疗保健专业人员
3				技术员及助理专业人员
	31			科学及工程助理专业人员
		311		物理、化学及工程科学技术员
			3111	物理及化学技术员
			3112	营建工程技术员
			3113	电机工程技术员

分类编号				职业名称
大类	中类	小类	细类	
			3114	电子工程技术员
			3115	机械工程技术员
			3116	化学工程技术员
			3117	工业及生产技术员
			3118	制图员
			3119	其他工程科学技术员
		312		采矿、制造及营造监督人员
			3121	采矿监督人员
			3122	制造监督人员
			3123	营造监督人员
		313		制程控制技术员
			3131	发电设备操作员
			3132	焚化炉、水处理及有关设备操作员
			3133	化学加工设备控制员
			3134	石油及天然气精炼设备操作员
			3135	金属生产制程控制员
			3139	其他制程控制技术员
		314		生命科学技术员及有关助理专业人员
			3141	生命科学技术员
			3142	农、林、渔、牧技术员及推广人员
		315		船舶、航空器监管及有关技术员
			3151	船舶机长及有关工作人员
			3152	船舶舱面监管及引水人员
			3153	飞航驾驶员及有关工作人员
			3154	飞航管制员
			3155	飞航安全电子技术员
		32		医疗保健助理专业人员
			321	医学及药学技术员

续表

分类编号				职业名称
大类	中类	小类	细类	
4	41	411	4110	事务支持人员 一般及文书事务人员一般办公室事务人员 一般办公室事务人员
		412		事务秘书
			4120	事务秘书
		413		资料输入及有关事务人员
			4130	资料输入及有关事务人员
	42			顾客服务事务人员
		421		银行柜员、收账员及有关事务人员
			4211	银行柜员及有关事务人员
			4212	博弈及有关事务人员
			4213	典当及有关事务人员
			4214	收账及有关事务人员
		422		顾客信息事务人员
			4221	旅游咨询及有关事务人员
			4222	接待员及服务台事务人员
			4223	总机人员
			4224	电话及网络客服人员
			4225	统计调查访谈人员
			4229	其他顾客信息事务人员
	43			会计、生产、运输及有关事务人员
		431		会计、统计及有关事务人员
			4311	会计及簿记事务人员
			4312	统计、财务及保险事务人员
		432		生产、运输及有关事务人员
			4321	存货事务人员
			4322	生产事务人员
			4323	运输事务人员

续表

分类编号				职业名称
大类	中类	小类	细类	
	49			其他事务支持人员
		491		人事事务人员
			4910	人事事务人员
		499		未分类其他事务支持人员
			4991	图书馆事务人员
			4992	邮件处理及投递人员
			4993	编码、校对及有关事务人员
			4994	归档及复印事务人员
			4995	教育有关事务人员
			4999	其他未分类事务支持人员
5				服务及销售工作人员
	51			个人服务工作人员
		511		旅运服务及有关工作人员
			5111	飞机及船舶旅运服务人员
			5112	随车服务人员
			5113	向导人员
		512		厨师
			5120	厨师
		513		餐饮服务人员
			5131	饮料调制员
			5139	其他餐饮服务人员
		514		美发、美容及造型设计有关工作人员
			5140	美发、美容及造型设计有关工作人员
		515		建筑物及家事管理员
			5151	建筑物管理员
			5152	家庭家事管理员
			5159	其他场所家事管理员
		519		其他个人服务工作人员

续表

分类编号				职业名称
大类	中类	小类	细类	
			5191	占星、算命及有关工作人员
			5192	殡葬及有关工作人员
			5193	宠物美容师及动物照料工作人员
			5194	汽车驾驶教练
			5199	未分类其他个人服务工作人员
	52			销售及展示工作人员
		521		街头及市场销售人员
			5211	摊贩及市场销售人员
			5212	街头餐饮销售人员
		522		商店销售有关人员
			5220	商店销售有关人员
		523		收银员及售票员
			5230	收银员及售票员
		529		其他销售及展示工作人员
			5291	时装及其他模特
			5292	展售说明人员
6				农、林、渔、牧业生产人员
	60			农、林、渔、牧业生产人员
		601		农艺及园艺作物栽培人员
			6010	农艺及园艺作物栽培人员
		602		动物饲育人员
			6021	家畜饲育人员
			6022	家禽饲育人员
			6023	养蜂及养蚕人员
			6029	其他动物饲育人员
		603		农牧综合生产人员
			6030	农牧综合生产人员
		604		林业生产人员

续表

分类编号				职业名称
大类	中类	小类	细类	
			6040	林业生产人员
		605		渔业生产人员
			6051	水产养殖人员
			6052	内陆、沿岸及近海渔捞人员
			6053	远洋渔捞人员
7				技艺有关工作人员
	71			营建及有关工作人员
		711		营建构造及有关工作人员
			7111	砌砖及有关工作人员
			7112	砌石、裁石及石雕工作人员
			7113	混凝土铺设及有关工作人员
			7114	营建木作人员
			7119	其他营建构造及有关工作人员
		712		建筑物修整及有关工作人员
			7121	屋顶工作人员
			7122	地面、墙面铺设及瓷砖铺贴人员
			7123	泥作工作人员
			7124	绝缘材料安装人员
			7125	玻璃安装人员
			7126	管道装设人员
			7127	空调及冷冻机械装修人员
		713		油漆、建筑物清洁及有关工作人员
			7131	油漆、喷漆及有关工作人员
			7132	建筑物清洁人员
	72			金属、机具制造及有关工作人员
		721		金属铸模、焊接、钣金及有关工作人员
			7211	金属砂模及砂心制造人员
			7212	焊接及切割人员

续表

分类编号				职业名称
大类	中类	小类	细类	
			7213	钣金人员
			7214	金属结构预备及组合人员
			7215	索具装置及钢缆绞接人员
		722		锻造、工具制造及有关工作人员
			7221	锻造、锤造及锻压工作人员
			7222	工具制造及有关工作人员
			7223	金属工具机设定及操作人员
			7224	金属打磨及工具磨削人员
		723		机械维修人员
			7231	机动车辆维修人员
			7232	航空器维修人员
			7233	产业用机器维修人员
			7234	自行车及有关维修人员
	73			手工艺及印刷工作人员
		731		手工艺工作人员
			7311	精密仪器制造及修理人员
			7312	乐器制造及调音人员
			7313	珠宝及贵金属制作人员
			7314	陶瓷制品有关工作人员
			7315	玻璃制造、切割、研磨及修整人员
			7316	招牌书写、装饰绘画、雕刻及蚀刻人员
			7317	木、竹、藤及有关材质手工艺工作人员
			7318	纺织品及皮革手工艺工作人员
			7319	其他手工艺工作人员
		732		印刷及有关工作人员
			7321	印刷前置工作人员
			7322	印刷人员
			7323	装订及有关工作人员

续表

分类编号				职业名称
大类	中类	小类	细类	
	74			电力及电子设备装修人员
		741		电力设备装修人员
			7411	建筑物电力系统装修人员
			7412	电力机械装修人员
			7413	电线装修人员
		742		电子设备装修人员
			7421	信息及通讯设备装修人员
			7429	其他电子设备装修人员
	79			其他技艺有关工作人员
		791		食品制造及有关工作人员
			7911	肉类、鱼类屠宰及有关食品处理人员
			7912	面包、点心及糖果制造人员
			7913	乳制品制造人员
			7914	蔬果及有关保藏人员
			7915	食品、饮料试味及分级人员
			7919	其他食品制造及有关工作人员
		792		木材处理、家具木工及有关工作人员
			7921	木材干燥及保存处理人员
			7922	家具木工及有关工作人员
			7923	木工机器设定及操作人员
		793		成衣及有关工作人员
			7931	裁缝、毛皮加工及制帽人员
			7932	服饰打样及剪裁人员
			7933	缝纫、刺绣及有关工作人员
			7934	鞣革、制革及有关工作人员
			7935	制鞋及有关工作人员
		799		未分类其他技艺有关工作人员
			7991	潜水人员

续表

分类编号				职业名称
大类	中类	小类	细类	
			7992	引爆及爆破人员
			7993	非食品饮料产品分级及检查人员
			7994	消毒及除虫有关工作人员
			7999	其他未分类技艺有关工作人员
8				机械设备操作及组装人员
	81			生产机械设备操作人员
		811		采矿及矿物处理设备操作人员
			8111	采矿及采石工作人员
			8112	矿石及石材处理设备操作人员
			8113	钻井及有关工作人员
			8114	水泥、石材及其他矿产品机械操作人员
		812		金属制造及表面处理设备操作人员
			8121	金属制造设备操作人员
			8122	金属表面处理机械操作人员
		813		化学及照相产品机械操作人员
			8131	药品及化妆品机械操作人员
			8132	照相产品机械操作人员
			8139	其他化学产品机械操作人员
		814		橡胶、塑料及纸制品机械操作人员
			8141	橡胶制品机械操作人员
			8142	塑料制品机械操作人员
			8143	纸制品机械操作人员
		815		纺织品、毛皮及皮革制品机械操作人员
			8151	纤维准备、纺纱、并纱及机械操作人员
			8152	纺织及针织机械操作人员
			8153	缝制机械操作人员
			8154	漂染及整理机械操作人员
			8155	毛皮及皮革准备机械操作人员

分类编号				职业名称
大类	中类	小类	细类	
			8156	制鞋及有关机械操作人员
			8157	洗衣店机械操作人员
			8159	其他纺织品、毛皮及皮革制品机械操作人员
		816		食品及有关产品机械操作人员
			8160	食品及有关产品机械操作人员
		817		木材加工及造纸设备操作人员
			8171	木材加工设备操作人员
			8172	纸浆及造纸设备操作人员
		819		其他生产机械设备操作人员
			8191	玻璃及陶瓷生产设备操作人员
9				基层技术工及劳力工
	91			清洁工及帮工
		911		家庭及类似场所清洁工及帮工
			9111	家庭清洁工及帮工
			9112	办公室、旅馆及类似场所清洁工及帮工
		919		其他清洁工
			9191	车辆清洁工
			9192	玻璃帷幕清洁工
			9199	未分类其他清洁工
	92			农、林、渔、牧业劳力工
		920		农、林、渔、牧业劳力工
			9201	农牧业劳力工
			9202	林业劳力工
			9203	渔业劳力工
	93			采矿、营建、制造及运输劳力工
		931		采矿及营建劳力工
			9311	采矿及采石劳力工
			9312	营建劳力工

续表

分类编号				职业名称
大类	中类	小类	细类	
		932		制造劳力工
			9320	制造劳力工
		933		运输及仓储劳力工
			9330	运输及仓储劳力工
	94			街头服务工及非餐饮小贩
		940		街头服务工及非餐饮小贩
			9401	街头服务工
			9402	街头非餐饮小贩
	95			废弃物服务工及环境清扫工
		950		废弃物服务工及环境清扫工
			9501	废弃物收集工及回收资源分类工
			9502	环境清扫工
	99			其他基层技术工及劳力工
		990		其他基层技术工及劳力工
			9901	食品烹调助手
			9902	抄表员及自动贩卖机收款员
			9909	未分类其他基层技术工及劳力工
100				军人
	10001			军人
		10010		军人
			1000100	军人

二、中国台湾地区标准职业分类的历史演变

中国台湾地区的标准职业分类自 1967 年颁布以来，共进行了 6 次修订。其中 1992 年参考国际职业标准分类（ISCO）进行大幅修订，除修订职业分类原则外，还将分类层级由 3 个增加到 4 个，分类体系更加完备。随着产业快速升级，劳动市场职业结构随之转变，2010 年中国台湾地区依据国际职业标准分类（ISCO）2008 年版修订草案，进行职业标准分类第 6

次修订。具体修订内容如下：

修订内容1：反映就业重要性提高而进行的调整。

（1）由于信息及通讯技术（ICT）蓬勃发展，在第二大类专业人员、第三大类技术员及助理专业人员及第七大类技艺有关工作人员项下分别新增信息及通讯专业人员、信息及通讯传播技术员及电力及电子设备装修人员等中类。

（2）鉴于环境保护意识的提高，在第二大类专业人员下新增环境保护专业人员细类，将第九大类基层技术工及劳力工下的废弃物服务工及环境清扫工提升为中类。

（3）为应对人口老龄化，老年人照顾服务需求日益增加的趋势，将第五大类服务及销售工作人员项下的生活照料服务人员提升为中类。

修订内容2：依相同工作性质应归属同一职业的原则而进行的调整。如考虑到正规教育与非正规教育的教学工作内容相似，所以将非正规教育教师与学校教师合并归于第二大类专业人员下。

修订内容3：为方便统计而进行的调整。

（1）固定生产设备操作工与机械操作工在实际工作中难以区分，故合并到中类81生产机械设备操作人员。

（2）将原中类91小贩及服务工拆分为91清洁工及帮工、94街头服务工及非餐饮小贩、95废弃物处理工及环境清扫工这三个中类。

（3）为与相关大类下各产业技术工人分类一一对应，增列92农、林、渔、牧业劳力工及93采矿、营建、制造及运输劳力工这两个中类。

三、中国台湾地区标准职业分类的应用

标准职业分类为国家或地区统计标准之一，涉及就业、人力、劳动、工资、教育等方面的调查统计，因此标准职业分类能够客观地反映地区经济、社会、科技等领域的发展和结构变化，为经济信息统计和人口普查提供统计方面的基础服务。例如为统计非正规部门经济活动的劳动力数量，将原91中类小贩及服务工拆分为91清洁工及帮工、94街头服务工及非餐饮小贩、95废弃物处理工及环境清扫工三个中类。另外，我国台湾地区标准职业分类为职业教育与培训和就业服务提供条件，是完善职业资格证书制度的重要基础工作。

第 三 章

国际组织职业分类

第一节 国际劳工组织

一、国际标准职业分类的发展

（一）国际标准职业分类的诞生

早在 1923 年，国际劳工统计大会就对职业分类的必要性进行了讨论，国际标准职业分类进入酝酿阶段。1957 年，第九届国际劳工统计大会上提出第一个系统的国际职业分类标准，即 ISCO – 58。该分类由三个层次组成，包括大、中、小三类，使用三位编码系统。ISCO – 58 分别于 1966 年、1987 年和 2007 年在历届国际劳工统计大会上进行了 3 次修订，形成 ISCO – 68、ISCO – 88、ISCO – 08 这三个版本，现行国际标准职业分类是 ISCO – 08 版。标准的形成和完善情况见表 3 – 1。

表 3 – 1　　　　　　　　　标准的形成和完善情况

年份	标准版本	简介/主要变化
1923	—	讨论职业分类必要性
1929	—	提出临时性的职业分类标准，共分为 9 个类别
1952	—	出版了用于移民和工作布局的国际职业分类标准，包括 1727 种职业
1954	—	第八届国际劳工统计大会通过了 2 位码的职业分类

续表

年份	标准版本	简介/主要变化
1957	ISCO – 58	提出第一个系统的国际职业分类标准，该分类由三个层次组成，即大、中、小三类，使用三位编码系统
1966	ISCO – 68	对 ISCO – 58 进行讨论、补充和完善，形成 ISCO – 68，分 8 个主要类别，83 个中类，284 个小类，1506 个职业类别
1987	ISCO – 88	该版本主要变化在于以技能水平和专业技能作为归分类的依据，分类的根本性原则和概念更加清晰具体；被翻译成英语、西班牙语、法语三个版本
2007	ISCO – 08	国际劳工统计大会通过新版本职业分类标准（ISCO – 08），颁布英、法、西班牙语的索引，制定相关的工作手册和培训材料

（二）国际标准职业分类的原则

所谓职业分类，即采用一定的标准和方法，依据一定的分类原则，对从业人员所从事的各种专门化的社会职业所进行的全面、系统的划分与归类。

ISCO – 08 定义了"工作"和"职业"。工作是某人为雇主或自己工作需要承担的任务或义务的总和。职业是具有高度相似性的工作总和。ISCO 区分职业的大、中、小、细类的主要原则是完成某项工作所需技能水平和技能专业化程度。

二、国际标准职业分类不同版本演进

（一）ISCO – 58 及其特征

1949 年，第七届国际劳工统计会议通过了"九个职业大类"的决议，经过修改后形成了 ISCO – 58 的基本框架。ISCO – 58 分别由 1 位、2 位、3 位的阿拉伯数字代表大类、中类、小类。其中包括 11 个大类、73 个中类、201 个小类，并被细分为 1345 个职业。ISCO – 58 职业大类如表 3 – 2 所示。

表 3-2　　　　　　　　　　ISCO-58 职业大类各项

职业大类	名称
0	专业技术人才及相关
1	行政官员、主管、经理
2	职员
3	营业员
4	农、渔、猎、樵夫及相关
5	矿工、采石工及相关
6	运输和通信行业人员
7~8	技工、生产工及未分类劳工
9	服务、运动和娱乐人员
X	没有进行职业分类的人员
Y	军人

第 0 大类职业，需要经过专门大学、研究所等专门机构的教育培训，或具有文学、艺术方面的天赋；第 1 大类职业是国家和地方政府的管理人员，其职责包括参与制定法律法规、制定公共管理的规章和规则、经营管理各种经济实体；第 2 大类职业的职责范围是编制和维护金融或商业记录、处理现金交易、速记、操作办公设备等；第 3 大类职业的职责是直接或间接地参与商品零售或大宗商品批发；第 4 大类职业的职责是直接参与或协助各种农、林、牧、渔生产活动；第 5 大类职业的主要职责是提炼固体或半液体油、液体、天然气（不包括深加工）；第 6 大类职业的主要职责是操作客运、货运交通工具；第 7~第 8 大类的职责是产品生产，机械设备的制造、保养与维修；第 9 大类的职责是提高保卫服务、私人雇佣服务、摄影服务、运动及相关服务；第 X 类包括未就业劳动者、从事未被认证职业的劳动者。

（二）ISCO-68 及其特征

ISCO-68 有 8 个主要类别，83 个中类，284 个小类，1506 个职业类别，是在对 ISCO-58 进行修改完善的基础上形成的，主要变化如下：ISCO-58 的第 5 大类"矿工、采石工及相关"被调整至 ISCO-68 的 7/8/9 大类"生产及相关，运输设备操作及相关，技工、生产工及未分类劳工"中；ISCO - 58 的第 6 大类"运输和通信行业人员"，一部分调整至 ISCO - 68 第 3 大类"办事人员"的第 3 中类到第 8 中类，一部分被调整 7 ~ 8 大类"生产及相关、运输设备操作及相关"，其余部分成为 ISCO - 68 第 9 大类 8 中类；ISCO - 58 第 9 大类"服务、运动和娱乐人员"调整为 ISCO - 68 第 5 大类"服务人员"；ISCO - 58 第 4 大类"农、渔、猎、樵 夫及相关"更改为 ISCO - 68 第 6 大类"农业、畜牧养殖、林业工、渔业、 狩猎"。ISCO - 68 职业大类如表 3 - 3 所示。

表 3 - 3　　　　　　　　　ISCO - 68 职业大类各项

职业大类	名称
0	专业技术人才及相关
1 ~ 2	行政官员和管理人员
3	办事人员
4	营业员
5	服务人员
6	农业、畜牧养殖、林业工、渔业、狩猎
7 ~ 8	生产及相关、运输设备操作及相关
9	技工、生产工及未分类劳工
X	没有进行职业分类的人员
Y	军人

从上面的对比可以看出，ISCO - 68 将服务人员单列，体现了服务业 行业迅速发展的现状；将 ISCO - 58 的运输和通信行业进行拆分，分别归 入第 7 ~ 第 8 大类和第 5 大类，同样体现出服务行业和运输行业发展迅速 的特点。

（三）ISCO - 88 及其特征

ISCO - 88 包括 10 个大类，28 个中类，116 个小类，390 个细类。其 分类标准与 ISCO - 58、ISCO - 68 基本相同。主要变化在于 ISCO - 88 在 ISCO - 68 分类基础上，重新整合中类，新版本共计包含 28 个中类，并重 新划分细类。此外，大类也有部分调整，ISCO - 88 职业大类如表 3 - 4 所示。

表 3-4 ISCO-88 大类各项

职业大类	名称
1	立法者、高级官员和管理者
2	专业人员
3	技术和辅助专业人员
4	职员
5	服务人员、商店和市场销售人员
6	农业和渔业技工
7	工艺品及相关人员
8	工厂机器操作人员和装配人员
9	初级职业
0	军人

从大类变化情况看，ISCO-88 将管理者、立法者统一整合至第 1 大类，将军队中所有职业统一整合至 0-军队这一大类中。

从中类变化情况看，ISCO-88 将 ISCO-68 的 83 个中类整合为 28 个中类。

从细类变化情况看，ISCO-68 的 286 个细类只有 157 个被完整保留或稍作调整。其余细类中，有 31 个细类被合并为 ISCO-88 的 14 个细类；98 个细类被分解成 ISCO-88 的 174 个细类。此外，ISCO-88 新增了 32 个细类。

ISCO-88 还对企业经营者进行了区分，依据标准是 ICSE。比如：个体水管安装人员被划分到"管理人员"一类，而被雇佣的水管安装人员被划分到"工艺品及相关人员"一类，ISCO-68 中未进行上述划分。

ISCO-88 更新了等级划分标准，学徒工和研修生统一根据各自从事的实际工作进行划分，而 ISCO-68 将学徒工按照培训内容进行划分，研修生按照实际从事的工作进行划分。

（四）ISCO-08 及其特征

ISCO-08 在 ISCO-88 的基础之上修订而成，修订的依据有两方面：一是各国面临的问题，二是经济发展带来的工种变化。新版本（ISCO-08）包括 10 个大类，43 个中类，133 个小类。大类名称如表 3-5 所示。

表 3 – 5   ISCO – 08 大类各项

职业大类	名称
1	管理者
2	专业人员
3	技术和辅助专业人员
4	办事人员
5	服务和市场销售人员
6	农业和林业渔业技工
7	工艺品及相关人员
8	工厂机器操作人员和装配人员
9	初级职业
0	军人

ISCO – 08 大类名称发生变化的是第 1、4、5、6、10 类，未发生变化的是 2、3、7、8、9 类，但其下面的中类、小类、细类都发生了变化。

三、ISCO – 08 与 ISCO – 88 的联系与区别

（一）职业大类变化情况

由表 3 – 6 可以看出，ISCO – 08 保留了 ISCO – 88 部分职业大类的名称，也更新了部分职业大类的名称。从数量上看，职业大类名称发生改变的有 5 类，未发生变化的也有 5 类，各占职业大类总数的 50%。

表 3 – 6   ISCO – 08 与 ISCO – 88 大类名称对比表

职业大类	ISCO – 88	ISCO – 08	名称有无改变
1	立法者、高级官员和管理者	管理者	有
2	专业人员	专业人员	无
3	技术和辅助专业人员	技术和辅助专业人员	无
4	职员	办事人员	有
5	服务人员、商店和市场销售人员	服务和市场销售人员	有
6	农业和渔业技工	农业和林业渔业技工	有

续表

职业大类	ISCO – 88	ISCO – 08	名称有无改变
7	工艺品及相关人员	工艺品及相关人员	无
8	工厂机器操作人员和装配人员	工厂机器操作人员和装配人员	无
9	初级职业	初级职业	无
0	军人	军人	有

1. 名称未发生变化的 5 类职业

名称未发生变化的有第 2、3、7、8、9 类职业。这 5 类职业与经济和科技发展之间的联系较为紧密。随着科技水平的提高，专业分工日益细化，"专业人员"和"技术和辅助专业人员"下面的中类、细类和小类也发生变化；经济发展科技进步带来工艺改进、机器设备升级，从而引起"工艺与相关行业工"和"工厂、机械操作和装配工"两类职业的调整。

2. 名称发生变化的 5 类职业

名称发生变化的有第 1、4、5、6、10 类职业。这 5 类职业名称的变动，主要是概念内涵及外延的变动。比如"立法者、高级官员和管理者"更名为"管理者"，但"管理者"的中类仍然包含立法者、高级官员等，上述大类职业名称的改变主要是因为管理者范畴随着社会发展而发生了改变，政界、商界的高层人士都可称为"管理者"。

（二）名称无变化的大类职业中的中类职业对比

ISCO – 08 与 ISCO – 88 有 5 大类职业名称未发生变化，但是这 5 类职业的中类都发生了变化，且出现了中类职业细化的特点。总的来说，"专业人员""技术和辅助专业人员""工艺与相关行业工"和"初级职业"四类职业的变化较大，"工厂、机械操作和装配工"职业变化较小。

1. 中类职业数量的变化

从中类职业数量上看（如表 3 – 7 所示），除了"工厂、机械操作和装配工"职业的中类数量没有变化外，其余 4 类职业的中类个数都增加了，其中"初级职业"增加最多，从 3 个中类增加到 6 个中类。"专业人员""技术和辅助专业人员"和"工艺与相关行业工"三个职业中类增加的个数分别是 2、1 和 1。

表 3 - 7　　ISCO - 08 与 ISCO - 88 名称无变化大类职业的中类个数对比表

大类名称	中类个数		增加中类的个数
	ISCO - 88	ISCO - 08	
2 专业人员	4	6	2
3 技术和辅助专业人员	4	5	1
7 工艺与相关行业工	4	5	1
8 工厂、机械操作与装配工	3	3	0
9 初级职业	3	6	3

2. 大部分职业具有中类细化的突出特点

对比 ISCO - 08 和 ISCO - 88 中名称未变化大类职业所对应的中类，可以看出，ISCO - 08 细化了中类职业，这与 1988 年以来生产力发展带来的社会分工细化有关。

职业细化特点最明显的是"9 初级职业"，ISCO - 88 版中该职业的中类包括 3 个：91 销售与服务初级职业、92 农业渔业及相关劳工和 93 采矿业、建筑业、制造业与交通业劳工，ISCO - 08 版包括 6 个：91 清洁工和辅助工，92 农业、林业与渔业劳工，93 采矿业、建筑业、制造业与交通业劳工，94 食物准备助手，95 路边摊贩，96 环卫与其他相关初级职业。分析变化可知，主要对 1988 版的 91 销售与服务初级职业进行了细分，分为 91 清洁工和辅助工、94 食物准备助手、95 路边摊贩、96 环卫与其他相关初级职业。再比如"2 专业人员"，ISCO - 08 新增的中类有 24 工商管理专业人员、25 信息和通信技术专业人员、26 宗教、民族和文化界专业人员。另外，"技术和辅助专业人员"和"工艺与相关行业工"两类职业也出现了职业细化的特点。只有"工厂、机械操作和装配工"这类职业，从中类上未看出职业细分的特点。

（三）名称有变化大类职业的中类职业对比

ISCO - 08 与 ISCO - 88 有 5 个大类职业的名称发生了变化，相应的中类职业都发生了变化，且出现了中类职业细化的特点。总的来说，第 4、5、10 类职业的变化较大，第 1、6 类职业变化相对较小。

1. 中类职业数量的变化

从中类职业数量上看（如表 3 - 8 所示），各类职业的中类个数都增加

了，其中第 4、5、10 类职业各增加了 2 个中类职业，第 1、6 类职业增加了
1 个。变化最明显的是第 10 类职业 "0 武装军人"，中类个数由 1 增加至 3，
变化较小的是第 6 类职业 "农业与渔业技工"，中类个数由 2 增加至 3。

表 3 - 8　　ISCO - 08 与 ISCO - 88 名称有变化大类职业的中类个数对比表

ISCO - 88		ISCO - 08		增加中类的个数
大类名称	中类个数	大类名称	中类个数	
1 立法者、高级官员和管理者	3	1 管理者	4	1
4 职员	2	4 办事人员	4	2
5 服务人员、商店与市场销售人员	2	5 服务与销售人员	4	2
6 农业与渔业技工	2	6 农业、林业和渔业技工	3	1
0 武装军人	1	0 武装军人	3	2

2. 中类细化的突出特点

职业变化最大的是第 1 类职业，名称由 "立法者、高级官员和管理
者" 改为 "管理者"，ISCO - 88 版中该职业的中类包括 3 个：11 立法者
和高级官员、12 合作管理者、13 总经理，ISCO - 08 版包括 4 个：11 行政
长官、高级官员和立法者，12 行政、后勤与商务管理者，13 生产服务部
门（或专业机构）的管理者，14 酒店、零售业与其他服务管理人员。如
果将管理者区分为政界管理者和商界管理者，那么该职业的变化主要体现
在商界管理者上。

ISCO - 88 对商界管理者的划分主要是依据管理者的责任范围，简单
来说，代表本人（或所有者）对企业或机构负总责的人员称为总经理，而
督导、首席执行官、部门经理等需要合作管理企业或机构的人员称为合作
管理者。ISCO - 08 对商界管理者的划分更侧重管理者提供服务的领域，
将管理者区分为企业生产直接服务的管理者、为企业生产间接服务的行政
后勤管理者等，并将酒店、零售业等一些特殊服务部门的管理人员进行了
单列。

职业细化特点最明显的是第 10 类职业，名称由 "武装军人" 改为
"武装军人职业"，ISCO - 88 版中该职业的中类包括 1 个：01 武装军人，

ISCO-08 版包括 3 个：01 正式任命的武装军官、02 无军官衔委任状的武装军官和 03 其他职衔武装人员。这类职业的变化与世界上越来越多的国家实现军人职业化有关。

（四）细类职业变化情况

第一大类：将 ISCO-88 的小类 1-2-2 生产和操作部门管理者划分为更多的细类，纳入 ISCO-08 的 3-1-2-3 建筑业检查员、2-6-5-4 电影舞台剧等的导演和制片人。将 ISCO-88 的小类 1-3-1 农林渔猎普通管理者划分为更多的细类，纳入 ISCO-08 的 6-1 市场型农业技工、6-2 市场型林业技工。删除零售业老板，归为 5-2 销售人员。对 ISCO-88 中未分类的管理人员，进行了更加详细的分类。

第二大类：对 ISCO-88 的 2-1-3-1 计算机设计与分析进行更加细致的分类；将 ISCO-88 健康服务和老年人护理行业的管理人员归为管理者。

第三大类：ISCO-88 的 3-1-5-2 安全、健康、质量巡查员对应 ISCO-08 的 7-4-5-3 产品定级和检验人员：3-4-1-4 旅行顾问和组织者对应 ISCO-08 的旅行顾问和办事人员。

第四大类：将 ISCO-88 中第四大类职员中的细类，划分到 ISCO-08 的第三部分专业技术辅助人员。如 ISCO-88 的 4-1-1-1 速记员和打字员、4-1-1-5 秘书、4-1-2-2 统计和财务人员等，其中一部分划分到 ISCO-08 的 3-3-4-1 办公室管理人员。总的来说，ISCO-08 中的小类划分得更加细致。

第五大类：ISCO-88 的 5-1-1-2 厨师，在 ISCO-08 中被划分为 3-4-3-4 大厨、5-1-2-0 厨师，9-4-1-1 快餐准备人员。其中大厨和厨师的区别是，大厨具有专业的厨艺和丰富的经验，一名厨师需要很多年才能成为大厨。

第六大类：将 ISCO-88 的 6-1-1-3 园艺和苗园人员中的劳动工人调整到 ISCO-08 中的 9-2-1-4 园艺劳工，ISCO-88 中 6-1-2-9 未分类的动物生产及相关人员，调整到 ISCO-08 的 5-1-6-4 宠物护理人员和 6-1-5-2 浅海捕捞人员，增加了 7-5-4-1 水下驾驶人员。

第七大类：ISCO-88 的 7-1-1-1 矿工和采石人员中的机器操作者被划分到 ISCO-08 的 8-1-1-1 开矿机和采石机操作人员；ISCO-88

的 7 - 1 - 2 - 9 建筑设计及其他未分类人员中的建筑监理划分到 ISCO - 08 的 3 - 1 - 2 - 3 建筑监管人员；7 - 3 - 4 - 4 中的照相机生产人员划分到 ISCO - 08 的 8 - 1 - 3 - 2 照相机生产操作工。

第八大类：ISCO - 88 的 8 - 1 - 5 - 2 化学品厂热处理人员被划分到 ISCO - 08 的 3 - 1 - 3 - 3 化学工厂流程控制人员，8 - 1 - 6 - 1 能源生产操作工被划分到 ISCO - 08 的 3 - 1 - 3 - 1 能源生产操作工，8 - 1 - 7 - 1 自动化组装线操作工、8 - 2 - 1 - 1 机床操作工、8 - 2 - 5 - 1 印刷机器操作者等很多工种被划分到 ISCO - 08 的 3 - 1 - 2 - 2 制造业管理。

第九大类：ISCO - 88 的 9 - 1 - 1 - 3 电话推销人员被划分到 ISCO - 08 的 5 - 2 - 4 - 3 上门推销人员、5 - 2 - 4 - 4 展会推销人员；9 - 1 - 4 - 1 建筑看守人员被划分到 5 - 1 - 5 - 3 建筑看守人员；9 - 1 - 5 - 2 门卫被划分到 5 - 4 - 1 - 4 保卫人员。

最后一大类，ISCO - 08 把军人分为职业军人、非职业军人和雇佣兵。

四、ISCO 新版本的变化启示

（一）职业分类时更加强调工作的自然特征

虽然 ISCO - 08 的分类框架与以往的各个版本在本质上大体相同，但其分类依据有别。ISCO - 08 在进行分类时更加强调工作的自然特征，逐渐淡化工作需要的正规教育程度和培训熟练程度。

（二）职业大类的区分更加注重产品和服务的不同

管理者分类上，尽量避免将公司管理者和政府管理者分开，信息和通信类职业范围被放大，医疗卫生行业的覆盖范围更广，对办公人员的分类反映出了信息和通信技术的发展对各机构办公的影响，销售和服务大类对个人服务、个人护理以及保卫服务的区别，体现出了社会福利水平的提高，农林牧渔业的劳动者按照技术专业化程度进行了区分，体现出社会分工更明显和科学，机械化程度更高的特点。大类的分类原则更加侧重产品和服务的不同，而淡化了技术熟练程度的差别。

（三）职业分类整体上更加细化

总体上看，ISCO - 08 对职业进行了更加详细的区分，同时增加了许多新职业，体现出产业调整后产生的职业变迁状况，尤其是信息技术行业、服务行业的职业调整比较明显。

第二节　世界卫生组织

　　世界卫生组织对照国际职业分类标准（ISCO－08），将 ISCO 中包含的卫生行业职业进行分类汇总整理，形成卫生人力资源国际分类体系。该分类采用职位、代码、定义、举例和专业能力要求相结合的方式，体现出履行工作职责和工作任务所需的技术水平和技术专业上的差异，进而体现出卫生行业各细分职业的区别。

　　卫生人力资源国际分类体系将卫生行业从业人员分为 5 大类，即卫生专业人员、助理卫生专业人员、卫生服务个人护理工作者、卫生管理和支持人员以及其他未有分类的卫生服务提供者。卫生专业人员、助理卫生专业人员、卫生服务个人护理工作者分别对应国际职业分类标准（ISCO－08）的第二大类、第三大类、第五大类，卫生管理和支持人员涉及范围较广，对应 ISCO－08 的第一大类、第二大类、第三大类。见表 3－9。

表 3－9　　　　　卫生人力资源分类与国际职业分类标准大类对照

国际职业分类标准（ISCO－08）	卫生人力资源分类
1——管理者	卫生管理和支持人员
2——专业人员	卫生专业人员、卫生管理和支持人员
3——技术和辅助专业人员	助理卫生专业人员、卫生管理和支持人员
4——办事人员	
5——服务和市场销售人员	卫生服务个人护理工作者
6——农业和林业渔业技工	
7——工艺品及相关人员	
8——工厂机器操作人员和装配人员	
9——初级职业	
0——军人	

　　卫生专业人员在疾病和其他健康问题诊断和治疗方面具有广泛的理论和实践知识，在此基础上开展研究和咨询工作并提供预防、治疗、康复及健康推广服务。卫生专业人员对人类疾病和治疗方法进行研究并对其他卫

生工作者进行监督。其所需的专业知识和技能通常要在健康相关领域的高等教育机构学习 3~6 年后方可获得。

助理卫生专业人员负责执行技术和实际任务以支持疾病、伤害、损伤的诊断和治疗，并对医疗、护理和卫生专业人员制定的卫生保健、治疗和转诊计划加以落实执行。具备正规资质认定是从事此类职业的必备要求；某些情况下，相关工作经验和长期在职培训也可以取代正规教育文凭。

卫生服务个人护理工作者在卫生保健和居住环境中提供个人护理服务、协助办理卫生保健手续，并提供简单和日常性质的卫生服务。这些职业需要较高的读写和计算能力，较高的手工熟练程度，以及良好的人际沟通技能。

卫生管理和支持人员包含其他类型的卫生体系工作人员，例如卫生管理人员、卫生经济学家、卫生政策学家、生物医学工程师、医疗物理学家、临床心理学家、社会工作者、医务秘书、救护车司机、建筑维修人员和其他综合管理、专业、技术和支持人员。

上述大类中包含的职业及其代码、定义、知识和技能要求等见表 3-10。

表 3-10　　　卫生人力资源分类与国际职业分类标准对照表

职业分类	ISCO代码	定义	职业分类举例如下	相关要求
卫生专业人员				
全科医生	2211	全科医生（包括家庭医生和初级保健医生）通过运用现代医学的原理和程序来对疾病、伤害和其他身心障碍进行诊断、治疗和预防，以保障人类健康。全科医生负责制定计划、监督并评价其他医疗护理提供者对治疗护理计划的执行实施情况。全科医生的专业方向通常不会单独局限于某些特定的疾病类别或者治疗方法，而是承担着为个人、家庭和社区提供持续综合医疗护理服务的责任	医学博士（全科）、医务官（全科）、医师（全科）、全科执业医生、执业家庭医生、初级保健医师、地区医生、从事全科事务的住院医师等	列入本类别的职业在专业能力上要求取得基础医学教育的大学学位，外加毕业后临床培训或同等实践培训经历。已经完成大学基础医学教育并且正在接受毕业后临床培训的实习医生也包含在本类别当中。尽管部分国家将"全科医学"和"家庭医学"认定为医学专科，但相关职业仍需列入本类别当中

职业分类	ISCO代码	定义	职业分类举例如下	相关要求
		卫生专业人员		
专科医生*	2212	专科医生通过运用现代医学的原理和程序，使用专门的测试、诊断、内科、外科、物理学和心理学技术术对疾病、伤害和其他身心障碍进行诊断、治疗和预防。 专科医生负责制定计划、监督并评价其他医疗护理提供者对治疗护理计划的执行实施情况。他们专攻于某些疾病类别、患者类型或治疗方法，并在其选定的专业领域开展医学教育和研究活动	专科医师（内科医生）、外科医生、麻醉医生、心脏病学家、急诊医学专家、眼科医生、妇科医生、产科医生、儿科医生、病理学家、预防医学专家、精神科医生、放射科医生、接收各类专科培训的住院医师等	列入本类别的职业在专业能力上要求取得基础医学教育的大学学位，外加毕业后的专科临床培训（不包括全科实践培训）或同等实践训练经历。按专科医生（全科医生除外）来培养的住院医师也列入本类别。尽管部分国家将"口腔病学"视为医学专科，但口腔医生应归入"牙医"－2261。 利用活的有机体开展生物医学研究且不参与临床诊疗实践的医学研究专业人员应排除在外（归入"生命科学专业人员"）
		*医生按专业组划分		为确保与国际接轨，便于按照各医学专科来报告并归类专科医生的相关数据，各国应按照此处的专业组与专业医生进行对照。按照各主要诊疗实践领域，每个专科只能归入其中一组（如果信息不可用，则归入本类别中的最后一个专业组）
		妇产科医生及相关分支的专科医生专注于妇女生殖系统的护理，包括孕前、孕期和分娩后	妇科医生、产科医生	
		儿科医生及相关分支的专科医生专注于婴幼儿和青少年健康问题的预防、诊断和治疗	儿科医生、新生儿科医生	
		精神科医生及相关分支的医生专注于精神疾病和行为障碍的研究和治疗	精神病医生、儿童精神病医生、老年精神病医生、神经精神病学家	
		专业医学组医生和相关分支的医生（未分类）专注于健康问题的诊断、管理和非手术治疗	心脏病学、皮肤性病学、法医学、胃肠病学、血液学、免疫学、传染病、内科学、神经学、职业医学、肿瘤学、放射学、康复医学、呼吸医学、泌尿学等专科的医生	

续表

职业分类	ISCO代码	定义	职业分类举例如下	相关要求
专科医生 *	2212	外科专业组医生和相关分支医生（未分类）专注于健康问题的外科手术治疗	普外科、事故与急救医学、麻醉学、重症监护、神经外科、眼科、骨科、耳鼻喉科、儿科、整形外科、胸外科和血管外科的专科医生	为确保与国际接轨，便于按照各医学专科来报告并归类专科医生的相关数据，各国应按照此处的专业组与专业医生进行对照。按照各主要诊疗实践领域，每个专科只能归入其中一组（如果信息不可用，则归入本类别中的最后一个专业组）
		其他未分类的专科医生包括除产科、妇科、儿科、精神病科、外科或内科之外的其他专科医生		
护理专业人员	2221	护理专业人员根据现代护理实践和标准为因年龄、伤害、疾病或其他身心障碍而产生的健康潜在风险进行治疗、支持和护理服务。护理专业人员负责对患者的护理进行规划和管理，包括在临床和社区环境当中，在其他医护工作人员的监督下独立工作或者与医生及其他人员合作实施预防和相关治疗措施	专业护士、专科护士、执业护士、临床护士、地区护士、手术室护士、公共卫生护士、麻醉护士和教育护士等	本类别中所包含的职业在专业能力上要求完成护理专业高等教育机构的正规教育培训。护理人员与助产士以及相关专业人员之间的区分应当以此处定义相关的工作性质作为依据。个人所具备的资质或者国内人员主要占比均不构成上述区分的主要因素，因为护士和助产士的培训安排在各国之间存在着极大的差异性，而且国内的培训安排随时间推移也会不断变化
助产士	2222	助产士负责在孕前、孕期和分娩后对助产护理服务进行计划、管理、提供和评估。助产士根据现代助产实践和标准提供分娩护理以降低妇女和新生儿的健康风险，可独立工作或者与医生及其他人员进行合作。助产士可以对助产实践和程序进行研究，并在临床和社区开展助产教育活动	助产士	本类别中所包含的职业在专业能力上要求完成护理专业高等教育机构的正规教育培训。护理人员与助产士以及相关专业人员之间的区分应当以此处定义相关的工作性质作为依据。个人所具备的资质或者国内人员主要占比均不构成上述区分的主要因素，因为护士和助产士的培训安排在各国之间存在着极大的差异性，而且国内的培训安排随时间推移也会不断变化

职业分类	ISCO代码	定义	职业分类举例如下	相关要求
传统和替代医学专业人员	2230	传统和替代医学专业人员通过运用源自特定文化的理论和经验，运用源自广泛研究所获得的知识、技能和实践，对患者的疾病、伤害和其他生理、心理等社会疾病进行检查、预防和治疗。他们会使用各种应用手段如针灸、阿育吠陀、顺势疗法以及草药等来研究、开发并实施治疗计划	针灸师、阿育吠陀实践者、中草药医生、顺势疗法医师、自然疗法医师、UNNAI从业者等	本类别中所包含的职业在专业能力上要求广泛理解传统和替代治疗的受益和应用，通过人们对此类技术广泛深入的研究以及对人体解剖学和现代医学的学习来掌握所需的专业能力。只单独使用草药、精神疗法或手法治疗活动来从事治疗工作的人员不归入本类别
医护人员	2240	医护人员（包括临床官及相关人员）提供的咨询、预防、诊断和治疗等医疗服务，在范围和复杂性上比医生群体提供的有限。他们在医生监督下工作或自主工作，并执行临床、治疗和外科手术，以治疗、预防常见的疾病、伤害和身心障碍	临床官、初级护理人员、高级护理人员、外科技术人员、医生等	列入本类别的职业在专业能力上要求完成理论与实践医疗服务的三级培训。仅提供急救治疗和救护处理等服务的工作人员归入"救护人员"－3258
牙医	2261	牙医（包括牙科医生及相关人员）应用现代牙科学原理和程序，对牙齿、口腔、颌骨和相关的疾病、损伤和异常进行预防、诊断和治疗。牙医使用广泛多样的专业诊断、外科手术和其他技术来促进和恢复口腔健康	牙医、执业牙医、牙科医生、牙髓病医生、口腔颌面外科医生、口腔病理学家、矫形牙医、牙齿矫正医生、牙周病学家、口腔修复医师、口腔学家	列入本类别的职业在专业能力上要求完成牙科医学理论与实践或相关领域的大学培训。尽管部分国家将"口腔病学"和"牙齿、口腔颌面外科"视为医学专科，但这些领域的职业归入本类别
药剂师	2262	药剂师负责储存、保存、合成和分配药品。能根据医生和其他卫生专业人员的处方，就药物的正确使用和不良反应提供咨询。药剂师对于提升人体健康的药物进行研究、实验、合成、配药和监测	医院药师、工业药师、零售药师和配药师等	列入本类别的职业在专业能力上要求完成药剂学、药物化学理论与实践或相关领域的大学培训。研究活的有机体的药理学家及相关专业人员则应排除在外（归入"生命科学专业人员"）

职业分类	ISCO代码	定义	职业分类举例如下	相关要求
环境和职业健康人员	2263	环境和职业健康人员负责对相关环境及职业健康项目进行评估、计划和实施，用以识别、监测和控制可能影响人类健康的环境因素，确保安全和健康的工作条件，并预防由化学、物理、放射、生物制剂或人体工程学因素引起的疾病或伤害	环境卫生官员、职业健康及安全顾问、职业环境卫生师、辐射防护顾问等	本类别中所包含的职业在专业能力上要求完成环境、职业健康安全专业或相关领域高等教育机构的正规教育培训。评估、计划并实施相关项目来监督或控制人类活动对环境影响的专业人员应排除在外（归入"生命科学专业人员"）
物理治疗师	2264	物理治疗师通过计划、实施和评估康复项目来改善或恢复人体的运动功能，最大限度地提高运动能力，缓解疼痛综合征，治疗或预防与伤害、疾病和其他损害有关的身体挑战。在此期间，物理治疗师会应用广泛的物理疗法和技术，如运动、超声波、加热、激光和其他技术。物理治疗师会制定并实施旨在筛查并预防常见身体疾病和功能障碍的计划项目	物理治疗师、老年物理治疗师，骨科物理治疗师，小儿物理治疗师等	本类别中所包含的职业在专业能力上要求完成物理治疗专业或相关领域高等教育机构的正规教育培训
营养师	2265	营养师负责对营养项目进行计划、实施和评估以增强食品和营养对人类健康的影响。营养师可以进行研究、评估和相关教育，以提高个人和社区的营养水平	饮食学家、临床营养师、食品服务营养师、营养学家、公共健康营养师、运动营养师等	本类别中所包含的职业在专业能力上要求完成食品与营养科学、营养教育、饮食或相关领域高等教育机构的正规教育培训
听力学家和语言治疗师	2266	听力学家和语言治疗师负责对影响人们听力、语言交流和吞咽的生理障碍进行管理、治疗和评估，为丧失听力、存在语言障碍以及相关感觉和神经问题的患者开展装置矫正和康复治疗。他们负责计划听力筛查项目并提供有关听力安全以及沟通交流的顾问咨询服务	听力学家，言语治疗师，言语病理学家，语言治疗师	本类别中所包含的职业在专业能力上要求完成听力学、语言病理学、临床语言科学或相关领域高等教育机构的正规教育培训

职业分类	ISCO代码	定义	职业分类举例如下	相关要求
验光师	2267	验光师为眼睛和视觉系统的疾病提供诊断、管理和治疗服务，为眼部护理和眼部安全提供咨询和建议，并为视力障碍患者提供光学辅助或开具治疗处方	验光师、眼科配镜师、视轴矫正师	本类别中所包含的职业在专业能力上要求完成验光、视力矫正或相关领域高等教育机构的正规教育培训
其他未分类的卫生专业人员	2269	该组别包含了其他未分类的卫生专业人员，如足病医生、职业治疗师、康乐治疗师以及其他提供诊断、预防、治疗和康复等服务的卫生专业人员	足病医生、职业治疗师、康乐治疗师、艺术治疗师、舞蹈和运动治疗师	
助理卫生专业人员				
医疗影像及治疗设备技术人员	3211	医疗影像及治疗设备技术人员负责检测和操作放射、超声等医学影像设备，制作人体结构图像以满足损伤、疾病及其他损害的诊断和治疗。他们可以在放射科医生和其他卫生专业人员的监督下实施放射治疗并对病人的情况进行监测	放射诊断技师、放射治疗师、核磁共振成像技师、核医学技师、乳房 X 光检查技师、超声波技师	本类别中所包含的职业在专业能力上要求完成医疗技术、放射学、超声成像学、核医学技术或相关领域的正规培训
医学和病理学实验室技术人员	3212	医学和病理学实验室技术人员对体液和组织标本进行临床检验以获得有关病人健康状况或死亡原因的信息。他们会检测并操作分光光度计、量热计、火焰光度计等设备来分析生物物质包括血液、尿液和脊髓液等	化验师、化验助理、血库技术员、细胞学技术员、病理学技术员等	本类别中所包含的职业在专业能力上要求完成生物医学、医疗技术或相关领域的正规培训。在活的有机体上开展实验室测试的技术人员应归入"生命科学技术人员"。为协助犯罪调查而开展临床试验的法医科学技术人员应归入"物理和工程科学技术人员"

续表

职业分类	ISCO代码	定义	职业分类举例如下	相关要求
药物技术员及助理药师	3213	药物技术员及助理药师在药师或其他卫生专业人员的指导下完成与配药相关的多种不同人物，包括清点、准备和储存药物和其他药物化合物和用品，根据卫生专业人员开具的处方向客户分发药物药品并指导其使用	制药技师、制药助理、配药技师等	本类别中所包含的职业在专业能力上要求通过正规培训掌握制药服务方面的知识与技能。只处理获得有机体的药物技术员及助理药师应排除在外（归入"生命科学技术人员"）
医疗和牙科修复技术人员	3214	医疗和牙科修复技术人员按照卫生专业人员制定的处方或指示设计、安装、修理医疗和牙科设备和用具。他们会通过颈托、矫形夹板、假肢、助听器、拱形支架、假牙、牙冠和牙桥等支持工具来纠正物理医学或牙科问题	医疗器械技师、牙科矫形师、牙科矫形技师、义齿修复学家、义齿技师、假牙技师、牙科技师	本类别中所包含的职业在专业能力上要求通过正规培训掌握一定的医学、牙科学和解剖学知识。构建并维修内外科精准医学器械的技术人员应排除在外（归入"工人"）
助理护士	3221	助理护士为因年老、疾病、受伤或其他身体或精神损伤而需要护理的人士提供基本护理和个人护理，为病人和家属提供健康建议；对病人进行监测并实施由医疗、护理和其他卫生专业人员制定的护理、治疗和转诊计划	助理护士、登记护士、执业护士	本类别中所包含的职业在专业能力上要求通过护理专业的学习掌握相关的知识和技能；在某些情况下，在职培训也可以取代正规教育。该类别的纳入标准应当以本定义相关的工作性质作为依据，个人所具备的资质或者国内人员主要占比均不构成纳入标准

职业分类	ISCO代码	定义	职业分类举例如下	相关要求
助产士助理	3222	助产士助理负责在怀孕之前、孕期和分娩后提供基本保健和建议，向妇女、家庭和社区提供关于生育与应急计划、母乳喂养、婴儿保健、计划生育和有关内容的咨询意见；实施由医疗、助产士和其他卫生专业人员制定的护理、治疗和转诊计划	助产士助理、传统助产士	本类别中所包含的职业在专业能力上要求通过正规或非正规培训来掌握正常和紧急助产护理所需的知识和技能。该类别的纳入标准应当以本定义相关的工作性质作为依据，个人所具备的资质或者国内人员主要占比均不构成纳入标准。主要依靠非正规学习以及社会传统做法所掌握积累的经验和知识来提供基础妊娠和生育护理的传统和非专业助产士也归入本类别。在妊娠和分娩期间为妇女和家庭提供情感支持和一般护理的分娩助理人员则应排除在外（归入"个人护理工作者"）
传统医学和替代医学助理	3230	传统医学和替代医学助理主要使用来自特定文化理论和经验的草药和疗法来预防、护理和治疗身体和精神疾病、失调和损伤等。能利用传统技术和药剂来实施治疗，可独立工作或者按照传统医学人员或其他卫生专业人员所确立的治疗护理计划来开展工作	针灸技师、阿育吠陀技师、接骨师、中医师、顺势疗法技师、刮痧和拔罐治疗师、乡村治疗师、巫医	本类别中所包含的职业在专业能力上要求通过相对较短的教育和培训掌握相关知识和技术，或者通过其所在地的社会传统做法掌握相关知识和技术。通过精神疗法治疗人类疾病而不使用草药、其他药物进行物理治疗的信仰治疗家应排除在外（归入"宗教助理专业人员"）。使用传统按摩方式以及使用压力来提供治疗的职业如穴位按摩师和日式按摩治疗师等均归入"理疗技师及助理"——3255

职业分类	ISCO代码	定义	职业分类举例如下	相关要求
牙科及治疗师助理	3251	牙科及治疗师助理根据牙医或其他口腔健康专业人士所制定的护理计划及程序为预防及治疗牙齿和口腔疾病提供基本的牙科护理服务。负责检查病人的口腔、牙齿及相关组织以评估口腔健康状况；就牙齿卫生提供意见；执行基本或例行的牙科临床程序；协助牙医完成复杂的牙科程序	牙科助理、牙科保健师、牙科治疗师	本类别中所包含的职业在专业能力上要求完成口腔卫生、牙科助理或相关领域的正规培训
医疗记录和健康信息技术人员	3252	医疗记录和健康信息技术人员负责开发、实施和评估医疗设施和其他卫生保健机构的健康记录、处理、存储和检索系统，以满足卫生服务提供的法律、专业、伦理和行政记录保存要求	病案技术员、健康咨询员、病案记录分析师、病案组主管、临床编码员、疾病登记处技术员等	列入本类别的职业在专业能力上要求通过正规教育和/或长期在职培训掌握医学术语、健康信息法律法规、健康数据标准以及计算机和纸质数据管理等方面的知识。普通文秘或文书工作人员则排除在外
社区健康工作者	3253	社区健康工作者向特定社区提供健康教育、转诊和随访、病例管理、基本预防保健和上门服务。向个人和家庭提供支持和援助，帮助其适应卫生和社区服务系统	社区健康工作者、社区健康助理、社区健康促进员、乡村健康工作者	本类别中所包含的职业在专业能力上要求接受卫生及社会服务管理部门认可的正规和非正规培训及监督。常规个人护理服务的提供者和传统医生不包含在内
配镜技师	3254	配镜技师根据眼科医生或验光师的处方来设计、佩戴眼镜来矫正视力下降，为患者提供矫正眼镜、隐形眼镜、低视力辅助设备和其他光学设备服务	配镜技师、隐形眼镜配镜师	本类别中所包含的职业在专业能力上要求完成眼科光学的正规培训

续表

职业分类	ISCO代码	定义	职业分类举例如下	相关要求
理疗技师及助理	3255	理疗技师及助理为运动功能受到损伤威胁、损伤或疾病的患者提供物理治疗，为患者提供物理支持设备，并对人工治疗、电疗、超声波和其他物理疗法进行管理和监测。上述治疗根据理疗师或其他卫生专业人员制定的康复计划来完成	疗技师、物理康复师、穴位按摩师、电按摩师、水按摩师、按摩治疗师、日式按摩师等	本类别中所包含的职业在专业能力上要求完成物理康复或相关领域的正规培训。在常规健身和娱乐活动中指导身体运动的健身教练则应排除在外（归入"社会、文化及相关助理专业人员"）
职业分类	ISCO代码	定义	职业分类举例如下	备注
医疗助理	3256	医疗助理在医生或其他卫生专业人员的监督下开展基本的临床和行政管理任务。负责执行日常基本的任务和程序如测量病人生命体征、用药和注射，在医疗记录系统中记录信息、准备和处理医疗器械和用品、收集和准备体液和组织标本供实验室检测等	医疗助理、临床助理、眼科助理	本类别中所包含的职业在专业能力上要求完成医疗服务提供的正规培训。凭借高级培训和技术来提供独立医学诊断和治疗服务的临床护理提供者应归入"医护人员"－2240
环境和职业健康检查员	3257	环境和职业健康检查员负责调查与环境因素有关的规章制度的执行情况，对可能影响人类健康的工作场所的安全隐患，以及商品和服务生产过程中的安全隐患进行监督，在卫生专业人员的监督下实施和评估改善安全和卫生条件的计划	食品卫生安全监督员、职业卫生安全监督员、卫生保健员、卫生监督员等	本类别中所包含的职业在专业能力上要求完成卫生科学、职业与机构安全卫生或相关领域的正规培训

续表

职业分类	ISCO代码	定义	职业分类举例如下	备注
救护人员	3258	救护人员负责在将患者送往医疗、康复和其他卫生机构之前和期间为受伤、生病、身体虚弱、其他身体或精神受损的病人提供紧急保健服务。救护人员要对患者运送过程中的健康状况进行监测，并根据实际情况执行紧急医疗处理程序。救护人员还要负责在大型公共集会和其他有可能发生突发卫生事件的场合巡逻并提供急救信息	救护主任、救护人员、紧急医疗技术人员、紧急救护人员等	本类别中所包含的职业在专业能力上要求在急救医学治疗、患者转运、救护原则或者相关领域接受过正规培训。不提供医疗护理服务的救护车司机应排除在外（归入"机器操作员和装配工"）
其他未分类的卫生助理人员	3259	该组别包含了其他未分类的卫生助理人员，包括如脊医、骨疗师、呼吸和麻醉技术人员、艾滋病毒咨询师和其他执行技术人员，以及为诊断、预防、治疗、宣传和康复卫生服务提供支持的人员	脊医、骨疗师、呼吸技术人员、麻醉技术人员、艾滋病咨询师、计划生育咨询师	本类别中所包含的职业在专业能力上要求完成卫生服务提供的正规培训。尽管在某些司法管辖区域内脊医和骨疗被认定为医学专科，但这些学科的从业人员均应始终归入本类别
卫生服务个人护理工作者				
卫生护理助理	5321	卫生护理助理在医院、诊所和护理院等各种卫生保健机构为居民和患者提供日常个人护理、支持和日常协助活动。能按照既定的护理计划和做法，在医疗、护理或其他卫生专业人员或助理人员的直接监督下协助病人处理个人、身体活动和治疗护理需求	护理助理（医院或诊所）、病人护理助理、出生助理员（医院或诊所）、精神病学助理等	本类别中所包含的职业通常不要求拥有丰富深刻的医疗护理知识或接受培训。归入此类的工作人员主要在医疗护理环境（如医院、医疗护理机构、康复中心、居民护理机构及其他长期医疗或护理监督的机构）当中提供各类服务

职业分类	ISCO代码	定义	职业分类举例如下	备注
家庭护理工作者	5322	家庭护理工作者负责向因年老、疾病、受伤或其他身体或精神状况而需要家居护理的人士以及其他独立居住环境的人士，提供日常的个人护理、支援及协助。能根据卫生专业人员制定的护理计划来协助客户满足个人、身体运动和治疗护理等方面的需求	护理助理（家庭）、家庭护理助理、家庭分娩助理、个人护理提供者等	本类别中所包含的职业通常不要求拥有丰富深刻的医疗护理知识或接受培训。归入此类的工作人员主要在基本护理院环境（包括生活帮助设施、持续护理退休社区以及现场医疗或护理监督极少甚至没有的其他类型设施）当中提供各类服务。在妊娠和分娩期间为妇女和家庭提供情感支持和一般护理（但不提供降低健康风险的分娩护理）的家庭分娩助理也归入本分类。在护理院及护理中心为儿童提供护理和监护的护理工作者则应排除在外
其他未分类的卫生服务个人护理工作者	5329	该组别包含了其他未分类的卫生服务个人护理工作者，包括如牙科助理、医院勤务员、医学影像助理、药房助理和其他提供日常健康和个人护理支持服务的人员	牙科助理、急救员、医院勤务员、医学影像助理、药房助理、采血员、灭菌助理	
卫生管理和支持人员				
卫生管理人员	1342	卫生管理人员负责计划、指导、协调并评价医院、诊所、公共卫生机构和类似组织提供的临床和社区卫生服务；为所管理的单位提供全面的指导，如指导制定规章制度政策和业务标准等，对人员的聘用、培训和工作进行监督和评价；对卫生服务和资源的使用进行监测并与其他卫生服务提供者、委员会及资助机构联络协调服务的提供	卫生设施管理员、医疗管理员、临床主任、护理主任、医院护士长、社区卫生协调员、首席公共卫生官员等	本职业类别中所包含的职业在专业能力上要求根据高等教育、工作经验和长期在职培训获得知识和技术

职业 分类	ISCO 代码	定义	职业分类举例如下	备注
其他未分类的卫生管理人员		该组别包含了在卫生体系内工作的其他未分类卫生管理人员（不包括卫生管理员），包括如：政府卫生部门管理者、人力资源经理、供应链经理、区域卫生政策和规划人员等	政府卫生部门管理者、人力资源经理、医疗用品采购经理、区域健康规划主任、老年护理服务经理、社会福利经理、信息和通信技术服务经理	
生命科学专业人员	2131，2133	生命科学专业人员（包括细菌学家、药理学家和相关人员）主要研究活的有机体及其相互之间以及与环境之间的相互作用，运用自身知识解决人类健康和环境问题。这些专业人员使用专业设备、器材和技术在实验室和实地收集、检查和分析人类。他们在多种不同的领域展开工作，如细菌学、生物化学、遗传学、免疫学、药理学、毒理学和病毒学等领域	空气污染分析师、细菌学家、生物技术学家、细胞遗传学家、生态学家、环境保护顾问、微生物学家、分子生物学家、分子遗传学家、药理学家、水质分析师等	本职业类别中职业任务和职责包括收集、分析并评价实验和现场数据以期识别并开发新的产品、工艺和技术，从而满足制药和环境使用要求。所需知识和技能需要在生命科学高等教育机构或者相关领域内学习 3～6 年而获得，需取得第一学历或更高的资质认证
社会工作和咨询人员	2635	社会工作和咨询人员为个人、家庭、团体及社区提供辅导、治疗及调解服务以应对社会及个人面临的困难；帮助服务对象发展技能、获取资源以应对由健康问题、生活转变、药物成瘾和其他个人、家庭和社会问题而引起的问题。他们会与其他社会服务机构、教育机构和卫生提供者保持联系，挖掘客户和社区需求	成瘾顾问、丧亲顾问、临床社会工作者、区域社会福利主任、性侵犯顾问、妇女福利顾问等	本职业类别中主要工作任务和职责包括在个人、家庭或群体当中计划并提供顾问、技术发展、危机干预和调解服务，从而协助客户改善关系并解决个人和家庭问题。所需知识和技能通常在生命科学高等教育机构的社交与顾问方面学习 3～6 年而获得，需取得第一学历或更高的资质认证

职业分类	ISCO代码	定义	职业分类举例如下	备注
其他未分类的卫生专业人员		该组别包含了在卫生系统中工作的其他未分类卫生专业人员（卫生、生命科学和社交工作专业人员除外），包括物理学、数学和工程科学专业人员、教学专业人员、工商管理专业人员、信息通信技术和社会科学专业人员	会计、生物医学工程师、临床心理学家、环境工程师、卫生经济学家、卫生政策分析师、卫生政策学家、卫生统计学家、卫生职业教师、医药产品销售代表、医学物理学家、运营研究分析师、光学工程师、安全工程师、软件开发人员、员工培训人员、大学医学讲师、兽医流行病学家等	本职业类别中主要工作任务和职责包括开展分析和研究并就物理、数学、工程和社会科学在医疗卫生领域的应用提供建议；在高等教育层面提供卫生科学与服务的理论与实践教学；以及在卫生体系中提供各种技术、商业和法律服务
生命科学技术人员	3141	生命科学技术人员（不包括医生）提供活体有机物研究、分析和测试的技术支持，根据研究成果开发并应用产品和工艺来解决人类健康与环境问题。能在生命科学专业人员的指导下收集、制备标本和样本、校准并操作实验仪器和设备、进行常规现场和实验室测试并监测实验执行情况以确保遵守质量控制程序和健康安全指南。主要从事生物学、生物化学、生物技术、环境保护和制药等领域的工作	细菌学技术员、生物化学技术员、药理学技术员、血清学技术员、组织培养技术员等	列入本类别的职业在专业能力上要求通过生命科学或相关领域的正规培训掌握相应的知识和技能
医务秘书	3344	医务秘书利用医学术语和保健实施程序等专业知识，进行文件传输、行政事务处理等内部协调工作，为医疗设施和其他医疗相关组织的卫生工作者提供支持。负责安排医疗预约、记录，审查医疗病历和信件、查访患者完整病历历史、准备健康保险索赔和订单购买，并监督其他医务室支持人员的工作	医务秘书、医务室行政助理、医院病房秘书、病人护理秘书、医疗保险账单秘书、化验室秘书、医学速记员、医学转录员、病理学秘书、牙科秘书	列入本类别的职业在专业能力上要求通过正规教育和/或长期在职培训掌握医学术语和保健实施程序等基础知识。普通秘书、接待员和文书工作者不归入本类别

续表

职业分类	ISCO代码	定义	职业分类举例如下	备注
非卫生技术员和其他未分类助理专业人员		本组别包含了卫生体系中工作的其他未分类的技术人员和助理专业人员（卫生、生命科学和医务秘书除外），包括如物理与工程科学技术人员、信息与通信技术员、业务与行政助理专业人员以及社会和宗教助理专业人员	记账员、计算机网络技术员、数据录入主管、残疾服务官员、信仰治疗师、健身教练、法医学技术员、健康保险理赔官、卫生设施许可管理主任、医疗用品采购主任、精神健康支持工作者、水处理厂操作员	本职业类别中主要工作任务和职责包括履行与科学研究及操作方法有联系的技术和相关任务并执行医学和健康领域相关的应用；履行财务、法务以及健康与社会服务行政管理方面的技术和实践服务及支持职能；完成体育、文化和宗教相关知识实践应用有关的技术任务以改善健康状况
文书支持人员		本组别包含了卫生体系中工作的临床支持工作人员（不包括专业卫生信息技术员和医务秘书），包括普通文员、打字员、客服文员、材料记录员和其他记录、组织、存储、计算和检索信息的人员，履行与财务操作相关的文书和秘书性职责并请求获取信息和安排	普通文员、普通秘书、普通接待员、会计人员、数据录入员、健康保险员、住院登记员、人力资源助理、医疗预约计划文员、医用品库存管控员、薪资管理员	本类别中的很多职业需要相对高的文化素质和算术技能，良好的人际交流技术和较高的手灵巧度。所需的知识和技能通常在继续教育中获取掌握而且在某些情况下可以参加专门的继续职业教育和/或长期在职培训
服务及销售人员		本组别包含了卫生体系中工作的服务及销售人员（个人护理工作者除外），主要负责提供个人与防护服务或者在批发或零售店以及类似机构内展示并销售产品	大楼管理员、机构餐厅厨师、医院保安、医学产品销售展示员、殡仪员、药品零售点收银员等	本类别中的很多职业需要相对高的文化素质和算术技能，良好的人际交流技术和较高的手灵巧度。某些情况下可以参加专门的继续职业教育和/或长期在职培训
工人		本组别包含了在卫生体系中工作的工人，包括如建筑工人、电气和电子技术员、机械师、精准仪器制作技师以及其他运用知识和技术来建设并维护建筑物的人员，制作和控制设备或工具的人员，以及在周围使用化学产品来预防健康风险的人员	救护车机械师、建筑外墙清洁工、计算机硬件技术员、卫生系统排字员、疟疾控制喷雾器人员、光学镜片模具师、整形外科用品制作员、手术器材制作员、制冷机械师等	本职业类别中主要工作任务和职责一般要求理解生产工艺的全部阶段、所用材料和工具以及最终成品的用途，通常在完成继续教育后掌握，某些情况下可以参加专门的继续职业教育和/或长期在职培训以掌握相关知识技能

职业分类	ISCO代码	定义	职业分类举例如下	备注
机器操作员和装配工		本组别包含了在卫生体系中工作的机器操作员和装配工,包括装配工、司机及其他操作并监控机器设备的人员、驾驶机动车和移动式机器的人员,以及按照规范组装产品的人员	救护车司机、眼镜架装配工、洗衣机操作员、医药设备操作员	本职业类别中主要工作任务和职责一般需要体验并理解行业机器设备,同时要能够处理机器设备的操作并适应技术创新。通常要求较高的手灵巧度
非技术工人		本组别包含了在卫生体系中工作的非技术工人,包括如清洁工、食物处理助理、垃圾收集工以及其他从事简单普通任务(需要使用手持工具并耗费大量体力)的人员	医院园艺工人、厨房帮工、厕所清洁工、医疗用品仓库管理员、垃圾收集工、窗户清洗工等	本类别中的绝大多数职业需要小学教育和/或短期在职培训以掌握相应的知识和技能
其他未有分类的卫生服务提供者				
武装部队人员		本组别包含了武装部队人员(其他未分类),该类群体以增进健康为主要目的而采取行动,包括如现役医学护理军官和战地医学技术员	现役武装部队军医、战斗医务人员、海军护士长、退伍军人医院护理助理等	武装部队人员开展的很多工作在工作性质上都和一般工作相似。为利于国际接轨,便于按照各医学专科来报告并归类武装部队人员的相关数据,应将此类人员归入"武装部队人员"。虽然不太可能获得武装部队人员相关的工作性质信息,但与一般工作性质应相似。各国在调整使用此分类时可能需要考虑采用哪种方法最契合自身情形和需求
其他未有分类的卫生服务提供者		本组别包含了不属于正式或非正式卫生人员,但提供卫生服务的其他未分类人员,包括如在基础医学教育当中提供临床服务的实习生和志愿者等	医学服务实习生、医院志愿者	

第四章

美洲部分国家职业分类

　　本章对以美国、加拿大、巴西和北美行业分类系统（NAICS – SCIAN）的职业分类状况加以概述和分析，旨在清晰呈现美洲部分国家和地区职业分类的现状、历史沿革及其在应用实践中的意义。美国的职业分类体系对于世界各国职业体系的构建具有先导和模范作用，第一节着重介绍美国标准职业分类系统（SOC）以及与之配套的美国职业信息网络系统（O＊Net），并概述它们的实际功用以及国内外的影响。第二节对加拿大的职业分类系统（NOC）进行说明，并简要分析 NOC 与其他职业分类系统的关联；第三节简要概述巴西职业分类体系，以及历史发展沿革。第四节简要介绍北美行业分类系统（NAICS – SCIAN）历史发展脉络和具体使用情况。

第一节　美　　国

一、美国标准职业分类系统（SOC）

　　美国国家职业分类系统的名称为美国标准职业分类系统（Standard Occupational Classification，SOC），该系统是由联邦统计机构对工作人员和职业类别进行的分类，用于以统计为目的的收集、计算、分析和传播数据。制定与颁布的主要机构是代表美国管理和预算办公室（Office of Management and Budget，OMB）以及标准职业分类修订政策委员会（Standard Occupational Classification Revision Policy Committee，SOCPC）的美国劳工统计局。此职业分类系统被多数英语国家的政府机构直接引用，也包括拉丁美洲、亚洲等地的众多非英语国家。

SOC 为美国政府与地方机构的职业统计提供统一话语体系。美国联邦统计系统具有高度分散的特点，由 13 个主要联邦统计机构进行主要统计工作，同时约 115 个其他机构与 13 个主要机构一起开展统计活动其他任务。美国管理和预算办公室通过制定和监督政府范围内有关统计信息呈现和传播的原则、政策、标准和指南的实施来协调联邦统计系统。这些协调工作提高了联邦统计系统的效率和效力。所有联邦机构发布的用于统计目的的职业数据必须在联邦项目中统一使用 SOC 的分类方式来提高数据的可比性。

SOC 的分类对象是美国国民经济中的所有职业，旨在反映美国当前的职业构成，并涵盖所有以薪酬或盈利为目的的职业。职业分类数据的对象包括政府项目管理者、工业和劳动关系从业人员、考虑进行职业培训的学生、求职者、职业和就业咨询顾问、教育机构以及希望设定薪级或成立新企业的雇主。而这些有关职业的信息被个人、企业、研究人员、教育工作者和公共政策制定者广泛使用，这些职业信息包括但不限于就业水平和预测、薪酬和福利、所需技能以及工作持有者的人口特征。此前，2000 SOC 首次为联邦统计的所有主要职业数据源提供了可比较的数据，这极大地提高了数据的实用性。而现行的 2018 SOC 继续以实用性为宗旨，通过修订和改进数据收集与分类方式，更全面、系统、科学地反映全国的职业结构。

SOC 于 1977 年首次发布，随着经济的发展和工作性质的变化，为更好地服务于国家的数据统计工作，1980 年、1998 年、2000 年、2010 年和 2018 年进行了 5 次修订。2000 年 SOC 开始在联邦数据收集工作中被广泛使用，至此 SOC 为联邦统计系统中所有主要的职业数据收集都提供了可比数据，极大地提高了数据的实用性。2010 年，SOC 增加了一项新特色：直接列出了与 SOC 细类职业相关的职位（岗位）名称。这些职位（岗位）中的每一个都直接与单个 SOC 职业细类匹配（且为一一对应的关系），《直接匹配标题文件》所列职位的所有劳动者被归类到一个详尽的 SOC 职业代码系统中。这一功能的出现，极大地提高了职业统计的精准度。

（一）美国现行的国家职业分类系统：2018 版 SOC

1. 2018 版 SOC 的概况

美国现行的国家职业分类系统是 2018 年修订的美国标准职业分类系

统（Standard Occupational Classification），以下简称 2018 版 SOC。它于 2017 年 11 月 28 日公布，2018 年 1 月 1 日正式生效。[①] 联邦统计机构自 2018 年 1 月 1 日起发布的参考年度职业数据中开始使用 2018 版 SOC。

2018 版 SOC 从大类到细类，共分四个层级。包含 23 个大类（major group），98 个中类（minor group），459 个小类（broad group），867 个细类（detailed occupation）。大类至细类是从宏观至微观逐步细化职业分类的过程：大类是从宏观角度概括国家最主要的职业群体，而细类是工作者直接参与的具体工作名称，每位劳动者在细类中的归属是唯一的。细类职业划分的功用在于，它可以在限定具体工作所需的工作职责与内容的条件下，将具有特定工作技能、教育或培训经历的工作者与其能够胜任的工作项目相匹配，由此可以通过客观且可操控的数据将 SOC 科学地应用到职业培训与职业评估等具体领域。这种划分方式与我国职业分类的层级划分方式基本保持一致。

2018 版 SOC 的四个分类层级如图 4 - 1 所示。

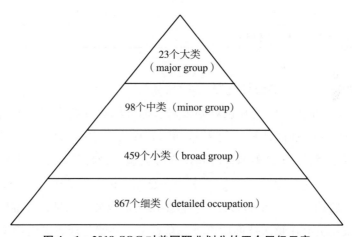

图 4 - 1　2018 SOC 对美国职业划分的四个层级示意

表 4 - 1 为 2018 版 SOC 大类分布表。

---

① 有关 2018 SOC 的更多详细信息，可参见美国劳工部官方网站对 SOC 的表述：https://www. bol. gov/.

表 4 - 1   2018 版 SOC 大类分布表

序号	职业代码	职业名称	序号	职业代码	职业名称
1	11 - 0000	管理职业	13	35 - 0000	食品加工与服务职业
2	13 - 0000	商业和金融运营职业	14	37 - 0000	建筑和地面清洁和维护职业
3	15 - 0000	计算机和数学职业	15	39 - 0000	个人护理与服务职业
4	17 - 0000	建筑与工程职业	16	41 - 0000	销售相关职业
5	19 - 0000	生命、物理和社会科学职业	17	43 - 0000	办公室和行政支持职业
6	21 - 0000	社区和社会服务职业	18	45 - 0000	农业、渔业和林业职业
7	23 - 0000	法律职业	19	47 - 0000	建造与开采子行业
8	25 - 0000	教育指导与图书馆职业	20	49 - 0000	安装，维护和维修职业
9	27 - 0000	艺术、设计、娱乐、运动与媒体职业	21	51 - 0000	生产职业
10	29 - 0000	医疗从业者和技术职业	22	53 - 0000	运输和物料搬运职业
11	31 - 0000	医疗保健支持职业	23	55 - 0000	军事特定职业
12	33 - 0000	保护服务职业			

2. 2018 版 SOC 的修订过程

自 2012 年美国管理和预算办公室、标准职业分类修订政策委员会提出 2010 版 SOC 修订计划，到 2017 年 11 月公布 2018 版 SOC，共历时 5 年。2014 年 5 月 22 日美国管理和预算办公室以及标准职业分类修订政策委员会于《联邦公报》上开始征求公众意见，标志着 2018 版 SOC 的修订工作正式启动。2018 年的修订过程包括两次征求公众意见，标准职业分类修订政策委员会在每次征询后审查公众意见，并就公众意见向美国管理和预算办公室提出修订 2018 年方案的建议。标准职业分类修订政策委员会创建了 8 个工作组来执行大部分的修订工作并检查主要群体组的职业。这些工作组负责审查收到的针对每份联邦公报通知的公众意见，并向标准职业分类修订政策委员会提供处理这些意见的建议。工作组和标准职业分类修订政策委员会在 SOC 分类原则和编码指南（可在美国劳工部官方网站 https：//www. bls. gov/SOC/上下载）的指导下提出建议。每次审查公众意见后，8 个工作组首先在内部协商一致达成共识，然后再以统一的声音向标准职业分类修订政策委员会提出建议。在两次大规模公众意见审查与讨论后，标准职业分类修订政策委员会将他们的建议发送给美国管理和预算办公室。这些建议直接影响了新职业的产生、新名称的规定和定义的修订，以及每个职业的结构和归类的变化。2018 版 SOC 的修订过程大体包括以下 5 个阶段：

阶段一：启动阶段（2013 年年初～2014 年 5 月）。美国管理和预算办公室、标准职业分类修订政策委员会会面启动本轮修订工作。标准职业分类修订政策委员会由劳工部劳工统计局、劳工部就业和培训管理局、商务部人口普查局、国防部国防人力数据中心、教育部国家教育统计中心、交通运输部交通运输统计局、平等就业机会委员会、卫生和人类服务部卫生资源与服务管理局、国家科学基金会国家科学与工程统计中心、联邦人事管理局政府管理和预算办公室信息和监管事务办公室等 11 个部门参加。

阶段二：征询意见阶段（2014 年 5 月～2014 年 7 月）。2014 年，美国管理和预算办公室发布公告，向公众征询修订 2010 版 SOC 的意见（第一次公告），公告期为 2 个月。就此阶段的意见征集，美国管理和预算办公室共收到大约 300 条公众意见，见表 4 - 2。

表 4 - 2　　　　　　　　　　2010 版 SOC 征询意见内容

序号	征询内容
1	在 2010 版 SOC 分类原则的基础上提出新的分类原则和修改意见。其中特别强调了从 2010 版 SOC 过渡到 2018 版 SOC 要在时间序列上保持连续性的重要性："为了最大限度地提高数据的可比性，应尽可能保持时间序列连续性"
2	针对是否有意保留 2010 版 SOC 的编码方式发表看法
3	针对是否有意沿用 2010 版 SOC 结构中职业大类的划分方式表达观点
4	针对 2010 版 SOC 结构中职业细类的修正、变更或组合提出建议
5	针对新增职业细类项目给予建议

阶段三：分类研究论证阶段（2014 年 7 月～2016 年 7 月）。国家标准职业分类修订政策委员会组建了 8 个由机构工作人员和专家组成的工作组，汇总、研究、论证公众意见和联邦有关政府部门意见，并向委员会提

出 2010 版 SOC 修订建议。工作组分为 8 个：（1）管理、商业和金融业务、法律职业（SOC 编码分别是 11 - 0000、13 - 0000 和 23 - 0000）；（2）计算机和数学、建筑与工程、生命、物理和社会科学职业（编码 15 - 0000 到 19 - 0000）；（3）社区和社会服务、医疗从业人员和技术人员、医疗保健支持（编码分别是 21 - 0000、29 - 0000 和 31 - 0000）；（4）教育、培训和图书馆、艺术、设计、娱乐、体育和媒体（编码从 25 - 0000 到 27 - 0000）；（5）保护服务、食物准备和相关服务、建筑物和地面清洁和维护、个人护理和服务、销售及相关、办公室和行政支持（编码从 33 - 0000 到 43 - 0000）；（6）农业、渔业和林业、建造与开采、安装、维护和维修、运输和物质移动（编码从 45 - 0000 到 49 - 0000、53 - 0000）；（7）生产职业（编码 51 - 0000）；（8）军事特定职业（编码 55 - 0000）。

阶段四：第二次征求意见阶段（2016 年 7 月～2016 年 9 月）。标准职业分类修订政策委员会根据工作组意见研究提出 2010 版 SOC 修订建议稿，美国管理和预算办公室发布第二次公告征求公众意见，公告期为 2 个月。第二轮意见征询邀请公众围绕以下 4 个方面给予意见，见表 4 - 3。

表 4 - 3   第二次征求意见

序号	征询意见内容
1	针对标准职业分类修订政策委员会建议推出的 2018 版 SOC 分类原则和编码指南提出建议
2	针对拟定的 2018 版 SOC 层级结构变化发表看法，其中层级结构变化包括职业大类、中类、小类和细类的变化
3	针对标准职业分类修订政策委员会推荐在 2018 版 SOC 中添加的新职业名称、归类和代码表达观点
4	针对标准职业分类修订政策委员会拟定修订的 2018 版 SOC 中新增职业的定义提出意见

就第二轮意见征询，美国管理和预算办公室共收到约 6300 条公众意见，并结合第二次公众意见征询结果的分析，将针对标准职业分类修订政策委员会为 2018 版 SOC 第一次提案的具体评论、建议、更改及其理由公布在了美国劳工部官方网站（https：//www.bls.gov/SOC/）上。

阶段五：审定和决定阶段（2016 年年底～2017 年 11 月）。标准职业分类修订政策委员会根据公众意见和建议提出 2010 版 SOC 最终修订意见。在第二轮公众意见征询的结果整理过程中，6300 多条意见中的每一条都被给予唯一的提案编号，并由标准职业分类修订政策委员会及其工作组同时审查这些提案。全部提案被归类为大约 223 条代表性建议。标准职业分类修订政策委员会针对此 223 条代表性建议的完整回复被公布在美国劳工部官方网站（https：//www.bls.gov/SOC/）上。

在一些情况下，在公众意见征询之外，标准职业分类修订政策委员会会根据成员机构和工作组的意见建议对 2018 版 SOC 的内容直接进行修改。其中对职业类别标题和定义的更改不一定会导致职业具体职责所涉及范围的变化，而是重点在于改进对职业的描述方式。例如，标准职业分类修订政策委员会采纳的内部建议中有一条是关于名称表达的：建议使用新名称"放射技术专家和技术人员"（"Radiologic Technologists and Technicians"，29 – 2034）代替 2010 版 SOC 中的旧名称"放射技术专家"（"Radiologic Technologists"）。

许多建议中的新职业已经被囊括在此前 SOC 的职业定义中，针对此种现象标准职业分类修订政策委员会采用了两种做法：一种做法是保留此前的 SOC 职业定义，不做修改；第二种做法是对此前的职业名称和定义进行进一步的明确。

美国管理和预算办公室据此公布最终职业分类修订建议（第三次公告）。联邦统计机构于 2018 年 1 月基准年开始之后使用 2018 版 SOC 发布职业数据，对于某些统计项目，2018 版 SOC 将分阶段实施。

3. 2018 版 SOC 的新变化

标准职业分类修订政策委员会对 2018 版 SOC 修订版的最终建议包括许多重大变化。在增添新职业之外，许多建议修改了职业的名称和定义，以更恰当地反映职业中的技术进步。在管理、商业、金融、信息技术、工程、社会科学、教育、媒体、医疗保健、个人护理、采掘和运输等职业中都做出了相应的更新。

美国管理和预算办公室最终采纳了标准职业分类修订政策委员会的几乎全部最终建议（只有一项意见未被采纳）。标准职业分类修订政策委员会建议在 2018 年修订版中不更改 2010 版 SOC 中的职业"43 – 5031 警察、消防和救护调度员"的名称，但在美国管理和预算办公室的最终决定中此职业分类的名称被更改为"43 - 5031 公共安全通信员"，以适应 2018 年的职业新情况，为了更好地反映在该标题下组织的所有职业，除这一条修订建议外，其他所有职业标准分类修订的建议均作为美国管理和预算办公室对 2018 版 SOC 修订的最终决定予以采纳，并在美国劳工部官方网站（https：//www. bls. gov/SOC/）上进行了公布。

2018 版 SOC 职业分类体系包括 23 个大类、98 个中类、459 个小类、867 个细类。与 2010 版 SOC 相比，2018 版 SOC 中增加新职业 70 个，其中净增加 27 个细类和一个中类。小类数量减少 2 个，大类数量保持不变。主要变化如下：

变化一：新增 70 个细类。主要有三种情况：一是从原有细类拆分出的新职业共 32 个，比如金融风险专家、临床和心理学家、个人和商业财产评估师、教学助理、食品科学技术人员、校车司机等。二是从"所有其他"细类即余类独立出来的新职业，共 27 个，比如数据科学家、校准技术专家和技术人员、针灸师、水文技师、飞机服务员等。三是从原有细类合并出的新职业，共 11 个，比如新闻分析员、软件开发人员、计算机数控工具操作员等。见表 4 - 4、表 4 - 5 和表 4 - 6。

表 4 - 4　　　　从 2010 版 SOC 原有细类中拆分出的新职业

2018 版 SOC 编码	2018 版 SOC 名称
11 - 2032	公关经理
11 - 2033	筹款经理
11 - 3012	行政服务经理
11 - 3013	设施经理
13 - 2022	个人和商业财产评估师
13 - 2023	房地产估价师和评估员
13 - 2054	金融风险专家
15 - 1243	数据库架构师
15 - 1253	软件质量保证分析师和测试人员
15 - 1255	网络和数字界面设计师
19 - 3033	临床和咨询心理学家

续表

2018 版 SOC 编码	2018 版 SOC 名称
19 – 3034	学校心理学家
19 – 4012	农业技术人员
19 – 4013	食品科学技术员
25 – 2055	特殊教育幼儿教师
25 – 2056	特殊教育小学教师
25 – 9042	教学助理（学前，小学，中学，除特殊教育外）
25 – 9043	特殊教育教学助理
25 – 9049	其他教学助理
29 – 1242	整形外科医生，除儿科外
29 – 1243	小儿外科医生
29 – 1249	其他外科医生
29 – 2042	紧急医疗技术人员
29 – 2043	医护人员
39 – 1014	除赌博服务外，娱乐和娱乐工作者的一线监督员
47 – 5022	露天采矿挖掘和装载机器和牵引索操作员
53 – 1043	物料搬运机和车辆操作员的一线监督员
53 – 1044	乘客服务员的一线监督员
53 – 1049	运输工人的一线监督员，所有其他人
53 – 3051	校车司机
53 – 3053	班车司机和司机
53 – 3054	出租车司机

表 4 – 5　　从 2010 版 SOC "所有其他" 中产生的新细类

2010 版 SOC 编码	2010 版 SOC 名称
11 – 9072	娱乐和娱乐经理，赌博除外
11 – 9179	个人服务经理，所有其他
13 – 1082	项目管理专家
15 – 2051	数据科学家
17 – 3028	校准技术人员和技术人员
19 – 4044	水文技师

续表

2010 版 SOC 编码	2010 版 SOC 名称
25 – 3031	短期替代教师
25 – 3041	家教
27 – 2091	节目主持人，无线电台除外
27 – 4015	照明技术人员
29 – 1212	心脏内科医生
29 – 1213	皮肤科医生
29 – 1214	急诊医师
29 – 1217	神经科医生
29 – 1222	医生，病理学家
29 – 1224	放射科医生
29 – 1229	医生，所有其他
29 – 1241	眼科医生，除儿科外
29 – 1291	针灸师
29 – 2036	放射治疗剂量员
29 – 9021	健康信息技术专家和医疗注册商
29 – 9093	外科助理
33 – 1091	保安工作人员的一线监督员
33 – 9094	校车监督管理员
39 – 4012	火葬场经营者
41 – 3091	服务销售代表，广告，保险，金融服务和旅游除外
53 – 6032	飞机服务员

表 4 – 6　　　　　　　　从 2010 版 SOC 细类中合并出新细类

2010 版 SOC 编码	2010 版 SOC 名称
15 – 1252	软件开发人员
25 – 4022	图书馆员和媒体收藏专家
27 – 3023	新闻分析员，记者
35 – 3023	快餐和柜台工作人员
39 – 1013	赌博服务工作者的一线监督员
45 – 3031	捕鱼和狩猎工人
47 – 5044	地下采矿装载和移动机器操作员

2010 版 SOC 编码	2010 版 SOC 名称
51 – 9124	涂料，涂装和喷涂机装置操作员和招标
51 – 9161	计算机数控工具操作员
51 – 9162	计算机数控工具程序员
53 – 4022	铁路制动，信号和开关操作员和机车消防员

变化二：在 2018 版 SOC 的 867 个细类中，有 391 个细类同 2010 版 SOC 完全保持一致，有 355 个细类修订了职业定义，有 131 个细类修订了职业名称，有 115 个细类修订了职业分类编码。其中修订了职业定义的 355 个细类中，有 254 个细类属于进一步补充或说明，其职业内容没有变化。总体上看，2018 版 SOC 中有 88% 的细类没有实质性的改变。

变化三：信息技术和医疗保健两个职业领域修订和新增的细类最为显著。比如在信息技术领域，新增了数据科学家、软件质量保证分析和测试人员、网站和数据界面设计人员、数据库架构师、软件开发人员、计算机数控工具程序员和计算机数控工具操作员。同时对原有的计算机系统分析师、信息安全分析师等 8 个细类职业名称、定义、编码分别进行了调整。

变化四：在 2018 版 SOC 中类修订中，将"教育、培训与图书馆职业"名称修订为"教育指导与图书馆职业"；将"职业健康与安全专家与技术人员"从小类移入"生命、物理和社会科学职业"大类中，并提升为新的中类；将职业健康与安全专家、法庭记者、个人护理助手等 7 个细类移入新的大类；将高等教育教学助理、口腔卫生保健师等 4 个细类移入新的中类。

7 个细类从 2010 版 SOC 大类中移出，并归入 2018 版 SOC 的不同大类中，同时，使用新的 2018 版 SOC 编码。见表 4 – 7。

表 4 – 7　　　　　7 个变化细类在 2018 版 SOC 中的新位置

2018 版 SOC 编码	2018 版 SOC 名称
19 – 5011	职业健康与安全专家
19 – 5012	职业健康与安全技术人员

续表

2018 版 SOC 编码	2018 版 SOC 名称
27 – 3092	法庭记者与字幕人员
31 – 1122	个人护理助手
40 – 5022	露天采矿挖掘和装载机器和牵引索操作员
47 – 5044	地下采矿装载和移动机器操作员
53 – 7065	装料工和货物补给员

(二) SOC 的历史发展

1. SOC 的诞生背景

美国最早的职业分类体系的建立可以追溯到 1850 年①。当时的全美人口普查发布了一个职业分类列表，共划分出 15 大行业、322 种职业。随着社会的发展，十年后的 1986 年，美国职业数量迅速增长到 584 种。早期的美国职业分类更多关注的是工作的行业性及其环境因素。②

进入 20 世纪 30 年代，为了给当时迅速发展的制造业提供分类依据，美国产业统计跨部门委员会 (Interdepartmental Committee on Industrial Statistics, ICIS) 颁布了由 4 位数字组成的标准行业分类系统 (Standard Industrial Classification, SIC)。其目的是以编码的方式按产业划分各类统计数据，从而推动联邦政府标准分类的普遍使用，使美国政府机构、贸易联合会和研究机构所收集发布的数据具有一致性和可比性。美国产业统计跨部门委员会于 1938 年公布了制造业行业分类，于 1939 年公布了非制造业行业分类，标志着美国第一个标准行业分类编制完成。③

1965 年，美国劳工部出版第三版《职业名称词典》(The Dictionary of Occupational Titles, DOT)，并推出《人口调查职业分类方案》，开始重新全面检查职业分类系统。1966 年 12 月美国职业分类跨部门委员会 (Inter-

---

① 此部分的具体论述请参见：李文东、时勘. 美国国家标准职业分类系统的发展概况及对我国的启示 [J]. 中国软科学, 2006 (2)：82 – 88.

② 具体论述请参见：Alissa Emmel, Theresa Cosca. The 2010 SOC: A classification system gets and update [J]. Occupational Outlook Quarterly, Summer, 2010：13 – 19.

③ 具体论述请参见：宋剑祥. 美国《标准职业分类》修订完善的几点思考 [J]. 世界职业技术教育, 2014 (4)：1 – 7.

agency Committee on Occupational Classification）根据 1965 年 8 月美国预算局（Bureau of the Budget）提交政府机构的职业信息调查报告时提出的建立标准职业分类系统（SOC）的建议。为了在区分和收集职业数据时普遍使用，征询了 28 个机构关于建立一部与标准工业分类系统（SIC）相同的标准职业分类的意愿，得到了大多数机构的赞成。

2. SOC 的编制与 5 次修订[①]

（1）SOC 的颁布与首次修订（从 1977 版 SOC 到 1980 版 SOC）。

进入 20 世纪 70 年代，建立美国标准职业分类系统的需求愈加强烈。编制 SOC 的目的在于提供一个全美统一的、可以交叉引用和聚集职业有关的社会与经济统计项目的数据收集系统机制。正是基于这样的思想，1977 年美国政府终于完成并发布了第一部标准职业分类系统：1977 版 SOC。然而，由于首次推广缺乏经验等因素的制约，1977 版 SOC 并没有得到广泛的应用。

于是在 1977 版 SOC 的基础上，在多个涉及职业信息的联邦政府机构的合作下修订并发布了 1980 版 SOC，其中包括了 1977 年《职业名称词典》（DOT）对应表中的每种职业的内容描述。新版 1980 版 SOC 采取大类、中类、小类和细类 4 个层级结构，试图分类所有以获得薪酬为目的的职业，其中划分出 22 个大类、60 个中类、226 个小类和 666 个细类。1980 版 SOC 的目的是使美国联邦政府机构、专业协会工会和民间机构以不同目的收集的有关劳动力统计、就业和薪酬等职业数据利用最大化，特别是对劳动力供求调查，教育与培训计划，职业选择，就业安置，劳动力流动性研究，人力资本另类投资回报分析，可比较薪酬的编制，用工效益、稳定性和工作状态评估等应用发挥积极的作用。

（2）SOC 的第二次修订（从 1980 版 SOC 到 1998 版 SOC）。

当 1980 版 SOC 愈发无法满足时代新兴职业需求时，新的修订工作开始了。1983 年，美国劳工统计局（BLS）准备了一份与 1977 版 SOC 和 1980 年人口普查系统相连接的转换列表。但由于新职业的增加，1983 年的转换列表无法直接显示其与 1977 年职业系统的对应性。虽然 1980 版

---

① 关于此部分的更详细论述请参考：宋剑祥. 美国《标准职业分类》修订完善的几点思考 [J]. 世界职业技术教育，2014（4）：1-7.

SOC 是 1980 年人口与住房普查时的职业分类基础，但它仍然没有在联邦机构的数据资源建设中被广泛使用。直到 20 世纪 90 年代以后，认真检查 1980 版 SOC 是否满足现实需要的有用性和有效性才真正受到重视和解决。

1992 年美国管理与预算办公室（OMB）设立经济分类政策委员会（Economic Classification Policy Committee，ECPC），负责检查 20 世纪 30 年代引入并用于划分 20 世纪初期发展起来的大量新兴产业的标准行业分类系统（SIC）。虽然美国建立的每一个企业都熟知 SIC 系统代码，但是随着过去数十年中高科技产业和新兴服务业的迅速发展以及大量新职业的发展变化，美国很多 SIC 统计数据已无法满足经济生活的需求了。美国劳工统计局（BLS）意识到要新建共同的标准职业分类系统，才能适应如高新技术制造业和卫生保健服务等新兴行业不断出现的职业分类需要。

1993 年 6 月，美国劳工部劳工统计局（BLS）组织了一次国际职业分类会议，为开展修订 SOC 做准备工作。会议就当前职业分类系统、职业分类的新挑战与新选择、用户对不同职业分类系统的需求与体验、统一分类系统的可靠性、职业分类的国际视角等问题进行探讨。会议达成共识，支持启动新的 SOC 的开发。1994 年，美国、加拿大、墨西哥三国签署的北美自由贸易协定生效，增加了可比较的统计数据的需求。构建《北美行业分类系统》（North American Industry Classification System，NAICS）被提上了日程。作为 SIC 的重构，NAICS 在于适应区分单独生产过程，即基于供给或面向生产的分类系统，重点强调要把数据整合到标准系统之中，且每个加入的国家都可以自己单独建立一个满足本国需要的新系统。

1994 年 9 月，美国管理与预算办公室（OMB）授权标准职业分类修订政策委员会（SOCRPC）成立，标志着 1980 版 SOC 修订工作正式启动。作为一个维护分类的常务委员会，标准职业分类修订政策委员会主要采取厘清修订工作要解决的问题、确定修订标准与分类原则、成立不同的工作小组同时推进的方式，以及整合各种意见等几个关键性步骤，来推进 SOC 的修订进程。

为了查验自 1980 年以来 SOC 的使用效果，以及它是否适合现代职业发展的需要，标准职业分类修订政策委员会邀请了所有与职业分类有关的联邦政府机构加入职业分类系统的修订工作中，并从中聘请职业统计和经济领域的专家组成 6 个工作小组，参与新版 SOC 的修订与审查。1995 年 2

月，美国管理与预算办公室在《联邦公报》上发布向社会公众征询 SOC 修改意见的公告，并在此后的 4 年中不断采纳多方意见进行修订和完善，最终推出较 1980 版 SOC 有了明显进步的 1998 版 SOC，见表 4 - 8。

表 4 - 8　　　　　　　　　　　1998 版 SOC 的重大变化

序号	1998 版 SOC 重大变化
1	结构上的可比性。能对收集的数据进行比较，便于数据收集者按有类似技能和工作活动的职业类别进行归并
2	反映美国当前劳动力结构。既满足各级政府机构和私营公司的需要，又使各种职业数据需求的用户受益
3	有更大的灵活性。采用 6 位数代码，分别代表不同的类别层级。通过增加代码小数点，可对细类职业进行详细的数据收集，并进行一定等级层面的数据比较
4	覆盖了美国所有的工作领域。对不能准确找到适合解释的职业将划分到一个尽可能细小的"其他"类职业中，并单独进行解释，以便收集相关数据
5	细类与工作名称相联系。有 30000 个工作名称或可能的职业名称与细类职业相联系。由于有行业专指性，因此也列出不同行业的细类名称
6	职业的定义。每个细类职业都有单独的定义，包括工作任务、有多少任职者。当与另一职业从业者履行的职责相同或接近时，该职业就提供相互参照
7	专门的军事职业。设非军事类职业中没有的专门的军事职业
8	历史的比较性。体现一定的延续性，也便于对职业发展趋势及从业者特征进行长期追踪
9	灵活变化，及时更新

（3）SOC 的第三次修订（从 1998 版 SOC 到 2000 版 SOC）。

1998 版 SOC 的推出为完成 2000 版 SOC 版本奠定了坚实的基础。在 1998 版 SOC 版本的基础上，标准职业分类修订政策委员会很快向美国管理和预算办公室提交了 2000 版 SOC 建议书。作为联邦政府多个机构及其成员的合作成果，新版 2000 版 SOC 将职业分类为 23 个大类，96 个中类，449 个小类和 821 个细类。2000 版 SOC 首次为所有利用该系统完成的大型职业数据库提供了可以比较的数据，极大地促进了数据的使用。2000 版 SOC 能够区分所有根据履职表现来获得薪酬待遇的职业，涵盖了美国社会经济生活中所有的职业，反映了美国现行职业结构状况，包括公共、私营和军事行业中的职业。2000 版 SOC 描述了职业定义及其他可能的职业名称，及时更新了旧的职业分类系统，灵活地反映劳动力结构的变化，使得政府机构和私营企业能得到可以比较的数据。2000 版 SOC 的用户包括政府机构项目经理、行业和劳资关系从业者、求职者、希望建立工资级别或确定薪资的招聘单位、教育引导如教师、辅导员、就业咨询和学生探讨职业及分清职业教育与培训的选择。2000 版 SOC 的推出有利于美国促进经济、人口统计、教育和其他影响就业、工资和其他从业者特点的因素分析。从某种程度上说，2000 版 SOC 是美国第一部统一、全面、具有高度实用性的标准职业分类系统。

（4）SOC 的第四次修订（从 2000 版 SOC 到 2010 版 SOC）。

2000 版 SOC 发布实施以后，21 世纪之初世界经济和科技快速发展，许多新兴职业相继出现，于是美国管理与预算办公室和标准职业分类修订政策委员会从 2005 年起，共同计划再次对职业分类系统 2000 版 SOC 进行修订。2006 年 5 月美国管理与预算办公室和标准职业分类修订政策委员会通过《联邦公报》向公众发出公告，征询社会公众的修改意见。

为了集成高水平的职业分类系统，标准职业分类修订政策委员会依旧联合 6 个工作小组检查需修订的 2000 版 SOC 职业分类。同时，对接收到的公众建议按照主题转到相应工作小组进行评议。各工作小组成员之间通过邮件方式和会议方式保持意见、建议和研究的沟通联系，并对分配的大类职业的准确性、名称术语和技术升级等进行认真的审议。

2008 年美国管理与预算办公室再次发布征询修订建议的公告，提请社会公众对 2010 版 SOC 手册中抛出的分类原则和代码说明名称和代码改变的职业、等级结构变化、职业名称、分类位置和新职业代码等方面提出修改建议。2009 年 1 月，经过反复多次的评议和修订，美国管理与预算办公室发布 2010 版 SOC 最终修订稿的通告。沿袭 2000 版 SOC 基本的等级结构，新版 2010 版 SOC 仍划分为大类、中类、小类和细类 4 个职业层级。大类职业数目上没有变化，但分类名称上有一些变化。中类、小类和细类上均有职业的变化。职业分类由代码、名称定义和不同职责描述及实例组成。最终，2010 版 SOC 形成了 23 个大类、97 个中类、461 个小类和 840 个细类，见表 4 - 9。

表 4 - 9　　　　　　　　　　　2010 版 SOC 的重大变化

序号	变化方向	具体变化内容
1	代码的改变	与过去相比，2010 版 SOC 加强了职业代码的编排使用，并强调了代码的精确原则
2	名称的改变	职业名称反映了科技的发展进步与变化，尤其是在现代信息技术行业出现了新的职业。2010 版 SOC 中超过 100 种职业名称有改变。其目的是使职业涵盖面更加清晰和明确
3	编排变化	与 2000 版 SOC 相比，2010 版 SOC 系统结构实现净增 19 个细类、12 个小类和 1 个中类。但由于 2010 版 SOC 系统 840 个细类职业中有 400 余个保留了原来的职业，只有 300 多个有变化，因此职业细类编排上没有出现大量的替换改变
4	内容变化	2010 版 SOC 中有 840 个细类职业，其中有 61 个职业有内容上的变化，包括新出现的 24 个细类职业
5	分类原则的调整	1. 分类涵盖所有履行工作获取报酬待遇的职业，包括家庭成员没有直接补偿的私营企业中从事的工作。但不包括专为志愿者的职业。每种职业都只分配给一个最低层面的职业分类号 2. 职业分类主要基于工作表现，但也考虑需胜任工作层面的技能、教育和培训 3. 对多个大类及职责进行了调整 4. 学徒和接受培训者按其受训的职业类别来划分，但培训人员应当单独分类，因为他们培训不是为了想做他们帮助培训的职业 5. 如果一个职业在分类结构中没有包括在明确的细类职业中，那么它应当划分在适当的"其他"或"余留"类职业
6	分类号的独占性原则	2010 版 SOC 在职业分类时坚持一种职业只有一个细类分类号的独占性原则，以及所有职业都可以通过 SOC 结构体现职业划分的彻底性原则。如此，所有从业人员都可以按照职业定义被一一归类到 840 个细类职业之中

（5）SOC 的第五次修订（从 2010 版 SOC 到 2018 版 SOC）。

现行的 2018 版 SOC 已是自 1977 版 SOC 颁布之后的第 5 修订，于 2018 年 1 月起生效。在电子版《SOC 手册 2018》发行之后，标准职业分类修订政策委员会继续担任常设委员会，负责手册内容的修整工作，例如澄清 SOC 定义，在现有结构中纳入新职业，以及更新职业名称文件，包括《直接匹配标题文件》（Direct Match Title File）。

标准职业分类修订政策委员会将继续就新职业的话题定期商讨，并更新《直接匹配标题文件》。对此感兴趣的人士可以通过发送电子邮件至

SOC@ bls. gov，向标准职业分类修订政策委员会建议添加其他职位名称。

美国管理与预算办公室曾就 SOC 的局限提醒其用户选择适合自身需求的数据系统。SOC 编码系统的目的在于创造出细类职业及其工作描述的庞大数据库，以满足使用群体对了解和收集具体工作详细职责内容的需求。美国管理与预算办公室建议那些需要更多额外工作细节的使用群体考虑使用劳工部就业和培训管理局的职业信息网络（O * NET）结构，该结构在 SOC 代码的六位数字后添加一个小数点和附加数字。[①]

（三）SOC 的具体使用

1. SOC 的分类原则

SOC 分类原则是 SOC 系统构建的基础：

原则一：SOC 包含所有以赚取工资或获取利润为目的的职业，包括家族企业中家庭成员从事的没有直接报酬的工作。SOC 中不包括志愿者这种独特职业。每个职业仅属于最细的分类级别中的一个职业类别。

原则二：职业根据所从事的工作进行分类，在某些情况下，根据执行工作所需的技能、教育或培训进行分类。

原则三：主要从事资源规划和指导的劳动者属于大类 11 - 0000 管理职业。这些劳动者的职责可能包含监管。

原则四：13 - 0000 到 29 - 0000 大类中劳动者的监管者，通常具备相关工作经验，并且从事与被监管人员的相似的工作活动。因此，他们与被监督的劳动者归入同一类别。

原则五：大类 31 - 0000 医疗保健支持职业中的劳动者主要从事协助工作，并且通常由大类 29 - 0000 医疗从业者和技术职业的劳动者监管，因此在大类 31 - 0000 中没有一线主管职业。

原则六：大类 33 - 0000 到 53 - 0000 中主要职责为监管的劳动者，被归为对应的一线主管类别。原因是他们从事的工作活动与被监管人员的工作活动不同。

原则七：学徒和受训人员被归为所参与培训的职业，而助手则另行分类，因为他们没有接受他们所协助职业的培训。

---

① 原文请参阅：https：//www. federalregister. gov/documents/2017/11/28/2017 - 25622/stand-ard - occupational - classification - soc - system - revision - for - 2018。

原则八：在结构中，如果一项职业不是明确的细类，则将其归入相应的"所有其他"职业。如果确定构成小类的细类不涉及该类的所有工作人员，尽管这类工作人员可能从事一系列不同的工作活动，"所有其他"职业要纳入该结构。

原则九：美国劳工统计局和美国人口普查局负责收集和报告整个 SOC 大类范围内的美国就业总数。因此，要将细类纳入 SOC，劳工统计局或是人口普查局必须能够收集和报告该职业的数据。

原则十：为最大限度地提高数据的可比性，要尽可能保持时间序列的连续性。

2. SOC 的编码指南（以 2018 版 SOC 为例）

SOC 编码指南旨在帮助使用者始终能在编码过程中找到对应的 SOC 代码和名称，见表 4 - 10。

表 4 - 10　　　　　　　　　　SOC 编码指南

序号	编码说明
1	应根据劳动者所完成的工作，将其分配到相应的 SOC 职业代码中
2	当从事一项工作的劳动者可以在一个以上的职业中编码时，应该在需要其最高技能水平的职业中编码。如果技能要求无法衡量这些工作的差异，应该按照其花费最多时间的职业进行编码。在不同教育水平（例如，小学，中学）教学的劳动者应该在与他们所教授的最高教育水平相对应的职业中编码
3	数据收集和报告机构应尽可能将劳动者分配到细类。不同的机构可能会使用不同水平的聚合，具体取决于他们收集数据的能力
4	如果劳动者从事的工作活动，并未在 SOC 结构有明显的细类描述，应将其编入"所有其他"职业。这些职业编码以"9"结尾，位于该组最后一个，并在最后用"所有其他"来标识
5	大类 33 - 0000 至 53 - 0000 中所有花费 80% 或更多的时间从事监管工作的劳动者，应在 SOC 的一线监管类别中进行对应编码。同样在这些大类（33 - 0000 至 53 - 0000）中，承担监管职责，且从事监管工作低于 80% 时间的人员，应与他们所监督的劳动者一起进行编码
6	无论是否获得许可（执照），只要从事相同工作，劳动者都应在同一细类中进行编码，除非 SOC 定义中有其他明确说明

3. SOC 的编码结构

SOC 中的职业分为四个层级（大类、中类、小类和细类），以满足各种数据用户的需求。每一个次级细分都标识了一个更具体的职业类别。下面列出的 23 个大类分为 98 个中类、459 个小类和 867 个细类。

大类分为若干中类，依次地，中类分为若干小类，小类分为一个或更多的细类，详情如下：

29 - 0000 医疗从业者和技术职业

  29 - 1000 健康诊断或治疗医生

    29 - 1020 牙医

    29 - 1022 口腔颌面外科医师

- 大类编码以 0000 结尾（如，29 - 0000 医疗从业者和技术职业）。

- 中类编码通常以 000 结尾（如，29 - 1000 健康诊断或治疗医生）——中类特例有 15 - 1200 计算机职业，21 - 1100 家庭健康与个人护理助手，护理助手，护理员和精神病护理员，以及 51 - 5100 印刷工人，都是以 00 结尾。

- 小类编码以 0 结尾（如，29 - 1020 牙医）。

- 细类以除了 0 的数字结尾（如，29 - 1022 口腔颌面外科医师）。

SOC 中每一条编码由指定的 6 位数字组成。第二位与第三位数字之间的连字符仅起到明确的作用（见图 4 - 2）。在 6 位编码中，前两个数字表示大类；第 3 个数字表示中类；第 4、5 个数字表示小类；最后一个数字表示细类。

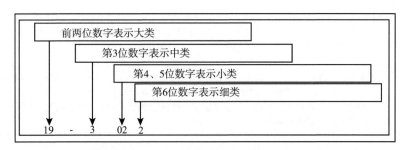

图 4 - 2　SOC 编码的 6 位数字示意图

如图 4 - 3 所示，"所有其他"职业（以及"其他"或"杂项"职业），无论属于细类、小类，还是中类，都在其编码中包含一个"9"
（图中箭头上方内容由上到下分别为大类、其余大类、其余小类、其余细
类）。在大类中，若"所有其他"属于中类，则编码以9000结尾（例如，
33－9000表示其他保护服务人员）。在中类中，若"所有其他"属于小类，
则编码以90结尾（如33－9090表示各类保护服务人员）。若"所有其他"
属于细类，则编码以9结尾（如33－9099、保护服务人员、所有其他）。

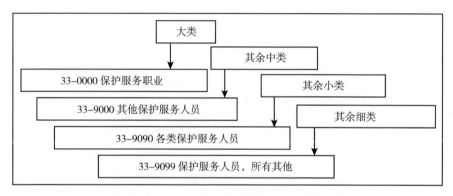

图4－3 "所有其他"职业中"9"的示意图

如果在一个中类中超过了9个小类（如，51－9000，其他制造业职
业）；或者超过8个且没有"所有其他"职业（如：47－2000，建筑行业
工人），则跳过编码xx－x090（保留"所有其他"职业）；跳过编码xx－
x000（保留中类），数字体系将继续以xx－x110编码。"所有其他"如属
于小类，则以xx－x190或xx－x290进行编码（如：51－9190，其他制造
业工人）。该结构是全面的，涵盖美国经济中的所有职业。如果未列出特
定职业，则将其包含在具有类似职业的"所有其他"类别中。

细类职业具有明确的定义，每一种类包括分类原则2中所描述的从事
相似工作任务的劳动者。职业定义描述了职业中所有劳动者履行的职责。
在一些定义最后一句话中，描述了该细类中劳动者可能但不一定是必须执
行的工作任务，以便能够归入该细类。如果定义包括劳动者在另一细类中
执行的任务，则在定义中提供对该细类的交叉引用。

图4－4详细列出了SOC职业中的8个要素。所有六位数的细类包含
以下三个方面：（1）SOC编码；（2）标题；（3）定义。进行职业分类的

所有劳动者都必须履行类似（4）中描述的职责，每个定义的第一句中所述的职责，不是以"可能"开头。一些定义中，有（5）中"可能"类的描述，有（6）中"包括"类的陈述，还有（7）中"不包括"类的陈述。几乎所有的职业都有一个或更多的"说明性示例"。说明性示例来源于《直接匹配标题文件》，是被归到细类中的职位名称。

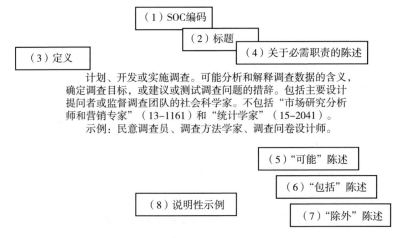

计划、开发或实施调查。可能分析和解释调查数据的含义，确定调查目标，或建议或测试调查问题的措辞。包括主要设计提问者或监督调查团队的社会科学家。不包括"市场研究分析师和营销专家"（13–1161）和"统计学家"（15–2041）。
示例：民意调查员、调查方法学家、调查问卷设计师。

图4–4 以"调查研究员"为例进行说明

"可能"类陈述描述了在此细类中的劳动者可能但并非必须执行所述工作任务，以便能够归入调查研究员类中。"包括"类陈述明确说明了属于"调查研究员类"的特定劳动者。"不包括"陈述表明了与"调查研究员"相似的职业，并澄清属于相似细类的劳动者应排除在"调查研究员"之外。

4. 2018 版 SOC 的社会用途[①]

2018 版 SOC 作为一个系统的国家职业分类体系，主要为美国政府机构所使用（如劳动统计局进行某项调查），但同时也可以服务于私人机构和个人。它常被应用于以下领域，但不局限于以下领域。

用途一，对于就业者个人：毕业生择业、企业员工再就业

----

① 此部分可以参考李文东、时勘对2000版SOC主要作用的论述：李文东，时勘. 美国国家标准职业分类系统的发展概况及对我国的启示［J］. 中国软科学，2006（2）：82–88.

即将进入或刚刚进入社会的年轻毕业生群体可以登录国家职业分类系统的网站（American Jobs Bank 和 O ＊ Net）了解每种工作的具体工作内容，以及工作对教育背景、技能水平等条件的要求。他们可以根据自身的专业、能力和兴趣选择适合自己的工作。

当企业员工面临裁员或企图跳槽时，他们也可以通过国家职业分类系统的网站了解目标工作的相关信息，并筛选出与自身工作经验和特长相匹配的工作。

用途二，对于用工企业：企业岗位重组

当公司的人力资源专家需要将公司现有的众多岗位根据员工技能进行岗位重组，在精简岗位数目时，可以参考国家职业分类系统及其相关任职素质要求的数据库，将数据库里已有的信息作为模板，根据公司的需要进行调整，达到企业岗位重组的目的。

用途三，对于调查机构：民意调查

2018 版 SOC 作为美国统一的职业分类系统，它是中央和地方政府机构进行数据调查的权威标准。因此，当其他盈利或非营利的调查机构希望进行民意调查时，以 2018 版 SOC 的职业分类为基础开展调查，有助于调查结果与其他机构的调查基础保持统一，从而提高数据的可分析性与权威性。

（四）关于 SOC 的几个问题

问题一：SOC 依据哪些维度进行职业分类，四个分类层级之间是什么逻辑关系？

SOC 根据"工作内容差异"进行职业分类，在某些情况下，也会考虑完成工作所需的技能、教育和培训。这对应着 SOC 职业说明中职位特征（Work－Oriented）和劳动者特征（Worker－Oriented）两个维度。SOC 版 2018 将美国 1016 个社会职业分为职组大类（major group）、职组小类（minor group）、广义职业（broad occupation）、职业（SOC title）四个层次。23 个职组大类是根据工作内容差异划分出的不同职业领域，98 个职组小类体现的是技能等级和技能类型的差异，459 个广义职业是基于职业活动的相似性对职业进行的分组。

美国 SOC 分类体系的四个层次：

23 个职组大类是根据工作内容差异划分出的不同职业领域。例如，商业和金融事务职业、计算机和数学职业、其他教育教学人员和图书馆职业、销售和相关职业等，分别涵盖的是社会层面的四个职业领域。管理职业也是一个单独的职业大类。

98 个职组小类体现的是技能等级和技能类型的差异。例如，将"教育指导和图书馆职业"划分为高等教育教师，幼儿园、小学、初中、中等和特殊教育教师，其他教师和讲师，图书馆馆长、馆员和档案保管员，其他教育指导和图书馆职业五个职组小类。前三个之间主要体现的是技能等级的差异，它们和后两个之间则体现的是技能类型的差异；再例如，将"销售和相关职业"分为销售主管，零售人员，销售代表（服务业），销售代表（批发和制造业），其他销售和相关人员五个职组小类。销售主管主要体现的是技能等级差异，后四个之间主要体现的是技能类型差异。

459 个广义职业是基于职业活动的相似性对职业进行的分组。例如，把"教育指导和图书馆职业"中的"高等教育教师"划分为八个广义职业：商科教师（高等教育）、数学和计算机科学教师（高等教育）、工程和建筑教师（高等教育）、生命科学教师（高等教育）、物理科学教师（高等教育）等八类，但是学前教育、幼儿园教师、小学教师则作特殊教育和非特殊教育的区分，中学教育作特殊教育、职业教育和非特殊/职业教育的区分。将"计算机和数学职业"中的"计算机职业"分为计算机和信息分析师、计算机和信息研究科学家、计算机支持专家、数据库和网络管理员和架构师、软件和 Web 开发人员、程序员和测试人员，其他计算机职业。

问题二：SOC 是如何对管理人员进行职业分类的？

SOC 的 23 个职组大类中有一个专门的职组大类——管理职业，指从事计划和资源指导活动的劳动者，他们的职责中可能也会包含监督职能，可以近似理解为"Managing Managers"。按照技能等级和技能类型的差异，管理职业分为高管，广告、营销、促销、公共关系和销售经理，运营专业经理，其他管理职业四个职组小类；以运营专业经理为例，又按照职业活动的相似性分为行政服务和设施经理，计算机和信息系统经理，财务经理，工业生产经理，采购经理，运输、仓储和配送经理 7 个基础职业；职业这层基本没有再对基础职业进行细分。因此，我们发现，与其他职业领域相比，管理职业划分的颗粒度要更粗，这与工作内容的差异大小有关。

对于管理职业而言，工作内容、经验要求、技能要求更为通用，例如，采购经理、销售经理都是最细的职业颗粒度，这是因为不同行业、不同品类采购经理和销售经理的工作内容和技能要求没有太大差异。

而对于主要承担监督职责的一线管理人员，可以近似理解为"Managing Others"，由于不主要承担计划和资源指导的职责，并没有被纳入管理职业中。他们被依照与所监督人员在工作内容、经验要求、技能要求的相似程度对比，划分为两种情况：在职业代码 13–0000 至 29–0000 的职业中，即商业和金融事务职业、计算机和数学职业、建筑和工程职业、生命、物理和社会科学职业等领域，他们的一线管理人员与其所监督的员工在工作内容、经验要求、技能要求上非常相似，所以没有对他们做专门分类，而是与所监督的员工一同归类。主要群体 31–0000 医疗保健支持职业中的工人的协助通常由主要群体 29–0000 医疗从业者和技术职业的工人来进行监督，因此在主要组 31–0000 中没有一线主管职业。在职业代码 33–0000 至 53–0000 的职业中，他们的一线管理人员与其所监督的员工的工作内容不同，归入适当的一线主管类别，例如"销售和相关职业"中的销售主管。

问题三：除管理职业外，其他领域职业颗粒度是如何划分的，有何差异？

SOC 根据"工作内容差异"进行职业分类，在某些情况下，也会考虑完成工作所需的技能、教育和培训。这对应着 SOC 职业说明中职位特征（Work–Oriented）和劳动者特征（Worker–Oriented）两个维度。

职组小类是基于技能等级和技能类型进行的划分，SOC 共有 98 个职组小类。例如，将"教育指导和图书馆职业"划分为高等教育教师，幼儿园、小学、初中、中等和特殊教育教师，其他教师和讲师，图书馆馆长、馆员和档案保管员，其他教育指导和图书馆职业五个职组小类。前三个之间主要反映的是技能等级的差异，它们和后两个之间反映的则是技能类型的差异；再例如，将销售和相关职业分为销售主管，零售人员，销售代表（服务业），销售代表（批发和制造业），其他销售和相关人员五个职组小类。销售主管主要反映的是技能等级差异，后四个之间主要反映的是技能类型差异。而对于没有显著技能等级差异的职业，则仅做技能类型的拆分，例如，将商业和金融事务职业分为业务运营专家和金融专家；将计算机和数学职业分为计算机职业和数学科学职业。

问题四：SOC 如何保证职业体系的动态更新，以及如何进行职业新建？

美国 SOC 经历 1977、1980、2000、2010、2018 五个版本的迭代（从 2000 版 SOC 开始实现系统化），逐渐形成了稳定的修订周期，在 2018 年标准职业分类系统修订过程中，美国管理和预算办公室（OMB）正式确定每 10 年进行一次 SOC 的修订。

以 2018 年美国标准职业分类系统修订为例，本次修订由美国管理和预算办公室（OMB）牵头，以标准职业分类修订政策委员会（SOCRPC）为主进行修订。（1）为了启动正式的 2018 版 SOC 修订流程，美国管理和预算办公室和标准职业分类修订政策委员会在 2014 年 5 月 22 日联邦登记公告中要求公众评论以下五条修订提案：对 2010 版 SOC 分类原则的拟议修订；打算保留 2010 版 SOC 编码指南；保留 2010 版 SOC 主群结构；关于 2010 版 SOC 细类职业的更正、变更或组合的提案；新的细类职业的出现。（2）为了完成大部分的修订工作，标准职业分类修订政策委员会创建了八个由委员会工作人员组成的工作组，以检查相关大类职业的修订，这使得 2018 年标准职业分类系统具有很强的标准性。工作组负责审查收到的民众回复，并向标准职业分类修订政策委员会提出建议。在分类原则的指导下，标准职业分类修订政策委员会审查了工作组的建议，协商一致最终达成决策。（3）美国管理和预算办公室在 2016 年 7 月 22 日的联邦登记公告中公布了拟议的新结构，OMB 与 SOCPC 一起审查并仔细研究了收到的关于此通知的意见。2017 年 11 月 28 日联邦登记公告公布了 2018 年最终职业变化。

在 2018 年新版标准职业分类施行之后，美国标准职业分类修订政策委员会将作为常设机关对其进行动态的维护，包括每年度定期召开会议来关注那些新出现的职业或者是正在兴起的职业，然后将它们匹配到相应的 SOC Title 内，以此来保持新标准分类的动态更新。同时对于那些需要更详细职业信息的用户来说，可以在标准职业分类标准六位数字代码之后再添加新的小数点来进行描述，这也从另外一条途径保证了新分类的动态更新与完善。

SOC 新建职业标准的过程如下：新增"Occupation"的需求由美国标准职业分类修订政策委员会（NSSB）调研发现，或者由相关方代表在委员会中提出，整个职业标准的构建构成由 NSSB 统筹推进。首先，组建职业技能标准开发小组，其成员会覆盖技术专家、教育专家、雇主代表和雇员代表等百余人；其次，通过社会调查、资料收集、借鉴原有的各类技能标准等途径，对从事该职业所必需的知识、技能进行分析，按其难易程度、逻辑关系、实际使用频率和重要性、操作条件与设备等方面的差别进行组织编排，使之系统化；最后，拟定草案，征求社会各界的意见，综合考虑各方面因素，如满足就业需要，便于教学与考核，避免产生可能的偏袒或歧视等，修改发布使用。

问题五：SOC 如何处理兼职和一线监管人员的代码归属问题？

按照 SOC 的管理要求，为了便于统计应用，需要把工人分配到唯一的 SOC 职业代码中。当工人存在跨职业工作时，他们应该在需要最高技能水平的职业中编码；如果技能要求差异难以对比或不可衡量，工人应该按照他们花费最多时间的职业进行编码；在不同年级段从事教育工作的教师（如小学和中学），应归属于他们所教授的最高教育水平的职业代码。

在代码 33 – 0000 至 53 – 0000 中，如果工人执行监管活动的时间超过 80%，则应分类在对应的一线主管职业中；如果工作者执行监管活动的时间少于 80%，则负责监督职责的工人与他们监督的工人一起编码。

问题六：SOC 的职业说明及应用情境

SOC 将美国 1016 个社会职位分为职组（group）、职业（occupation）两层，职组细分大类（major group）和小类（minor group），职业细分 Broad Occupation、O＊NET – SOCS，每个 O＊NET – SOCS 对应唯一的职业编码。SOC 依照的分类逻辑是 The O＊NET © Content Model，即职位特征（work-oriented）和劳动者特征（worker-oriented）。职业特征包括职业要求（occupational requirements，如职业环境）、劳动力特征（workforce characteristics，例如劳动密集型还是技术密集型）、职业特定信息（occupation-specific information，比如特定技能和工具操作要求）；劳动者特征包括劳动者特质（worker characteristics）、劳动者要求（worker requirements）、经验要求（experience requirements）。这种职业分类模型使跨行业、跨部门的职业信息应用成为可能，并引导雇主和雇员双方都能够关注到指定职位的关键属性和对应人员的技能领域。

二、美国职业信息网（O * Net）

美国职业信息网（O * Net）是在美国标准职业分类（SOC）的基础上建立起来的职业信息数据库。它是一个向公众开放的非营利服务性网站，为使用者提供访问职业信息数据库的权限。O * Net 于 1998 年首次上线运营。截至 2021 年 9 月，O * Net 的 26.0 版本是最新版本。O * Net 是美国职业信息网国家发展中心（National Center for O * NET Development）经北卡罗来纳州商务部批准，受美国劳工部就业培训局赞助开发运营的公益门户网站。

O * Net 取代了此前的美国职业名称词典（Dictionary of Occupational Titles，DOT)[①] 成为美国最权威的职业信息网络查询系统。它的网页涵盖了总计 974 个职业的工作分析，对于职业的工作任务、工作活动、工作环境、相关职业、薪酬福利、就业趋势等信息进行了详细的介绍与分析，是求职者以及人力资源管理工作者的信息宝库。

（一）现行 O * Net 美国职业信息网的主要功能

O * Net 目前应用的数据库是 26.0 版本。该数据库提供了 821 个职业的数据，其中 100 个职业是此版本中的更新数据。同时，此版本还更新了 402 种职业的替代职称和报告职称样本数据、238 种职业的详细工作活动（DWA）以及能力和技能领域内的 89 种级别量表。[②]

功能一：职业搜索

O * Net 提供 8 种职业搜索方法，包括直接搜索、查看朝阳职业、查看绿色职业、按专业查找职业、按行业查找职业、按工作相似性查找职业、按工作难易度查找职业、查找科技类职业。

可以直接通过输入关键字、名称、编码的方法来搜索职业。O * NET 职业上也有该功能的快捷入口。朝阳职业指新产生的、未来一段时间会有大量岗位出现的或所属行业增长较快的职业，属于该类别的职业会以太阳标识标出。用户可以查看 3 类朝阳职业列表。绿色职业指使用新技术、新

[①] 美国职业名称词典（DOT）最后更新版本为 1991 年的第 4 版，这一版的内容仍可以在线访问：https：//occupationalinfo.org。

[②] 更多数据库更新详情请参见 O * Net 的官方网站：https：//www.onetonline.org/help/new/。

能源，有利于能源节约、环境友好的职业，属于该类别的职业会以绿叶标识标出。用户可以查看各行业绿色职业列表。同时，O＊Net 提供按专业、行业、工作相似性、工作难易度等查找职业的查询方式。

O＊NET 数据搜索又可细分为按能力、兴趣、知识、技能、工作活动、工作内容、工作价值观搜索。如这一功能可让用户查找所有对手腕灵活性具有高要求的职业。用户可在职业技能列表中标出自身具备的技能并在此基础上搜索，系统会给出对所选技能要求较高的职业列表，为用户提供可能的职业选择。按工具和技术搜索可让用户通过工具和技术关键字来搜索需要使用这些工具或技术的职业，为用户提供可能的职业选择。

同时，O＊NET 为用户提供了除 O＊NET 标准职业分类之外的注册学徒系统（RAPIDS）、美国职业大典（DOT）、行业分类项目（CIP）、军事职业分类（MOC）、职业展望手册（OOH）、标准职业分类（SOC）6 种职业分类的搜索引擎，如用户可使用一个职业在美国职业分类大典中的职业编号在 O＊NET 中查找该职业。

（1）关键词或 O＊Net－SOC 代码。

使用者可以在此输入单词、短语或标题以搜索 O＊NET－SOC 职业，也可以输入完整或部分 O＊NET－SOC 代码以按代码查找职业。

（2）职业集群。

职业集群包含需要类似技能的同一工作领域的职业。学生、家长和教育工作者可以使用职业集群来帮助将教育计划的重点放在获得必要的知识、能力和培训上，以在特定的职业道路上取得成功。

（3）工作谱系。

工作谱系是基于所从事的工作、技能、教育、培训和证书的职业组。

（4）STEM（科学、技术、工程、数学类）。

此处可供使用者查找需要科学、技术、工程和数学学科（STEM）教育背景的职业。

（5）良好职业前景。

具有良好职业前景的职业预计在未来几年或将快速增长，或将有大量职位空缺，或其本身为新兴职业。

（6）行业。

行业是具有类似活动、产品或服务的广泛的企业或组织群体的职业大类。根据其就业情况，职业被视为行业的一部分。

（7）职业分区。

职业分区根据执行职业所需的教育水平、经验和培训将职业分为5个类别。5个类别的经验和培训要求由低至高分别如下：第1区：无需或仅需少量训练；第2区：需要一些训练；第3区：需要中等程度训练；第4区：需要大量训练；第5区：需要高强度训练。

功能二：职业描述

职业描述页面上的职业信息也是 O∗NET 背后数据库的核心内容。

O∗NET 标准职业分类下的1110个职业中，已有974个职业具备完整或部分职业描述。这些职业描述包括每个职业特有的工作内容、工作定义等，以及该职业在所有职业公用的277个标准职业描述因子上的水平。

以公路养护工的职业描述为例，包括职业名称、O∗NET 标准职业分类编码、职业定义、该职业的其他称谓及职业信息更新时间。职业任务、职业工具和技术等职业特有信息，还包括公路养护工在职业知识、能力等277个标准职业描述因子的水平。该职业的人力资源信息，包括职业薪酬水平、从业人数及变化情况、从业人员缺口及所属行业等信息。

功能三：职业发展

职业发展是 O∗NET 为准备更换职业的用户提供的一种在线工具，包括英文版、西班牙文版及专门为退伍军人制作的版本三个版本。用户可以通过关键字查找职业、通过自己想就职的行业来查找职业。职业发展最具特色的是用户可通过完成一份60个项目的在线职业兴趣问卷，来让系统向用户推荐用户可能感兴趣的若干个职业。

功能四：信息资源采集和数据库建设

O∗Net 的资源中心更多地用来提供 O∗NET 的在线资源链接，包括 O∗NET 的理论模型介绍、产品、数据库及研究报告的下载、职业信息采集系统项目等。同时 O∗NET 的背后有着庞大的数据库。社会各方可通过这些数据获得大量有益资料，网站在此处设了1个综合页和4个子站，分别对口劳动力开发专业研究者、资方、教育方、求职方。职业信息采集是 O∗NET 数据库获得信息和更新信息的重要手段。职业信息采集样本的选取使用2层随机抽样。首先，针对每个职业随机选取可能会雇用该职业的企业作为企业样本；其次，对于每个企业随机选取该职业的从业人员。信息采集全部使用标准调研问卷，每个从业者都要回答人口统计方面的问题，但考虑到被调查人员的负担问题，每个从业者只需完成职业信息方面总问题数的 1/3。每次信息采集的结果会更新 O＊NET 数据库，并会以报告的形式向公众展示，报告由人力资源研究所（HumRRO）负责完成。信息采集系统的内部具体情况只有参与采集的工作人员才可以看到。

（二）O＊Net 数据库的历史发展与运作方式

1. O＊Net 的历史发展

20 世纪 80 年代，美国劳工部就业和培训局评估了职业数据采集的费用、数据采集方法的难度、数据的时效等问题，并根据评估结果于 1990 年成立了职业大典咨询专家组。咨询专家组提交了《21 世纪的职业数据库》报告，建议开发新的职业数据库，也就是后来的 O＊NET（Occupational Information Network，美国职业信息网络）职业数据库。

美国 O＊NET 职业数据库广泛采用了美国 60 多年来的职业研究成果，包括完善的描述词体系及级别描述方法，向从业人员和职业专家采集职业数据的方案，基于《美国标准职业分类》（Standard Occupational Classification，SOC）的职业分类，使用调查问卷和评定量表的工作分析方法等。

O＊NET 职业数据库建设包括三个要素：要素一是 O＊NET－SOC 职业分类，定义了职业体系的结构和名称；要素二是职业内容模型，明确了单个职业的描述内容；要素三是职业数据采集计划，确定了定期采集、更新数据的机制。

自 1998 年以来，美国陆续推出 O＊NET 98、O＊NET－SOC 2000、O＊NET－SOC 2006、O＊NET－SOC 2009、O＊NET－SOC 2010 五个主要版本的职业分类。其中，O＊NET 98 职业分类基于美国劳工部《就业统计职业分类》，O＊NET－SOC 2000 及其以后职业分类均基于《美国标准职业分类》。目前 O＊NET 职业分类重点关注随着社会和技术发展而出现的新兴职业。

O＊NET 职业数据库的内容模型通过标准化、可测量的 277 个描述词描述职业的特征，全面描述了职业的日常工作及其资格等各方面。内容模型采用树形结构，顶层是从业人员特征、从业要求、工作经历要求、特有职业信息、从业特征、职业要求六个类别，每个类别可以逐级分解。

2. O＊NET 职业数据库的理论支持与应用范围

（1）职能模式：O＊NET 职业要求背后的逻辑①。

职能模式也就是胜任力模式是 O＊NET 系统提出的职业要求的理论支持，这一理论源自美国心理学家梅克莱兰德（McClelland）对众多工作专家（优秀在职者）进行访谈与研究的结果。梅克莱兰德归纳整理出这些优秀工作者能够达成高绩效的关键能力与特质，并将执行某项特定工作时所需具备的一组关键能力称为该工作的"职能模式"。

岗位所需要的素质分为知识（Knowledge）、技能（Skill）、能力（Ability）、其他特质（Other）四项，这与 O＊NET 中职能清单的分类保持一致，见表 4 – 11。

表 4 – 11   岗位素质定义

素质	定义
知识	指应用于特定领域的专业知识，O＊NET 中知识的描述句共有 33 个维度，每个维度代表某一知识领域
技能	指通过培训或经验所发展出的专长或胜任能力，O＊NET 中技能描述分为七大类与 35 项职能
能力	指个人相对持久的属性（特质），执行特定领域中不同任务的潜在能力，O＊NET 中能力描述分为 4 大领域，下有 15 个中群及 52 个小群，依照可促使各种类别的工作产生有效表现的所需能力进行分类
其他特质	对应 O＊NET 系统中的工作风格，是一系列与工作相关的性格与特质倾向，会影响个人工作表现的优异程度，在 O＊NET 中将其分为 7 个维度的高阶特质及 16 类低阶层特质。另外也有各个职业的霍兰德兴趣代码以及工作价值观等信息可供参考

（2）O＊NET 数据库的应用范围。

O＊NET 职业数据库免费向社会提供，社会公众可以获得如下服务：直接下载 O＊NET 职业数据库；通过 O＊NET online 网站浏览、查询职业数据库；通过 O＊NET Code Connector 获取职业代码；通过基于 O＊NET 职业数据库的求职系统设计职业生涯。O＊NET 职业数据库采用公共语言

---

① 具体阐述请参考：https：//www.sohu.com/a/247530681_650459。

描述职业，便于各种用户之间共享职业数据，因此广泛扩展应用到行业管理、教育、就业等方面。目前美国许多政府机关、行业组织、教育机构、企业开发了基于 O＊NET 职业数据库的应用系统，用于职业咨询、就业辅导、改进教学大纲、促进地区经济开发等，进一步扩大了 O＊NET 职业数据库的应用范围。

3. O＊Net 数据的采集

（1）数据采集。

O＊NET 确定了通过抽样向从业人员采集职业数据，大部分职业描述类别（工作活动、工作内容、知识、教育、培训、工作风格）的职业数据通过机构向从业人员采集，称为机构方法。较为抽象的职业描述类别（能力、技能）的职业数据直接向职业专家采集，称为职业专家方法。

机构方法抽样分两个阶段，第一阶段是针对某一职业选择具有一定数量从业人员的机构；第二阶段是从该机构中选择一定数量的从业人员，由这些从业人员填写职业问卷。职业专家方法针对从业人员少、人员分散、新职业等情况，从备选专家（职业分析人员、培训教师等）中直接选择部分职业专家填写职业问卷。

如果是机构方法，O＊NET 的业务联系人与抽样机构联系人共同完成相关职业的数据采集工作。当机构联系人同意参加职业数据采集后，O＊NET 将相关材料和职业问卷邮寄给机构联系人，机构联系人将职业问卷发放给随机选择的从业人员。从业人员完成职业问卷后直接邮寄返回给 O＊NET，或在网络上完成职业问卷。如果是职业专家方法，业务联系人则直接与专家联系。

对于从业人员，需要填写职业问卷中知识、工作内容、工作任务三个方面中随机指定的一个方面的数据。对于职业专家，需要填写所有的三个方面职业数据。此外，从业人员和职业专家都需要填写个人基本信息、选定职业的任务清单。

（2）数据处理。

数据清理就是识别和评估回收的职业问卷，从中剔除空白职业问卷、有明显问题的职业问卷、不满足标准（如回答率不够）的职业问卷等。部分职业问卷则需要进行标记，进行进一步的分析，最后由专家确定是否剔除这些职业问卷。

由于单次抽样中机构数量、机构内职业数量、从业人员数量抽样规模不同会形成误差，多次抽样也会因数量和结构不同形成误差，因此 O＊NET 通过调整样本数据权重来补偿这些误差。权重调整可能导致数据权重过大或过小，从而导致数据产生新的误差。因此需要按照一定标准，将过大、过小的数据权重再次调整。

（3）数据分析。

O＊NET 在多个级别上进行数据分析、处理，每年都要计算数据的内部可靠性和一致性，用于调整数据权重，补偿由此引起的偏差；用于审验下一次开展职业抽样数据调查的不同机构；并用于评估职业分类、职业模型描述词及其等级。

（三）O＊Net 数据库的社会用途[①]

用途一：动态构建美国就业市场的综合公共数据库

美国经济依赖于强大、高效且不断变化的劳动力所取得的成就。跟踪并向公众汇报劳动力发展状况是美国劳工部使命的一部分。1938 年，美国劳工部开始记录美国工人的许多职业，并把这些信息主要收录于《职业名称词典》。这是一本印刷书籍，其中包含对所从事工作特征的详细描述。到 20 世纪 90 年代，联邦政府意识到印刷出版物无法跟上不断变化的劳动力市场。商界领袖、政策制定者和劳动力现在依赖于电子数据库，于是劳工部开始设计电子数据库，O＊NET 应运而生。

用途二：O＊NET 作为职业信息的综合资源库

为寻求动态的、基于科学的解决方案，劳工部成立了国家 O＊NET 开发中心。O＊NET 中心负责创建、填充和维护一个在线数据库，该数据库已成为美国最全面的职业信息标准来源。自 1997 年以来，RTI（三角研究所）一直为中心提供采样、数据收集、数据处理和数据分析服务。除了中心之外，劳工部还与北卡罗来纳州立大学和人力资源研究组织（HumRRO）合作，后者还提供数据分析和 O＊NET 的其他研究服务。

---

① 请参考三角研究所的数据分析师 Jennifer Unangst 的介绍性文章：https：//www. rti. org/impact/occupational－information－network－onet#：～：text＝Occupational％20Information％20Network％20％280％2ANET％29％201％20The％20Advent％20of，Veterans％2C％20and％20Others％20Seeking％20a％20Career％20Path. ％20。

用途三：统计抽样、数据收集和数据管理的综合专业知识整合与创新

RTI（三角研究所）在 O＊NET 项目中的角色很重要，其使用涵盖美国劳动力中所有职业的纸质和网络问卷从在职人员和职业专家那里收集数据，包括所需的知识、工作方式、教育和培训、工作活动、工作环境和执行的任务。人力资源研究组织的职业分析师根据他们对现任者收集的数据的审查，提供了有关技能和能力的其他数据。较新或不太常见的职业，需要特殊的采样技术和定制的数据收集协议。

用途四：学生、退伍军人和其他寻求职业道路的人的宝贵资源

基于 O＊NET 数据构建的三个主要网站——O＊NET Online、My Next Move 和 My Next Move for Veterans——每月总共吸引超过 300 万访问者。O＊NET 网站是指导顾问、学生顾问和即将毕业的国家高中生和大学生的常去场所。当裁员导致大量人员进入就业市场，或者退伍军人返回私营部门时，这些网站可以作为宝贵的资源。任何寻找工作、比较潜在职业道路或研究劳动力市场的人都可以在 O＊NET 上找到相关信息。除了求职者，这些网站还向研究人员和开发人员提供数据。州劳动力机构、大学、人力资源和培训公司，甚至国际企业和机构建立的数十个其他网站都使用 O＊NET 数据来接触各自的受众。就业市场将始终受到技术、人口统计、全球化和其他因素的影响。O＊NET 数据库时刻努力保持最新状态，以更好地满足国家经济不断发展过程中工作人员和政策制定者的需求。

第二节　加　拿　大

加拿大国家职业分类系统（The National Occupational Classification，NOC）是加拿大劳动力市场职业的全国公认分类和组织框架。NOC 由加拿大就业和社会发展部（ESDC）与加拿大统计局合作开发和维护。分类系统的版本更新是正在进行的职业研究与征询工作的成果，目的在于与时俱进地纳入有关新职业的信息。以年度为单位的版本更新本质上是非结构性的；而决定分类框架结构变化，例如增加或减少职业类别的变动，以每 10 年为一周期进行调整。

NOC 旨在通过统计调查的方式对职业信息进行分类。它还可以在不同环境中被应用于编译、分析和交流有关职业的信息。职业信息对于提供劳

动力市场和职业情报、技能发展、职业预测、劳动力供需分析、就业公平以及众多其他计划和服务至关重要。它提供了一个标准化的框架，致力于在一个可管理、可理解和连贯的系统中组织各项工作。

NOC 的分类基础是从事工作的类型。职业主要根据通常执行的工作进行识别和分组，这是由职业的任务、职责和责任决定的。将加工或使用的材料、工业流程和使用的设备、工作的责任程度和复杂性以及所提供的产品和服务等因素作为将工作与职业结合起来时所完成工作的指标和职业分组。此外，职业被定义为一组工作，同一职业的工作所从事的任务内容足够相似，可以归类到一个共同的标签下以进行分类。反过来说同样成立，即工作包括特定工人为完成其职责而执行的所有任务。

一、加拿大现行的国家职业分类系统：NOC 2021

加拿大国家职业分类系统（NOC）是有关加拿大职业的国家统一参考标准。现行的 2021 年版 NOC 于 2021 年 9 月 21 日正式发布，并于 2022 年11 月 16 日正式启用。

NOC 是加拿大就业和社会发展部（Employment and Social Development Canada）与加拿大统计局（Statistics Canada）合作伙伴关系的一部分。两个部门也共同维护和更新 NOC。NOC 2021 版重点关注单个单元组的内容，不影响分类结构。NOC 2021 版内容的更新将继续定期进行。

1. NOC 中的重要概念

国家职业分类系统（NOC）的组织框架的开发依赖于清晰明确的概念的使用以及惯例的使用。这些概念和惯例有助于收集信息并将其组织到分类中。

（1）NOC 的分类标准。

在制定 NOC 时用作分类标准的两个主要属性是广泛的职业类别和技能水平。其他因素如职业流动和工业部门也被考虑在内。广泛职业类别（broad occupational category）代表所从事的工作类型、研究领域或就业行业，只要进入职业就需要特定行业的工作经验。NOC 代码的第一位数字代表广泛职业类别。技能水平（Skill level）代表教育、培训和工作经验的广泛汇总，并考虑到与工作相关的任务和职责的复杂性。NOC 代码的第二位数字代表技能水平。

（2）NOC 中的常见概念，见表 4 – 12。

表 4 – 12　　　　　　　　　　　　NOC 中的常见概念

名称	说明
职位名称（job title）	代表工作或职位的名称
职业（occupation）	是一组在所完成的工作中非常相似的工作。工作对应于特定工人为完成其职责而执行的所有任务
单元组（unit group）	代表 NOC 内的一个或多个组合在一起的职业。它也指 NOC 使用的四位数代码
小类别（minor group）	代表进行职业的领域（职业领域）。它是几个单元组的集合，因此它代表 NOC 使用的三位数代码
大类别（major group）	代表一个职业的广泛职业类别和技能水平。一个大类别包含数个小类别，因此它代表 NOC 使用的两位数代码

2. NOC 2021 的基本结构

NOC 2021 系统包含 516 个职业，相比 NOC 2016 多出 16 个职业。在这 516 个职业分类中，423 个与 NOC 2016 职业分类保持一致。这意味着，除了国家职业分类代码的变化外，这些职业与前一版本分类中的职业完全相同。以下详细说明 2021 年国家职业类别 516 个单元组的建造方式。

与 NOC 2016 保持一致的职业类别共 423 类；从现有的职业类别拆分出的新的职业类别有 58 类；添加了另一个职业类别的一部分的现有职业类别有 30 类；由两个职业类别合并在一起的新的职业类别有 5 类。

3. NOC 的修订程序

NOC 与加拿大统计局合作定期更新 NOC 的内容条款。自 2017 年起每年进行一次不影响单元组跨技能水平和广泛职业类别分布的小修订。这些修订侧重于内容更新，例如将职称添加到单元组或修改一个单元组的主要职责或主要职责的说明。

每 10 年进行一次重大修订，这些重大修订与更重要的分类变化有关，其中可能包括引入新的单元组以及跨技能水平和广泛的职业重新分配单元组类别。

（1）修订方法：

自 20 世纪 90 年代开始，NOC 的职业、技能和能力的研究和分析一直在进行中。研究来源包括人口普查数据、其他分类、就业服务和招聘广告、工作和职业描述、教育和培训材料、法规和专业协会的材料、政府、商业和劳工组织的投入、公共和私营部门的反馈、就业计划材料，以及加拿大统计局通过编码调查确定的问题。每当进行协商时，公众也可以通过NOC 网站参与。

（2）审批程序：

收集到数据和信息之后，对结果进行分析，根据分析情况出具修订报告。然后将报告提交给加拿大就业和社会发展部内部审查委员会进行讨论和批准。批准后将修订报告发送给加拿大统计局，以审查和评估与编码一致性和统计考虑相关的问题。两个部门的分类专家联合工作委员会讨论和解决相关问题，并达成共识。

4. NOC 2021 较旧版本的变化

变化一：结构性变化

NOC 2021 年加拿大职业分类系统使用全新的 TEER 系统，取代原有NOC 2016 版本的技能等级（skill Level）划分方式，即我们常说的 0、A、B、C、D 的职业分类。NOC 2021 彻底改变了原先的 NOC "技能级别" 结构，引入职业所需的培训、教育、经验和责任（TEER）水平的新六类系统，TEER 选取了 Training、Education、Experience、Responsibilities（培训、教育、经验、责任）四个单词的首字母，重新定义职业的要求。

新的 TEER 分类包含六个类别，与之前的技能水平分类相比，增加了一个类别，以更好地区分不同职业的正式培训和教育要求，从而在 NOC 内创造更多职业组的一致性。

变化二：技能等级变化

在 2021 版 NOC 职业分类系统中，技能等级将是 6 个而不是 5 个，并且不是按字母顺序排列，而是按数字排列。所以未来的技能等级不再是 0、A、B、C 和 D 类，而是 0、1、2、3、4 和 5 共六类。见表 4 – 13。

NOC 2016 分为 0、A、B、C、D 五种职位分类：

NOC 0：管理类，以 "manager" 结尾的工作通常是 0 类，而以 00 开头的通常指高级管理职位。

NOC A：几乎所有的专业人员职位，比如：审计员，会计师，工程师，建筑师，牙医，药剂师，律师，图书馆管理员，艺术家等。

NOC B：技能类型 B 工作是技术行业职业，通常需要大学文凭或经过专业培训。

NOC C：半低技术类，技术含量及学历要求不高，比如仓库保管员、零售售货员、运输卡车司机等的职位。

NOC D：低技术类，技术含量及学历要求不高，如收银员、清洁工、食品饮料及相关产品的加工工人等。

而 NOC 2021 TEER 分成了 0，1，2，3，4，5 六个类别：

0 级：管理层职业。

1 级：需要拥有大学及以上学位，或在 2 级的特定职业中拥有数年经验。

2 级：在社区学院、技术学院或 CÉGEP 完成两到三年的高等教育课程，或者完成两到五年的学徒培训计划，或在 3 级的特定职业中拥有数年经验。

3 级：在社区学院、技术学院或 CÉGEP 完成不到两年的专业教育课程，或少于 2 年的学徒培训，或在职培训 6 个月以上的，或具有指定的工作经验以及中学学历，或在 4 级的特定职业中拥有多年经验。

4 级：中学毕业，或在职培训数周，或在 5 级的特定职业中拥有多年经验。

5 级：拥有短期工作经验，没有正式的教育要求。

表 4 – 13 NOC 2021 比较 NOC 2016 的技能等级变化

NOC 2016	NOC 2021
Skill type 0	TEER 0
Skill level A	TEER 1
Skill level B	TEER 2 and TEER 3
Skill level C	TEER 4
Skill level D	TEER 5

变化三：职业代码变化

每个职业代码将会是全新的五位数编码系统，以取代当前的四位数系统，但大多数只会更改名称而不更改描述。比如以前的 NOC 1123 Professional occupations in advertising, marketing and public relations ，现在就变为 NOC 11202；以前的 NOC 1241 Administrative Assistants 现在就变为 NOC 13110。

二、NOC 的历史发展

1. NOC 2016 较之 NOC 2011 的更新概述

NOC 2016 的修订目的主要为以下 5 条：

（1）更新分类以纳入新兴职业和新职位，同时保持历史可比性；

（2）删除多余或过时的职位名称，以优化 NOC 的可读性和导航；

（3）纳入编辑更改；

（4）在单元组级别整合包含的概念；

（5）添加 NOC 主要和次要组定义。

NOC 2016 的结构与 NOC 2011 的结构保持不变。没有增加、删除或合并大组、小组或单位组，但是，一些分类组别有了新的名称或更新了内容。

NOC 2016 中添加了许多新的职业名称，这些职业是随着加拿大社会劳动分工的发展、创造新工作岗位和新专业以及技术变革带来新术语而出现的。为反映此类变化而添加的一些名称包括大地测量员、医学档案员、犯罪现场检查员、腐蚀技术员、视频游戏测试员和生物质厂技术员。

为了明确职业之间的界限，NOC 2016 中的一些职业被重新分配到不同的单元组。这对 2011 年和 2016 年之间的数据可比性的影响可以忽略不计。例如，"行政主任 - 医疗保健"已从"医疗保健经理（0311）"转移到"其他行政服务经理（0114）"。这样的更改方式对其原来所在的单元组整体结构影响很小，并为其提供更合适的分类方式。

随着向无纸化办公和数字化内容的过渡，NOC 中包含的职业名称列表的格式发生了重大变化。为了优化 NOC 的使用，删除了多余或过时的职位。过去，标题以自然顺序（例如，旅行社）和倒序（例如，代理、旅行）出现。倒转标题在标题字符串中使用逗号作为分隔符，从而更容易在纸质出版物中查找标题。由于这个概念在网络出版物和数据文件中变得过时和冗余，NOC 2016 删除了4000多个准重复条目。

NOC 是根据通用统计信息模型（GSIM）、统计分类模型构建的。为了符合 GSIM 的要求，NOC 进行了修订，增加了"包含情况"（inclusions），以补充现有的说明性示例和"排除情况"（exclusions）。包含情况是单元组的临界情况，它们分开呈现，以阐明课程的内容。包含情况的提出不会改变任何 NOC 单元组的边界。此外，还为 NOC 大类别和小类别提供了定义范围，见表4-14和表4-15。

表4-14　　　　　　NOC 2011-NOC 2016 单元组名称变化

NOC 单元组	NOC 2011	NOC 2016
0433	加拿大军队委任军官	加拿大武装部队委任军官
1432	薪资人员	薪资管理员
4313	加拿大军队士官	加拿大武装部队士官
7313	制冷和空调机械工人	加热、制冷和空调机械工人
9213	主管，食品、饮料和相关产品加工行业	主管，食品和饮料加工行业
9232	石油、天然气和化学过程操作员	中央控制和过程操作员，石油、天然气和化学处理行业
9461	过程控制和机器操作员，食品、饮料和相关产品加工行业	过程控制和机器操作员，食品和饮料加工行业
9465	测试仪和分级机，食品、饮料和相关产品加工行业	测试仪和分级机，食品和饮料加工行业
9617	食品、饮料和相关产品加工工人	食品和饮料加工工人

表4-15　　　　　　NOC 2011-NOC 2016 中单元组分类变化

职业名称	NOC 2011	NOC 2016
行政主任—医疗保健	0311	0114
收税员；税务员	1435	1228
消防员督导—林业	8211	2223
预防官员—职业健康和安全	4165	2263

NOC 2016 使用期间经历三次版本更新，分别是 1.1 版、1.2 版和 1.3 版，见表 4 - 16。

表 4 - 16   NOC 2016 三个版本简介

版本	描述
NOC 2016 的 1.1 版	NOC 2016 的 1.1 版本于 2017 年 12 月发布，与加拿大就业和社会发展部（ESDC）共同创建，以处理在 2017 年 5 月公众征询中得到的问题与建议
NOC 2016 的 1.2 版	NOC 2016 的 1.2 版本于 2018 年 12 月发布，与加拿大就业和社会发展部共同创建。分类的更新是为了响应大麻的非医疗用途合法化的新环境。这使得 NOC 2016 的 1.2 版本中新增了 25 个职业名称，以反映大麻行业的新职业
NOC 2016 的 1.3 版	NOC 2016 的 1.3 版本于 2019 年 12 月发布，与加拿大就业和社会发展部共同创建。分类的更新是为了响应职业不断发展的需求、跟上劳动力市场的变化趋势

2. NOC - S 2001 与 NOC - S 2006

在加拿大建立本国完善的职业分类系统之前，在很大程度上依靠的是美国的 SOC 体系，尤其是 1980 版 SOC 对加拿大的职业分类实践有着非常深远的影响。自 20 世纪 90 年代，加拿大统计局开始根据本国职业情况筹建加拿大本国的职业分类标准系统。在 NOC 2011 之前的两个历史版本分别为 NOC - S 2001 和 NOC - S 2006。

（1）NOC - S 2001。

由加拿大统计局于 2001 年颁布的职业分类标准被称为国家职业分类—统计系统 2001（NOC - S 2001），以区别于由加拿大人力资源发展部推出的国家职业分类系统（NOC）。NOC - S 与其后的 NOC 分类系统的区别仅在于分类的层级结构不同，两者都提供了加拿大职业分类的所有类别名称及其职业描述的完整列表。NOC - S 2001 的首次使用是在 2001 年人口普查中，自 2007 年 3 月 19 日被 NOC - S 2006 取代。

（2）NOC - S 2006。

由加拿大统计局于 2006 年颁布的职业分类标准被称为国家职业分类—统计系统 2006（NOC - S 2006）。NOC - S 2006 的首次使用是在 2006 年人口普查中，自 2011 年 11 月 21 日被《国家职业分类（NOC）2011》取代。

第三节　巴　　西

一、巴西职业分类系统：CBO - 2002[①]

巴西职业分类系统（Classificação Brasileira de Ocupações[②]，CBO）是巴西劳动和就业部颁布的描述巴西劳动力市场职业现状的文件。它根据 2002 年 10 月 10 日第 397 号法令建立。

CBO 的理念不断与时俱进，以最大可能、全面地展现全国各地的各种职业活动，它不对受政府监管的职业和自由职业进行区分。CBO 是以职业存在本身为基础订立的，而非从政府监管的角度进行分类。职业的监管是由法律执行的，由国民议会通过其代表和参议员进行评估，并提交共和国总统批准。CBO 没有监管职业的权利。

CBO 通常每年更新一次，更新内容的重点是对包含所有经济活动部门和劳动力市场部分的职业和家庭职业的描述进行修订，而不仅仅是针对特定部门。CBO 的统计数据提供了国家中各职业的统计基础，并可以帮助政府制定公共就业政策。CBO 文件可以帮助劳动者、用工单位和政府部门识别和承认劳动者的各项职业。不断丰富 CBO 的内容可以为职业类别和劳动者带来了更高的知名度、价值感和社会包容感。

CBO 根据与劳动力性质相关的职业特征（代表职业的职能、任务和义务）和内容，在允许汇总有关劳动力的信息的层次结构中描述和排序职业工作（从事职业所需的知识、技能、个人属性和其他要求的集合）。

全球化、新的通信和信息技术以及新的工作组织形式正在改变工作世界，并要求工人发展新的技能来从事他们的职业。职业本身的概念发生了变化，因此，职业分类需要更新和修订以反映这些变化。

巴西职业分类在 20 世纪末进行了重大修订，由此产生的新版本

---

① 本部分内容详见：https://concla.ibge.gov.br/classificacoes/por - tema/ocupacao/classifica-cao - brasileira - de - ocupacoes.html。

② 原文为葡萄牙语，对应的英文为 Brazilian Classification of Occupation，简称 BCO。本文采用葡萄牙语的缩写 CBO。

CBO-2002 引入了家庭职业等新概念，呈现出比 CBO-1994 更简单、更精简的结构。CBO-2002 大约包括 10 个主要群体、47 个主要亚类、192 个亚类和 596 个基类或家庭职业。新版 CBO 参考了国际职业统计分类 ISCO-88 建立起职业系统结构。

2000 年巴西的人口普查使用了 CBO 的临时版本，称为 CBO-家庭版，从 2002 年在其他人口调查中开始采用正式版本 CBO-2002。

二、CBO 的历史发展①

1977 年 11 月 30 日第 3654 号部长令正式发布了巴西第一个职业分类，标志着职业分类的开始实施。自那时起，职业分类一直作为研究巴西国内职业的参考。在编制第一个巴西职业分类时，使用了 1971 年组织的巴西劳工部职业登记册，其中详细描述了从 103 份工作计划中提取的 522 个遍布全国的各种职业领域。

1972 年，根据巴西与联合国签署的协议，进行了一项调查，产生了 201906 个职业。制定这些职业分类是为了避免使用相同的职业名称描述不同的工作，因此它并不总是适用于需要区分职业的所有情况，并且其提供的工作属性并不总是与职业的性质兼容。这促成了 1982 年的再次修订，此修订版本于 1994 年颁布，成为第一版 CBO 结构的初步设计原型。

1994 年版的巴西职业分类已被公共行政部门使用，特别是在劳动和就业部的记录中，例如年度社会信息报告和失业总登记处报告中。然而，它没有在巴西的统计系统中被使用，因为统计系统一直采用自己的职业分类——基于美国人口普查计划的职业分类。

为了能够在国内和国际上比较信息，巴西劳工部与就业保障部于 1996 年开始修订 1994 年版的巴西职业分类。虽然分类的修订尚未完成，但在 2000 年人口普查中，政府使用了称为 CBO-家庭版的临时版本，此后的一些其他居民人口调查中使用了同样的临时版本。

职业分类的新官方版本是 CBO-2002，它与 CBO-家庭版之间存在细微的差别。CBO-2002 的最终分类框架于 2002 年 9 月 22 日的官方公报上公布，并自 2003 年起在国家政府机构的记录中被应用。

---

① 此部分翻译自 https：//cnae. ibge. gov. br/en/documentacao/cronologia/cbo. html。

第四节　北美行业分类系统（NAICS – SCIAN[①]）

一、北美行业分类系统：NAICS – SCIAN 的基本情况

北美行业分类系统（NAICS – SCIAN[②]）是由加拿大、墨西哥和美国的统计机构开发的行业分类系统。它是在北美自由贸易协定的背景下创建的，旨在提供三个国家产业结构的共同定义和一个共同的统计框架，以促进对三个经济体的分析。它由墨西哥国家地理与地理研究所（INEGI）（前身为国家地理与信息研究所）和美国管理和预算办公室共同推出。截至 2021 年，最新北美行业分类系统（NAICS – SCIAN）修订版分别于2017 年在美国、加拿大以及于 2018 年在墨西哥生效。NAICS – SCIAN 最初的开发目的是为政府政策分析师、学者和研究人员、商界和公众使用的工业统计数据的收集、分析和传播提供一致的框架。

NAICS – SCIAN 是第一个根据单一聚合原则开发的行业分类系统，该原则是将使用相似生产过程的生产单位归为一组。NAICS – SCIAN 还以更明确的方式反映了近几十年来技术以及服务增长和多样化的重大变化。尽管 NAICS – SCIAN 不同于其他国际行业分类体系，但三个国家继续努力创建不跨越联合国国际标准行业分类（ISIC）界限的行业分类。

实际的分类仅揭示了墨西哥国家地理与地理研究所、加拿大统计局和美国统计机构的工作人员所做工作的一小部分。NAICS – SCIAN 正是通过他们的努力、分析和合作，成为北美经济活动的统一国际分类。

经济统计描述经济交易者的行为活动以及他们之间发生的交易。AICS – SCIAN 所针对的经济交易者是从事商品和服务生产的企业和其他组织。它们包括农场、法人企业和非法人企业以及政府企业。它们还包括政府机构和从事营销和非营销服务生产的机构，以及诸如专业协会和工会、

---

① 此部分内容请参见：http：//naics – scian. inegi. org. mx/naics_scian/default_scian. aspx。

② 北美行业分类系统，在美国、加拿大的英文全称为 The North American Industry Classification System，简称 NAICS；在墨西哥的西班牙语全称为 Sistema de Clasificación Industrial de América del Norte，简称 SCIAN；在加拿大的法语全称为 Le Système de classification des industries de l'Amérique du Nord，简称 SCIAN。

慈善或非营利组织以及住户雇员等组织。

NAICS - SCIAN 是一个涵盖所有经济活动的综合系统。它具有层级结构，在最高层级上，它将经济划分为 20 个部门，在较低的层级上，它进一步区分了企业从事的不同经济活动。

NAICS - SCIAN 设计用于编制生产统计数据，因此用于对与企业相关的数据进行分类。它考虑了通常在企业生产单位层面发现的活动的专业化。NAICS 中用于将企业分组为行业的标准是投入结构、劳动技能和生产过程的相似性。

NAICS - SCIAN 还可用于对公司和企业进行分类。但是，当以这种方式使用 NAICS - SCIAN 时，需注意以下问题：NAICS - SCIAN 并非专门设计用于考虑大型复杂的公司和企业。因此，将有一些大型复杂的公司和企业，其活动可能分布在 NAICS - SCIAN 的不同部门，将它们归类到同一个部门是对其活动范围的不实描述。但是，一般来说，每个复杂公司和企业的更大比例的活动更可能属于分类的部门、子部门和行业组级别，而不是属于行业级别。因此，较高级别的分类比较低级别更适合公司和企业的分类。还应当注意，当企业由属于不同 NAICS - SCIAN 行业的机构组成时，它们的公司和企业级数据在分类到 NAICS - SCIAN 时将显示不同的行业分布，而不是它们的机构级数据，于是它们的数据不能直接比较。

虽然 NAICS - SCIAN 旨在对国民账户体系所定义的从事市场和非市场生产的单位进行分类，但它也可用于对自营生产进行分类，例如家庭的无偿工作。

NAICS - SCIAN 是为统计目的而设计的。将分类用于行政、立法和其他非统计目的的政府部门和机构以及其他用户有责任根据其使用目的来解释分类。

二、NAICS 的历史发展[①]

第一个版本 NAICS 1997[②] 于 1998 年 3 月正式生效。此后每 5 年发布

[①]　此部分内容请参见 https：//www. statcan. gc. ca/eng/subjects/standard/naics/2012/introduction.

[②]　在美国和加拿大的英语语境中，北美行业分类系统被称为 NAICS 1997，在墨西哥的西班牙语语境中，它被称为 SCIAN 1997。当英语语境中需要区分不同国家的北美行业分类系统时，会加国家缩写进行标注，如美、加、墨分别为 NAICS U. S. 、NAICS CAN、NAICS MEX。由于本部分内容参考自英文文献，因此以下内容采用英文的缩写惯例，即用 NAICS 代替 NAICS - SCIAN。

一次更新版本，即更新时间分别为 2002 年、2007 年、2012 年和 2017 年（加拿大和美国）/2013 年和 2018 年（墨西哥）①。这些版本都是 NAICS 分类，仅是使用不同的年份加以区别不同的更新版本，每个新版本的生效都伴随着旧版本的失效。

NAICS 于 2002 年进行首次修订，以提高三个国家在选定领域的可比性，并为新兴活动确定其他行业。为此，对建筑行业进行了修订，并在很大程度上实现了行业差别的可比性（通过五位代码的管理而实现），为互联网服务提供商和网络搜索门户以及互联网出版和广播创建了行业系统。

美国、加拿大和墨西哥以及世界经济的变化继续影响分类系统。NAICS 在 2007 年进行修订以反映这些变化。尤其是信息板块再次更新。更新考虑了该领域的快速变化，包括活动的合并。因此，互联网出版、广播和网络搜索门户已经合并，互联网服务提供商和数据处理、托管和相关服务也已合并。电信经销商和其他电信也已合并。②

2012（2013）年和 2017（2018）年 NAICS 修订版旨在实现一个主要目标：修改或创建行业以反映新的、新兴的或不断变化的活动和技术。

三、NAICS 的具体使用

NAICS 通过编制与行业生产产品相关的数据，并使用基于需求导向标准的产品分类，按所服务的市场对产品进行分组，可以更有效地满足分析师研究市场份额和产品需求的需求。NAICS 的使用者可能需要考虑和评估他们需要的分类是基于行业还是基于产品，以及产品分类是否最适合他们的需求。

NAICS 的结构是 5 层分级结构。它由部门（第 2 位代码）、子部门（第 3 位代码）、行业组（第 4 位代码）、行业（第 5 位代码）和国家行业（第 6 位代码）组成。

NAICS 结构通过国家产业层面的聚合来满足三个国家的需求。国家分类被称为"NAICS 加拿大""NAICS 美国"和"SCIAN 墨西哥"。要注意

---

① 美加的 2012 版与墨西哥的 2013 版、美加的 2017 版与墨西哥的 2018 版均为同一批修订的，但因各国公开征询到新版本生效的时间有所差异，因此使用了不同的年份进行标注。

② 具体变化请参见：廉同辉，袁勤俭. 北美产业分类体系的信息产业分类演化及启示 [J]. 统计与决策，2012（16）：22 - 26.

的是，不存在适用于三个国家的 NAICS/SCIAN 分类的单一版本，因为每个国家都有自己的专属版本。

大多数三边协议是基于行业层面建立的。然而，由于经济单位组织的差异、规定的不同、在分类层次上的不同利益以及时间和资源的限制，有些协议会考虑到更高层级的国家行业上的目标。

在 NAICS 2012 和 2017（加拿大和美国）/2013 和 2018（墨西哥）中，为了表明三方商定的类别，墨西哥和美国在标题上使用了"T"字母作为上标。没有该字母的标题是特定于国家的类别。加拿大仅在加拿大工业名称的末尾加上"CAN"，加拿大和美国产业可通用时标注"US"，加拿大和墨西哥产业可通用时为"MEX"，三国皆适用时则没有特殊标注，见表 4 – 17。

表 4 – 17   NAICS 的结构示例

层级	代码	分类名称
部门	54	专业、科学和技术服务 T
子部门	541	专业、科学和技术服务 T
行业组	5411	法律服务 T
行业	54111	律师事务所 T
国家行业	541110	律师事务所

国家行业是根据每个国家的行业情况和需要设定的。因此，五位代码以下的详细行业数量可能因国家而异。相同的代码可能用于不同的国家行业，因此使用时必须仔细阅读所有类别的代码、标题和描述。

表 4 – 18 比较了 3 个国家的 NAICS 2017（加拿大和美国）/2018（墨西哥）行业、子行业、行业组、行业和国家行业的数量。

表 4 – 18   3 个国家的 NAICS 各层级的数量

层级	加拿大	美国	墨西哥
部门	20	20	20
子部门	102	99	94

层级	加拿大	美国	墨西哥
行业组	322	311	306
行业	708	709	615
国家行业	923	1057	1084

在 NAICS 的框架下，三边协议所制定的分类是三个国家全部认可的，这意味着 NAICS 的各层级（部门、子部门、行业组或行业）在三个国家之间具有可比性，并且三国具有相同的对其内容和类别范围的理解。

每个 NAICS 类别，从部门到国家行业级别，包括数字代码、类别的标题或名称、类别描述三个部分。

（1）数字代码。每个类别都有一个数字代码来识别它，代码的位数因级别而异。

代码数字允许识别包含经济活动的更多聚合级别。例如，行业 54121，"会计、税务准备、簿记和薪资服务"是以下类别的一部分：行业 54、子行业 541 和行业组 5412。

代码还有其他明显特征：以 0 结尾的国家行业代码表示它是该行业中唯一的国家行业。以 9 结尾的代码，从子部门到国家行业的层级，一般表示该类别的内容相对于同级别内的其他类别是剩余的。

（2）标题或名称。类别的标题或名称标识主要活动，在该名称下对经济单位中进行的所有活动的信息进行分类和呈现。

属于不同级别但内容相同的类别具有相同的标题。这是因为较低级别的类别是较高级别类别的唯一细分，例如最后一位数字为 0 的国家行业。

（3）描述。每个 NAICS 类别的描述提供了有关其内容的详细信息。如以下示例：

54121　会计、税务准备、簿记和薪资服务 T。

该行业包括主要从事提供服务的机构，例如审计会计记录、设计会计系统、编制财务报表、制定预算、编制纳税申报表、处理工资单、簿记和计费。

示例：会计师事务所　　簿记服务
　　　薪资处理服务　　报税准备服务

交叉对照：在自己的设施中为他人提供计算机数据处理服务的机构归入工业 51821、数据处理、托管和相关服务。

每个 NAICS 的更新版本仅显示加拿大统计局、美国经济分类政策委员会和墨西哥 INEGI 工作人员开展的工作的最终结果。他们的努力和不断改进的精神支持着 NAICS 不断更新以提供一个统一的框架来收集、分析和传播经济统计数据，进而确保分类满足 3 国使用者的需求。

可以通过以下链接详细查看每个国家/地区的分类：

NAICS 加拿大：https：//www. statcan. gc. ca/eng/concepts/industry/。

NAICS 美国：https：//www. census. gov/eos/www/naics/（目前通过国内网络无法打开）。

SCIAN 墨西哥：https：//www. inegi. org. mx/scian/。

第 五 章

欧洲部分国家职业分类

第一节　英国标准职业分类标准（SOC）

一、英国现行的标准职业分类标准 SOC2020

（一）概况

英国标准职业分类标准（SOC）最初形成于1990年，经过3次修订，形成 SOC2020 版本。SOC2020 将从业人员分为九大类，即企业经理和行政主管、专业人员、一般专业技术人员、职员、工艺技工及相关人员、销售人员、车间和机器操作人员、私人服务和保卫服务人员、其他职业。该标准将职业技能等级分为四级，四级为最高级别，一级为最低级别。SOC2020 的职业编码和索引均按照倒序排列。

1. 职业技能等级

技能等级是根据一个人能够胜任某项工作所需要的时间来划分的，即获得某项资格证书所需要的必要培训时间。除了常规的培训和资格证书以外，很多工作还需要额外的经验来获得相关的能力。在职业分类的大框架下，技能等级可以分为四级。

第一等级的技能等同于接受了义务教育并通过考试的就业者的能力。该等级的职业要求通常是了解基本的健康和安全法规，并参加短期的上岗培训。该技能水平的职业包括邮政工人、酒店搬运工、清洁工、餐饮工人和助理等。

第二等级的从业者需要接受比第一等级更好的教育、更长时间的工作相关技能培训。这一级别的职业包括机械操作、驾驶、护理、销售、文书和秘书等。

第三等级的从业者需要接受过义务教育以外的教育，但不一定是高校教育，同时需要丰富的工作经历。技术类、贸易类职业和小微企业经营者都归为此类。

第四等级包括"专业"职业和公司或政府的高管职位。该水平的从业者需要高等教育的学位或同等时间的相关工作经验。

2. 职业编码和索引

SOC2020 的编码索引包含 29664 个条目。其中包含了新设立的职业名称和用法的变化，并删除了部分职业名称。SOC2020 遵循了 1960 年职业分类的编码原则，以倒序排列职业名称，从而提高手工编码的效率和准确性。

职业名称在索引词下按字母顺序排列，索引词是描述一项工作的核心任务的词。例如"操作者""清洁工"等。一些通用的索引词没有给出明确的指示，如雇员、女性、工人等。

职业名称主要是由"限定条件"来明确的，限定条件共有三种类型：

一是职业类型。用逗号与索引词隔开的词称为"职业限定条件"，这类词必须在编码的职位名称中的索引词之前，且职业资格术语的索引是倒序的。例如，"舞台灯光技术员"的职位名称索引为：5241 技术员，舞台照明。职位头衔可能包含索引中没有列出的限定词。例如，职业名称"货运仓库控制器"是用索引 4133 控制器，货运这个条目编码的；而"银行技术员"则从 3119 技术员索引条目中编码。

二是附加信息。除了职业类型以外，也可用工作材料的名称、使用的机械或所涉及的加工过程来表述限定条件，附加的限定术语可以用更通用的词概括，并显示在编码索引中。例如：职业名称"钢板铸工"是由索引条目 5212 铸模，板材（金属）来编码的。除此之外，在一些情况下，附加的限定术语也可以采用专业资格的形式来区分不同的职业。例如："成本会计"的职衔有以下两个分类，分别是 2421 会计，成本（有资格证）和 4122 会计，成本。

三是所在行业。这一限定条件采用个人工作所在行业或行业分支的形式。缩写"mfr"用于索引制造、建造和修理等行业。限定术语政府既包括政府部门，又包括国家、地区和地方各级政府机构。例如，行业限定术语"农业"，可用于索引条目8229司机，拖拉机（农业）中。

（二）英国职业分类标准（SOC2020）与国际职业标准分类（ISCO - 08）之间的关系

SOC2020与ISCO - 08的分类原则相同。ISCO - 08是国际通用的职业统计标准，大多数国家在向联合国统计司报告职业统计时均使用此分类，ISCO - 08也是欧盟统计局（Eurostat）采用的通用标准。SOC2020对应到ISCO - 08，有助于按照统一标准进行职业统计。

SOC2020在对新职业进行编码时，首先将新职业的文本信息输入计算机辅助结构化编码工具（CASCOT），然后用ISCO - 08分类标准对其进行编码。如果职业名称与ISCO - 08分类标准中的现有条目匹配，则分配此ISCO - 08代码；如果与现有的索引条目不匹配，SOC2020细类中的职业将被重新评估，以查看其应当对应的ISCO - 08中的代码。

二、SOC 的历史演变

（一）概况

1990年，英国采用第一个通用职业分类，即标准职业分类（Standard Occupational Classification，SOC90）。此后，英国国家统计局（the Office for National Statistics）以每十年为一个周期，对职业分类进行了更新，从最早的版本至今，已经有了四个版本，分别是SOC90、SOC2000、SOC2010和最新的SOC2020。

（二）从SOC90到SOC2000

修订SOC90的原因主要来自两个方面：一是提高与国际职业标准分类的一致性，二是解决国家统计社会经济分类（NS - SEC）中遇到的问题。此外，技术进步、受教育程度提高也对SOC90的修订产生了重要影响。修订主要包括以下几个方面：

（1）对管理类职业的定义更加严格；

（2）对计算机和相关职业进行彻底改革；

（3）介绍与环境和保育有关的特定职业；

（4）与技能提高和制造过程的技能下降有关的变化；

（5）认识到客户服务职业的发展，以及通过呼叫中心的运作提供远程服务的这一职业的出现。

从类别变化情况看，SOC2000 虽然仍有九个大类，但其名称已经改变，以反映内容的变化。中类由 22 类增加到 25 类，小类由 77 类增加到81 类，细类由 371 类减少到 353 类。

从编码规则的变化情况看，SOC2000 赋予最后一位为零的编码一个特定的含义，使得其编码规则与国际职业标准分类（ISCO－08）保持一致。当一个细类是某一小类的唯一项时，这一细类的末尾编码为零。比如，在小类415（管理类职业：普通）中，只有一个细类 4150（普通办公职员/助手）。

此外，SOC2000 按照字母顺序列出了 26000 多个职位，每个职位都与SOC90 和 SOC2000 版本分类的一个细类相联系。

（三）从 SOC2000 到 SOC2010

修订 SOC 2000 主要基于两个方面的原因：一是国内行业、产业变化带来的职业变化；二是国际职业分类（ISCO－08）对"监管类职业"进行了调整。与 SOC2000 相比，SOC2010 保留了 9 个大类和 25 个中类，但增加到了 90 个类别和 369 个细类。主要变化如下：

变化一：在大类中重新定义管理者，并突出信息技术和通信相关职业，突出环境保护和动物保护类职业。

变化二：在中类中强调研究、工程、教育、文化媒体、电子商务、旅游休闲、社会福利等相关职业。各类别具体变化情况如表 5－1。

表 5－1   **SOC2010 的主要变化总结**

类别名称	变化总结
第一大类（经理、董事和高级官员）	这一类的职位名称由管理者和高级官员修订为管理者、经理和高级官员，管理者负责计划、指导和协调资源以实现组织和企业的高效运作。 111 细类由公司经理和高级官员修订为首席执行官和高级官员。 将这个大类下的一些中类和细类移到了其他的分类。例如，研发经理从功能型管理者类转到了新的专业人员类别职业中的 215 类（研发经理）；质量监督经理重新分类到了质量控制专业人员分类，药剂经理分在药剂专业人员的健康专家类别（2213）。 还有一些 SOC2000 中的管理类别职业在 SOC2010 中分到了非管理领域，例如，SOC2010 中，客服经理在新设立的 7220 细类，办公室经理大部分都分在第四大类的行政和秘书岗位，突出了监管类职业。 保健经理和物业经理从 SOC2000 中的 118 类别（保健和社会服务经理）分到了 SOC2010 中的一个新的细类 124 中，比如 SOC2010 中的 1242 类别就包含了物业管理者和房屋中介。 会展经理则重新分类到了第三大类中

类别名称	变化总结
第二大类（专业人员）	在第二大类中增加了信息技术和通信专业人员，IT 专家经理和 IT 项目经理从 SOC2000 的第一大类中分离出来，作为第二大类的细类。网络设计和开发专业人员包含了之前在 SOC2000 中第二和第三大类中网络相关的职业。 SOC2010 专业领域内的学科包括自然科学、社会科学和人文科学。 健康专业人员这一中类得以扩展，包含了之前在助理专业人士等级的一些健康相关专业，新设立治疗专业人员小类，这一类别之前在 SOC2000 中位于第三大类下。护士和助产士被重新分在了新设立护理和助产专业人员小类下。 本大类下还设立一个新的小类——环保专业人员，这一职业之前在 SOC2000 中是在第 12 中类中作为助理专业人员存在的。 在法律专业人员中增加了一个新的细类——律师。 环境保护和动物保护类相关职业在 SOC2010 中被归为第二大类，并且将之前在第三大类的相关职业重新规划为第二大类
第三大类（辅助专业人员和一般专业技术人员）	第三大类的变化主要是从上面提到的专业人员的岗位重新分类而来的。其中，安保服务类别下新设了社区服务警察细类。货车驾驶员被重新分到了 823 小类：其他驾驶员和公共交通操作者
第四大类（行政职员和秘书）	第四大类的主要变化体现在新设立行政类职业小类，包括办公室经理和主管。其中办公室经理是从第一大类重新分类至此大类的，办公室主管是主管行政事务的人员
第五大类（技术工人及相关人员）	新增以下小类：电工技术主管和建筑技术主管
第六大类（私人服务和休闲等其他服务类人员）	在这一大类中，私人服务这一细类与高级护理工人区分开来
第七大类（销售和客服人员）	这一大类设立了一个新的小类：销售主管以及客服经理和主管
第八大类（车间和机器操作人员）	这一大类没有明显变化
第九大类（其他职业）	除了顺序的调整和一些细类的合并以外，这一大类没有明显变化

（四）SOC2020 的新变化

SOC2020 的修订主要基于两个方面的考虑：一是社会对具备高等教育层级的知识技能的劳动的需求增加；二是信息技术发展对职业的细化更加精准。SOC2020 除了保留九个大类以外，中类增加到 26 个，小类增加到 91 个和细类增加到 412 个。与 SOC2010 相比，主要变化体现在以下三个方面：对专业人员和辅助专业人员的分类的修订、对信息技术行业相关职业的重新分类，以及对细类的调整。具体变化情况如表 5 - 2。

表 5 - 2   SOC2020 的主要分类变化

职业分类及名称	主要变化
第一大类（经理、董事和高级官员）	运输和物流行业的经理和董事小类（114）从经理（124 小类）中分离出来；"慈善组织经理和董事"从"其他地方未分类的职能经理和董事"中分离出来；"其他服务经理和业主"中也分离出了很多新的细类。"金融机构经理和董事"与"金融经理和董事"合并为一个类别；"广告总监"和"营销和销售总监"合并在一类
第二大类（专业人员）	图标设计师和市场营销经理从第三大类移至第二大类。 新设立"其他保健专业人员"小类，该小类包括了之前在第三大类的护理人员和其他保健专业人员；新设立"金融专业人员"小类，包括了之前在第三大类的金融和投资分析师和顾问和税务专家。 信息技术行业中，网络安全、IT 质量与测试和 IT 网络等快速发展的领域，都在信息技术专业人员小类下设立了相关的职业，除此之外还为网络和多媒体设计设立了新的小类。"电信"一词从职业名称和描述中删除。 在卫生专业人员这一中类下，"专科医生"与"全科医生"有所区分，"护理专业人员"被分在细类下以反映其护理专业性。 教育专业人员被分解为更加具体的"幼儿教育教学专业人员""英语为第二外语的教师""校长""教育管理人员""早期教育和幼儿教育管理人员"和"其他教育专业人员"等。 在"工程专业人员"这一小类中，确定了"航空航天工程师"和"工程项目经理和项目工程师"为新的细类。"特许建筑技术员"则与"城市规划人员"合并。 其他新设立的细类还包括"未指定学科的其他研究人员""心理治疗师和认知行为治疗师""临床心理学家""青年工作专业人员"和"报纸和期刊记者"等

续表

职业分类及名称	主要变化
第三大类（助理专业人员）	第三大类主要是对专业人员和助理专业人员的修订，部分职业类别移到第二大类，部分职业由其他类别移至第三大类。 兽医护士从第六大类移至此大类，"跟单员"从第七大类移至此大类。 新设立"教学及幼儿保育助理专业人员"，包括了之前在第六大类的"高级教学助理"和"幼儿教育及幼儿保育从业人员"。新设立了"人力资源、培训和其他职业指导专业人员"和"监管专业人员"。新设立了"数据库管理员和网络内容技术员"和"信息技术培训人员"等细类。其他新设立的细类还包括"医学助理专业人员""项目助理人员"和"数据分析师"。 设计类职业被细分为"室内设计师""服装、时尚和配饰设计师"。 "业务助理专业人员"和"财务助理专业人员"是从SOC2010中"业务、财务和相关专业人员"小类中分解出来的两个新的小类。 "空中交通管制员"（air traffic controllers）与"飞行员和飞行工程师"（aircraft pilots and flight engineers）合并
第四大类（行政和秘书职业）	这一大类的主要变化是增加了一个新的细类"客户服务经理"，以区别于第七大类中其他更基础的客户服务职业。"数据输入管理员"从"打字员及相关职业"中分离出来，形成了一个新的细类
第五大类（技工及相关人员）	这一大类下设立了几个新的细类，包括"安全系统安装和维修人员""电气服务维护机械师和维修人员"，以及"砌砖工人"。 "金属板工、铁匠和模具工"合并为一个细类，"织布和编织工"合并为"纺织、服装及相关行业技工"
第六大类（私人服务和保卫服务人员）	早教和儿童保育职业进行了重组。611小类更名为"教学和儿童保育支持职业"，"托儿所护士和助理"更名为"早教和儿童保育助理"，以反映这一领域职业名称的变化，"保姆"从"儿童看护及相关职业"中分离出来作为单独的一个细类。 "民宿业主"从第一大类的"酒店和住宿管理人员"移至第六大类。 新设立"社区及民事执法职业"，包括来自第三大类的"社区警务支援人员"和来自第九大类的"泊车及民事执法职业"
第七大类（销售和客服人员）	零售和批发店主从第一大类移至第七大类。 "客户服务经理和主管"更名为"客户服务主管"，"推销商和橱窗装饰员"下设立新的细类"视觉推销商及相关职业"
第八大类（车间和机器操作人员）	新设立了"金属加工机器操作工"和"生产、工厂和装配监督员"小类，以及"道路运输司机"细类。 "玻璃和陶瓷加工工人""橡胶加工工人""电镀工人""煤矿工人"和"农业机械司机"等因就业规模小，与其他职业合并
第九大类（简单劳动职业人员）	这一大类下有部分职业类别分解为新的细类，包括"地面工人""监考人员""初级仓库主管""仓库操作员""送货员""酒吧和餐饮主管"和"咖啡店工人"

三、SOC 在英国的应用

(一) SOC 是国家统计社会经济分类的基础

国家统计社会经济分类 (NS - SEC) 是以 SOC2020 为基础建立的，其主要目的是衡量就业关系和职业状况，同时也作为衡量和预测健康、教育和其他指标的方法，对展示现代社会的社会经济地位结构和帮助解释社会行为和其他社会现象的变化至关重要。SOC2020 细类 (the unit group) 的职业编码，以及就业状况的详细信息 (包括是雇主、个体经营者还是雇员，是否是一个主管，以及工作场所的员工数量等) 是国家统计社会经济分类的数据基础。

(二) SOC 是经济结构和就业结构的指示器

科学的职业分类能使人们有效掌握和监控国家经济结构，并能调整就业结构。SOC2010 的修订中凸显出信息技术、环境及动物保护、文化传媒、健康休闲、安全等相关职业的重要性，表明上述行业在国民经济结构中的地位不断提升。SOC2020 的修订则凸显出教育的重要性。职业分类标准的改变还可调整就业结构，如：SOC2000 的修订中，第一大类 (经理和高级官员) 经理这一概念的内涵及外延缩小，使得这一类别的就业规模有所减少。第三大类 (辅助专业人员和一般专业技术人员) 的调整，使得男性从业者增加，且增加规模比女性要大；第四大类的调整 (行政、文书和秘书职业)，则使男性的下降比例高于女性。

(三) SOC 为建立职业资格证书制度提供标准

职业资格证书制度是指经政府认定的考核机构按照国家制定的职业分类、职业标准和从业资格条件，对劳动者的技能水平和职业资格进行评估和鉴定之后，为其颁发凭证。建立完善的职业资格证书制度对于强化从业人员的职业技能素质、规范工作方式、完善国家劳动者队伍、提高国内劳动者的国际竞争力都有重大促进作用。英国自 20 世纪 80 年代起，以 SOC 为基准建立国家职业资格证书制度，先后设立了国家职业资格证书和普通国家职业资格证书，并构建了职业资格和学历资格相互融通的国家资历框架，极大促进了英国国内劳动者素质的提高和劳动力市场的发展。

第二节　德国标准职业分类标准

德国职业分类中的职业概念具有以下核心特点：职业是与工作活动相关的，而不是与个体相关的；职业由一系列的工作活动呈现；职业通过两个维度：职业专业性和要求等级进行结构化。在德国，职业还有另外一个范畴的意义，即教育职业。教育职业是德国教育管理部门划分的职业学习门类，是学习者在双元制职业教育体系中的教育培训专业在德国背景下的职业内涵，既涵盖了实际社会职业的职业劳动维度，又包含了职业教育专业及其标准的规范约定。

一、德国现行的标准职业分类标准

（一）分类概括（包括分类原则和编码结构）

德国现行的职业分类（Klassifikation der Berufe 2010，KldB2010）于2010 年颁布，它由德国劳工局、劳动力市场与职业研究所共同主导，联邦统计局、其他相关部门以及职业和社会研究专家共同参与完成。2010 年版的德国职业分类建立在 1988 年和 1992 年职业分类基础之上，反映了当前德国职业图景的最新发展，并显示了与国际标准职业分类（ISCO - 08）的高度兼容性。

德国职业分类 2010 版通过理论引导、实证分析的方式形成了相似职业间的分类。该职业分类采用了分层化的构建方式，共划分为职业领域、职业大类、职业中类、职业小类和职业细类五个层次，相对应地使用了五级序号，每级数量分别为 10 个、37 个、144 个、700 个和 1286 个（如表 5 - 3 所示）。第五层次的"职业细类"之下，虽然没有使用第六级序号，但实际上包括了更为细化的职业名称，职业数量级别大约为 24000 个。

表 5 - 3　　　　　德国职业分类层级及级别（KldB2010）

职业分类	职业细类	职业数量
职业领域（Berufsbereiche）	一级序号	10
职业大类（Berufshauptgruppen）	二级序号	37

职业分类	职业细类	职业数量
职业中类（Berufsgruppen）	三级序号	144
职业小类（Berufsuntergruppen）	四级序号	700
职业细类（Berufsgattungen）	五级序号	1286
职业名称（Berufsbennungen）	下属职业名	24000

资料来源：根据德国劳工部2010年发布的职业分类大典内容整理而成。

德国社会职业的主要活动领域类别形成了第一层次的十个职业领域，既涉及三大产业的各个主要行业，又对部分行业领域进行了区分与归并。职业领域的名称列表及各职业分类层次的数量概览如表5-4所示。从表5-4看出，职业领域2"原材料开采、生产和制造"职业领域涵盖的职业类别数量最多，其次为职业领域8"健康、社会事务、教育和教学"和职业领域9"语言科学、文学、人文科学……"。

表5-4　　　　　　　德国职业分类层级的数量概览

职业领域	数量			
	职业大类	职业中类	职业小类	职业细类
1. 农林牧渔业和园艺建造	2	9	41	84
2. 原材料开采、生产和制造	9	30	150	317
3. 土木、建筑、测量和楼宇技术	4	10	59	118
4. 自然科学、地理和信息技术	3	11	61	108
5. 交通、物流、保护和安全	4	15	70	122
6. 商务服务、物品交易、销售、酒店和旅游	3	12	50	84
7. 企业组织、会计、法律和管理	3	11	54	110
8. 健康、社会事务、教育和教学	4	21	112	184
9. 语言科学、文学、人文科学、社会科学、经济科学、媒体、艺术、文化和设计	4	21	99	155
0. 军队	1	4	4	4
总计	37	144	700	1286

资料来源：根据德国劳工部2010年发布的职业分类大典内容整理而成。

不同于国际标准职业分类的分类原则与标准，德国职业分类的标准采用的是"职业专业性"和"要求等级"两级划分维度。这也意味着，其职业分类是在职业活动专业性的基础上再考虑所执行活动的复杂程度，即在工作性质相似性（职业的客体特征）的划分标准基础上再考虑技能水平（职业的主体特征）的划分标准。

第一个核心维度："职业专业性"是指一组与职业内容相关的专业能力组合，专业能力包含完成某一职业典型工作任务所需的特殊知识和技能。

第二个核心维度："要求等级"描述了职业的纵向结构，即必须掌握某一等级的特定知识和技能，才能胜任某一职业。"要求等级"涉及所执行活动的复杂程度，因此也被理解为与职业和岗位相关的特征。

在职业分类结构中，"职业专业性"标准维度主要指向职业领域的划分，根据职业显著活动、知识和技能的相似性进行分类，产生了如农林牧渔业和园艺建造，原材料开采、生产和制造，健康、社会事务、教育和教学等职业领域，并且进一步体现在职业分类的第二层次至第四层次中。具体到第五层次的职业细类，职业则是以"要求等级"的标准来进行划分。职业的"要求等级"标识了所从事职业活动的复杂程度，最多可再细分为四个等级，具体如下：

第一等级：助手级与初等性的职业活动。第一等级的职业涉及简单的、复杂度不高的常规活动。从事该职业活动一般不需要或只需要较少的特殊性专业知识。由于职业活动的复杂性不高，一般不需要正式的职业教育毕业证书，或仅需要经历一年制（被规定的）职业教育。该等级职业活动的复杂程度没有技术工人的高，所有的助手级和初等性职业活动以及仅需要一年制职业教育的职业活动都属于该等级。

第二等级：专业指向性的职业活动。与助手级和初等性职业活动相比较，第二等级的职业活动明显较为复杂，并且具有较强的专业指向。第二等级一般要求经历过两至三年的职业教育，在职业专科等学校获得的职业资格化的毕业证书可与相应的职业经验、非正式的职业教育等值。总体而言，扎实的专业知识和技能是顺利完成该等级职业活动的必要前提，与技术工人职业活动复杂程度相当的职业均可归属于第二等级。

第三等级：综合专业性的职业活动。与第二等级的职业相比，第三等级的职业更加复杂，开始具有特殊知识与技能要求，对于专业知识的要求也更高。此外，该等级的职业活动还要求从业者具备胜任高级专业任务和领导任务的能力。对于该等级的职业来说，除了专家型活动外，计划活动、检查活动，如工作准备、生产资料使用计划和质量检查与保障等也属于该等级的活动。从事该等级职业活动的人员需要经历过师父/技术员职业教育或获得等值的专科学校或高校毕业证书。与此等值的还有专科学院、职业学院、德国民主时期的专科学校或高校学士的毕业证书。获取相关的职业经验和/或非正式职业教育也能达到从事该等级职业的水平。

第四等级：高度复杂性的职业活动。第四等级职业活动的典型特征是复杂性高，其包含的职业活动主要有开发活动、研究活动、诊断活动、知识传授以及（大）企业内部的领导任务等，与该职业等级要求相匹配的知识和技能更为高级、复杂、综合，从事该等级职业的前提要求是获得至少四年制的高校教育和/或相应的职业经验。硕士学位证书、国家考试证书等高校毕业证书是该等级职业必需的证书要求。一些职业及其职业活动甚至需要达到博士学位或大学执教水平的要求。

（二）社会职业的职业描述

德国职业分类除了呈现职业分类的层次、列表以及与以往职业分类的衔接之外，对各个分类单元的职业内容也进行了大致描述，并且这些不同分类层次之间都遵循了固定的描述模式。其描述项目大致涉及四方面内容：（1）简短并具有总结性的活动领域的内容描述；（2）显现各个职业单元的核心任务、活动、知识和技能的列表；（3）职业单元举例或职业举例；（4）相似但不属于该类别的职业单元举例或职业举例。例如，职业领域"2 原材料开采、生产和制造"中职业大类"26 机电一体化、能源与电气类职业"涉及三个职业中类："261 机电一体化和自动化技术""262 能源技术"和"263 电气技术"，其第三、四、五层次的职业单元都按照固定描述模式形成了相应的描述内容，第五层次"26112 机电一体化职业——专业指向性的职业活动"的职业内容描述为该职业细类涉及所有要求牢固专业知识和技能的机电一体化技术职业，职业人员计划和生产综合机电一体化系统中机械、电气和电子元器件，将它们组装成功能性单元并且进行调试。职业任务、活动、知识和技能表现为组装机电一体化系统的机械、气动、液压、电气、电子和信息技术元部件，在机电一体化设备构造中运用金属加工和联接技术，阅读和运用构造图、生产图、组装图、电路图、安装图、功能图、工序图、校准规章和操作手册保障质量，在考虑机械、气动、液压、电气、电子元部件接口的情况下限定和排除障碍和错误，组装电路装置、操作装置、外壳和保护装置提供机电一体化系统的咨询服务。所属的职业涉及机电一体化技术助手、机电一体化工、机电一体化系统工业技术人员，而不属于该职业类别的职业例如汽车一体化工（25212），卷帘门窗机电一体化工（33352），冷冻技术机电一体化工（34232），技术性系统计算机员（43122）。

德国社会职业分类对五个层次的职业类别都进行了概括性描述，尤其是对第三、四、五层次的职业单元都从四个方面内容进行了总结性描述，切实发挥了对职业分类与管理、职业延续与发展、职业教育与培训的指导性作用。

二、SOC 的历史演变

德国的职业分类自 1961 年首次颁布以来，共进行 4 次主要修订，分别是 1970 版、1980 版、1988 版和 2010 版，现行职业分类标准是 2010 版。历次修订的主要变化情况如下：

（一）1970 版

1970 版《职业分类》，是按字母顺序排列的职业名称系统目录。它修订并且取代了 1961 版，为与以前的分类系统和与国际职业分类标准（ISCO - 68）进行比较和适应提供了可能性。这一修订版主要基于两方面考虑：一方面，职业研究、职业介绍、职业咨询和其他有兴趣者不断要求改良分类系统；另一方面，人口和职业普查需要更精准的职业分类体系。

1970 版的主要变化如下：将 1961 版的大类、中类重新划分，形成 1970 版的 33 个职业大类，上述职业大类可以归入 6 个新的职业领域，这几个职业领域是根据原料生产、生产制造和服务业等普遍的区分方法而划分的。职业中类的数量从 41 个增加到 86 个，增加了 1 倍多，职业中类的具体变化情况如表 5 - 5。

表 5 – 5 1970 版中职业中类的变化及详细叙述

职业种类名称及编号	变化
建筑职业（老版本 24）	在新的系统中被分为 5 个新的职业中类，粉刷工和油漆工被划分出去，和木材表面抛光工人、玻璃和陶器粉刷工一起划入新职业中类（新版本 51）。职业中类"金属生产和加工工人"（老版本 25）和锻工、钳工、机械工和相关职业（老版本 26），由于其范围广泛，被分为 12 个新的职业中类（新版本 19～30），设备装配工人等以及没有进一步说明的金属工人被划分出去，并与电子设备和零件装配工人（旧版本 27）归入新的职业中类 32。木材准备工人和木制品生产工人从之前的职业中类"木材加工工人和相关职业"（老版本 30）中划分出去，并作为独立的职业中类（新版本 18），其位置在"造纸、纸张加工和印刷工人"及"金属生产和加工工人"之间
细木工（老版本 30）	新版本中成为特别的职业中类（新版本 50），老版本中职业中类 39 的辅助工人（仓库和运输）与职业中类 52 的运输工人、职业中类 38 的仓库保管员形成新的职业中类 74"仓库保管员、仓库工、运输工"
摄影师、印刷人员和相关职业（老版本 33）	此类中的照片实验员被分入"特殊技术专业人员"（新版本 63），在该职业中类中还有其他实验员职业。现在"摄影师"属于艺术家和相关职业"（新版本 83）
生产和加工工人（老版本 34）	被分为 4 个新的职业中类（33～36）
软垫安装工和室内装潢人员	属于新的职业中类"室内装潢人员、软垫安装工"（49）
工程师、技术人员和相关职业（老版本 41）	被分为三个职业中类（新版本 60～62），新版本 60 为"工程师"，61 为"化学研究人员、物理研究人员、数学研究人员"，62 为"技术人员"。在技术人员这一职业中类出现了一个新的职业分类，即"工业企业技师、车间主任"（新版本 629）。之前仅仅把工业企业技师或车间主任看作企业中的一个行政职位。在这之后，在技术和企业机构的影响下，工业企业技师和车间主任的工作独立发展
机械师和相关职业（老版本 43）	调整工归入相应的生产职业，因为调整工常常使用机器，它们的工作首先与机器操作工人紧密相关。调整工的尾数为 6，便于区分
组织、行政、办公室职业（老版本 71）	现在被分为 4 个职业中类（75～78）。其中"议员、部长、选举官员"（761）较特殊。之前的"秩序和安全维护人员"（老版本 73）改名为"安全维护人员"（新版本 80），调整的还有潜水员（老版本 42）、烟囱清扫员（老版本 63）和健康安全职业（老版本 81）、"消防职业"（老版本 75）
社会照顾（老版 77）与教育职业（老版本 82）	社会照顾与教育职业两个中类合并，老版本中职业中类 77 的"劳动与职业顾问"调整为新的完整的职业中类（新版本 87），其中仅保留教师

续表

职业种类名称及编号	变化
医生和药剂师	组成一个独立的职业中类（新版本 87）
健康服务职业（老版本 81）	此类中除了健康安全职业外的其他职业形成了"其他健康服务职业"（新版本 85）。"科学和谨慎生活其他职业"（老版本 84）中的经济和社会学家及其他社会科学家和自然科学家组成"社会科学和自然科学职业，并未提及其他方面"（88），剩下的职业则组成"评论员、翻译员、图书管理员"（82）
艺术家和相关职业（新版本 83）	收录了录音师、剧院艺术和技术职业、摄影师等

注：上表中老版本指 1961 版，新版本指 1970 版。

1970 版中不同的尾数用以划分不同的职业细类，从而使不同的职业细类产生联系。如在职业领域Ⅲ中，调整工被统一归入尾数为 6 的职业细类中，以概括不同机器的调整工。在相关统计数据上，统计"金属生产、加工工人"中尾数为 6 的劳动力就可以知道，在金属生产、加工工人中有多少机器调整工。

（二）1980 版

1980 版并非从根本上取代了 1975 年联邦统计局制定的《职业分类》，只是将职业名称由三位数的职业分类细化为四位数的职业细类，共计 22300 个职业细类。但是，与 1975 年的版本相比，1980 年的版本基本特点和分类至三位数的职业分类（基本单位）方法未改变。与以往相同，未被列出的职业名称可根据现有的规定归入系统的单元中。

1980 版的主要特点如下：

特点一：职业名称无变化。因为职业分类未变化，因此所属的职业名称也不能归入其他职业分类之中。

特点二：过时的职业名称无删减。1980 年版本的《职业分类》可追溯到 1949 年的《职业系统》，它包含了一系列过时的职业名称，至今只有 1970 年的人口和职业普查给出了有关职业名称使用频率的说明，1980 版并未删除不再使用的职业名称。

特点三：收录新的职业名称。1980 年修订版的职业目录也收录了新的职业，以适应职业、经济和技术的发展。该版本共收录了约 350 个新职业名称，并用职业代码标注。收录的新职业仅占社会存在的新职业名称的约1/3。新分类的职业名称主要涉及在联邦职业教育研究所出版的《培训职业目录》（1979 版和 1980 版）中的职业，即国家承认的培训职业、辅助医疗职业、残疾人职业和进修职业。加上新增职业，1980 版《职业分类》中共收集了约 22300 个职业名称。

特点四：职业名称的细化。1980 版在三位数的职业小类的基础上又增加了一个四位数的职业细类，共增加了 10 个职业细类，但是只是将职业名称分到职业小类，职业细类之上的职业分类、职业组、职业部门和职业领域并未改变。新的职业细类不再是职业，而是相应职业名称的标题，因此职业细类不再必须根据培训大纲和其他法规进行不断调整。

特点五："会说话的尾数"含义变化。在 1970 版中，某些职业细类的尾数有特殊的含义，即所谓的"会说话的末尾数"。1980 版只保留了其中的一部分。在两个版本中，意思相同尾数保留下来继续使用的如下：

0 表示相关职业的普通形式；

7 表示专业助手；

9 表示同一职业分类的其他职业；

在 1980 版目录中，带有末尾数 6 和 8 的职业细类仅表示其职业分类的区别和特殊情形，因此，它们也成了一般的职业细类。

在 1970 版和 1975 版本中以"会说话的尾数"6 标记的"机器调整工"，在 1980 年的修订版中大多作为尾数 0 的基础职业或被归入相应的特殊形式之中。"机器操作工"在 1970 年和 1975 年的版本中的尾数是 8，1980 版将其尾数改为 7，即归入专业助手中。

（三）1988 版

1988 版的《职业分类》（KldB）基本上与 1980 年版本相同，其来源是 1970 版，该版本中三位数的分类并未改变。主要变化如下：

变化一：《职业分类》（KldB）首个由计算机辅助的职业信息系统（cobls）。计算机辅助的职业信息系统（cobls）的基础是一盘磁带，该磁带最初由联邦统计局为 1983 年的人口和职业普查制作。磁带中包含《职业分类》1980 年版按字母排序的所有职业名称，职业名称的代码为 6 位数。在统一转化为联邦劳动局的 4 位数分类后，再输入系统，得出一套新的体系。此外还必须消除由两个部门进行处理所产生的差异。经过若干个步骤，该系统包含了所有的职业名称，这些职业名称来自德国联邦劳动局职业指导和职业介绍服务信息（ibv）、可视文本（btx）、培训和职业信息概论（gabi）和职业教育机构（EBB）等。

变化二：新职业名称的收录。截至 1988 年 9 月 1 日该修订版定稿时，约有 650 个新的职业名称以四位数的编码收录到《职业分类》（KlbB）中。主要包含国家承认的培训职业和职业教育法（BBiG）44 条、48 条的职业，以及《手工业条例》41 条、42 条 b 的职业（康复和残疾人的职业）。此外还收录了联邦劳动局职业指导和职业介绍服务信息（ibv）和可视文本（Btx）中出现的职业名称，共计约 24000 个。

变化三：1988 版出现新的职业分类。与 1980 版相比，职业细类只做了少许改动。一共增加了 14 个职业细类，其中大部分与国家承认的培训职业有关。主要涉及以下职业，见表 5 - 6。

表 5 - 6 　　　　　　　　1988 版本中出现的新的职业细类

职业细类编号	职业细类名称
2520	容器制造工人、锻铜工人
2630	管网建造工人及钳工
2750	钢结构建筑钳工及铁船制造工人，无进一步说明
3111	工业电工、生产工艺专业方向工人
3220	其他装配工人
3227	其他装配工人助手
3229	其他装配工人
3230	金属工人
3237	金属辅助工人
3433	纺织机械工人，簇绒
3453	纺织机械操作工人，套毛材料
3454	纺织机械工人，套毛材料
4919	其他房间配备工人
9350	普通街道清洁工，垃圾清扫工

"9812 未确定的纺织精加工学徒""9819 未确定的纺织精加工其他学徒"和"9820 其他职业领域的未确定的职业的见习生、实习生"三个细类职业被删除。职业分类"629 工业企业技师、车间主任"被拆分后纳入新的四位数职业细类中。

（四）2010 版

德国 2010 版之前的职业分类均呈现了第一至第四层次的等级化划分，2010 版职业分类的特殊之处在于，根据第二维度"要求等级"增加了职业小类下的细化分类，形成了职业细类。但并不是每一个职业小类都必须再次划分为四个"要求等级"，而是每一个职业小类都至少包含四个要求等级中的一个等级。

根据"要求等级"的划分标准，职业分类中第四层次的 700 个职业小类继续进行细化，产生了第五层次的 1286 个职业细类，其中包含归属于第一要求等级的 60 个职业细类、第二等级要求的 414 个职业细类、第三等级要求的 442 个职业细类第四等级要求的 370 个职业细类。700 个职业小类中，只具有一个要求等级的占 45.6%，具有两个要求等级的占 29.1%，具有三个要求等级的占 21.1%，而同时具有四个等级要求的职业小类只占 4.1%。

分类层次上，德国职业分类在 1988/1992 版职业分类的基础上，创新性地增加了用以区分职业技能水平的第五层次，共划分为职业领域、职业大类、职业中类、职业小类和职业细类五个层次。

分类数量上，德国职业体系中最小层次包括的职业数量为 1286 个，该数量仅是职业细类的数量级别，而不是社会职业的数量级别。因此，该数量级别下实际上还对应了 2 万 ~3 万个社会实践中的职业。

分类名称上，在德国 2010 年最新版的职业分类大典中，明确表示其所列举的大约 90% 的职业细类都能与国际标准职业分类（ISCO－08）中的职业细类相互对接，并且提供了较为明晰的职业细类对照表。

三、德国职业分类的应用

职业分类对内主要应用于"职业指导、职业介绍和职业信息"、联邦劳动局的统计工作以及劳动力市场和职业研究所的研究工作。对外主要是企业的社会保险登记、职位招聘以及国内外比较研究，见图 5－1。

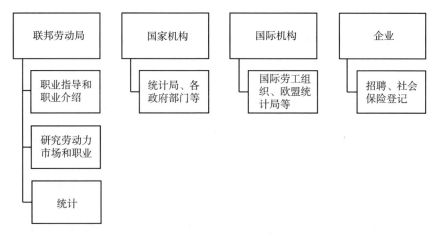

图 5-1 德国职业分类的应用

德国的五级职业分类体系既考虑了职业领域的专业特殊性，又考虑到从业的要求等级，从横向与纵向两个方面定位了各个职业类别。同时，这些职业类别又与职业信息系统中 2 万 ~ 3 万个社会职业形成上下所属关系，既规范了职业类别，又与社会职业或岗位产生较好的对接。虽然德国职业分类原则与标准与国际标准职业分类有所不同，但制定了与国际标准职业分类结果的横向对接表，使得 80% 以上的职业都能与国际分类的职业相互对应，这也为德国职业信息的国际比较，职业人员的国际流动与教育培训的互认提供了坚实的基础。此外，德国职业分类也具有较好的历史继承性，与先前版本的职业分类具有较好的衔接。职业编码的对应与职业的历史发展脉络在分类体系中也得到了较清晰的体现，这也有利于国家职业信息的系统发展、传承与运用。对各类产业尤其是新兴产业的发展有服务作用，以 IT 行业为例，当今是 IT 产业突飞猛进的重要时期，相对于新兴岗位的不断涌现和从业人员的快速扩张，劳动力需求研究和能力素质建设仍然不足。职业分类的成果，可为人力资源开发管理提供科学基础，为行业发展决策提供信息支撑。

职业分类中除了职业分类的列表之外，其关于职业的具体描述也至关重要。德国职业描述项目涉及该职业活动领域的总述、核心工作任务、所属职业举例及非所属职业举例。通过职业描述的规范，给各个职业分别确定了工作责任以及履行职责及完成工作所需要的职业素质，这就为岗位责任制提供了依据。

新型职业标准的建立，将使产业、企业、学校和劳动者普遍受益，特别是有利于就业、岗位转换和再就业的实现。实际生产活动对劳动者的技能要求变得更具体、明确，经济结构变动对劳动者现有技能的冲击减小。劳动者转岗时需要重新学习、掌握和鉴定的技能内容更有针对性。职业教育培训更能体现个人的需求，使个人的发展目标更加明确，学习的信心和兴趣也会增加。

德国职业分类不仅对社会职业的分类与分层进行了系统研究，产生了可供社会各方参考的职业信息结果，而且也与后端的教育与培训紧密对接。尤其是职业分类体系中第五层次职业类别的确立，直接对应了各类从简单到高度复杂程度的职业活动要求等级，也对应了达成各等级职业活动的教育或培训类型，甚而对应了涵盖职业教育、大学教育与继续教育的具体教育职业或教育专业。社会职业的历史发展以及与教育职业/专业的对接研究也为教育职业的历史、现状与发展研究提供了依据，形成教育职业/专业发展的良性循环。

对于企业来说，职业分类可用于企业的社会保险登记、职位招聘，等等。同一性质的工作，往往具有共同的特点和规律。把性质相同的职业归为一类，有助于国家对职工队伍进行分类管理，根据不同的职业特点和工作要求，采取相应的录用、调配、考核、培训、奖惩等管理方法，使管理更具针对性。职业分类是对职工进行考核和智力开发的重要依据。考核就是要考察职工能否胜任其所承担的职业工作，考察其是否完成了应完成的工作任务。这就需要制定出考察标准，对各个职业岗位工作任务的质量、数量提出要求，而这些都是在职业分类的基础上才能加以规定的。职业分类中规定的各个职业岗位的责任和工作人员的从业条件，不仅是考核的基础，而且是进行培训的重要依据。

第三节　欧洲资历框架（European Qualifications Framework，EQF）

目前世界范围内已经建立了 9 个区域资历框架，从总体上看，区域资历框架可分为综合资历框架和部门资历框架两类，见图 5 - 2。EQF 作为一种综合资历框架，被认为是最成功的区域资历框架之一，其以学习成果理念为导向，建立了规范的质量标准体系，并实施了完善的质量保障体系、学分制、非学历教育认证制度和生涯终身指导制度等资历框架实施工具体系，对促进欧洲融合、建立欧洲人力资源强区和构建欧洲终身学习区有着深远影响。

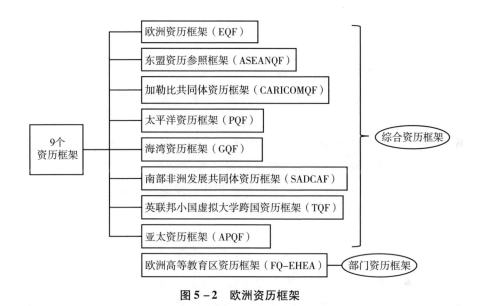

图 5-2　欧洲资历框架

一、发展动因

欧洲资历框架的产生是欧洲一体化进程在人才的培养、配置及管理发展上的必然趋势，是欧洲政治、经济、文化一体化在教育、培训以及劳动力市场领域的具体表现，资历框架与一体化进程之间存在着较为清晰的作用与反作用关系。欧洲资历框架是一个涵盖欧洲学历资格与职业资格，对其进行等级、层次、类型划分和联结的质量标准体系，其建设与发展主要有两大动因：一是人才自由流通的需要。随着全球化的发展，国家及地区之间的交流合作越来越多，建立一个合理的区域性人才自由流动制度，以推动区域之间的人才交流是发展的必然趋势。欧洲资历框架的建立与发展在一定程度上为欧洲国家之间的人才流动扫清了制度障碍，为促进文凭、学分以及学历的流通和转换奠定了坚实的基础。二是构建终身学习型社会的需要。经济上的发展必然会带来政治、文化、教育等领域的进步。在政治文化领域，人们开始追求民主、公平；在教育文化领域，人们越来越重视个体终身学习、发展及学习型社会的构建。但终身学习型社会的构建是一个漫长且复杂的过程，首先必须将各种学习形式打通，让所有学习成果都能进行积累和转换，而以各级各类资格融通为目的的综合性资历框架为欧洲教育文化乃至经济的一体化发展提供了更为制度化、精确化、简便化的方式与途径。

二、欧洲资历框架的特点

欧洲资历框架以资历和学分的积累、转换制度为基础，整合各种学习形式和内容，是为推进终身学习而构建的统一的基础性制度，对世界主要国家的资历框架都有重要影响。截至 2017 年，欧盟 27 个国家（英国除外）都进入了欧洲资历框架体系。欧洲资历框架的特点如下：

特点一：强调统一。欧洲资历框架将所有学习内容和学习形式都纳入统一框架，并使其各自找到相应位置。欧盟成员国除德国、法国不包括普通教育外，其他各国资历框架，都涵盖了从普通教育、职业教育和培训到高等教育的所有教育层次和形式，尤其各国都强调将非正式学习形式纳入认证体系，确保同一资历具有多种获取途径。如法国国家资历框架强调通过非正式学习形式获得的资格与通过连续正式培训或学徒获得的资格相同；德国学士学位和硕士学位工艺师资格（Master Craftsman Qualification）都是欧洲资历框架 6 级，两者具有同等地位等。

特点二：强调"畅通"。统一资历框架将各教育层次和学习形式打通，相互连接为"畅通"的人才成长立交桥。按照要求，欧洲资历框架要能依托在线学习、正式学习、非正式学习等多种学习途径，在欧盟内不同国家，不同教育和培训水平、类型之间进行转移，使学习者能够积累和转移在不同学习环境中获得的不同学习成果。这种转移具体通过欧盟 ECTS 和 ECSVE 制度实现。该学分转移系统为欧洲资历框架的顺利实施提供了重要制度保障。

三、欧洲资历框架的发展历程

EQF 经历了 1996 ~ 2004 年的准备阶段和 2005 ~ 2008 年的建立阶段，

自生效以来发展迅速，从整体上来看，近十多年间其发展经历了以下两大发展阶段：

阶段一：EQF 的实施阶段（2008～2010 年）。2008 年 4 月，欧盟会议和欧盟理事会联合通过了《关于建立欧洲终身学习资历框架的建议》，标志着 EQF 完成了立法程序，进入实施阶段。在这一阶段，EQF 是一个"元框架"，欧盟和"欧洲职业教育区"参加国都将其作为平台，开发各自的国家资历框架。欧盟委员会建议，各成员国在 2010 年以前将各国的国家资历框架与欧洲资历框架联系起来，两者联合发挥转换平台的作用，以使欧洲的行业企业和教育机构，能够更好地了解应聘者提交的教育和职业资格证书，并使其成为不同国家间资格证书的评估、比较及相互认定的重要依据。欧盟委员会还建议，到 2012 年，欧盟范围内新颁发的资格证书上，都应注明相应的欧洲资历框架的参照水平。

阶段二：EQF 的扩展阶段（2010 年至今）。伴随着科技的进步、国际合作的加深，在终身学习型社会的推动下，非正规与非正式学习成果不断得到认可，在这种大背景下，欧洲各国不断以 EQF 为参照平台建立本国资历框架，EQF 得以快速发展。截至 2018 年，包括 28 个欧盟成员国在内的 39 个欧洲国家的 43 个资历框架正式与 EQF 建立了联结。为了确保框架对欧洲公民更为可见，已有 23 个国家在国家资格文件或欧洲通行证中引入了 NQF 和 EQF 的水平，其中 17 个国家已经将资格等级融合于其国家资格数据库中。

四、欧洲资历框架的内容简介

欧洲资历框架从低到高共八个资历级别。资历级别不是具体、特定资历，而是各国国家资历框架资历级别的统一参照。每个级别的资历都有关于知识（knowledge）、技能（skill）和能力（competence）三个维度的学习成果（learning outcome）的具体描述。欧洲资历框架涵盖普通教育、职业教育和培训、高等教育以及继续教育内容，能有效促进终身学习。内容框架具体见表 5-7 所示。

表 5 – 7   欧洲资历框架级别及其说明

级别 (level)	知识 (knowledge)	技能 (skill)	能力 (competence)
第八级	掌握一个领域和交叉领域最先进和最前沿的知识	具有解决重大科研和创新问题, 拓展和重新定义现有知识的技术和技能, 具有专业实践所需的最高端和最专业化的技能和技术 (包括综合和评价)	在工作和学习 (包括研究) 的前沿, 能表现出高度的权威性、创新性、自主性、学术性和良好的职业操守, 并能持续不断地发展出新的观念和方法
第七级	掌握一个领域高度专业化的知识和前沿知识, 能对一个领域和交叉领域的知识形成批判性认识, 以此作为创新思维和创新研究的基础	具有通过研究和创新发展新知识、新方法的能力以及整合不同学科知识所需的能力	能够管理和驾驭复杂多变的工作学习环境, 并能实施新的战略方法; 能够促进专业知识和实践的发展, 并能评价团队的战略绩效
第六级	掌握一个领域的高级知识, 并对相关理论和原理具有批判性认识	具有在特定工作和学习领域解决复杂和不可预知问题所需的高级技能、熟练技艺和创新精神	能在不可预知的工作学习环境中, 管理复杂技术和专业活动, 并能承担决策的责任; 担负管理个人和团队专业发展的责任
第五级	掌握一个领域全面的、专业的、事实性和理论性的知识, 并了解这些知识的界限	具有使用创造性方法解决抽象问题所需的全面认知和实践技能	能够在有不可预测变化发生的工作学习活动环境中, 担负起管理和监管责任; 能够评估和改进自己和他人的表现
第四级	掌握一个领域中广泛的事实性和理论性知识	具有在某一工作或学习领域内解决具体问题所需的一系列认知和实践技能	能在易变但可以预测的工作学习环境中, 基于准则进行自我管理; 能监督其他人日常工作, 担负评估和改进他人工作和学习的职责
第三级	掌握一个领域的事实、原则、过程和基本概念知识	具有选择和运用基本方法、工具、材料和信息完成任务和解决问题所需的一系列认知和实践技能	能担负完成工作或学习任务所需的责任; 在解决问题过程中能调整自身行为以适应环境
第二级	掌握一个领域基本的事实性知识	具有基本认知和实践技能, 能够利用相关信息和简单工具执行任务和解决日常问题	能够在监督下自主地完成工作和学习任务
第一级	掌握基本的通用知识	具有执行简单任务的基本技能	能够在有组织的环境中, 在他人的直接监督下工作和学习

五、欧洲资历框架的影响

欧洲资历框架推动了整个欧洲基于学习成果的国家资历框架的发展，截至 2019 年 4 月，39 个欧洲国家都已制定或实施资历框架，建立的基于学习成果等级的国家资历框架总数达到 43 个。与此同时，欧洲资历框架已经进入区域对接和认证阶段，目前，已有 34 个国家正式将其国家资历框架与欧洲资历框架进行了对接。大多数欧洲国家正在现有资历框架基础上建立综合型国家资历框架（Comprehensive National Qualifications Framework），包括正规教育和培训（普通教育、职业教育与培训、高等教育）的所有级别和类型的资历，也包括非正规学习背景下的学习成果。许多国家正在颁发的资历和证书文件上指明本国资历框架和欧洲资历框架所对应的等级，根据资历架构对资历信息进行整理，并纳入本国和欧洲资历数据库。截至 2018 年 5 月，已有 23 个国家将本国资历框架和欧洲资历框架的级别纳入国家资格证书体系和欧洲通行证（Europass），17 个国家在国家资历文件或数据库中引入了级别对接标准。

欧洲资历框架是"欧洲透明工具"的核心。欧洲资历框架被普遍认为是提高国家资历体系透明度、促进欧洲国家间相互信任的重要工具，在过去八年中取得了显著进展，提升了欧洲国家资历体系的可比性。但欧洲资历框架在实施过程中仍存在诸多挑战，例如 2014 年春季开展的"欧盟民意调查"显示，只有 56% 的欧盟公民认为他们获得的资历可以得到其他欧洲国家的承认，个人难以知晓在一个国家获得的资历是否可以在另一个国家得到认可。

第 六 章

亚洲部分国家职业分类

第一节 日 本

一、日本现行标准职业分类概述

日本的职业分类使用的《日本标准职业分类》，自 1960 年颁布以来，经历了 5 次修订。现行的《日本标准职业分类》是 2009 年第五次修订的版本。依据的分类标准如下：（1）必要的知识和技能的掌握程度；（2）生产的产品或提供服务的种类；（3）使用的原材料、工具、设备的种类；（4）工作环境；（5）在工作单位或其他组织中所起的作用；（6）从事各种职业的人数。

日本目前使用的职业分类表分为大类、中类以及小类三级，与我国的职业分类类似，但编码表示形式不同。值得注意的是，《日本标准职业分类》规定中类下设置的小类的数量最多不超过 9 个。职业分类表的分类编码规则如下：

（1）大类编码用大写字母来表示；

（2）中类编码用两位阿拉伯数字来表示；

（3）小类编码用三位阿拉伯数字来表示，其中前两位对应的是中类编码；第三位数字以 1 到 9 的数字的十进制为基准来表示，数字为 9 的表示该项目是不能被分类的其他项目。

现行《日本标准职业分类》将职业划分为 12 个大类、74 个中类和

329 个小类。其中大类如下：（1）管理性职业者；（2）专业性、技术性职业从业者；（3）事务性从业者；（4）销售性职业从业者；（5）服务作业者；（6）保卫职业从业者；（7）农林渔业从业者；（8）生产工程从业者；（9）机械驾驶从业者；（10）建设、开采从业者；（11）搬运、清扫、包装等从业者；（12）不能分类的职业。具体分类如表 6－1 所示。

表 6－1　　　　　　　　　　　日本标准职业分类

分类编号			名称
大类	中类	小类	
A			管理性职业者
	01		管理性公务员
		011	议会议员
		012	管理性国家公务员
		013	管理性地方公务员
	02		团体干事
		021	公司董事
		022	独立行政法人等董事
		029	其他法人、团体董事
	03		团体管理职员
		031	公司管理人员
		032	独立行政法人等管理职员
		039	其他法人、团体管理人员
	04		其他管理性职业从业者
		049	其他管理性职业从业者
B			专业性、技术性职业从业者
	05		研究人员
		051	自然科学系研究人员
		052	社会科学系等研究人员
	06		农林水产技术人员
		061	农林水产技术人员
	07		制造技术人员（开发）

分类编号			名称
大类	中类	小类	
		071	食品技术人员（开发）
		072	电气、电子、电信技术人员（通信网络技术人员除外）（开发）
		073	机械技术人员（开发）
		074	汽车技术人员（开发）
		075	运输设备技术人员（汽车除外）（开发）
		076	金属技术人员（开发）
		077	化学技术人员（开发）
		099	其他制造商（开发）
	08		制造技术人员（开发除外）
		081	食品技术人员（开发除外）
		082	电气、电子、电信技术人员（通信网络技术人员除外）（开发除外）
		083	机械技术人员（开发除外）
		084	汽车技术人员（开发除外）
		085	运输设备技术人员（汽车除外）（开发除外）
		086	金属技术人员（开发除外）
		087	化学技术人员（开发除外）
		089	其他制造商（开发除外）
	09		建筑、土木、测量技术人员
		091	建筑技术人员
		092	土木技术人员
		093	测量技术人员
	10		信息处理·通信技术人员
		101	系统顾问
		102	系统设计者
		103	信息处理项目管理器
		104	软件制作者
		105	系统运用管理者

续表

分类编号			名称
大类	中类	小类	
		106	通信网络技术人员
		109	其他信息处理、通信技术人员
	11		其他技术人员
		119	其他技术人员
	12		医生，牙医，兽医，药剂师
		121	医生
		122	牙科医生
		123	兽医
		124	药剂师
	13		保健师，助产师，护士
		131	保健师
		132	助产师
		133	护士（包括准护士）
	14		医疗技术人员
		141	医疗放射线技师
		142	临床工学工程师
		143	临床检查技师
		144	理疗师，作业疗法师
		145	视觉训练师，语言听觉师
		146	牙科卫生员
		147	牙科技师
	15		其他保健医疗从业者
		151	营养师
		152	按摩指压师，针灸师，柔道整复师
		159	其他不分类的保健医疗从业者
	16		社会福利专业工作者
		161	福利咨询指导专业人员
		162	福利设施指导专业人员

续表

分类编号			名称
大类	中类	小类	
		163	保育员
		169	其他社会福利专业职业从业者
	17		法务工作者
		171	法官
		172	检察官
		173	律师
		174	律师
		175	司法代书人
		179	其他法务从业者
	18		经营·金融·保险专业职业从业者
		181	注册会计师
		182	税务师
		183	社会保险劳务士
		184	保险专业职业从业者
		189	其他经营、金融、保险专业人员
	19		教师从业者
		191	幼儿园教师
		192	小学教师
		193	中学教师
		194	高中教师
		195	中等教育学校教师
		196	特别支援学校教师
		197	高等专科学校教师
		198	大学教师
		199	其他教师
	20		宗教家
		201	宗教家
	21		著述家，记者，编辑

续表

分类编号			名称
大类	中类	小类	
		211	著述家
		212	记者，编辑
	22		美术家，设计师，摄影师，影像摄影者
		221	雕刻家
		222	画家，书法家
		223	工艺美术家
		224	设计师
		225	摄影家，影像摄影者
	23		音乐家，舞台艺术家
		231	音乐家
		232	舞蹈家
		233	知名演员
		234	演出家
		235	文艺家
	24		其他专业性职业从业者
		241	图书馆管理员
		242	研究员
		243	咨询师（医疗、福利设施除外）
		244	个人教师
		245	职业体育工作者
		246	通信设备操作从业者
		249	其他不分类的专业职业从业者
C			事务工作者
	25		一般事务工作者
		251	庶务员
		252	人事事务员
		253	企划事务员
		254	接待员

续表

分类编号			名称
大类	中类	小类	
		255	秘书
		256	电话接待员
		257	综合事务员
		259	其他一般事务从业者
	26		会计事务工作者
		261	现金出纳事务员
		262	存款窗口事务员
		263	财务事务员
		269	其他会计事务工作者
	27		生产相关事务工作者
		271	生产现场事务员
		272	货/接收事务员
	28		营业、销售事务从业者
		281	营业·销售事务员
		289	其他营业、销售事务从业者
	29		外勤人员
		291	收款人
		292	调查员
		299	其他外勤事务工作者
	30		运输、邮政工作者
		301	旅客、货物员
		302	运行管理事务员
		303	邮务员
	31		办公设备操作人员
		311	个人电脑操作员
		312	数据入口装置操作员
		313	电子计算机操作员（个人计算机除外）
		319	其他办公设备操作人员

续表

分类编号			名称
大类	中类	小类	
D			销售人员
	32		商品销售从业者
		321	零售店店长
		322	批发店店长
		323	销售店员
		324	移动销售从业者
		325	再生资源回收、批发从业者
		326	商品采购外交官
	33		销售类似职业从业者
		331	不动产中介、买卖人
		332	保险代理、中介人（经纪人）
		333	有价证券买卖、中介人、金融中介人
		334	当铺店主和店员
		339	其他销售类似职业从业者
	34		营业职业从业者
		341	食品营业职业从业者
		342	化学品销售职业从业者
		343	医药品营业职业从业者
		344	机械器具营业职业人员（通信机械器具除外）
		345	通信系统营业职业从业者
		346	保险营业职业从业者
		347	不动产营业职业从业者
		349	其他营业职业从业者
E			服务从业者
	35		家庭生活支援服务职业从业者
		351	保姆，帮忙做家务的人
		359	其他家庭生活支援服务职业从业者
	36		护理服务职业从业者

续表

分类编号			名称
大类	中类	小类	
		361	护理人员（医疗、福利设施等）
		362	上门看护工作者
	37		保健医疗服务职业工作者
		371	护理助手
		372	牙科助手
		379	其他保健医疗服务职业从业者
	38		生活卫生服务职业从业者
		381	理发师
		382	美容师
		383	美容服务工作者（美容师除外）
		384	浴场从业人员
		385	洗衣工
		386	冲印工
	39		饮食烹饪工作者
		391	厨师
		392	调酒师
	40		服务员职业从业者
		401	饮食店店长
		402	馆主·经理
		403	饮食服务人员
		404	身边照料人员
		405	接待社交工作者
		406	艺妓，舞蹈家
		407	娱乐场所等接待员
	41		居住设施、大楼等管理员
		411	公寓、寄宿管理员
		412	宿舍管理员
		413	大楼管理员

续表

分类编号			名称
大类	中类	小类	
		414	停车场管理员
	42		其他服务职业从业者
		421	旅游导游
		422	物品临时保管人
		423	物品租赁人
		424	广告宣传员
		425	殡仪员
		429	其他不分类的服务职业从业者
F			保卫职业从业者
	43		自卫官
		431	陆上自卫官
		432	海上自卫官
		433	航空自卫官
		434	防卫医科大学学生
	44		司法警察职员
		441	警察
		442	海上保安官
		449	其他司法警察人员
	45		其他保安职业从业者
		451	看守
		452	消防员
		453	警卫员
		459	其他不分类的保安职业从业者
G			农林渔业从业者
	46		农业工作者
		461	农耕工作者
		462	养畜工作者
		463	花匠

续表

分类编号			名称
大类	中类	小类	
		469	其他农业工作者
	47		林业工作者
		471	育林工作者
		472	伐木、造材、集材从业者
		479	其他林业从业者
	48		渔业从业者
		481	渔业工作者
		482	船长、航海士、机长、机师（渔船）
		483	海藻、贝壳采集从业者
		484	水产养殖从业者
		489	其他渔业从业者
H			生产工程从业者
	49		生产设备控制及监视从业者（金属产品）
		491	生铁、炼钢、有色金属冶炼设备控制、监控人员
		492	铸造、锻造设备控制、监控人员
		493	金属机床设备控制与监控人员
		494	金属压床设备控制及监视员
		495	铁工、制罐设备控制、监视员
		496	钣金设备控制及监视员
		497	金属雕刻、表面处理设备控制、监控人员
		498	金属焊接、熔断设备控制、监视人员
		499	其他生产设备控制及监视从业者（金属产品）
	50		生产设备控制及监视从业者（金属产品除外）
		501	化学产品生产设备控制及监视员
		502	土石产品生产设备控制·监视员
		503	食品生产设备控制及监视员
		504	饮料、香烟生产设备控制、监视员
		505	纺织、服装、纤维制品生产设备控制、监视员

续表

分类编号			名称
大类	中类	小类	
		506	木、纸制品生产设备控制、监视员
		507	印刷、装订设备控制、监视员
		508	橡胶、塑料制品生产设备控制、监视员
		509	其他生产设备控制及监视从业者（金属产品除外）
	51		机械组装设备控制及监视从业者
		511	焊接、生产、业务用机械器具组装设备控制、监视员
		512	电气机械器具组装设备控制及监视员
		513	汽车装配设备控制及监视员
		514	输送机械组装设备控制及监视员（汽车除外）
		515	计量仪器、光学机械器具组装设备控制、监视员
	52		产品制造、加工处理从业者（金属制品）
		521	生铁、炼钢、有色金属冶炼工作者
		522	铸件制造、锻造从业者
		523	金属机床工作者
		524	金属压床从业者
		525	铁工
		526	钣金工作者
		527	金属雕刻、表面处理从业者
		528	金属焊接、熔断从业者
		529	其他产品制造、加工处理从业者（金属制品）
	53		产品制造、加工处理从业者（金属产品除外）
		531	化学制品制造商
		532	土石制品制造从业者
		533	食品制造从业者
		534	饮料、香烟制造商
		535	纺织、服装、纤维制品制造商
		536	木、纸制品制造商
		537	印刷、装订从业者

续表

分类编号			名称
大类	中类	小类	
		538	橡胶、塑料制品制造商
		539	其他产品制造、加工处理从业者（金属产品除外）
	54		机械组装从业者
		541	焊接、生产、业务用机械器具组装从业者
		542	电气机械器具组装从业者
		543	汽车组装从业者
		544	运输机械组装从业者（汽车除外）
		545	计量仪器、光学机械器具组装从业者
	55		机械维修人员
		551	生产、业务用机械器具整备、修理从业者
		552	电气机械器具维修从业者
		553	汽车维修人员
		554	运输机械维修人员（汽车除外）
		555	计量仪器、光学机械器具整备、修理从业者
	56		产品检查从业者（金属制品）
		561	金属材料检查从业者
		562	金属加工、焊接、熔断检查从业者
	57		产品检查从业者（金属产品除外）
		571	化学产品检查从业者
		572	炉业、土石制品检查从业者
		573	食品检查从业者
		574	饮料、香烟检查从业者
		575	纺织、服装、纤维制品检查从业者
		576	木、纸制品检查从业者
		577	印刷、装订检查从业者
		578	橡胶、塑料制品检查从业者
		579	其他产品检查从业者（金属产品除外）
	58		机械检查从业者

续表

分类编号			名称
大类	中类	小类	
		581	焊接、生产、业务用机械器具检查从业者
		582	电气机械器具检查从业者
		583	汽车检查从业者
		584	运输机械检查人员（汽车除外）
		585	计量仪器、光学机械器具检查从业者
	59		生产相关、生产类似作业从业者
		591	生产相关作业人员
		592	生产类似作业人员
I			机械驾驶从业者
	60		铁路司机
		601	电车司机
		609	其他铁路司机
	61		汽车司机
		611	公交司机
		612	乘用车司机
		613	货车司机
		619	其他汽车司机
	62		船舶、飞机驾驶员
		621	船长（渔船除外）
		622	航海员（渔轮除外），航海员
		623	船舶机长、机师（渔船除外）
		624	飞机驾驶员
	63		其他运输人员
		631	列车员
		632	铁路运输相关工作人员
		633	甲板员，船舶工程师
		634	船舶机组人员
		639	其他不分类的运输人员

续表

分类编号			名称
大类	中类	小类	
	64		定置、建设机械驾驶员
		641	机组人员
		642	锅炉操作员
		643	起重机、绞车司机
		644	泵、鼓风机、压缩机司机
		645	樱井机械驾驶从业者
		646	采油、天然气采集机械司机
		649	其他定置、建设机械驾驶从业者
J			建设、开采从业者
	65		建筑主体施工人员
		651	型木工
		652	兼职
		653	钢筋作业人员
	66		建筑从业者（不包括建筑主体工程从业者）
		661	木匠
		662	地砖工作者
		663	屋顶布工
		664	瓦工
		665	榻榻米行业
		666	配管从业者
		669	其他建筑从业者
	67		电工工作者
		671	输电线路架线、敷设从业者
		672	配电线路架线、敷设人员
		673	通信线架线、敷设从业者
		674	电信设备施工人员
		679	其他电气工程从业者
	68		土木工作者

续表

分类编号			名称
大类	中类	小类	
		681	土木工作者
		682	铁路施工人员
		683	水坝隧道挖掘工作者
	69		采矿从业者
		691	采矿人员
		692	石切割从业者
		693	砂石、砂、黏土采集从业者
		699	其他采矿从业者
K			搬运、清扫、包装等从业者
	70		搬运从业者
		701	邮电外勤人员
		702	沿岸装卸人员
		703	陆上装卸、搬运人员
		704	仓库作业人员
		705	邮递员
		706	包装从业者
	71		清扫工作者
		711	大楼清洁工
		712	家政服务
		713	道路、公园清扫员
		714	垃圾、粪便处理从业者
		715	工业废弃物处理从业者
		719	其他清扫从业者
	72		包装从业者
		721	包装从业者
	73		其他搬运、清扫、包装等从业者
		739	其他搬运、清扫、包装等从业者
L			无法分类的职业
	99		无法分类的职业
		999	无法分类的职业

二、日本标准职业分类的历史演变

在 1960 年首次颁布的职业标准分类表中，日本的职业标准分为 14 个大类，105 个中类，303 个小类。其中大类如下：（1）专业技术从事者；（2）管理的职业从事者；（3）事务性从业者；（4）销售性职业从业者；（5）农林业作业者；（6）渔业作业者；（7）采石作业者；（8）运输和通信从业者；（9）技能工、生产工程从业者；（10）单纯劳动者；（11）保安从业者；（12）服务从业者；（13）不能分类从业者；（14）无业。

在 1970 年第 1 次修订中，新增 23 项中类，删除 7 项中类，合并或拆分 22 项。在此次修订中，主要以增加第二产业的技术操作员和制作工为主，例如在大类的修订中，增加了电子计算机操作员、半导体制品的制造工等。在合并的项目中将相近的职业进行合并，例如将事务辅助员和一般事务员合并为一般事务员。同时也将部分职业进行了分解，例如将土木建筑技术者拆分为土木技术者和建筑技术者。

在 1979 年第 2 次修订中，新增 14 项中类，删除 19 项中类，合并 9 项小类。本次的修订集中在专业技术人员中，主要增加的有法务从业者，宗教家，美术家、音乐家和个人教师等。并且对产业工人进一步细分，例如将农业作业者分解为农耕作业者、养蚕作业者和养畜作业者。

在 1986 年和 1997 年进行的 2 次修订幅度较小。例如 1986 年的第 3 次修订中新增 31 项中类和小类，删除 22 项小类，合并和拆分 11 项小类。本次修订更多的是对上一版本的补充，增加了牙科卫生士、牙科技工士等新职业，同时废止了蚕叶技术者等过时的职业。

目前日本职业分类使用的是 2009 年修订的版本。本次修订取消了大类中的"运输、通信从业者"，"生产工人、劳务人员"，新增了"建设、开采从业者""搬运、清扫、包装等从业者"，按照国际职业标准分类，将专业技术人员和管理人员的排列顺序进行调整，并修改了管理人员的定义，同时将大类中的"作业者"统一表述为"从事者"。

第二节　韩　国

一、韩国现行标准职业分类概述

韩国标准职业分类自 1960 年颁布以来，共经历了 7 次修订，目前使用的是 2017 年发布的《第七次韩国标准职业分类（KSCO）》，本次分类维持 10 个大分类，52 个中分类不变，但小分类增加 7 个达 156 个，细分类增加 24 个达 450 个，细细分类增加 25 个达 1231 个。本次修订的特征之一是反映第四次产业革命及技术融合复合领域、文化内容领域、低出生率和高龄化带来的社会服务等领域职业构造的动态变化。如四次产业革命技术融合复合领域新增数据分析家、无线应用程序设计师、机器人工程学技术者及研究员等新职业。其中，大类包括管理者、专家及相关从业者、事务从业者、服务人员、销售人员、农业渔业的熟练从业者、技术人员及相关技术从业者、机械操作及装配人员、纯劳务人员、军人。

韩国将所有现有职业均归入职业标准分类之中，如果新职业的诞生不能包括在现有职业分类中，则在产生一定数量的就业人数之前，应将其归类为最相似的职业中进行职业调查。职业调查结束后，进行职业补充。

韩国的分类方式与我国的类似，但编码方式不同，分类编码用阿拉伯数字和字母 A 表示，其中，大类用 1 位数字表示，中类用 2 位数字表示，小类用 3 位数字表示，细类用 4 位数字表示。同一分类中最后一位数字为"9"的表示分类后的其余项目。另外，尾数为"0"的表示在该分类水平中不细分的职业。韩国标准职业分类是在细类之下，将该类别职业顺序排列并予以描述，其职业代码前 4 位为韩国职业标准分类细类代码，后 3 位为职业排列序码，目前共列有 11537 个职业。具体分类如表 6 - 2 所示。

表 6 - 2 日本职业标准表

分类编号				职业名称
大类	中类	小类	细类	
1				管理者
	11			公共和企业高级官员
		111		立法者、政府高级官员和公共组织高级官员
			1110	立法者、政府高级官员和公共组织高级官员
		112		公司高级官员
			1120	公司高级官员
	12			行政和业务支持管理职业
		120		行政和业务支持经理
			1201	政府行政管理人员
			1202	业务支持经理
			1209	其他行政和业务支持经理
	13			专业服务管理职业
		131		研究、教育和法律相关管理人员
			1311	研究经理
			1312	教育管理人员
			1313	法律、警察、消防和监狱看守服务经理
		132		保险和财务经理
			1320	保险和财务经理
		133		与卫生和社会服务有关的管理人员
			1331	卫生和医疗服务经理
			1332	社会福利服务经理
		134		文化、艺术、设计和动态图像相关经理
			1340	文化、艺术、设计和动态图像相关经理
		135		与信息和通信有关的管理人员
			1350	与信息和通信有关的管理人员
		139		其他专业服务经理
			1390	其他专业服务经理
	14			建筑、电力和生产相关经理

续表

分类编号				职业名称
大类	中类	小类	细类	
		141		建筑、电力和生产相关经理
			1411	建筑和采矿相关经理
			1412	电力、燃气和供水相关经理
			1413	生产相关经理
		149		其他施工、电力和生产相关经理
			1490	其他施工、电力和生产相关经理
	15			销售和客户服务经理
		151		销售和运输经理
			1511	业务和销售相关经理
			1512	与运输有关的经理
		152		客户服务经理
			1521	住宿、旅游、娱乐和体育经理
			1522	餐饮服务相关经理
		153		环境和清洁以及保护服务相关经理
			1530	环境和清洁以及保护服务相关经理
		159		其他销售和客户服务经理
			1590	其他销售和客户服务经理
2				专业人士及有关工人
	21			科学专业人员和相关职业
		211		生物和自然科学相关专业人员
			2111	生物科学研究人员
			2112	自然科学研究人员
		212		文科和社会科学专业人员
			2121	文科研究员
			2122	社会科学研究人员
		213		生物和自然科学相关技术人员
			2131	生物科学技术人员
			2132	农业、林业和渔业相关技术人员

续表

分类编号				职业名称
大类	中类	小类	细类	
			2133	自然科学技术人员
	22			信息和通信专业人员和技术职业
		221		计算机硬件和电信工程研究人员
			2211	计算机硬件研究人员和工程师
			2212	电信工程研究人员和工程师
		222		信息系统开发专业人员
			2221	计算机系统设计师和分析员
			2222	系统软件开发人员
			2223	应用软件开发人员
			2224	数据库管理员
			2225	网络系统开发者
			2226	计算机安全专业人员
			2227	网络和多媒体导演
			2228	网络开发者
		223		信息系统管理员
			2230	信息系统管理员
		224		电信和广播传输设备技术人员
			2240	电信和广播传输设备技术人员
	23			工程专业人员和技术职业
		231		建筑及土木工程工程师及技术员
			2311	建筑师和建筑工程师
			2312	土木工程师
			2313	景观设计师
			2314	城市和交通规划师
			2315	土地测量和地理信息专业人员
			2316	建筑材料测试人员
		232		化学工程技术人员
			2321	化学工程师和研究人员

续表

分类编号				职业名称
大类	中类	小类	细类	
			2322	化工技术人员
		233		金属和材料工程师和技术员
			2331	金属和材料以及工程师和研究人员
			2332	金属材料工程技术人员
		234		环境工程师和技术员
			2341	环境工程师和研究人员
			2342	环境工程技术人员
		235		电气、电子和机械工程师和技术员
			2351	电气工程师和研究人员
			2352	电子工程师和研究人员
			2353	机械工程师和研究人员
			2354	电气、电子和机械技术员
		236		安全经理及督察
			2361	工业安全及风险经理
			2362	环境和卫生检查员
			2363	非销毁视察员
		237		飞机驾驶员、船舶工程师、管制员
			2371	飞行员
			2372	船长、航海官和船舶驾驶员
			2373	交通管制员
		239		工程专业人员和相关工人
			2391	食品工程师和研究人员
			2392	纤维和纺织工程师和研究人员
			2393	天然气和能源工程师和研究人员
			2394	消防工程师和研究人员
			2395	食品、纺织工程和能源技术人员
			2396	计算机辅助设计师
			2399	其他与工程相关的工程师和技术人员

续表

分类编号				职业名称
大类	中类	小类	细类	
	24			健康、社会福利和宗教相关职业
		241		医学专家
			2411	医学专家
			2412	全科医生
			2413	东方医生
			2414	牙医
			2415	兽医
		242		药剂师与东方药剂师
			2420	药剂师与东方药剂师
		243		护士
			2430	护士
		244		营养师
			2440	营养师
		245		物理治疗师和医疗技师
			2451	临床实验室技术员
			2452	放射线技术员
			2453	牙科技师
			2454	牙科卫生员
			2455	假肢和支撑技术专家
			2456	物理和职业治疗师
			2459	临床心理学家和其他医学治疗师
		246		卫生和医疗相关工作人员
			2461	急救医疗技术员
			2462	疗养员
			2463	眼镜商
			2464	病历管理人员
			2465	护理助理
			2466	按摩师

续表

分类编号				职业名称
大类	中类	小类	细类	
		247		与社会福利服务有关的工人
			2471	社会福利专家
			2472	幼儿教师
			2473	职业顾问和就业安置人员
			2474	顾问及青少年导师
			2475	非政府组织工作人员
			2479	其他与社会福利有关的工作者
		248		宗教工作者
			2481	牧师
			2489	其他与宗教有关的工作人员
	25			教育专业人员及相关职业
		251		大学教授和讲师
			2511	大学教授
			2512	大学教师
		252		教师
			2521	高中教师
			2522	小学教师
			2523	特殊教育教师
		253		幼儿园教师
			2530	幼儿园教师
		254		文科、技术和艺术讲师
			2541	文科和语言教师
			2542	电脑教师
			2543	技能和技术教员
			2544	艺术导师
			2545	访问教师
			2549	其他文科、技术和艺术讲师
		259		其他教学专业人员

分类编号				职业名称
大类	中类	小类	细类	
			2591	学校主管、教育研究官员和教学相关专业人员
			2592	高校助教
			2599	助理教师和其他教师
	26			法律和行政专业职业
		261		法律专业人员
			2611	法官和检察官
			2612	律师
			2613	法学家和执达主任
			2614	专利代理人
		262		行政专业人员
			2620	政府和公共行政专业人员
	27			商业和金融专业人员及相关职业
		271		人事和商业专业人员
			2711	人事及劳资关系专业人士
			2712	会计人员
			2713	税务会计师
			2714	海关律师
			2715	商业顾问和专家
		272		金融和保险专业人员
			2721	金融投资和信贷分析师
			2722	基金经理
			2723	保险和金融仪器开发商
			2724	股票和外汇交易商
			2725	保险评估员
			2729	其他金融及保险专业人士
		273		产品规划、公共关系和调查专业人员
			2731	产品规划专家
			2732	旅行社开发商

续表

分类编号				职业名称
大类	中类	小类	细类	
			2733	广告和公共关系专业人员
			2734	调查专家
			2735	活动和会议组织者
		274		技术销售代表和经纪相关人员
			2741	鉴定专业人员
			2742	海外销售代表
			2743	技术销售代表
			2744	交易商、经纪人和拍卖商
			2745	房地产顾问及地产代理
			2749	其他技术销售代表和经纪人相关人员
	28			文化、艺术和体育专业人员及相关职业
		281		作家、记者和出版专业人士
			2811	作家及相关专业人士
			2812	翻译人员
			2813	口译员
			2814	记者和编辑作家
			2815	出版专业人士
		282		馆长、图书馆员和档案管理员
			2821	馆长和文化资产保护工作者
			2822	图书馆员和档案管理员
		283		戏剧、电影和运动图像专业人员
			2831	董事和技术董事
			2832	演员和模特
			2833	播音员和记者
			2834	摄影师
			2835	音响设备工程师
			2836	运动图像记录和编辑工程师
			2837	灯光运营商和电影院放映运营商

续表

分类编号				职业名称
大类	中类	小类	细类	
			2839	其他戏剧、电影和电影相关工作者
		284		画家、摄影师和表演艺术家
			2841	画家和雕塑家
			2842	摄影记者和摄影师
			2843	动漫画家
			2844	韩国古典音乐家和传统艺术家
			2845	指挥家、作曲家和演奏家
			2846	歌手和歌手
			2847	舞蹈演员和编舞
		285		设计师
			2851	产品设计师
			2852	时装设计师
			2853	室内设计师
			2854	平面设计师
			2855	网络和多媒体设计师
		286		体育及康乐相关专业人士
			2861	主教练和教练
			2862	职业运动员
			2863	裁判员和记分员
			2864	体育教练和娱乐教练
			2869	其他与体育及康乐有关的专业人士
		289		管理者和其他文化、艺术相关工作者
			2891	娱乐和体育经理
			2899	魔术师和文化、艺术相关工作者
3				办事员
	31			行政和会计相关职业
		311		行政文员
			3111	税务行政文员

续表

分类编号				职业名称
大类	中类	小类	细类	
			3112	海关行政文员
			3113	军事人力行政文员
			3114	州、地方和公共组织行政办事员
		312		行政相关文员
			3121	规划和营销文员
			3122	人事、教育和培训文员
			3123	库存管理文员
			3124	生产和质量管理文员
			3125	贸易员
			3126	运输员
			3127	一般事务办事员
		313		会计相关文员
			3131	会计文员
			3132	簿记员
		314		秘书及助理文员
			3141	秘书
			3142	电脑资料录入员及助理员
	32			财务及保险事务员
		320		金融和保险相关文员
			3201	银行出纳员
			3202	保险督察及职员
			3203	财务文员
			3204	贷款催收文员
	33			法律和检查职业
		330		法律和检查文员
			3301	法律助理
			3302	视察员
	39			咨询、统计和信息文员及其他文员

续表

分类编号				职业名称
大类	中类	小类	细类	
		391		与统计有关的文员
			3910	与统计有关的文员
		392		旅行、信息和接待员
			3921	旅行社职员
			3922	信息员、接待员和电话员
		399		客户服务和工人
			3991	客户顾问和监督服务人员
			3999	其他办事员
4				服务人员
	41			警察、消防和安全相关服务职业
		411		警察、消防和监狱相关工作人员
			4111	警官
			4112	消防员
			4113	青少年辅导服务人员和监狱看守
		412		警卫和与保安有关的工作人员
			4121	保镖
			4122	私人警卫队
			4123	无人值守安全部队
			4129	其他警卫和安保相关人员
	42			美发、婚礼和医疗援助服务人员
		421		医疗及福利服务人员
			4211	照顾者
			4219	其他与医疗及福利有关的服务人员
		422		美发相关服务人员
			4221	理发师
			4222	理发师
			4223	皮肤护理和健身经理
			4224	化妆师和电影化妆师

续表

分类编号				职业名称
大类	中类	小类	细类	
			4225	宠物美容师
			4229	其他美容护理服务人员
		423		婚礼和葬礼服务人员
			4231	婚姻顾问和婚礼策划人
			4232	婚礼工作人员
			4233	殡仪顾问及导游
		429		其他美发、婚礼和医疗援助服务人员
			4290	其他美发、婚礼和医疗援助服务人员
	43			运输及康乐服务业
		431		运输服务工人
			4311	乘务员
			4312	船舶乘务员和列车员
		432		康乐事务及体育工作者
			4321	导游
			4322	住宿服务人员
			4323	娱乐设施工人
			4329	休闲服务和体育相关工作人员
	44			烹饪和餐饮服务职业
		441		厨师
			4411	韩国厨师
			4412	中餐厨师
			4413	欧洲食品厨师和厨师
			4414	日本厨师
			4419	其他厨师
		442		食品服务人员
			4421	调酒师
			4422	服务员
			4429	其他饮食服务工人

续表

分类编号				职业名称
大类	中类	小类	细类	
5				销售人员
	51			销售职业
		510		销售人员
			5101	汽车销售代表
			5102	产品和广告销售代表
			5103	保险业务员和间接投资证券业务员
	52			商店销售职业
		521		商店销售人员
			5211	零售推销员
			5212	售票员和彩票销售员
			5213	商店和收费收银员
		522		产品借贷代表
			5220	产品借贷代表
	53			门到门、街道和电信销售相关职业
		530		上门、街头和电信销售相关人员
			5301	挨家挨户的推销员
			5302	通过电信为销售人员提供服务
			5303	电话推销员
			5304	网上销售员
			5305	街头摊贩
			5306	广告助理和示威者
6				熟练的农业、林业和渔业工人
	61			农业、畜牧业相关技能职业
		611		作物种植者
			6111	种植者
			6112	蔬菜和特殊作物农民
			6113	果农
		612		园艺和景观工作者

续表

分类编号				职业名称
大类	中类	小类	细类	
			6121	园艺作物种植者
			6122	园林设计师
		613		畜牧业和畜牧业相关工人
			6131	奶农
			6132	家畜饲养者
			6139	其他与饲养有关的工人
	62			熟练林业职业
		620		林业工作者
			6201	造林和森林管理工人和伐木工人
			6209	林产品采摘员和其他林业相关工人
	63			熟练渔业职业
		630		渔业相关工人
			6301	渔场工人
			6302	渔民和女潜水员
7				工艺及有关行业工人
	71			食品加工相关行业
		710		食品加工相关行业工人
			7101	面包师和饼干制造商
			7102	年糕制造商
			7103	切肉机和屠夫
			7104	食品和烟草分级员
			7105	泡菜制造商和配菜制造商
			7109	其他食品加工相关工人
	72			纺织、服装和皮革行业
		721		纺织和皮革相关工人
			7211	样板工
			7212	切割机
			7213	下水道

续表

分类编号				职业名称
大类	中类	小类	细类	
			7214	鞋类制造商
			7219	其他纺织和皮革相关工人
		722		制衣工人
			7221	韩国服装制造商
			7222	裁缝
			7223	毛皮和皮革制衣商
			7224	服装、皮革和毛皮修理工
			7229	其他成衣制造商
	73			木材及家具、乐器及招牌相关行业
		730		木材及家具、乐器及招牌相关行业
			7301	木工相关工人
			7302	家具制造商和修理工
			7303	乐器制造商和调谐器
			7304	招牌制造商
	74			金属制芯相关行业
		741		模具制造商、金属铸造工人和锻锤匠
			7411	模具制造商
			7412	金属铸造工人
			7413	锻锤匠和锻压工
		742		管道和钣金制造商
			7421	管道制造商
			7422	钣金制造商
		743		焊工
			7430	焊工
	75			运输及机器相关行业
		751		汽车力学
			7510	汽车力学
		752		运输设备力学

续表

分类编号				职业名称
大类	中类	小类	细类	
			7521	飞机力学
			7522	船舶机械师
			7523	铁路列车与电动列车力学
			7529	其他运输设备技工
		753		机械设备装配工和机械师
			7531	工业机械装配工和机械师
			7532	电梯装配工和机械师
			7533	装卸设备装配工和机械师
			7534	制冷系统、冷冻柜和通风系统装配工和机械师
			7535	锅炉装配工和机械师
			7536	建筑和采矿机械装配工和机械师
			7539	农业和机械设备装配工和机械师
	76			电气及电子相关行业
		761		电气和电子机器装配工和修理工
			7611	计算机和办公设备装配工和维修工
			7612	电气和电子家用电器装配工和修理工
			7619	其他电气和电子设备装配工和修理工
		762		电工
			7621	工业电工
			7622	室内电工
			7623	外部电工
	77			与建筑和采矿相关的贸易职业
		771		建筑结构相关工人
			7711	钢结构工艺工人和建筑工人
			7712	轻型钢架相关工人
		772		与建筑有关的技术工人
			7721	钢筋混凝土工人
			7722	混凝土浇筑料

续表

分类编号				职业名称
大类	中类	小类	细类	
			7723	建筑石匠
			7724	建筑木匠
			7725	砖匠和石匠
			7729	其他与建筑有关的技术工人
		773		建筑装修相关技术工人
			7731	石膏工
			7732	瓷砖匠
			7733	绝缘工人
			7734	地板安装工
			7735	纸架和玻璃工
			7736	建筑油漆工
			7737	窗口机箱组件和安装程序
			7739	其他建筑装修相关技术工人
		774		采矿和土木工程相关技术工人
			7741	矿工、采石工和石材切割工
			7742	铁路轨道装配工和修理工
			7749	其他采矿和公共工程相关工人
	78			视频和电信设备相关职业
		780		视频和电信设备相关装配工和维修工
			7801	视频和相关设备装配工和维修工
			7802	电信和相关设备装配工和修理工
			7803	电信、广播和互联网电缆装配工和修理工
	79			其他技术职业
		791		手工业工人和贵金属匠
			7911	手工艺工人
			7912	贵金属匠和珠宝商
		792		水管工
			7921	建筑管道工

续表

分类编号				职业名称
大类	中类	小类	细类	
			7922	工业水管工
			7929	其他水管工
		799		其他技术工人
			7991	水管工人、清洁工和检疫工人
			7999	其他技术工人
8				设备、机器操作和装配工人
	81			食品加工相关的经营职业
		811		食品加工相关机械操作职业
			8111	与碾米机相关的机器操作员
			8112	谷物加工机械操作员
			8113	肉类、鱼类和乳制品加工商
			8114	水果和蔬菜相关机械操作员
		812		饮料加工机械操作员
			8120	饮料加工机械操作员
		819		其他食品加工相关机器操作员
			8190	其他食品加工相关机器操作员
	82			纺织和鞋类相关机械操作职业
		821		纺织生产加工机械操作工
			8211	纺织加工机械操作员
			8212	纺织漂染相关机械操作员
		822		纺织和制鞋相关机械操作员和装配工
			8221	针织和编织机操作员
			8222	制鞋机操作员和装配工
			8229	其他纺织和制鞋相关的机器操作员和装配工
		823		洗衣机操作员
			8230	洗衣机操作员
	83			化学相关机械操作职业
		831		石油和化学材料加工机械操作员

分类编号				职业名称
大类	中类	小类	细类	
			8311	石油和天然气生产相关控制设备操作员
			8312	化工原料加工机械操作工
			8319	其他石油和化学材料加工机械操作员
		832		化工、橡胶和塑料生产机械操作员
			8321	化工产品生产机械操作工
			8322	轮胎和橡胶制品生产机械操作员
			8323	塑料制品生产机械操作工
			8324	橡胶和塑料制品装配工
	84			金属和非金属相关操作员职业
		841		金属铸造和金属加工相关操作员
			8411	金属铸造机操作员
			8412	锻造铁匠
			8413	焊机操作员
			8414	金属加工相关控制设备操作员
			8415	金属加工机械操作员
			8416	管道机械操作员
			8417	钣金机操作员
		842		油漆和涂层机操作员
			8421	喷漆机操作员
			8422	金属电镀和喷涂操作员
		843		非金属产品生产机械操作员
			8431	玻璃和透镜加工机操作员
			8432	黏土制品生产机械操作工
			8433	水泥和矿产品生产机械操作员
			8434	矿石和石制品加工机械操作员
			8439	其他非金属产品相关生产机械操作人员
	85			机器生产及相关机器操作人员
		851		机床操作员

续表

分类编号				职业名称
大类	中类	小类	细类	
			8510	机床操作员
		852		冷却和加热相关设备操作员
			8520	冷却和加热相关设备操作员
		853		工厂自动化和工业机器人操作员
			8530	工厂自动化和工业机器人操作员
		854		运输车辆和机器相关装配工
			8541	汽车装配工
			8542	汽车零件装配工
			8543	运输设备装配工
			8544	通用机械装配工
		855		金属机械零件装配工
			8550	金属机械零件装配工
	86			电气和电子相关机械职业
		861		发电和配电设备操作员
			8610	发电和配电设备操作员
		862		电气及电子设备操作员
			8620	电气及电子设备操作员
		863		电气、电子零件和产品生产设备操作员
			8631	电气零件及产品生产设备操作工
			8632	电子零件及产品生产设备操作工
		864		电气、电子零件和产品装配工
			8640	电气、电子零件和产品装配工
	87			驾驶及交通相关职业
		871		机车司机
			8710	机车司机
		872		货运列车主任及相关工作人员
			8720	货运列车主任及相关工作人员
		873		汽车司机

续表

分类编号				职业名称
大类	中类	小类	细类	
			8731	出租车司机
			8732	公共汽车司机
			8733	卡车和特种卡车司机
			8739	其他汽车司机
		874		装卸设备操作员
			8740	装卸设备操作员
		875		建筑和采矿机械操作员
			8750	建筑和采矿机械操作员
		876		船舶甲板工人和相关工人
			8760	船舶甲板工人和相关工人
	88			水处理和回收相关的运营职业
		881		水处理厂操作员
			8810	水处理厂操作员
		882		回收机和焚烧炉操作员
			8820	回收机和焚烧炉操作员
	89			木材、印刷和其他机器操作职业
		891		木材和纸张相关经营者
			8911	木材加工相关机械操作员
			8912	家具装配工
			8913	纸浆和纸张加工机械操作员
			8914	纸制品生产机械操作工
			8919	其他木材和纸张相关机械操作员
		892		与打印和照片冲洗相关的机器操作员
			8921	印刷机操作员
			8922	照片打印和显影机操作员
		899		其他与生产相关的机器操作员
			8990	其他与生产相关的机器操作员
9				初级工人

续表

分类编号				职业名称
大类	中类	小类	细类	
	91			建筑和采矿相关的基本职业
		910		建筑和采矿基础工人
			9100	建筑和采矿基础工人
	92			与运输有关的基本职业
		921		装卸初级工人
			9210	装卸初级工人
		922		发货人
			9221	邮递员
			9222	送货上门
			9223	食品递送员
			9229	其他送货人
	93			与生产有关的基本职业
		930		与生产有关的初级工人
			9300	与生产有关的初级工人
	94			清洁和防护相关的基本职业
		941		清洁工和环卫工人
			9411	清洁工
			9412	清扫工和可回收物收集者
		942		警卫和检票员
			9421	警卫
			9422	检票员
	95			家务和烹饪服务员以及与销售相关的初级工人
		951		家务和育儿助手
			9511	家务助理
			9512	育儿助手
		952		与食品有关的初级工人
			9521	快餐店员工
			9522	厨房帮手

续表

分类编号				职业名称
大类	中类	小类	细类	
		953		与销售有关的初级工人
			9531	加油站服务员
			9539	其他与销售有关的初级工人
	99			农业、林业、渔业和其他服务业基本职业
		991		与农业、林业和渔业有关的初级工人
			9910	与农业、林业和渔业有关的初级工人
		992		抄表、收款和停车控制相关人员
			9921	仪表和气体读数器
			9922	集资者
			9923	停车场经理和服务人员
		999		其他与服务有关的基层工人
			9991	擦鞋工
			9992	洗衣和熨烫工人
			9999	其他与服务有关的基层工人
A				武装部队
	A1			武装部队
		A11		军官
			A111	外勤人员职系或以上
			A112	连长职系
		A12		士官及准尉
			A120	士官及准尉

二、韩国职业标准分类的历史演变

韩国标准职业分类的制定始于 1960 年，当时所作的职业分类主要用于内务部统计局第一次国税调查。1963 年统计局正式制定了《韩国职业标准分类》，并根据产业发展带来的职业变化，于 1966 年、1970 年、1974 年、1992 年、2000 年、2007 年和 2017 年进行了 7 次修订。其中 1966 年、1970 年、1974 年这 3 次修订距离时间较短，修订内容较少，较大的修订是 4 次修订、第 5 次修订以及第 7 次修订。

具体修订内容如表 6 – 3 所示。

表 6 – 3　　　　　　　　　韩国职业标准分类的历史演变

时间	修订内容
1992 年第 4 次修订	1. 分类体系由原有的四级分类扩大到五级分类
	2. 根据国际标准教育分类（ISCED）设定的教育水平，将工作能力水平分为 4 个等级
	3. 熟练劳动力按熟练程度分为工匠和设备操作工两大类
	4. 农业部门分为两个中类
	5. 新增：细化秘书、会计师、保姆、模特等职业，以反映女性社会参与度的提高
	6. 新设立反映韩国社会广泛存在的非正规部门
	7. 将"专业技术及相关人员"的大类划分为"专家""技术人员"
	8. 将"经理""个体经营者"整合为"经理"，将"经理"分为"企业经理"和"总经理"
	9. 新增"计算机系统设计师和分析师""计算机程序员和计算机助理"等新兴职业
	10. 将原先被细分为"办公室人员""销售人员""服务人员"和"农、渔业工人"的简单劳动者，整合为一个大类，即"简单劳动者"
2000 年第 5 次修订	1. 将"服务人员"和"销售人员"两大类别分开
	2. 将第 7 大类与自动化相关的"技术工人"归类为"设备、机器操作员"
	3. 为反映信息通信行业出现的新职业群体，将"计算机相关专业人员"，小类升级为中类
	4. 为体现服务和销售相关工作的多元化，将与其相关的中类细分为服务、烹饪和食品、交通和运输、安全、批发和零售等
	5. 将已消失的职业进行整合或删除
2017 年第 7 次修订	1. 在数字技术领域，新增数据分析师、移动应用程序程序员、工业专用软件程序员、机器人技术员和研究人员、防灾技术人员和研究人员等
	2. 在文化领域，新增媒体内容创作者、用户体验和界面设计师、表演、电影和唱片策划人、烹饪研究者等
	3. 在社会服务领域，新增游戏和行为治疗师、咨询专家、老年人和残疾人护理服务人员等
	4. 在机械工程领域，新增果蔬加工机械操作员、纺织制造机械操作员等

三、韩国标准职业分类的影响因素及应用

（一）影响韩国职业分类修订的因素

因素一：国际职业标准分类。韩国标准职业分类以国际职业标准分类（ISCO）的分类标准、适用原则、结构及编码体系等职业分类基本框架为基准，之后的修订则依据国际职业标准分类（ISCO-08）。

因素二：国内劳动市场职业结构的变化。专业技术人员和社会服务人员随社会变化新增或细化。

因素三：相关标准之间的联系。韩国职业标准分类和特殊分类的雇佣职业分类在细分类水平上，为了一对一地联系，细分了多项联系项目。

（二）韩国标准职业分类的应用

作用一：客观地反映国家经济、社会、科技等领域的发展和结构变化，例如专业技术人员增加，社会服务类细分并新增，与自动化、机械化相关的人员类别增加。

作用二：为国民经济信息统计和人口普查规范化提供依据。行业或部门从业人员数量和质量的变化对国民经济发展起到至关重要的作用。职业分类为韩国人口普查提供统计基础，为韩国经济信息统计提供依据，有利于开展劳动力需求、职业、岗位变化等信息的预测和规划。

作用三：为职业教育与培训和就业服务提供条件。职业分类是完善国家职业资格证书制度的重要基础。例如韩国政府于 1973 年颁布的《国家技术资格验证法》，并于第二年 10 月下达这项法案的施行令，1976 年 12 月，隶属于科技部的韩国职业技能鉴定公团成立，并开始执行技能鉴定工作。到 1982 年 3 月，职业技能鉴定公团归入韩国产业人力管理公团。技能鉴定工作由产业人力管理公团实施。韩国产业人力管理公团是政府劳动部下属职能部门，政府部门负责宏观管理和制定政策法规以及监督、检查工作，具体实施由韩国产业人力管理公团执行，公团下设 59 个类似鉴定站的机构，分布在韩国各地具体实施职业技能鉴定。

第三节　新　加　坡

一、新加坡现行标准职业分类概述

新加坡现行标准职业分类（SSOC）经历了 7 次修订，目前采用的是 2020 年的版本。新加坡职业分类系统分为大、中、小、细类 4 个层级，与我国的职业分类层级一致。其编码方式依据国际标准职业分类（ISCO），大、中、小、细类分别采用 1、2、3、4 位数编码；中、小、细类之末码若为"0"，表示该层级不再细分，末码若为"9"，则表示其他项类别。本次职业分类修订后分为 10 个大类、43 个中类、140 个小类以及 408 个细类。新加坡 2020 年职业标准分类如附表 6 - 4 所示。

表 6 - 4　　　　　　　　　　　新加坡职业标准分类

大类	中类	小类	细类	职业名称
1				立法者、高级官员和管理人员
	11			立法会议员、高级官员和首席执行官
		111		立法会议员及高级官员
			1111	立法者
			1112	政府及法定委员会高级官员
			1114	政党组织高级官员
			1115	雇主、工人和其他经济利益组织的高级官员
			1116	人道主义和其他特殊利益组织的高级官员
		112		总经理、首席执行官和总经理
			1120	总经理、首席执行官和总经理
	12			行政和商务经理
		121		业务服务和行政管理人员
			1211	财务和行政管理人员
			1212	人力资源经理
			1213	政策和规划管理人员

分类编号				职业名称
大类	中类	小类	细类	
			1219	其他未分类的业务服务和管理经理
		122		销售、营销、开发和客户服务经理
			1221	销售、销售和业务开发经理
			1222	营销、广告和公共关系经理
			1223	研发经理
			1224	客户服务和呼叫中心经理
	13			生产和专业服务经理
		131		渔农业生产经理
			1310	渔农业生产经理
		132		制造、施工、运输、分销和其他生产运营经理
			1321	制造经理
			1323	建筑经理
			1324	运输、供应、分销和相关经理
			1329	其他未分类的生产和运营经理
		133		信息和通信技术服务经理
			1330	信息和通信技术服务经理
		134		专业、金融、社区和社会服务经理
			1341	学前教育管理人员
			1342	卫生服务经理
			1343	老年护理服务经理
			1344	社区和社会服务管理人员
			1345	教育和培训机构管理人员
			1346	金融和保险服务经理
			1349	其他未分类的专业、金融、社区和社会服务经理
	14			酒店、零售和相关服务经理
		141		酒店及餐饮服务经理
			1411	酒店运营和住宿服务经理
			1412	餐饮服务经理
		142		零售及批发业经理

续表

分类编号				职业名称
大类	中类	小类	细类	
			1420	零售及批发业经理
		143		其他服务经理
			1431	体育中心经理
			1432	康乐中心经理
			1433	艺术及文化中心经理
			1439	其他未分类的服务经理
2				专业人士
	21			科学和工程专业人员
		211		物理和地球科学专业人员
			2111	物理学家和天文学家
			2112	气象学家
			2113	化学家
			2114	地质学家、地球物理学家和其他物理科学专业人员
		212		数学家、精算师、统计学家和其他相关专业人员
			2121	数学家、运筹学分析师和精算师
			2122	统计学家和数据科学家
			2123	其他统计、数学和精算专业人员
		213		生命科学专业人员
			2131	生物学家、植物学家、动物学家和相关专业人员
			2132	农业、林业和渔业顾问
			2133	环境保护及相关专业人士
			2134	药理学家和相关专业人员
		214		工程专业人士 I
			2141	工业和生产工程师
			2142	土木工程师
			2143	环境工程师
			2144	机械工程师（不包括运输和车辆工程师）
			2145	化学工程师

续表

分类编号				职业名称
大类	中类	小类	细类	
			2146	采矿工程师、冶金学家和相关专业人员
			2147	运输及车辆工程师
			2149	其他未分类的工程专业人员
		215		二级工程专业人员
			2151	电气工程师
			2152	电子工程师
			2153	电信工程师
		216		建筑师、规划师、测量师和设计师
			2161	建筑设计师
			2162	景观设计师
			2163	时装和产品设计师
			2164	城市规划师和相关规划师
			2165	测量师和制图师
			2166	图形和多媒体设计师和艺术家
			2167	服务设计师
		217		船舶和飞机相关专业人员
			2171	船舶工程师及有关专业人士
			2172	飞机驾驶员和相关专业人员
	22			卫生专业人员
		221		医生
			2211	全科医生
			2212	专科医生（内科）
			2213	专科医生（外科）
			2214	专科医生（其他专科）－Ⅰ
			2215	专科医生（其他专科）－二级（续）
		222		护理专业人员
			2220	护理专业人员
		223		传统医学和辅助医学专业人员

续表

分类编号				职业名称
大类	中类	小类	细类	
			2230	传统医学和辅助医学专业人员
		225		兽医
			2250	兽医
		226		其他卫生专业人员
			2261	牙医
			2262	药剂师
			2263	环境和职业健康卫生专业人员
			2264	物理治疗师
			2265	营养师
			2266	听力学家和言语治疗师
			2267	验光师
			2268	职业治疗师
			2269	其他未分类的卫生专业人员
	23			教学和培训专业人员
		231		大学、理工学院和高等教育教师
			2310	大学、理工学院和高等教育教师
		232		大专及学前教育教师
			2320	大专及学前教育教师
		233		职业教育教师和培训师
			2330	职业教育教师和培训师
		234		中学教师
			2340	中学教师
		235		小学教师
			2350	小学教师
		236		其他教学专业人员
			2361	教育方法专家
			2362	特殊教育教师
			2369	其他未分类的教学专业人员

分类编号				职业名称
大类	中类	小类	细类	
	24			工商管理专业人员
		241		金融专业人士
			2411	会计人员
			2412	金融和投资顾问
			2413	金融分析师及相关专业人士
			2414	证券及金融交易商
			2415	证券及金融经纪人
			2416	保险业者
		242		行政专业人员
			2421	管理及商业顾问
			2422	政策管理专业人员
			2423	人力资源专业人员
			2424	培训和工作人员发展专业人员
			2425	知识产权专业人士
			2429	其他未分类的行政专业人员
		243		市场营销和公共关系专业人员
			2431	广告和营销专业人员
			2432	公共关系专业人员
			2433	专业商品销售人员
			2435	商品和货运贸易商
			2436	商品和船舶经纪人
	25			信息和通信技术专业人员
		251		软件和应用程序开发人员和分析师
			2511	系统分析员
			2512	软件、网络和多媒体开发人员
			2514	应用程序和系统程序员
			2515	信息和通信技术（ICT）测试和质量保证专业人员
			2519	其他未分类的软件和应用程序开发人员和分析师

续表

分类编号				职业名称
大类	中类	小类	细类	
		252		数据库、网络、基础设施和网络安全专业人员
			2521	数据库设计者和管理员
			2522	网络、服务器和计算机系统管理员
			2523	计算机网络、基础设施和平台专业人员
			2524	网络安全专业人员
			2529	其他未分类的数据库和网络专业人员
	26			法律、社会、宗教和文化专业人员
		261		法律专业人员
			2611	律师
			2612	法官
			2619	其他未分类的法律专业人员
		262		图书馆员、档案管理员和馆长
			2621	档案管理员、馆长和管理员
			2622	图书馆员和相关信息专业人员
		263		社会科学研究人员和专业人员；宗教专业人士
			2631	经济学家
			2632	社会学家、人类学家和相关专业人员
			2633	历史学家、政治学家和其他社会科学专业人士
			2634	心理学家
			2635	社会服务专业人士
			2636	宗教专业人士
			2637	咨询专业人员
		264		作者、记者和编辑
			2641	作者和相关作者
			2642	记者
			2643	翻译、口译员和其他语言学家
		265		创意和表演艺术家
			2651	视觉艺术家

续表

分类编号				职业名称
大类	中类	小类	细类	
			2652	音乐家、作曲家和歌手
			2653	舞蹈演员和编舞
			2654	电影、舞台及相关导演和制片人
			2655	演员
			2656	广播电视节目主持人及相关专业人员
3				协理专业人员和技术人员
	31			物理和工程科学助理专业人员
		310		助理工程师
			3100	助理工程师
		311		物理和工程科学技术人员 1
			3111	化学和物理科学技术人员
			3112	土木工程技术人员
			3113	电气工程技术人员
			3114	电子工程技术人员
			3115	机械工程技术人员（不包括运输和车辆工程技术人员）
			3116	化工技术人员
			3117	制造工程技术人员
			3118	制图员
		312		物理和工程科学技术人员 2
			3121	运输及车辆工程技术员
			3129	其他未分类的物理和工程科学技术人员
		313		过程控制技术人员
			3131	发电厂操作员
			3132	焚烧炉和水处理厂及相关机器操作员
			3133	化工厂操作员
			3134	石油和天然气精炼厂运营商
			3135	金属生产过程操作员
			3139	其他未分类的过程控制技术人员

续表

分类编号				职业名称
大类	中类	小类	细类	
		314		生命科学技术人员和相关辅助专业人员
			3141	生命科学技术人员（医学除外）
			3142	农艺、园艺和农业技术人员
		315		船舶和飞机控制员及技术员
			3151	船舶工程主任
			3152	船舶甲板高级船员和引航员
			3154	空中交通管制员
			3156	海上交通管制员
			3157	运输业务主管
			3159	其他未分类的运输控制员和相关工人
		316		房地及公园主任
			3160	房地及公园主任
		317		建筑、质量和安全检查员
			3171	屋宇及消防督察
			3172	质量和安全检查员
	32			保健助理专业人员
		321		医药技术人员
			3211	医疗成像和治疗设备技术人员
			3212	医学及病理化验技术员
			3213	药学技术人员
			3214	医疗和牙科修复技师
		322		护理助理专业人员
			3220	护理助理专业人员
		323		传统及辅助医学助理专业人员
			3230	传统及辅助医学助理专业人员
		324		兽医技术员和助理
			3240	兽医技术员和助理
		325		其他保健助理专业人员

续表

分类编号				职业名称
大类	中类	小类	细类	
			3251	口腔健康治疗师
			3253	社区卫生工作者
			3254	眼镜商
			3255	理疗技师和相关辅助专业人员
			3257	环境及职业健康督察
			3259	其他未分类的健康助理专业人员
	33			工商管理助理专业人员
		331		金融和教学助理专业人员
			3312	信贷及贷款主任
			3313	会计助理专业人员
			3315	估价师和损失评估师
		332		销售及相关助理专业人员
			3321	保险代表及相关专业人员
			3322	商业和营销销售主管
			3323	买家和采购代理
			3329	其他未分类的销售和相关助理专业人员
		333		商业服务代理
			3331	航运、结算和货运代理
			3332	会议和活动规划者
			3333	职业介绍所及劳工承办商
			3334	房地产经纪人
			3339	其他未分类的商业服务代理
		334		行政助理专业人员
			3346	后勤和维修计划员
			3349	其他未分类的行政和相关辅助专业人员
		335		政府助理专业人员
			3351	海关及入境事务主任
			3355	警察督察

续表

分类编号				职业名称
大类	中类	小类	细类	
			3359	非其他类别的政府助理专业人员
		336		运输业务规划师和行政人员
			3361	运输设备项目主管
	34			法律、社会、文化和相关辅助专业人员
		341		法律和社会助理专业人员
			3411	法律助理专业人员
			3412	社会工作助理专业人员
		342		体育及健身工作者
			3421	运动员
			3422	体育教练、教练、官员和其他相关专业人员
		343		艺术和文化助理专业人员
			3431	摄影师
			3432	室内设计和装潢师
			3433	画廊、博物馆和图书馆技术人员
			3434	厨师
			3439	其他未分类的艺术和文化辅助专业人员
		344		创意及表演艺术助理专业人士
			3440	创意及表演艺术助理专业人士
	35			信息和通信技术员
		351		信息和通信技术操作员和技术员
			3511	计算机系统操作员
			3512	计算机技术人员
			3514	网站管理员
		352		电信和广播技术人员及视听运营商
			3521	广播技术员和视听操作员
			3522	电信工程技术人员
			3523	电信设备运营商
			3529	其他未分类的光学和电子设备运营商

分类编号				职业名称
大类	中类	小类	细类	
	36			教学助理专业人员
		361		学前教育教师
			3610	学前教育教师
		362		课外教师
			3620	课外教师
		369		非其他分类的教学助理专业人员
			3691	私人教师
			3699	非其他分类的教学助理专业人员
	39			其他未分类的辅助专业人员
		399		其他未分类的辅助专业人员
			3991	宗教助理专业人员
4				文书支援人员
	40			文书主管
		400		文书主管
			4000	文书主管
	41			一般及键盘事务员
		411		办公室文员
			4110	办公室文员
		412		秘书和逐字记录员
			4120	秘书和逐字记录员
		413		键盘操作员
			4131	打字员和文字处理操作员
			4132	数据录入员
	42			客户服务主任及文员
		421		出纳员、收银员和相关职员
			4211	银行出纳员和其他柜台职员
			4213	当铺商和放债人
			4214	收票人及有关工人

续表

分类编号				职业名称
大类	中类	小类	细类	
		422		客户信息员
			4221	旅行社及有关职员
			4223	电话接线员
			4224	接待员、客户服务和信息员
			4229	其他未分类的客户信息文员
	43			数字和材料记录员
		431		数字职员
			4311	会计和簿记文员
			4312	财务及保险事务员
			4314	统计员
			4315	计算机操作文员
		432		材料记录和运输文员
			4321	股票交易员
			4322	生产文员
			4323	运输员
	44			其他文书支援人员
		441		其他文书支援人员
			4411	图书馆职员
			4412	邮递员和分拣工人
			4417	法律文书
			4419	其他未分类的文书辅助人员
5				服务和销售人员
	51			个人服务人员
		511		旅行服务员、售票员和导游
			5111	旅行服务员和乘务员
			5112	运输服务督察及有关工人
			5113	导游和其他导游
		512		厨师

续表

分类编号				职业名称
大类	中类	小类	细类	
			5120	厨师
		513		侍者和调酒师
			5131	服务员
			5132	调酒师和咖啡师
			5133	酒吧/休息室女招待
			5139	其他未分类的服务员和调酒师
		514		美发师、美容师及相关工作人员
			5141	理发师、理发师和其他相关人员
			5142	美容师及有关工作人员
			5149	其他未分类的健康相关工人
		515		管家及有关工人
			5150	管家及有关工人
		517		收受赌注者、赌场庄家和相关的博彩工作者
			5170	收受赌注者、赌场庄家和相关的博彩工作者
		519		其他未分类的个人服务人员
			5191	占星家、算命师和相关工作者
			5193	殡仪馆和防腐馆
			5194	宠物美容师、动物饲养者和训练员
			5195	驾驶教师
			5199	其他未分类的个人服务人员
	52			销售人员
		521		摊贩
			5211	小贩/摊档主（不包括熟食或饮品）
			5212	小贩/摊档主（熟食或饮品）
			5213	报摊
			5219	不属其他类别的档位售卖员
		522		商店售货员
			5220	商店售货员

分类编号				职业名称
大类	中类	小类	细类	
		523		出纳员和售票员
			5230	出纳员和售票员
		524		模特、销售展示者和其他销售人员
			5241	时装和其他模特
			5242	销售展示者和挨家挨户的销售人员
			5244	联络中心销售员
			5249	其他未分类的销售人员
	53			个人护理人员
		531		幼儿工作者和教师助手
			5311	儿童保育和相关工作人员
			5312	教师助手
		532		保健助理和其他个人护理人员
			5320	保健助理和其他个人护理人员
	54			保护服务人员
		541		保护服务人员
			5411	消防及救援人员
			5412	警官
			5413	狱警
			5414	保安
			5415	救生员
			5419	其他未分类的防护服务和相关工人
	59			其他未分类的服务人员
		590		其他未分类的服务人员
			5900	其他未分类的服务人员
6				农业和渔业工人
	61			农业工人
		611		市场园丁和农作物种植者
			6111	菜场工人

续表

分类编号				职业名称
大类	中类	小类	细类	
			6113	园丁；园艺和苗圃种植者
		612		动物生产者
			6121	畜牧和奶牛场工人
			6122	家禽农场工人
		619		其他未分类的农业工人
			6190	其他未分类的农业工人
	62			渔业工作者
		622		渔业工作者
			6221	水产养殖工人
			6222	沿海水域和深海渔业工作者
7				工匠及有关行业工人
	71			建筑及相关行业工人，不包括电工
		710		主管和总工长（建筑和相关行业）
			7100	主管和总工长（建筑和相关行业）
		711		建筑框架及相关行业工人
			7112	砖匠和相关工人
			7113	石匠、劈石工、雕刻工和石匠
			7114	混凝土浇筑工、混凝土修整工和相关工人
			7115	木匠和细木工
			7119	建筑框架和相关行业工人未在其他地方分类
		712		建筑装修工和相关行业工人
			7121	屋顶工人
			7122	地板层和瓷砖设置器
			7123	泥水匠
			7124	绝缘工人
			7125	玻璃工
			7126	水管工、管道装配工和相关工人
			7127	空调与制冷机械

续表

分类编号				职业名称
大类	中类	小类	细类	
			7129	其他未分类的建筑装修工和相关行业工人
		713		油漆工、建筑结构清洁工和相关工人
			7131	建筑油漆工及有关工人
			7132	喷漆工、清漆工和其他油漆工
			7133	建筑维护工人、建筑结构清洁工和相关工人
	72			金属、机械及相关行业工人
		720		主管和总领班（金属、机械和相关行业）
			7200	主管和总领班（金属、机械和相关行业）
		721		钣金和结构金属工人、模具工、焊工和相关行业工人
			7211	金属铸模和制芯机
			7212	焊工和火焰切割工
			7213	钣金工人
			7214	结构金属制备工和安装工
			7215	装配工和电缆拼接工
		722		铁匠、工具制造商和相关行业工人
			7221	铁匠、锤匠和锻压工人
			7222	工具制造商和相关工人
			7224	金属抛光机、砂轮研磨机和工具磨具
		723		机械技工、装配工和修理工
			7231	汽车力学
			7232	飞机发动机机械和修理工
			7233	机车车辆力学
			7234	自行车及相关修理工
			7235	船用发动机机械和修理工
			7239	其他机械技工和修理工
	73			精密、手工、印刷及相关行业工人
		730		主管和总领班（精密、手工、印刷及相关行业）
			7300	主管和总领班（精密、手工、印刷及相关行业）

大类	中类	小类	细类	职业名称
		731		手工业和精密加工工人
			7311	精密仪器制造商和维修商
			7312	乐器制造商、修理商和调谐器
			7313	珠宝和贵金属工人
			7314	陶工及有关工人
			7315	玻璃制造商、切割机、研磨机和抛光机
			7316	符号书写者、装饰画家、雕刻师和蚀刻师
		732		印刷业工人
			7321	印前贸易工人
			7322	印刷工
	74			电气及电子业工人
		740		主管和总工长（电气和电子行业）
			7400	主管和总工长（电气和电子行业）
		741		电气设备相关行业工人
			7411	电工
			7412	电气机械和装配工
			7413	电线安装工和修理工
		742		电子及电讯相关行业工人
			7421	电子机械和维修工
			7422	信息和通信技术安装商和服务商
	75			食品加工、木工、服装、皮革和其他工艺及相关行业工人
		750		主管和总领班（食品加工、木工、服装、皮革及相关）
			7500	主管和总领班（食品加工、木工、服装、皮革和相关行业）
		751		食品加工及相关行业工人
			7511	屠夫、鱼贩和相关食品制备商
			7512	面包师、糕点和糖果制造商
			7515	食品和饮料品鉴员和分级员
			7519	其他未分类的食品加工及相关行业工人

续表

分类编号				职业名称
大类	中类	小类	细类	
		752		木材处理器、橱柜制造商和相关行业工人
			7521	木材处理机
			7522	橱柜制造商和木材相关行业工人
			7529	其他未分类的家具制造商和相关行业工人
		753		制衣、皮革及有关行业工人
			7531	裁缝/裁缝
			7532	服装及相关图案制作工和裁剪工
			7534	室内装潢工人及有关工人
			7536	鞋匠和相关工人
			7539	其他未分类的服装及相关行业工人
		754		其他工艺及有关工人
			7541	水下潜水员
			7544	熏蒸器和其他害虫和杂草控制器
			7549	其他未分类的工艺和相关工人
8				工厂和机器操作员及装配工
	81			固定设备和机器操作员
		810		固定设备和机器主管及总工长
			8100	固定设备和机器主管及总工长
		811		采矿和选矿厂经营者
			8113	钻井工、钻孔工和其他采矿相关工人
			8114	水泥和其他矿产品机械操作员
		812		金属加工、精加工和产品工厂运营商
			8121	金属熔炉、连铸机和轧钢机操作员
			8122	金属热处理厂操作员
			8123	金属抽屉和挤压机
			8124	金属表面处理、电镀和涂层机操作员
			8125	机床安装工
		813		化学加工、化学和摄影产品工厂和机器操作员

续表

分类编号				职业名称
大类	中类	小类	细类	
			8131	化学加工和产品工厂及机器操作员
			8132	摄影器材操作员
			8139	其他未分类的化学加工、化学和摄影产品工厂和机器操作员
		814		橡胶、塑料和纸制品机械操作员
			8141	橡胶制品机械操作员
			8142	塑料制品机械操作员
			8143	纸和纸板制品机械操作员
		815		纺织、毛皮和皮革制品机械操作员
			8150	纺织、毛皮和皮革制品机械操作员
		816		食品及相关产品机械操作员
			8160	食品及相关产品机械操作员
		817		木材加工和造纸厂经营者
			8170	木材加工和造纸厂经营者
		818		其他固定设备和机器操作员
			8181	玻璃及陶瓷厂经营者
			8182	蒸汽机和锅炉操作员
			8183	包装、装瓶和标签机操作员
			8184	印刷、装订及相关机器操作员
			8189	其他未分类的固定设备和机器操作员
	82			装配工和质量检验员
		820		装配工主管和总工长
			8200	装配工和质检员的主管和总领班
		821		装配工、质检员和测试员
			8211	机械装配工
			8212	电气和电子设备装配工
			8213	质检员和测试员
			8219	其他地方未分类的汇编程序
	83			司机及流动机械操作员

续表

分类编号				职业名称
大类	中类	小类	细类	
		830		移动机械主管和总工长
			8300	移动机械主管和总工长
		831		培训操作员和相关工人
			8311	列车司机
			8312	铁路制动器和相关工人
		832		汽车及轻型货车司机
			8321	摩托车（包括机动个人移动设备）送货员
			8322	私家车、的士、货车及轻型货车司机
		833		重型卡车和公共汽车司机
			8331	巴士及电车司机
			8332	重型卡车司机
		834		移动机械操作员
			8342	土方及相关机械操作员
			8343	起重机、起重机和相关设备操作员
			8344	起重卡车操作员
			8349	其他地方未分类的移动机械操作员
		835		船舶甲板船员和相关工人
			8350	船舶甲板船员和相关工人
9				清洁工、工人和相关工人
	91			清洁工及有关工人
		910		清洁监督员
			9100	清洁监督员
		911		酒店、办公室和其他场所的清洁工和助手
			9112	酒店及相关场所的清洁工和助手
			9113	办公室、商业和工业场所的清洁工
			9115	餐饮场所的清洁工
			9116	住宅区和露天区域的清洁工
		912		车辆、窗户、洗衣房和其他手部清洁工人

续表

分类编号				职业名称
大类	中类	小类	细类	
			9121	手工洗衣机和熨烫机
			9122	车辆清洁工
			9123	窗户清洁工
			9129	其他未分类的清洁工人
		913		家务助理及清洁工
			9130	家务助理及清洁工
	92			农业、渔业和相关劳工
		921		农业、渔业和相关劳工
			9214	公园、花园和景观维护工人
			9219	其他未分类的农业、渔业劳工和相关工人
	93			劳工及有关工人
		931		建筑工人及有关工人
			9310	土木工程和建筑工人
		932		制造业工人和相关工人
			9320	制造业工人和相关工人
		933		运输和仓储工人
			9331	手动和脚踏式车辆驾驶员
			9333	材料和货物装卸工人
	94			食物准备及厨房助理
		941		食物准备及厨房助理
			9410	食物准备及厨房助理
	96			废物收集、回收和材料回收工人及其他初级工人
		960		废物和可回收物收集主管
			9600	废物收集、回收和材料回收主管
		961		废物收集、回收和材料回收工人
			9611	废物收集、回收和材料回收工人
		962		搬运工、服务员和相关工人
			9621	搬运工及有关工人

续表

分类编号				职业名称
大类	中类	小类	细类	
			9625	服务员
			9626	看守员及有关工人
			9627	礼宾及相关工作人员
			9629	未分类的初级工人
	X			其他未分类的工人
			X1000	报告职业不明或描述不充分的工人
			X2000	未报告任何职业的工人
			X3000	新加坡武装部队人员
			X4000	外国武装部队人员
			X5000	外国外交人员

二、新加坡标准职业分类的历史演变

目前新加坡标准职业分类经过了 7 次修订，采用国际标准职业分类（ISCO‐88）的基本框架和原则，定期更新，以反映就业情况的变化。

其中，2000 年版的标准职业分类为第四版，使用五位数编码系统来区分不同的分类级别。2005 年版的标准职业分类结构与 2000 年的基本相同。由于工作和技能要求的变化，将一些职业类别进行重新分类，例如，高等教育培训的专业人员已从第三大类"社会工作助理专业人员"转移到第二大类"社会工作专业人员"。与 2000 年的版本相比，2005 年版本中的细类和工种的数量已从 2000 年 SSOC 的 274 个和 993 个增加为 317 个和 999 个。2010 版与 2005 版相比大类的数量保持不变，为 10 个。2010 版对几个大类的描述进行了修订，以更好地进行规范表达。例如 2005 版中的文书工作者在 2010 版中修改为了文书从业员。

在 2015 版标准职业分类中，一些职业被重新划分到其他大类中。例如，一些医疗保健相关职业（如注册护士、营养师、言语治疗师、验光师、理疗师、职业治疗师）从第 3 大类重新分类到第 2 大类。

2020 版的标准职业分类与 2015 版相比，变化较大：

变化一：更加强调主要工作任务和职责，强调受教育程度是技能水平的关键标准。

变化二：将第 7 大类和第 8 大类中，过时或就业人数少的职业删除。

变化三：将"一般"字样的描述删除。

变化四：新增网络安全专业人员和控制技术人员。

三、新加坡标准职业分类的应用

与前几个国家一样，新加坡职业标准分类能够客观地反映国家经济、社会、科技等领域的发展和结构变化，为国民经济信息统计和人口普查规范化提供依据；是劳动力科学化、规范化、现代化管理的基础。

同时职业分类也为职业教育与培训和就业服务提供条件，是完善国家职业资格证书制度的重要基础工作。以职业培训为例，新加坡对职工培训进行了大量探索和改革，新加坡根据职业标准分类和经济建设的实际需要，不断调整培训重点。在新加坡独立初期，有 340 万工人没有小学文凭，政府首先鼓励工人学文化，工职局开设了相当于小学文化程度的"培智课程"和相当于初中文化程度的"汇智课程"，接着又开展了技能培训，设立了 1~3 级国家技术工人证书。20 世纪 90 年代以后，在激烈的世界经济竞争的形势下，新加坡政府注重开发本国人力资源，以培训世界级工人队伍为目标，重视教育，重视为工人提供继续教育和技能培训的机会，颁发证书，承认新的技术和技能，为雇主提供有关技能培训的咨询服务。对于在职工人，根据其特点，强调能力考核和专业知识考核。

第七章

大洋洲标准职业分类

第一节 澳大利亚和新西兰标准职业分类概述

一、简要介绍

大洋洲的职业分类主要指的是澳大利亚和新西兰的标准职业分类（ANZSCO）。ANZSCO 由澳大利亚统计局（ABS）、澳大利亚政府和新西兰统计局（StatsNZ）共同开发，ANZSCO 为两国职业数据的标准化收集、分析提供了保障。

ANZSCO 自 2006 年发布以来，就代替了澳大利亚标准职业分类（ASCO）和新西兰标准职业分类（NZSCO）。ANZSCO 提供了一个可存储职业相关统计数据的综合集成框架，同时它也能够面向广大公众公开使用，例如，可以将求职者和空缺职位信息相匹配。目前，ANZSCO 已在 2009 年和 2013 年进行了两次修订，并在 2019 年对其中的技能水平要求进行更新。

ANZSCO 的范围是澳大利亚和新西兰的所有职业，包括自雇工作，但不包括非营利职业，例如志愿工作和非法职业。ANZSCO 的结构有五个层级：大类（major group）、中类（sub-major group）、小类（minor group）、细类（unit group）和职业（occupation）。五级职业分类的情况与我国的类似。ANZSCO 采用 6 位职业编码，第 1 位编码代表大类，前 4 位编码相同的代表同一类职业。

二、概念介绍

ANZSCO 采用的框架是基于"工作（job）"和"职业（occupation）"。"职业"的概念基于"技能水平（skill level）"和"专业化技能（skill specialisation）"，理解这些概念是理解 ANZSCO 的基础。

（一）工作

"工作"的定义是由雇主（包括自雇）完成的一系列以换取报酬或利润为主要目的的任务。

（二）职业

"职业"的定义是一组需要完成类似或相同任务的工作。由于实际中，很少有两个工作的任务完全相同，因此，"职业"是任务具有高度相似性的一组工作。ANZSCO 根据技能水平和专业化技能这两个标准对职业进行分类。

（三）技能水平

"技能水平"的定义是在特定职业中执行一系列任务所需的能力水平。任务的范围和复杂性越大，职业需要的技能水平就越高。技能水平通过以下要素来衡量：受教育程度、工作经验、在职培训情况，这些要素是胜任职业所需要的。技能水平是职业的属性，而不是个人或特定工作的属性。标准职业分类将技能等级分为五级（Skill Level 1 – Skill Level 5），分别如下：

级别 1（Skill Level 1）：需要学士学位或者更高学历；5 年以上相关工作经验；在某些情况下，还需要其他工作经验或在职培训经历。

级别 2（Skill Level 2）：需要澳大利亚资历框架学士学位、高等大专学历或者大专学历，新西兰资历框架中规定的相关资质；三年以上相关工作经验；在某些情况下，还需要其他工作经验或在职培训经历。

级别 3（Skill Level 3）：新西兰资历框架四级资质、澳大利亚资历框架四级证书或者三级证书并需要至少两年的工作经验；三年以上相关工作经验；在某些情况下，还需要其他工作经验或在职培训经历。

级别 4（Skill Level 4）：新西兰资历框架二级或三级资质、澳大利亚资历框架三级或二级证书；一年以上相关工作经验；在某些情况下，还需要其他工作经验或在职培训经历。

级别 5（Skill Level 5）：新西兰资历框架一级资质、澳大利亚资历框架一级证书或者高中学历。对于一些职业来说，除了上述资格证书外，可能还需要短期的在职培训经历；在某些情况下，不需要任何正式的资格证书或在职培训经历。

（四）专业化技能

"专业化技能"的定义是所需的知识领域、使用的工具和设备、工作材料、生产或提供的商品或服务。所需的知识领域是指满足某一职业的任务所必需的学科知识；使用的工具和设备包括所有形式的设备（plant）、机器（machinery）、手持工具（hand tools）及智能工具；"工作材料"指的是有形和抽象的材料，这些材料可以被提取、加工、转化、精练或制造，包括木材、金属、牲畜、数据、文本、人力和组织；"生产或提供的商品或者服务"指的是最终产出的产品，包括实物货物、人员劳务或者其他劳务，以及软件应用程序、统计信息等抽象产品。

在为 ANZSCO 制定技能专业化标准时，就业能力技能被认为是专业化技能的一个额外维度。就业能力技能包括个人属性和通用技能两个方面：个人属性指忠诚、承诺和职业动机，通用技能包括沟通、团队合作和解决问题的能力。雇主在评估个人对特定职业的适用性时，越来越多地将就业能力技能与具体工作技能结合起来。由于这些就业能力技能适用于大多数职业，因此不将其作为 ANZSCO 的分类标准。

三、现行的 ANZSCO1.3 版本

（一）ANZSCO 的概念模型

ANZSCO 基于技能水平和专业化技能对澳大利亚和新西兰劳动力市场上的所有职业进行分类。例如，表 7－1 是 ANZCSO1.1 版本中 8 大类分别对应的职业，以及各大类中职业对应的技能等级，现行 1.3 版本大类未做出修改。

表 7－1　　　　　　　ANZCSO 第一版修订本 1.1 大类名称

序号	大类	职业英文名	技能等级
1	管理人员	Managers	1，2
2	专家	Professionals	1
3	技术人员和贸易工作人员	Technicians and Trades Workers	2，3

续表

序号	大类	职业英文名	技能等级
4	社区和个人服务工作人员	Community and Personal Service Workers	2，3，4，5
5	文书类和行政类工作人员	Clerical and Administrative Workers	2，3，4，5
6	销售人员	Sales Workers	2，3，4，5
7	机器操作员和司机	Machinery Operators and Drivers	4
8	劳工	Labourers	4，5

技能水平和专业化技能在中类、小类、细类中进行了更清晰详细的划分，在大多数细类中，所有职业都处于同一技能水平。ANZSCO 不同等级之间的区别如下：

（1）大类。

大类是 ANZSCO 最广泛的层次，用 1 位数字编码，是通过结合技能水平和专业化技能来建立的组别。

（2）中类。

中类是大类的细分，用 2 位数字编码，每个中类是根据技能水平和专业化技能的广泛应用来与其他中类进行区分的。

（3）小类。

小类是中类的细分，用 3 位数字编码，各个小类之间的区别是基于专业化技能应用。

（4）细类。

细类是小类的细分，用 4 位数字编码，根据更精细的专业化技能和技能水平来区分。

（5）职业。

职业是 ANZSCO 最详细的级别，用 6 位数字编码，根据详细的专业技能和技能水平来区分同一细类的职业。

（二）现行 ANZSCO1.3 版本的内容

在现行 ANZSCO1.3 版本中，将所有职业分为 8 个大类、43 个中类、97 个小类、358 个细类和 1023 个职业。表 7-2 说明了职业分类的基本情况。可以看出，8 个大类中第 2、3、5 大类的中类较多，而 2、3、8 大类的职业数量位列前三，第 6、7 大类的中类和职业总数较少。

表 7 - 2　　　　　　　　　不同大类中结构层次的分布

序号	大类名称	中类数量	小类数量	细类数量	职业
1	管理人员	4	11	38	99
2	专家	7	23	100	318
3	技术人员和贸易工作人员	7	21	66	179
4	社区和个人服务工作人员	5	9	36	105
5	文书类和行政类工作人员	7	12	33	80
6	销售人员	3	5	19	37
7	机器操作员和司机	4	7	22	77
8	劳工	6	9	44	128
	合计	43	97	358	1023

在澳大利亚统计局官网上，可以找到 ANZSCO 职业分类的详细信息，如附录 1 所示。

根据澳大利亚统计局对 ANZSCO 各职业的描述，每个职业小类为一个描述单元，包括以下几个部分：一是小类的职业描述综述；二是技能级别/学历/经验/注册或执照要求综述；三是职责的综述；四是具体职业细分名称；五是细分职业的职业描述、该职业其他名称、该职业下细分职业名称和职业技能级别等。

第二节　ANZSCO 的历史演变

随后，在经济水平和社会发展发生较大改变的背景下，ANZSCO 在 2007 年（ANZSCO 1.1 版本）和 2013 年（ANZSCO 1.2 版本）经过了修订；2019 年（ANZSCO 1.3 版本），考虑到职业演进事实和现实需要，澳大利亚统计局（ABS）、新西兰统计局（StatsNZ）对职业分类现行版本再次进行了技能水平的更新。

一、ANZSCO 1.1 版本

2006 年 9 月，ANZSCO 正式发布。2007 年 11 月，来自澳大利亚统计局、新西兰统计局和澳大利亚政府就业及劳资关系部门的代表决定第一次小范围修订 ANZCSO（以下称为 ANZSCO 1.1 版本）。纳入这次修订的变化包括以下内容：

（1）增加新的职业名称；

（2）删除/合并部分职业；

（3）更新职业定义；

（4）修改主要职业名称；

（5）增加或删除职业备用名称；

（6）修改导语；

（7）增加或删除限定语；

（8）更新中类、小类和细类的定义。

具体来看，此次对 ANZSCO 第一版的修订增加了 17 种职业，合并了两种职业，使得 ANZSCO1.1 版本中的职业总数达到了 1014 个。另外，9 种职业名称、6 个细类名称和 1 个小类名称有了变化；此次修订还更改了 106 个项目（包括中类、小类、细类和职业）的定义。

二、ANZSCO1.2 版本

2013 年，ANZSCO 再次修订（以下简称 ANZSCO1.2 版本），表 7 - 3 说明了 ANZSCO1.2 版本职业分类体系情况。

表 7 - 3　　　　　　　　　ANZSCO1.2 版本职业分类体系

序号	5 个专业层级（skill specialisation）					5 个技能等级（skill level）				
	第 1 位数	第 2 位数	第 3 位数	第 5 位数	第 5～6 位数	1 级 高技能	2 级	3 级 中技能	4 级	5 级 低技能
	主要大类	中类	小类	细类	职业	学士 以上	文凭	4 级 证书	2～3 级证书	1 级 证书
						5 年 经验	3 年 经验	3 年 经验	1 年 经验	在职 培训
1	管理人员	4	11	38	99	71	28			
2	专家	7	23	100	318	318				
3	技术人员和贸易工作人员	7	21	66	179			49	130	

续表

序号	主要大类	5 个专业层级 （skill specialisation）					5 个技能等级 （skill level）				
		第 1 位数	第 2 位数	第 3 位数	第 5 位数	第 5 ~ 6 位数	1 级 高技能	2 级	3 级 中技能	4 级	5 级 低技能
			中类	小类	细类	职业	学士 以上 5 年 经验	文凭 3 年 经验	4 级 证书 3 年 经验	2 ~ 3 级证书 1 年 经验	1 级 证书 在职 培训
4	社区和个人服务工作人员	5	9	36	105			21	26	47	11
5	文书类和行政类工作人员	7	12	33	80			7	13	45	15
6	销售人员	3	5	19	37			1	9	9	18
7	机器操作员和司机	4	7	22	77					77	
8	劳工	6	9	44	128					26	102
合计			43	97	358	1023	389	106	178	204	146
举例	3 - 技术人员贸易工作人员	33 - 建筑工人	331 - 砖瓦工、木匠和细木匠	3311 - 砖瓦工和石匠	331111 - 砖瓦工		技术移民时薪要求： NZ $ 25				NZ $ 37. 5

从上表可以看出，第 1、2、3 大类的职业，技能要求全部在 3 级以上；而第 7、8 大类的职业，技能要求全部在 3 级以下。

三、ANZSCO1. 3 版本

（一）更新内容概述

2019 年，澳大利亚统计局和新西兰统计局对 ANZSCO 的技能水平进行了更新。ANZSCO 的每个职业都有一个指示性技能水平，以反映该职业通常执行的任务的范围和复杂性。ANZSCO 特意使用"指示性技能水平"一词来提醒大家，技能水平不仅仅包括受教育程度，职业的技能等级从技能 1 级（最高）到技能 5 级（最低）不等。随着时间的推移，胜任职业所需要的技能会发生变化。本次更新的重点内容如下：

1. 更新不涉及 ANZSCO 内部任何类别划分的调整；
2. 总体职业数量没有变化；
3. 部分职业名称澳大利亚和新西兰不再区分，将名称进行统一；
4. 调整部分职业的技能水平要求。

（二）变动部分介绍

尽管在总体类别上没有大的调整，但 ANZSCO1.3 版本的更新涉及了许多职业名称、职业级别以及技能水平要求方面的调整，受影响的职业共计 280 个。

1. 关于职业名称

ANZSCO1.2 版本中一些职业在澳大利亚和在新西兰是不同的。在 1.3 版本中，统一了大量的职业名称，避免混淆或引起歧义。

例如，在 ANZSCO1.2 版本中的中学教师，澳大利亚称为 "Middle School Teacher"，而新西兰称之为 "Intermediate School Teacher"。现在 ANZSCO1.3 版本中不再对国家进行区分，无论是 "Middle School Teacher" 还是 "Intermediate School Teacher" 都可以。

2. 关于职业技能等级

如前所述，ANZSCO 将职业划分为五个技能等级（Skill Level 1 – 5），而 ANZSCO 1.3 版本变动的重点内容之一，就是将一些职业大类涉及的技能等级进行调整（见表 7 – 4）。此外，虽然其他大类看似在职业技能等级范围上没有变化，但在具体的调整上有很多改动。有些等级变化仅仅限于某一职业，有些则调整了整个类别的技能水平。总体而言，ANZSCO1.3 版本中共有 194 个职业涉及技能等级变化。

表 7 – 4   ANZSCO 三个版本大类技能级别的范围

序号	大类	ANZSCO1.1 版本技能级别	ANZSCO1.2 版本技能级别	ANZSCO1.3 版本技能级别
1	管理人员	1，2	1，2	1，2
2	专家	1	1	1
3	技术人员和贸易工作人员	2，3	2，3	2，3
4	社区和个人服务工作人员	2，3，4，5	2，3，4，5	2，3，4，5

续表

序号	大类	ANZSCO1.1 版本技能级别	ANZSCO1.2 版本技能级别	ANZSCO1.3 版本技能级别
5	文书类和行政类工作人员	2, 3, 4, 5	2, 3, 4, 5	2, 3, 4, 5
6	销售人员	2, 3, 4, 5	3, 4, 5	3, 4, 5
7	机器操作员和司机	4	4	3, 4
8	劳工	4, 5	4, 5	4, 5

一方面，对于技能水平要求提升的职业，尤其是从 4、5 等级提升至 1、2、3 等级的职业来说，申请更高级别的技能等级变得可行，见表 7-5。

表 7-5   第 7 大类下发生技能等级提升的 17 个特殊职业

序号	ANZSCO 编码	职业名称（中英文对照）	
1	711211	Industrial Spraypainter	工业喷漆员
2	711311	Paper products machine operator	纸制品机操作员
3	711313	Sawmilling operator	原木切割机操作员
4	711611	Sewing machinist	缝纫机械工
5	711711	Footwear production machine operator	制鞋机操作员
6	711712	Hide and skin processing machine operator	皮革及加工机器操作员
7	711713	Knitting machine operator	针织机操作员
8	711714	Textile dyeing and finishing machine operator	纺织染整机械操作员
9	711715	Weaving machine operator	编织机器操作员
10	711716	Yarn carding and spinning machine operator	梳理和纺纱机操作员
11	711799	Textile and footwear production machine operators nec	纺织和鞋类生产机器操作员
12	712111	Crane, hoist or lift operator	起重机或升降机操作员
13	712916	Paper and pulp mill operator	造纸厂和纸浆厂操作员
14	712921	Waste water or water plant operator	废水或水厂操作员
15	721112	Logging plant operator	伐木装运操作员
16	721913	Paving plant operator	路材铺设操作员
17	731311	Train driver	火车司机

另一方面，也有许多职业的技能等级降级。以厨师（cook）为例，该职业在 ANZSCO1.3 版本中从技能等级 3 级降为 4 级，这意味着自此以后

厨师这一职业申请相关技能等级不能再按照时薪等同于新西兰收入中位数的标准计算，而需要达到 1.5 倍的薪金中位数才可以。

当然，并非所有的职业技能等级都有更严格的要求。以艺术与媒体专业（Arts and Media Professionals）这一类别为例，其中涉及的所有职业在 ANZSCO1.2 版本中都归类为技能等级 1，即在申请相应技能等级时，该类别下的摄影师、艺术家、记者和作家等职业都需要先满足学士学位或者更高学历，或具备 5 年以上相关工作经验才可以。但 ANZSCO1.3 版本中，该大类的职业等级分类更改为技能等级 1 或技能等级 2，也即相关专业的申请人在申请技能等级时，只需要有 NZQF 文凭学历，或至少 3 年的相关工作经验，申请人达到所要求的分数和薪金要求则能够申请技能等级。这对于有一定技能水平但学历欠缺的申请人来说是重大利好。

3. 关于职业技能的注册

在 ANZSCO1.3 版本更新内容中，还涉及部分职业是否需要注册的调整。在新西兰有许多职业都是需要注册才可以从业的，例如医生、护士、教师等。但是，注册的条件包括工作经验，许多毕业生无法在短期内达到注册要求。

ANZSCO1.3 版本更新了 27 个涉及注册要求变化的职业。以保险经纪人（Insurance Broker）和中医（Traditional Chinese Medicine）为例，在 ANZSCO1.2 版本中，这两个职业并不一定需要注册，其表达为"Registration or Licensing may be required"，即"可能需要注册或执照"。所以，没有注册的申请人申请职业技能等级时，即使没有注册也可以申请成功。但在 ANZSCO1.3 版本中，表达改为了"Registration or Licensing is required"，即"需要注册或执照"，即说明申请人若想通过该职业的技能等级认定，必须先完成注册，否则将会被拒签。

类似地，也有一些职业的注册要求被放宽。例如工程造价师（Quantity Surveyor）这个职业，在 ANZSCO1.2 版本中要求为必须进行注册，但在 ANZSCO1.3 版本中改为"可能需要注册或执照"。

四、ANZSCO 与澳大利亚标准职业分类和新西兰标准职业分类

（一）基本情况

本部分主要比较 ANZSCO 与澳大利亚标准职业分类（ASCO）第二版、

新西兰标准职业分类（NZSCO 1999）。表 7 – 6 和表 7 – 7 对 ANZSCO1. 3 和 ASCO 第二版、NZSCO 1999 进行比较。[①]

表 7 – 6 　　　　　　各标准职业分类每一级的类别数目比较

层级	ANZSCO 1.3 版本	ASCO 第二版	NZSCO 1999
大类	8	9	9
中类	43	35	25
小类	97	81	99
细类	358	340	260
职业	1023	986	565

表 7 – 7 　　　ANZSCO，ASCO 第二版和 NZSCO 1999 的大类比较

ANZSCO	ASCO 第二版	NZSCO 1999
1. 管理人员 2. 专业技术人员 3. 工程技术人员 4. 社区和个人服务人员 5. 文书和办事人员 6. 销售人员 7. 机械操作工和驾驶员 8. 体力劳动工	1. 管理人员 2. 专业人员 3. 助理专业技术人员 4. 贸易及相关人员 5. 高级文书和服务人员 6. 中级文书、销售和服务人员 7. 中级生产和运输工人 8. 初级文书、销售和服务人员 9. 劳动者和有关劳动者	1. 立法者、行政人员和管理人员 2. 专业人员 3. 技术员和相关专业人员 4. 文员 5. 服务和销售人员 6. 农业和渔业工人 7. 技工 8. 设备机器操作员和装配工 9. 基本职业

（二）ANZSCO 和 ASCO 第二版的主要区别

虽然 ANZSCO 的分类标准与 ASCO 第二版的分类标准基本相同，但技能水平标准发生了变化。在 ASCO 第二版，考虑了职业准入所需的技能水平。在 ANZSCO 中，主要考虑的是胜任职业需要的技能水平，相应地，ANZSCO 对一些职业的分类方式也发生了变化。以助理专业人员（Associate Professionals）为例，其主要变化如表 7 – 8 所示。

　　[①] ASCO 第二版中的完整信息可以在澳大利亚统计局网站（https：//www. abs. gov. au）上找到。NZSCO 1999 中的完整信息可在新西兰统计局网站（http：//www. stats. govt. nz）上找到。

表 7 – 8　　　　　助理专业人员在 ANZSCO 和 ASCO 第二版的对比

职业	ASCO 第二版	ANZSCO
科学、工程和相关的助理专业人员	中类 31 组	大类 3 – 技术人员和贸易工作人员 中类 31 – 工程、ICT 和科学技术人员
财务助理专业人员	小类 321 组	大类 2 – 专家 小类 222 – 金融经纪人、交易商以及投资顾问
办公室经理、项目管理员	小类 3291 组、3292 组	大类 5 – 文书类和行政类工作人员 中类 511 – 办公室经理和项目管理员
管理主管（销售和服务）	中类 33 组	大类 1 – 管理人员 中类 14 – 酒店、零售和服务经理
健康和福利助理专业人员	中类 34 组	大类 4 – 社区和个人服务工作人员 中类 41 – 健康和福利支持工作者

（三）ANZSCO 和 NZSCO 1999 的主要区别

虽然 ANZSCO 的分类标准与 NZSCO 1999 的分类标准基本相同，但 ANZSCO 对技能水平的定义更清晰，技能水平标准也比 NZSCO 1999 更严格。NZSCO 1999 的结构和概念基础与 ANZSCO 相比更接近国际职业分类标准（ISCO），例如，NZSCO 1999 的 6 大类与 ISCO – 88 的 6 大类相同，均为"农业和渔业工人"，NZSCO 1999 的 3 大类与 ISCO – 88 的 3 大类相同，均为"技术和辅助专业人员"。上述职业大类在 ANZSCO 中已经不存在，相关职业分布在 ANZSCO 的一些主要大类中，具体见表 7 – 9 和表 7 – 10。

表 7 – 9　　　NZSCO 1999 "农业和渔业工人"相关职业在 ANZSCO 中的分布情况

NZSCO 1999 相关职业	ANZSCO 中的分布
农民和农场经理	大类 1 – 管理人员 中类 12 – 农民和农场经理
农林业工人	大类 8 – 劳工 中类 84 – 农林业和园艺工人

续表

NZSCO 1999 相关职业	ANZSCO 中的分布
园丁、绿地管理工和苗圃人员	大类 3 – 技术人员和贸易工作人员 中类 362 – 园艺行业工人
园艺和苗圃工	大类 8 – 劳工 中类 84 – 农林业和园艺工人

表 7 – 10   NZSCO 1999 "技术和辅助专业人员" 相关职业
在 ANZSCO 中的分布情况

NZSCO 1999 相关职业	ANZSCO 中的分布
物理科学和工程专业人员	大类 3 – 技术人员和贸易工作人员 中类 31 – 工程、通信技术和科学技术人员
船舶和飞机管制员和技术员	大类 2 – 专家 中类 23 – 航空和海运专业人员
生命科学技术人员和相关工作者	大类 3 – 技术人员和贸易工作人员 中类 31 – 工程、通信技术和科学技术人员
健康助理专家 护理专业人士	大类 2 – 专家 中类 25 – 健康专家 大类 4 – 社区和个人服务工作人员 中类 41 – 健康和福利支持人员
作家、艺术家、娱乐和体育助理专业人员	大类 2 – 专家 中类 21 – 艺术和媒体专家 大类 4 – 社区和个人服务工作人员 中类 45 – 健康和个人服务工作者

第三节　ANZSCO 在澳大利亚的应用

一、辅助人口统计和调查工作

2006 年，ANZSCO 开始被澳大利亚统计局用于开展人口统计和调查工作，包括澳大利亚劳动力市场的数据统计工作等。

二、成为技术移民政策体系参考标准

（一）技术移民职业列表

澳洲移民局根据申请职业的不同和技术移民 EOI 评分结果的不同将技术移民主要分为 189 独立技术移民、190 州政府担保技术移民和 491 偏远地区技术移民三类。澳大利亚移民局在 2019 年 3 月更新已有的移民职业列表，2019 年 11 月 16 日，新偏远地区技术移民 491 签证正式开始实施，取代原 489 签证，491 签证沿用原 489 的职业清单，共有 504 个职业可申请。澳大利亚目前技术移民职业列表分为三个：MLTSSL、STSOL 和 ROL。三者对应关系如下：

（1）MLTSSL 列表上的职业既可以申请 189 签证，又可以申请 190 签证担保和 491 签证；

（2）STSOL 列表上的职业只能申请 190 签证担保和 491 签证；

（3）ROL 列表上的职业只能申请 491 签证。

表 7 – 11 说明了一些 MLTSSL 和 STSOL 列表中常见的职业类型及其对应的职业编码。

表 7 – 11　　　　　　　　MLTSSL 和 STSOL 列表中的常见职业类型

清单	职业	ANZSCO 编码
MLTSSL	分析师程序员	261311
	精算师	224111
	航空工程师	233911
	农业顾问	234111
	农业工程师	233912
	农业科学家	234112
	空调和机械服务管道工	334112
	空调制冷技工	342111
	建筑师	232111
	艺术总监	212111
	艺术管理员或经理	139911
	听力学家	252711

续表

清单	职业	ANZSCO 编码
MLTSSL	汽车电工	321111
	律师	271111
	生物医学工程师	233913
	生物技术专家	234514
	造船和修理员	399111
	植物学家	234515
	瓦工	331111
STSOL	其他住宿和款待经理	141999
	针灸师	224111
	广告专员	225111
	飞机维修工程师（航空电子）	323111
	飞机维修工程师（机械）	323112
	飞机维修工程师（结构）	323113
	救护人员	411111
	麻醉师	311211
	其他动物服务员和培训师	361199
	养蜂家	121311
	牙科专家	252311
	牙科技师	411213
	营养师	251111
	驯犬师或教练	361111
	裁缝	393213
	毒品和酒精顾问	272112
	地球科学技术员	311412
	设备经理	149913
	家庭和婚姻顾问	272113
	家庭支援工	411713

（二）财年职业配额限制

每个职业都有自己的 6 位代码，职业代码前 4 位相同的部分属于同一个职业组，一个职业组里的各大职业在移民配额中共享该类的总配额。配额的限制是基于澳大利亚统计局给出的每个职业的就业比例，制定配额的目的是避免技术移民被一小部分职业所控制。职业配额适用于 189 独立技术移民和 491 偏远亲属担保移民，不适用于州担保、雇主担保以及商业移民。表 7 - 12 为 2019 ~ 2020 年职业配额举例。

表 7 - 12　　　　　2019 ~ 2020 年新西兰技术移民部分职业配额

ANZSCO ID	职业	中文名称	职业配额
1331	Construction Managers	施工经理	7145
1332	Engineering Managers	工程师经理	1474
1341	Child Care Centre Managers	幼儿中心经理	1000
1342	Health and Welfare Services Managers	卫生与福利服务经理	1666
1399	Other Specialist Managers	其他专业管理人员	4188
2111	Actors, Dancers and Other Entertainers	演员、舞蹈演员和其他艺人	1000
2112	Music Professionals	音乐职业人员	1000
2121	Artistic Directors, and Media Producers and Presenters	艺术总监、媒体制作人和主持人	1000
2212	Auditors, Company Secretaries and Corporate Treasurers	审计人员、公司秘书和公司财务主管	1619
2241	Actuaries, Mathematicians and Statisticians	精算师，数学家和统计学家	1000

（三）澳大利亚优先移民技能职业列表/紧缺职业列表（PMSOL）

2021 年 6 月 22 日，澳大利亚移民部长公布了更新后的澳洲优先移民技能职业列表/紧缺职业列表（PMSOL），不同于上一次更新只添加了兽医一个职业，本次更新新增 22 个职业。目前该职业清单总数为 41 个，本次更新主要增加了会计、土木工程师职业等。现有的技术移民职业清单将继续有效，但将优先考虑 PMSOL 职业清单中的人员。如果申请人的提名职业在这个列表上，将得到相关部门的优先处理，并且这些职业的签证持有者还可申请豁免入境。目前 PMSOL 列表与 ANZSCO 编码对应如表 7-13 所示。

表 7-13　　　　　　　　　PMSOL 紧缺职业列表

序号	英文名称	ANZSCO 编码	中文名称
1	Chief Executive or Managing Director	11111	首席执行官或董事总经理
2	Construction Project Manager	133111	建设项目经理
3	Accountant（General）	221111	会计（普通）
4	Accountant（Management）	221112	会计（管理）
5	Accountant（Taxation）	221113	会计（税务）
6	External Auditor	221213	外审
7	Internal Auditor	221214	内审
8	Surveyor	232212	测量员
9	Cartographer	232213	制图师
10	Other Spatial Scientist	232214	其他空间科学家
11	Civil Engineer	233211	土木工程师
12	Geotechnical Engineer	233212	岩土工程师
13	Structural Engineer	233214	结构工程师
14	Transport Engineer	233215	交通工程师
15	Electrical Engineer	233311	电气工程师
16	Mechanical Engineer	233512	机械工程师
17	Mining Engineer（excluding Petroleum）	233611	采矿工程师
18	Petroleum Engineer	233612	石油工程师
19	Medical Laboratory Scientist	234611	医学实验室科学家
20	veterinarian	234711	兽医
21	Orthotist or Prosthetist	251912	矫形师/修复学家
22	General Practitioner	253111	全科医生
23	Resident Medical Officer	253112	驻地医务人员
24	Psychiatrist	253417	精神病学家
25	Medical Practitioners nec	253999	医疗从业者

续表

序号	英文名称	ANZSCO 编码	中文名称
26	Midwife	254111	助产士
27	Registered Nurse（Aged Care）	254412	注册护士（老年护理）
28	Registered Nurse（Critical Care and Emergency）	254415	注册护士（重症护理和急诊）
29	Registered Nurse（Medical）	254418	注册护士（医学）
30	Registered Nurse（Mental Health）	254422	注册护士（精神卫生）
31	Registered Nurse（Perioperative）	254423	注册护士（术前）
32	Registered Nurses nec	254499	注册护士
33	Multimedia Specialist	261211	多媒体专家
34	Analyst Programmer	261311	程序分析员
35	Developer Programmer	261312	程序开发员
36	Software Engineer	261313	软件工程师
37	Software and Applications Programmers nec	261399	其他软件和应用程序员
38	ICT Security Specialist	262112	信息和通信技术安全专家
39	Social Worker	272511	社会工作者
40	Maintenance Planner	312911	计划维护者
41	Chef	351311	主厨

（四）澳大利亚新紧缺型职业清单（SPL）

澳大利亚政府每年都会依据经济社会发展的需求及对某类人才的需求状况对职业清单进行调整。2021 年 8 月初，澳大利亚国家技能委员会发布了一份新的紧缺型职业清单（Skills Priority List，SPL），详细介绍了澳大利亚目前职业短缺情况以及未来对职业的需求，这个优先职业清单将是未来澳大利亚移民的风向标。

根据清单，澳大利亚目前一共有 153 个职业都处于紧缺状态。然后这些职业又被划分为 3 个紧缺等级：极度紧缺的有 57 个职业，中度紧缺的有 87 个职业，一般紧缺的有 9 个职业。

1. 极度紧缺

极度紧缺的职业共有 57 个，而且绝大多数都在当前的技术移民清单上。这些职业几乎在澳大利亚全境范围内都紧缺，只有个别几个是部分范围紧缺。比如232611城市和地区规划师，2514和2515这4个医疗健康类职业仅在部分地区紧缺。其余绝大多数职业都是全澳大利亚都急需的，包括非常常见的一些移民职业。比如：2211会计，2212审计，2332土木建筑类，2333电气工程，2335机械工程，2336石油采矿工程，2613 IT类，厨师也在其中。这些紧缺职业大多都是刚刚进入PMSOL清单的，SPL清单是国家技能委员会主导制定的，可以说SPL清单认为澳大利亚缺少什么类别的人才，移民局的PMSOL清单就可能增加相应的职业。

2. 中度紧缺

中度紧缺的职业共有87个，从中长期来看，依然有很大的就业市场。例如职业治疗师、土木工程技师、地质学家和建筑行业以及大量的工程类技术员，虽然这些职业不如上述紧缺程度高，但这些职业也属于后疫情时期澳大利亚政府需要的基础建设类的技术型人才。

3. 一般紧缺

这类职业有9个，虽然也紧缺，但不那么严重，主要是农业类和技工职业，申请人也比较少。这些职业的技能等级相对较低，可以通过临时签证持有人来补充。

第四节 ANZSCO在新西兰的应用

一、辅助人口统计和调查工作

2006年，ANZSCO开始被新西兰统计局用于开展人口统计和调查工作。在新西兰统计局官方网站上，载有就业人口普查的职业数据表格，表格主要包含职业名称、从业人员年龄段、从业人员性别、出生地等内容，统计局对同一职业不同年龄段从业人员的数量进行了统计，又将各年龄段从业人员的基本身份信息（性别、出生地等）进行了数量统计。

二、成为新的技术移民职业参考标准

（一）技术移民要求

2008年2月4日，新西兰移民局以ANZSCO代替NZSCO，作为新的技术移民职业参考标准。移民局参照 ANZSCO 的分类和描述与时薪要求，来评估申请人的"技能"工作是否有资格获得签证。

1. 全职业清单限制

原则上只有全职业清单上的职业才具备申请技术移民的资格。ANZSCO1.2 版本的 1023 个职业中，共计 997 个入选了新西兰移民局的全职业清单（Full Occupation List），所有通过技术移民类别（SMC）申请居留的申请人，原则上其职业应该属于 997 个职业中的一个。因此对于申请技术移民的海外人士来说，确认自己的职业是否在新西兰移民局指定的全职业清单上是关键的一步。

2. 最低时薪要求

2017 年 8 月 14 日，新西兰移民局针对技术移民首次出台了最低时薪要求，将技能工作的评判标准从工作内容变成了时薪水平。2018 年 11 月 26 日公布的最新时薪要求如下：673 个 1~3 技能等级的职业，需达 25 纽币及以上（即 2018 年上半年新西兰国民时薪中位数），年薪 5.2 万纽币；其余 324 个 4~5 技能等级的职业，需达 37.5 纽币及以上（即时薪中位数的 1.5 倍），年薪 7.8 万纽币。

3. 学历/工作经验要求

2017 年 8 月 14 日的技术移民新政还首次界定了申请人的学历/工作经验要求。ANZSCO 中技能水平为 1~3 级的申请人，通常要求具备新西兰四级以上的资格证书；或符合长期短缺清单相关职业指定的相关要求；或持有该职业在新西兰进行全面或临时注册的证明材料；部分 1 级技能水平的申请人可以以五年有关工作经验代替所需学历要求。ANZSCO 中技能水平为 4~5 级的申请人，要求具备以下条件之一：高于 NZQF 四级证书；持有豁免考核的资格名单内的 NZQF 三级证书；符合长期短缺清单相关职业指定的相关要求；持有该职业在新西兰进行全面或临时注册的证明材料；有三年相关工作经验。

4. 专业性和技能等级

只有符合 ANZSCO 中专业技能等级的描述，才能在技术移民中获得工作担保和工作经验加分。

工作担保加分：签证官会核对申请人的提名职位与 ANZSCO 中的描述是否实质性匹配，如果申请人的职位与 ANZSCO 中的描述偏离，会导致申请人完全丢失相关加分。

工作经验加分：除了实质性匹配要求以外，ANZSCO 技能等级 1 ~ 3 级的职业可以获得相应的工作经验加分；ANZSCO 技能等级 4 ~ 5 级的职业，时薪达到 37.5 纽币以上，具备相关学历/工作经验，才可以获得相应的工作经验加分。

此外，由于工作经验加分要在取得相关学历后才可以，因此替代学历部分的工作经验，不可以在工作经验项下重复加分。不过，专业化程度越高的职业（比如持有注册资格），其工作经验更容易被认可。

（二）移民操作手册

2010 年 11 月 29 日，新西兰移民局根据《2009 年移民法》第 25 条的要求，发布了《新西兰移民局（INZ）操作手册》，ANZSCO 正式成了《新西兰移民局（INZ）操作手册》的一部分。表 7 - 14、表 7 - 15、表 7 - 16 分别为新西兰技术移民申请人数前 20 的永久居留（PR）批准率、新西兰永久居留批准率前 20 的职业及主申请人数（不含批准率 100% 的职业）、新西兰永久居留（PR）批准率 100% 的主申请人数前 10 的职业。

表 7 - 14　　　新西兰技术移民主申请人数前 20 名永久居留（PR）批准率
（2008.7 ~ 2019.5）

序号	职业	主申人数	PR 批准率（%）	批准率排名
1	厨师	7140	86.5	497
2	零售经理（一般）	5910	74.2	628
3	咖啡厅或餐厅经理	5202	80.6	571
4	注册护士（老年护理）	4973	99.1	153
5	信息通信技术客户支持	2628	90.7	397
6	软件工程师	2421	87.4	478
7	信息和通信技术支持技术员	1885	87.5	474
8	大学讲师	1797	77.0	600
9	程序开发员	1787	94.6	263
10	会计（一般）	1697	87.0	486
11	办公室经理	1639	75.0	608
12	幼教	1606	97.3	187
13	注册护士（医疗）	1463	98.2	170

续表

序号	职业	主申人数	PR 批准率（%）	批准率排名
14	烘焙师	1442	95.3	238
15	奶牛农民	1439	67.3	647
16	高中教师	1383	88.1	456
17	营销专家	1327	89.8	415
18	电工（一般）	1301	92.2	342
19	销售和市场经理	1289	83.6	542
20	木工	1242	90.4	404

表 7 – 15　　　新西兰永久居留（PR）批准率前 20 名的职业及
主申请人数（2008.7 ~ 2019.5）

序号	职业	批准率（%）	主申人数	主申人数排名
1	注册护士（伤残及康复）	99.2	120	189
2	注册护士（老年护理）	99.1	4973	4
3	化学工程师	98.9	450	63
4	急诊专科医生	98.9	90	223
5	室内设计师	98.9	88	222
6	商业机械技工	98.7	77	244
7	听力矫正专家	98.6	71	259
8	特种需求教师	98.6	69	267
9	建筑和测量技术人员	98.4	127	184
10	注册护士（重症监护室及急症室）	98.3	605	43
11	体育发展主任	98.3	60	286
12	飞机维修工程师	98.3	60	288
13	金属机械师（一级）	98.3	299	95
14	注册护士（术前）	98.3	533	52
15	注册护士（外科）	98.3	591	45
16	电气工程绘图员	98.2	57	294
17	注册护士（儿童及家庭健康）	98.2	170	154
18	注册护士（医疗）	98.2	1463	13
19	护士长	98.2	56	295
20	驻院医生	98.2	1089	24

表 7 – 16　　新西兰永久居留（PR）批准率 100% 的主申请人数前 10 名的职业

序号	职业	主申人数	主申人数排名
1	印刷技师	99	211
2	专科医生（全科）	71	258
3	假释或缓刑官	53	302
4	现役国防军官	52	304
5	摩托车机械师	42	332
6	环境卫生官员	41	336
7	注册护士（儿科）	38	346
8	整形外科医生	35	354
9	地球科学技术员	35	357
10	超声波医师	32	370

（三）新西兰技术移民职业列表（LSO）

ANZSCO 作为新西兰和澳大利亚共用的一个职业分类标准，一共包含 998 个独立职位。要想申请新西兰临时工作签证和一般工作签证，必须拥有 ANZSCO 列表中的职业，ANZSCO 职业列表的技能等级为 1，2，3 的职业中共 672 个职业可移民新西兰，这 672 个职业被筛选出来，并将其称为"新西兰技术移民职业列表（List of Skilled Occupations，LSO）"，见表 7 – 17。

表 7 – 17　　　　　　新西兰技术移民职业列表简要概括

职业分类与技能等级	所属行业（职业代码第一位字）	最低相关学历要求	职位数量
PART A（Skill Level 1）	1. 管理人员　2. 专业人员	NZQF Level 7	383 个
PART A（Skill Level 2）	1. 管理人员　2. 专业人员 3. 技术人员　4. 服务人员 5. 文书行政　6. 销售人员	NZQF Level 6	110 个
PART B（Skill Level 3）	3. 技术人员　4. 文书行政	NZQF Level 4	113 个
PART C（Skill Level 3）	3. 技术人员　4. 服务人员 5. 文书行政　6. 销售人员	NZQF Level 4	66 个

1. Part A

如果申请人的职位出现在 Part A 中，除了符合 ANZSCO 中该职业的描述以外，还必须满足以下要求中的任意一条：

（1）申请人拥有 ANZSCO 中规定的相关学历或更高学历；

（2）如果申请人没有相关学历，则需要符合 ANZSCO 中所注明的一定工作经验年限来替换学历要求；

（3）如果申请人的职业属于长期紧缺职业清单中的职位，那就需要符合更严格的要求，见表 7－18。

表 7－18　　新西兰技术移民职业列表 Part A－技能等级 1 的部分职业

ANZSCO 代码	英文名称	中文名称
221111	Accountant（General）	会计（普通）
211111	Actor	演员
211199	Actors，Dancers and Other Entertainers	演员、舞蹈演员和其他艺人
224111	Actuary	精算师
252211	Acupuncturist	针灸师
131113	Advertising Manager	广告经理
225111	Advertising Specialist	广告专员
233911	Aeronautical Engineer	航空工程师
231111	Aeroplane Pilot	飞行员
234111	Agricultural Consultant	农业顾问
233912	Agricultural Engineer	农业工程师
234112	Agricultural Scientist	农业学家
231112	Air Traffic Controller	空管人员
231199	Air Transport Professionals	航空运输专业人才
253211	Anaesthetist	麻醉师

表 7 – 19　　新西兰技术移民职业列表 Part A – 技能等级 2 的部分职业

ANZSCO 代码	英文名称	中文名称
141999	Accommodation and Hospitality Managers nec	住宿和酒店经理
311111	Agricultural Technician	农业技术员
411111	Ambulance Officer	救护中心官员（现场救护指挥官）
411112	Ambulance Paramedic	急救人员（辅助医疗）
149111	Amusement Centre Manager	娱乐中心经理
311211	Anaesthetic Technician	麻醉技术员
142112	Antique Dealer	古董经济人（古董经销商）
312199	Architectural, Building and Surveying Technicians nec	建筑，建筑及测量技术员
312111	Architectural Draftsperson	建筑起草（绘图）员
141911	Bed and Breakfast Operator	住宿部、早餐部经理（食宿经理）
142113	Betting Agency Manager	投注中介公司经理（博彩公司经理）
149911	Boarding Kennel or Cattery Operator	猫狗寄宿店管理员
312999	Building and Engineering Technicians nec	建筑及工程技术员
312112	Building Associate	建设协理
312113	Building Inspector	建筑检查员（监理）

2. Part B

如果申请人的职位出现在 Part B 中，除了符合 ANZSCO 中该职的描述以外，还必须满足以下要求中的任意一条：

（1）申请人拥有 ANZSCO 中规定的相关学历要求；

（2）如果申请人没有相关学历，则需要符合 ANZSCO 中所注明的一定工作经验年限要求；

（3）如果申请人的职业属于长期紧缺职业清单中的职位，则需要符合更严格的要求，见表 7 – 20。

表 7 - 20　　　　新西兰技术移民职业列表 Part B 的部分职业

ANZSCO 代码	英文名称	中文名称
391111	Hairdresser	美发师
399411	Jeweller	珠宝首饰匠
331213	Joiner	精整细木工
393112	Leather Goods Maker	皮革制品制造者
341113	Lift Mechanic	电梯技工
399513	Light Technician	光能器械技术人员（灯光师）
323313	Locksmith	锁匠
322114	Metal Casting Trades Worker	金属铸造行业工人
322311	Metal Fabricator	金属加工
323299	Metal Fitters and Machinists nec	金属装配工和机械师
323214	Metal Machinist（First Class）	金属机械师（第一类）
322115	Metal Polisher	金属抛光工
321211	Motor Mechanic（General）	汽车技工（一般）
321213	Motorcycle Mechanic	摩托车机械师（摩托车技工）
399515	Musical Instrument Maker or Repairer	乐器制造或维修工

3. Part C

如果申请人的职位出现在 Part C 中，除了符合 ANZSCO 中该职位的描述以外，还必须满足以下要求中的任意一条：

（1）申请人拥有 3 年的相关工作经验以及相关的学历要求；

（2）如果申请人没有相关学历，则申请人需要拥有 3 年的相关工作经验以及满足相关年薪要求，见表 7 - 21。

表 7 - 21　　　　新西兰技术移民职业列表 Part C 的部分职业

ANZSCO 代码	英文名称	中文名称
411311	Diversional Therapist	临床治疗师
452311	Diving Instructor（Open Water）	潜水教练（开放水域）
361111	Dog Handler or Trainer	驯犬者或驯犬师

续表

ANZSCO 代码	英文名称	中文名称
452318	Dog or Horse Racing Official	赛狗或赛马官方公职员
451211	Driving Instructor	驾驶教练
451815	First Aid Trainer	急救教练
451711	Flight Attendant	空中乘务员
362111	Florist	花农
452411	Footballer	职业足球运动员
451399	Funeral Workers nec	殡仪工作者
362211	Gardener（General）	园丁，园艺工作者（一般）
452412	Golfer	高尔夫球手
362311	Greenkeeper	高尔夫球场管理员
452312	Gymnastics Coach or Instructor	体操健美教练或导师
452313	Horse Riding Coach or Instructor	骑马教练或导师

三、与紧缺职业需求列表相对应

新西兰职业需求清单主体上有两种，分别是长期紧缺职业清单（LTSSL）和即时紧缺职业清单（ISSL），其中长期紧缺职业清单可以为新西兰技术移民申请者获得额外加分。

（一）长期紧缺职业列表（LTSSL）

新西兰为吸纳全球范围内的优秀技术人才，从 672 个可移民技术职位中挑出构建了长期紧缺职业清单，又称绝对技能短缺行业（absolute skills shortage）。2017 年 2 月 27 日起生效的 LTSSL 长期紧缺职业列表包含以下 9 大领域、70 个职业：

（1）农林类（1 个职业）。

（2）建筑类（4 个职业）。

（3）工程类（16 个职业）。

（4）金融和商业类（1 个职业）。

（5）健康与社会服务类（16 个职业）。

（6）信息技术（ICT）类（24 个职业）。

（7）休闲、酒店与旅游类（1 个职业）。

（8）科学类（3个职业）。

（9）技工类（4个职业）。

其中，除了厨师休闲、酒店与旅游类和技工类对学历等级要求较低，其他主要大项均对学历等级、专业水平、职业级别和工作经验有不同程度的较高要求。2018年2月份修订之后，新西兰移民局官网发布了最新的长期紧缺职业列表，见表7-22。

表7-22　　　　　　　新西兰最新长期紧缺职业列表 LTSSL

大类	ANZSCO代码	英文名称	中文名称
建筑类	133111	Construction Project Manager	建筑项目经理
	133112	Project Builder	项目建设者
	233213	Quality Surveyor	质量检验员
	232212	Surveyor	验船师
工程类	233111	Chemical Engineer	化学工程师
	233112	Materials Engineer	材料工程师
	233211	Civil Engineer	土木工程师
	233212	Geotechnical Engineer	岩土工程师
	233214	Structural Engineer	结构工程师
	233311	Electrical Engineer	电气工程师
	233411	Electronics Engineer	电子工程师
	233511	Industrial Engineer	工业工程师
	233512	Mechanical Engineer	机械工程师
	233513	Production or Plant Engineer	生产或设备工程师
	233915	Environmental Engineer	环境工程师
	233999	Engineering Professionals nec	工程专业人员
	312212	Civil Engineering Technician	土木工程技术员
	312312	Electrical Engineering Technician	电气工程技术员
	312412	Electronic Engineering Technician	电子工程技术员
财务和商业类	133612	Procurement Manager	采购经理

续表

大类	ANZSCO 代码	英文名称	中文名称
医疗类	272311	Clinical Psychologist	临床心理学家
	253917	Diagnostic and Interventional Radiologist	诊断和介入放射科医师
	253111	General Practitioner	全科医生
	251212	Medical Radiation Therapist	医学放射治疗师
	234611	Medical Laboratory Scientist	医学化验师
	253913	Obstetrician and Gynaecologist	妇产科医生
	234914	Physicist	内科医生
	252511	Physiotherapist	理疗师
	253411	Psychiatrist	精神科医生
	251214	Sonographer	超声波检验师
	253399	Specialist Physician in Palliative Medicine	缓和医学专科医师
	253511	Surgeon	外科医生
	234711	Veterinarian	兽医
信息通信类	261211	Multimedia Specialist	多媒体专家
	135112	ICT Project Manager	信息通信项目经理
	224712	Organisation and Methods Analyst	组织与方法分析师
	261111	ICT Business Analyst	信息通信技术业务分析师
	261112	Systems Analyst	系统分析师
	261211	Multimedia Analyst	多媒体分析师
	261212	Web Developer	网络开发人员
	261311	Analyst Programmer	分析程序员
	261312	Developer Programmer	开发人员
	261313	Software Engineer	软件工程师
	261314	Software Tester	软件测试人员
	261399	Software and Applications Programmers nec	软件和应用程序程序员
	262111	Database Administrator	数据库管理员
	262112	ICT Security Specialist	信息通信技术安全人员
	262113	Systems Administrator	系统管理员

续表

大类	ANZSCO代码	英文名称	中文名称
信息通信类	263111	Computer Network and Systems Engineer	计算机网络与系统工程师
	263112	Network Administrator	网络管理员
	263113	Network Analyst	网络分析师
	263211	ICT Quality Assurance Engineer	信息通信技术质量工程师
	263212	ICT Support Engineer	信息通信技术支持工程师
	263213	ICT Systems Test Engineer	信息通信技术系统测试工程师
	263299	ICT Support and Test Engineers nec	信息通信技术支持和测试工程师
	263311	Telecommunications Engineer	电信工程师
	263312	Telecommunications Network Engineer	电信网络工程师
	313112	ICT Customer Support Officer (Technical advice and Consultancy)	信息通信技术客户支持工程师
娱乐、酒店、旅游类	351311	Chef	厨师
科学类	232214	Other Spatial Scientist	其他空间科学家
	234313	Environmental Research Scientist	环境研究科学家
	234212	Food Technologist	食品技术专家
技工类	321111	Automotive Electrician	汽车电工
	321212	Diesel Motor Mechanic (including Heavy Vehicle Inspector)	柴油发动机技工（包括重型车辆检查员）
	341111	Electrician	电工
	342211	Electric Line Mechanic	电气线路技工

表 7-23 以建筑类职位为例，详细列出 ANZSCO 编码、长期技能紧缺清单要求和加分条件。

表 7 - 23　　新西兰最新长期紧缺职业列表中建筑类职位组清单要求和加分条件

职位编码	长期技能紧缺清单要求	加分条件
建筑项目经理（道路桥梁和基础建设）	A 组：其中以下学历之一： （1）工学学士（NZQF Level 7）； （2）工程荣誉学士（NZQF Level 8）； （3）建筑学士（工程管理）（NZQF Level 7）； （4）工程技术学士（土木工程）（NZQF Level 7）； （5）建设项目管理专业 GD 学士后文凭（NZQF Level 7）； （6）工程专业 GD 学士后文凭（公路）（NZQF Level 7）。 同时具备以下工作经验： 拥有取得学历后的至少 10 年相关工作经验。 或 B 组：其中以下学历之一： （1）工程专业文凭（土木）（NZQF Level 6）； （2）施工管理专业国家文凭（NZQF Level 6）； （3）新西兰工程专业文凭（土木）（NZQF Level 6）； （4）工程技术专业文凭（公路）（NZQF Level 6）。 同时具备以下工作经验： 丰富的员工管理经验，并且拥有取得学历后的至少 10 年相关工作经验	A 组：其中以下学历之一： （1）工学学士（NZQF Level 7）； （2）工程荣誉学士（NZQF Level 8）； （3）建筑学士（工程管理）（NZQF Level 7）； （4）工程技术学士（土木工程）（NZQF Level 7）； （5）建设项目管理专业 GD 学士后文凭（NZQF Level 7）； （6）工程专业 GD 学士后文凭（公路）（NZQF Level 7）。 同时具备以下工作经验： 拥有取得学历后的至少 10 年相关工作经验。 或 B 组：其中以下学历之一： （1）工程专业文凭（土木）（NZQF Level 6）； （2）施工管理专业国家文凭（NZQF Level 6）； （3）新西兰工程专业文凭（土木）（NZQF Level 6）； （4）工程技术专业文凭（公路）（NZQF Level 6）。 同时具备以下工作经验： 丰富的员工管理经验，并且拥有取得学历后的至少 10 年相关工作经验
133112 项目经理（包括建筑工程经理和现场工头）	其中下列学历之一： （1）建筑学士（工程管理）（NZQF Level 7）； （2）应用技术学士（建筑）（NZQF Level 7）； （3）建设项目管理专业 GD 学士后文凭（NZQF Level 7）； （4）施工管理专业国家文凭（NZQF Level 6）。 并且拥有毕业后的至少三年相关工作经验	其中下列学历之一： （1）建筑学士（工程管理）（NZQF Level 7）； （2）应用技术学士（建筑）（NZQF Level 7）； （3）建设项目管理专业 GD 学士后文凭（NZQF Level 7）； （4）施工管理专业国家文凭（NZQF Level 6）。 并且拥有毕业后的至少三年相关工作经验
233213 估算师	建筑学（估算师）学士（L7）并有 3 年相关工作经验	建筑学（估算师）学士（L7）并有 3 年相关工作经验
232212 勘测师	其中下列资格之一： （1）测量学学士（NZQF Level 7）； （2）测量学荣誉学士（NZQF Level 8）。 或新西兰测量师学会（NZIS）的专业测量师注册资格； 或 NZIS 新西兰测量师学会认可的海外学位（NZQF Level 7 或以上）与 NZIS 新西兰测量师学会的专业准会员资格	其中下列资格之一： （1）测量学学士（NZQF Level 7）； （2）测量学荣誉学士（NZQF Level 8）。 或新西兰测量师学会（NZIS）的专业测量师注册资格； 或 NZIS 新西兰测量师学会认可的海外学位（NZQF Level 7 或以上）与 NZIS 新西兰测量师学会的专业准会员资格

（二）短期紧缺职业列表（ISSL）

如果海外申请人的职业在该列表上，新西兰雇主无须证明经过努力招聘不到新西兰当地人即可引进外国人来新西兰工作。其中，所列资格是新西兰资格框架上的资格。海外资格证书必须与新西兰资格证书或新西兰教育标准分类中列出的资格证书的标准相近。因此要求新西兰资格管理局提供国际资格评估（IQA），说明海外资格证书相应的 NZQF 资格。表 7 – 24 列出农林类职业的部分短期紧缺职业及要求。

表 7 – 24　　新西兰短期紧缺职业列表中农林类职业组部分职业及要求

职业组	职业和代码	有雇主 offer 的雇主签证申请人要求	地区
农林类	养蜂人（121311）	新西兰蜂业证书 NZQF Level 4 至少两年在商业环境下的相关工作经验；或至少五年商业养蜂人工作经验	所有地区
	树艺家（362212）	具备以下条件之一： （1）树木学文凭（NZQF 6 级）； （2）国家园艺证书（树木栽培）（NZQF Level 4）； （3）树木栽培证书（NZQF 第 4 级）； （4）新西兰园艺服务证书（NZQF Level 4）（相关部分为树木栽培）。 至少两年相关资格认证后的工作经验	所有地区
	肉牛农场主（农场经理）（121312），奶牛场牛农（农场经理）（121313）	具备以下条件之一： （1）新西兰国家农业证书（NZQF Level 4）； （2）新西兰农业证书（NZQF Level 4）； （3）国家农业证书（生产管理）（NZQF 4 或 5 级）（相关类别为牛养殖业或乳品养殖业）； （4）新西兰第一产业生产管理证书（NZQF Level 5）（相关品种为家畜生产）； （5）农业文凭（NZQF Level 5）； （6）农场管理文凭（NZQF 6 级）。 至少三年相关工作经验	所有地区

附录

澳大利亚和新西兰现行职业分类情况

大类	中类	小类	细类
1 管理人员	11 首席执行官、总经理和立法委员	111 首席执行官、总经理和立法委员	1111 首席执行官和常务董事 1112 总经理 1113 立法委员
	12 农场主和农场管理人员	121 农场主和农场管理人员	1211 水产养殖人员 1212 农作物种植人员 1213 畜牧人员 1214 农作物种植兼畜牧人员
	13 专业管理人员	131 广告、公关和销售管理人员	1311 广告、公关和销售管理人员
		132 工商管理人员	1321 公司服务管理人员 1322 财务管理人员 1323 人力资源管理人员 1324 政策和规划管理人员 1325 研发管理人员
		133 建筑、分销和生产管理人员	1331 建筑管理人员 1332 工程管理人员 1333 进口商、出口商和批发商 1334 制造商 1335 生产管理人员 1336 供应、分销和采购管理人员
		134 教育、卫生和福利服务管理人员	1341 儿童保育中心管理人员 1342 健康和福利服务管理人员 1343 学校校长 1344 其他教育管理人员
		135 信息通信技术管理人员	1351 信息通信技术管理人员
		139 其他专业管理人员	1391 服役军官（管理者） 1392 国防部队高级士官 1399 其他专业管理人员
	14 酒店、零售和服务管理人员	141 酒店管理人员	1411 咖啡馆和餐厅管理人员 1412 房车公园和露营地管理人员 1413 酒店和汽车旅馆管理人员 1414 注册俱乐部管理人员 1419 其他酒店管理人员
		142 零售管理人员	1421 零售管理人员
		149 其他酒店、零售和服务管理人员	1491 娱乐、健身和体育中心管理人员 1492 联络中心及客户服务管理人员 1493 会务管理人员 1494 运输服务管理人员 1499 其他酒店、零售和服务管理人员

大类	中类	小类	细类
2 专业技术人员	21 艺术创作和新闻媒体专业人员	211 艺术创作人员	2111 演员、舞者和其他演艺人员 2112 音乐专业人员 2113 摄影师 2114 视觉艺术和手工艺品专业人员
		212 新闻媒体专业人员	2121 艺术总监，媒体制作人和主持人 2122 作者，图书和剧本编辑 2123 电影、电视、广播和舞台导演 2124 记者和其他作家
		221 会计师、审计师和秘书	2211 会计师 2212 审计师、秘书和财务主管
		222 金融经纪人、交易商和投资顾问	2221 金融经纪人 2222 金融交易商 2223 金融投资顾问和经理
		223 人力资源管理和培训专业人员	2231 人力资源专业人员 2232 信息通信技术培训师 2233 培训和发展专业人员
		224 信息和组织专业人员	2241 精算师、数学家和统计学家 2242 档案管理员、图书馆长和档案管理员 2243 经济学家 2244 情报和政策分析员 2245 土地经济学家和估价师 2246 图书馆员 2247 管理和组织分析人员 2249 其他信息和组织专业人员
		225 销售、市场营销和公共关系专业人员	2251 广告和营销专业人员 2252 信息通信技术销售人员 2253 公共关系专业人员 2254 技术销售代表
	23 设计、工程、科学和运输专业人员	231 航空和海洋运输专业人员	2311 航空运输专业人员 2312 海洋运输专业人员
		232 建筑师、设计师，规划师和测量师	2321 建筑师和景观设计师 2322 测量员和空间学家 2323 时装、工业和珠宝设计师 2324 平面设计师、网页设计师和插画师 2325 室内设计师 2326 城市和区域规划师

大类	中类	小类	细类
2 专业技术人员	23 设计、工程、科学和运输专业人员	233 工程技术人员	2331 化学与材料工程技术人员 2332 土木工程技术人员 2333 电气工程技术人员 2334 电子工程技术人员 2335 工业、机械和生产工程技术人员 2336 采矿技术人员 2339 其他工程技术人员
		234 自然和物理科学研究人员	2341 农业科学研究人员 2342 化学，食品和葡萄酒研究人员 2343 环境科学研究人员 2344 地质、地球科学、水文地质研究人员 2345 生命科学研究人员 2346 医学研究人员 2347 动物医学研究人员 2349 其他自然和物理科学研究人员
	24 教学人员	241 教师	2411 幼儿学前教师 2412 小学教师 2413 中学教师 2414 高中教师 2415 特殊教育教师
		242 高等教育教师	2421 大学讲师和导师 2422 职业教育和中专教师
		249 其他教学人员	2491 教育顾问和评审人员 2492 家庭教师 2493 其他语言的英语教师
	25 卫生专业技术人员	251 健康诊断和促进专业人员	2511 营养专业人员 2512 医学影像专业人员 2513 职业和环境卫生专业人员 2514 验光师及矫视师 2515 药剂师 2519 其他健康诊断和促进专业人员
		252 健康治疗专业人员	2521 脊椎按摩师和骨科医生 2522 辅助健康治疗师 2523 牙科医生 2524 职业治疗师 2525 理疗师 2526 足科医生 2527 听力、语言诊疗师

续表

大类	中类	小类	细类
2 专业技术人员	25 卫生专业技术人员	253 执业医师	2531 全科医生和住院医师 2532 麻醉师 2533 专科医师 2534 精神科医师 2535 外科医师 2539 其他执业医师
		254 助产和护理专业人员	2541 助产师 2542 护士教育工作者和研究人员 2543 护士长 2544 注册护士
	26 信息通信技术专业人员	261 信息通信业务专业人员	2611 信息通信业务员 2612 多媒体和网络开发人员 2613 软件和应用程序开发人员
		262 信息通信网络运行和安全专业人员	2621 信息通信网络运行和安全专业人员
		263 信息通信网络运行和维护专业人员	2631 计算机网络专业人员 2632 信息通信技术支持和测试专业人员 2633 电信工程专业人员
	27 法律、社会和福利专业人员	271 法律专业人员	2711 出庭律师 2712 司法和其他法律专业人员 2713 初级律师
		272 社会和福利专业人员	2721 咨询师 2722 宗教组织负责人 2723 心理学家 2724 社会专业人员 2725 社会工作者 2726 福利、娱乐和社区艺术工作者
3 工程技术人员	31 建筑工程，信息通信技术和科学技术人员	311 农业、医疗和科学技术人员	3111 农业技术人员 3112 医疗技术人员 3113 初级产品检验员 3114 科学技术人员
		312 建筑工程技术人员	3121 建筑、建筑和测量技术人员 3122 土木工程绘图员和技术人员 3133 电气工程绘图员和技术人员 3124 电子工程绘图员和技术人员 3125 机械工程绘图员和技术人员 3126 安全检查员 3129 其他建筑和工程技术人员
		313 信息通信技术人员	3131 信息通信技术支持人员 3132 电信技术人员

大类	中类	小类	细类
3 工程技术人员	32 汽车工程技术人员	321 汽车电工和机械师	3211 汽车电工 3212 电机机械工
		322 制造工程技术人员	3221 金属铸造、锻造和精加工技术人员 3222 钣金技术人员 3223 钢铁和焊接技术人员
		323 机械工程技术人员	3231 飞机维修工程师 3232 金属装配工和机械师 3233 精密金属技术人员 3234 工具模型技术人员
		324 汽车制造，修理和油漆工	3241 车身修理工 3242 汽车制造和修理工 3243 车辆油漆工
	33 建筑技术人员	331 砖瓦匠、木匠	3311 砖瓦匠和石匠 3312 木工
		332 地板装修工、油漆工	3321 地板装修工 3322 油漆工
		333 玻璃工、粉刷工和瓷砖工	3331 玻璃工 3332 粉刷工 3333 屋顶瓷砖工 3334 墙壁和地板瓷砖工
		334 水管工	3341 水管工
	34 电子和电信技术人员	341 电工	电工及电讯业工人
		342 电子和电信技术人员	3421 空调工 3422 配电工 3423 电子工 3424 电信技术人员
	35 食品专业技术人员	351 食品专业技术人员	3511 面包师和糕点师 3512 屠夫和小商品制造工 3513 主厨 3514 厨师
	36 畜牧和园艺技术人员	361 动物管理员、驯兽师和剪毛工	3611 动物管理员和驯兽师 3612 剪毛工 3613 兽医护士
		362 园艺工	3621 花匠 3622 园丁 3623 绿地管理员 3624 苗圃人员

大类	中类	小类	细类
3 工程技术人员	39 其他工程技术人员	391 理发师	3911 理发师
		392 印刷工	3921 装订工 3922 印前处理和制作员 3923 印刷操作工
		393 纺织、服装和鞋类工人	3931 帆布和皮革工 3932 服装工 3933 椅套工
		394 木工	3941 橱柜工 3942 木材制造和其他木工
		399 其他工程技术人员	3991 造船工 3992 化学，天然气，石油和电力工人 3993 美术馆、图书馆和博物馆技术人员 3994 珠宝工匠 3995 表演艺术技术人员 3996 标牌撰写工 3999 其他工程技术人员
4 社区和个人服务人员	41 保健和福利服务人员	411 保健和福利服务人员	4111 救护人员和医护人员 4112 牙科保健员、技师和治疗师 4113 康乐治疗师 4114 注册护士 4115 当地卫生工作者 4116 按摩治疗师 4117 福利工作人员
	42 护理员和助理	421 儿童护理人员	4211 儿童护理人员
		422 教育助理	4221 教育助理
		423 私人看护和助理	4231 老年及残疾护理员 4232 牙医助理 4233 护理助理 4234 特殊护理人员
	43 酒店服务人员	431 酒店服务人员	4311 酒吧服务员和咖啡师 4312 咖啡师 4313 游戏工作者 4314 酒店经理 4315 服务员 4319 其他酒店服务人员

续表

大类	中类	小类	细类
4 社区和个人服务人员	44 安全服务人员	441 国防、消防和警察	4411 国防部队成员－其他军衔 4412 消防和紧急救援人员 4413 警察
		442 监狱管理人员	4421 狱警 4422 警卫
	45 体育和个人服务人员	451 个人和旅游服务人员	4511 美容师 4512 驾驶教练 4513 丧葬工人 4514 画廊、博物馆服务人员和导游 4515 个人护理顾问 4516 旅游顾问 4517 旅游服务人员 4518 其他个人服务人员
		452 体育健身服务人员	4521 健身教练 4522 户外探险向导 4523 体育教练 4524 运动员
5 文员和办事人员	51 办公室管理人员和项目经理	511 合同、项目管理人员	5111 合同、项目管理人员
		512 办公室和业务经理	5121 办公室经理 5122 业务经理
	52 私人助理和秘书	521 私人助理和秘书	5211 私人助理 5212 秘书
	53 普通职员	531 普通文员	5311 普通文员
		532 键盘操作员	5321 键盘操作员
	54 问询员和接待员	541 联络中心呼叫员	5411 联络员 5412 记录员
		542 接待员	5421 接待员
	55 财务职员	551 会计职员和簿记员	5511 会计职员 5512 图书管理员 5513 工资职员
		552 金融保险业务员	5521 银行职员 5522 信贷专员（澳洲）、财务员（新西兰） 5523 保险、货币市场和统计文员

大类	中类	小类	细类
5 文员和办事人员	56 行政和后勤人员	561 行政和后勤人员	5611 投注员 5612 快递员和邮递员 5613 档案和登记人员 5614 邮件分拣员 5615 调查人员 5616 总机操作员 5619 行政和后勤人员
	59 其他文员和办事人员	591 物流人员	5911 采购和物流人员 5912 运输人员
		599 其他文员和办事人员	5991 财产转让代理人和法律执行人员 5992 法庭和法律书记员 5993 债务催收员 5994 人力资源服务专业人员 5995 监管人员 5996 损失理算员、风险调查员 5997 图书馆助理 5999 其他文员和办事人员
6 销售人员	61 销售代理	611 保险代理和销售代表	6111 拍卖师，股票经纪人和车站站长 6112 保险代理人 6113 销售代理
		612 房地产销售	6121 房地产销售
	62 销售助理和销售人员	621 销售助理和销售人员	6211 销售助理（一般） 6212 信息通信技术销售助理 6213 汽车和汽车零件销售员 6214 药房销售助理 6215 零售主管 6216 加油站服务员 6217 街头摊贩及相关销售人员 6219 其他销售助理和销售人员
	63 销售支持人员	631 结账员和收银员	6311 结账员和收银员
		639 其他销售支持人员	6391 销售展示员 6392 零售员 6393 电话推销员 6394 售票员 6395 营销员 6399 其他销售支持人员

续表

大类	中类	小类	细类
7 机械操作工和驾驶员	71 机械和固定设备操作工	711 机械操作工	7111 黏土、混凝土、玻璃及石材加工机械操作工 7112 工业喷绘工 7113 造纸和木材加工机器操作工 7114 照相冲洗和打印机操作工 7115 塑料和橡胶生产机器操作工 7116 缝纫工 7117 纺织和鞋类生产机器操作工 7119 其他机器操作员
		712 固定设备操作工	7121 起重机和升降机操作工 7122 钻工、矿工和点炸药工 7123 工程生产工人 7129 其他固定设备操作工
	72 移动设备操作工	721 移动设备操作工	7211 农林园艺工 7212 土方设备操作员 7213 叉车司机 7219 其他移动设备操作工
	73 公路和铁路司机	731 汽车、公共汽车和铁路司机	7311 汽车司机 7312 公共汽车和长途汽车司机 7313 火车和电车司机
		732 送货司机	7321 送货司机
		733 卡车司机	7331 卡车司机
	74 仓库人员	741 仓库人员	7411 仓库人员
8 体力劳动工	81 清洁工和洗衣工人	811 清洁工和洗衣工人	8111 汽车维修员 8112 商业清洁工 8113 家庭清洁工 8114 家庭主妇 8115 洗衣工人 8116 其他清洁工
	82 建筑施工和采矿人员	821 建筑施工和采矿人员	8211 建筑工和管道工 8212 混凝土工 8213 篱笆工 8214 装饰装修工 8215 筑路工 8216 铁路线桥工 8217 钢筋工 8219 其他建筑施工和采矿人员

大类	中类	小类	细类
8 体力劳动工	83 工厂加工工人	831 食品加工工人	8311 食品、饮料生产加工人员 8312 畜禽屠宰加工人员 8313 肉制品、水产品加工人员
		832 包装工和产品装配工	8321 包装工 8322 产品装配工
		839 其他工厂加工工人	8391 金属加工工人 8392 塑料和橡胶加工工人 8393 产品质量控制员 8394 木材加工工人 8399 其他工厂加工工人
	84 农业、林业和园艺工人	841 农业、林业和园艺工人	8411 水产养殖工人 8412 作物种植工人 8413 林业和伐木工人 8414 园艺和苗圃工人 8415 畜牧养殖工人 8416 混合作物和牲畜养殖工人 8419 其他农场、林业和园艺工人
	85 食物准备助理人员	851 食物准备助理人员	8511 快餐厨师 8512 食品交易助理 8513 厨房帮工
	89 其他体力劳动工	891 货物装卸工和货架填充工	8911 货运和家具搬运工 8912 货架填充工
		899 其他体力劳动工	8991 看护工 8992 渔工 8993 勤杂工 8994 机动车辆零件和配件钳工 8995 印刷助理 8996 垃圾收集员 8997 自动售货机服务员 8999 其他体力劳动工

参 考 文 献

［1］澳大利亚统计局官网 https：//www. abs. gov. au/AUSSTATS/abs@. nsf/allprimarymainfeatures/FCC055588D3EBA19CA2584A8000E7889？opendocument.

［2］澳大利亚统计局官网 https：//www. abs. gov. au/ausstats/abs@. nsf/Latestproducts/1220. 0Contents02013,％20Version％201. 3？opendocument&tabname = Summary&prodno = 1220. 0&issue = 2013,％20Version％201. 3&num = &view = .

［3］巴西政府网站关于职业分类的说明：https：//concla. ibge. gov. br/classificacoes/por － tema/ocupacao/classificacao － brasileira － de － ocupacoes. html.

［4］本刊记者. 新职业新思考——访省职业培训中心、省职业技能鉴定指导中心副主任吕伟光［J］. 就业与保障，2004（10）：12 － 13.

［5］曹红. 深化职业教育改革，我们在行动［J］. 教育家，2021（5）：48 － 49.

［6］车文博. 当代西方心理学新词典［M］. 长春：吉林人民出版社，2001：94.

［7］陈厚丰，李海贵. 我国职业类高校分类初探［J］. 职教论坛，2015（33）：11 － 16.

［8］陈慧梅，谢莉花. 美国标准职业分类的新发展及其启示［J］. 当代职业教育，2019（2）：95 － 101.

［9］陈莹，马庆发. "职业性"：德国职业教育本质特征之研究——兼论职业教育发展动力［J］. 高等教育研究，2016，37（2）：103.

［10］陈宇，张国英，程姝，徐欧露. 改革开放与中国职业变迁观察

[J]. 中国培训, 2019 (1): 41-44.

[11] 陈宇. 职业分类和职业标准 [EB/OL]. (2020-09-01) [2021-10-15]. https://weibo.com/ttarticle/p/show?id=2309404544220483682328.

[12] 程社明. 你的船你的海——职业生涯规划 [M]. 北京: 新华出版社, 2007: 29.

[13] 董鸣燕. 英国职业人员分类与高层次应用技术型人才培养体系 [J]. 世界教育信息, 2015, 28 (24): 17-21.

[14] 董志超. 职业资格制度比较研究 [J]. 职业, 2007 (13): 28-31.

[15] 杜建平, 何爱国. 农村青年外流问题的调查与思考 [J]. 青年研究, 1991 (2): 8-12.

[16] 范巍. 畅通拓宽技能人才成长通道 [N]. 中国组织人事报, 2022-5-11.

[17] 范巍. 打破技能人才成长壁垒 贯通两类人才职业发展 [J]. 中国人力资源社会保障, 2021 (2): 2.

[18] 范巍. 打通职业发展通道 适应新时代人才队伍建设需要, 人社部网站, 2021-1-13.

[19] 范巍. 赋能评价机构 完善评价制度 [N]. 中国劳动保障报, 2021-1-23.

[20] 范巍. 高校毕业生"先上岗、再考证": 是应时之举, 也是改革之策 [N]. 中国劳动保障报, 2020-7-18.

[21] 范巍.18个新职业来了 你关注的有哪些? [ ]. 人民网, 2022-6-19.

[22] 范巍. 国家职业资格目录2.0时代来临 [J]. 职业, 2021 (12).

[23] 范巍. 技能人才评价进入新发展阶段 [N]. 中国劳动保障报, 2021-12-25.

[24] 范巍. 技能人才评价进入新发展阶段 [N]. 中国组织人事报, 2021-12-29.

[25] 范巍. 全面推行职业技能等级制度 畅通拓宽技能人才成长通道, 人社部官网, 2022-4.

[26] 范巍. 人才队伍建设要稳中求变 [J]. 中国拍卖, 2020 (8).

［27］范巍．人才分类评价制度的深度改革［N］．中国组织人事报，2021 - 1 - 15.

［28］范巍．水平评价类技能人员职业资格 退出职业资格目录有关政策的解读［N］．中国劳动保障报，2020 - 6 - 24.

［29］范巍，佟亚丽，赵宁．企业技能人才如何培养［J］．中国人力资源社会保障，2020（10）：2.

［30］范巍．突出技能贡献 建设人才强国［N］．中国劳动保障报，2021 - 1 - 15.

［31］范巍．推行职业技能等级制度 拓宽技能人才成长通道［N］．工人日报，2022 - 6 - 6.

［32］范巍．拓宽技能人才成长通道［N］．中国劳动保障报，2022 - 5 - 7.

［33］范巍．吸引更多年轻人提高技能［N］．人民日报，2022 - 5 - 16.

［34］范巍．"先上岗，再考证"：保证质量与兼顾效率［J］．中国人力资源社会保障，2020（7）：2.

［35］范巍．新职业 反映新需求 带动新就业 引领新发展［J］．求贤，2022（8）：2.

［36］范巍．新职业，择业新舞台［N］．人民日报，2021 - 7 - 23.

［37］范巍．形成以市场为导向的技能人才培养使用机制［N］．中国组织人事报，2020 - 7 - 2.

［38］范巍，赵智磊，赵宁．吹响西部人才开发"集结号"［J］．中国人才，2021（9）：3.

［39］范巍，赵智磊，赵宁．完善技能人才队伍建设的德国经验［N］．中国劳动保障报，2022 - 3 - 19.

［40］范巍．专业技术人员职业资格证书制度体系设计［J］．中国人事科学，2018（7）：9.

［41］冯桂林．职业分类学术研究概述［J］．社会科学动态，1996（5）：18 - 19.

［42］凤卓，樊蓉，罗先奎．《管子》"四民分业"职业教育思想探究［C］．安徽省管子研究会．第十三届管子学术研讨会——管学与传承发展

中华优秀传统文化论文集．安徽省管子研究会，2018：5.

[43] 傅雪映．从《职业教育法》看我国职业资格证书制度的推进 [J].职教论坛，2004（06S）：3.

[44] 郜岭，朱倩楠．我国专业学位研究生教育的发展与展望 [J].卫生职业教育，2021，39（16）：7－10.

[45] 郭宇强．我国职业结构变迁研究 [D].北京：首都经济贸易大学，2007.

[46] 国家教委．关于进一步改革普通高等学校招生和毕业生就业制度的试点意见 [J].四川政报，1994（15）：23－25.

[47] 国家教委．普通高等学校毕业生就业工作暂行规定 [J].黑龙江政报，1997（14）：26－29.

[48] 国家统计局．改革开放30年人口素质全面提高就业人员成倍增加 [EB/OL].（2008－11－3）[2021－10－15].http：//www. gov. cn/govweb/gzdt/2008－11/03/content_1138587. htm.

[49] 国家职业分类大典和职业资格工作委员会．中华人民共和国职业分类大典2015年版 [M].北京：中国劳动社会保障出版社，2015.

[50] 国务院关于发布改革劳动制度四个规定的通知．国发〔1986〕77号，1986.

[51] 国务院人口普查办公室，国家统计局人口和就业统计司，编．发展中的中国人口2010年全国人口普查研究课题论文集下册 [C].北京：中国统计出版社，2014：1726－1730.

[52] 韩秉志．新职业折射社会新需求 [N].联合日报，2021－03－24（003）.

[53]《韩国职业标准分类》，网址：https：//kssc. kostat. go. kr：8443/ksscNew_web/index. jsp。

[54] 环球时报．混合办公将是美国未来长期主要工作趋势 [EB/OL].（2023－05－06）.https：//baijiahao. baidu. com/s? id＝1765096630029499630&wfr＝spider&for＝pc.

[55] 黄宝印．中国学位与研究生教育学会评估委员会 [C].2019年学术年会论文集，2019：275－302.

[56] 机械修典办公室．我国现行职业分类体系简介与99版《大典》

编制概要 [J]. 企业管理实践与思考, 2012 (1)：20 – 22.

[57] 嘉诚移民公司 https：//jcgco. com. au/anzsco% e8% 81% 8c% e4% b8% 9a% e6% b8% 85% e5% 8d% 95% e8% a6% 81% e6% 9b% b4% e6% 96% b0% e4% ba% 86% ef% bc% 813% e5% a4% a7% e4% bc% 98% e5% 8a% bf% e9% a2% 86% e5% 9f% 9f25% e4% b8% aa% e6% 96% b0% e5% 85% b4% e8% 81% 8c% e4% b8% 9a% ef% bc% 81/.

[58] 贾洪雷. 职业教育改革创新, 任重而道远 [J]. 教育家, 2021 (5)：15 – 17.

[59] 贾良定, 南京大学"中国企业专业化管理研究"课题团队. 我们为什么需要专业主义？ [J]. 上海商学院学报, 2020, 21 (1)：4 – 13.

[60] 金炳雄. 欧洲资历框架对我国国家资历框架构建的启示 [J]. 中国职业技术教育, 2019 (22)：76 – 82.

[61] 堀江典生, 王彦军. 论俄罗斯的职业分类 [J]. 东北亚论坛, 2004, 13 (3)：36 – 39.

[62] 李鸿浩, 张敏, 陈兆刚, 于欣. 国内外职业教育发展趋势创新研究 [J]. 科技创新导报, 2021, 18 (10)：229 – 231.

[63] 李可依, 毛可斌, 朱余洁, 主编. 大学生职业生涯规划 [M]. 上海：上海交通大学出版社, 2017.

[64] 李茂, 路瑞红, 刘鹏, 王晨阳. 新职业青年分类分化研究——基于河北省的调查 [J]. 经济论坛, 2021 (5)：126 – 132.

[65] 李伟, 闫广芬. 我国专业学位研究生教育发展的回溯与前瞻 [J]. 高校教育管理, 2021, 15 (3)：92 – 103.

[66] 李文东, 时勘. 美国国家标准职业分类系统的发展概况及对我国的启示 [J]. 中国软科学, 2006 (2)：82 – 88.

[67] 李心萍. 三部门联合发布智能制造工程技术人员等 16 个新职业 [J]. 机器人技术与应用, 2020 (2)：4.

[68] 李一陵. 深化改革更好发挥职称制度指挥棒作用 [J]. 中国卫生人才, 2021 (1)：10 – 11.

[69] 李哲娴. 新时期背景下关于深化职称工作改革的思考 [J]. 中国市场, 2021 (25)：119 – 120.

[70] 李志峰, 杨开洁. 基于社会分工的高校学术职业分层分类 [J].

教育科学文摘，2012（1）：83－84.

［71］廉同辉，袁勤俭．北美产业分类体系的信息产业分类演化及启示［J］．统计与决策，2012（16）：22－26.

［72］廖龙，王贝．职业教育开局"十四五"［J］．职业技术教育，2021（6）：6－7.

［73］刘艾玉．劳动社会学教程［M］．北京：北京大学出版社，1999：58.

［74］刘凤娇．新职业青年的小欢喜［J］．人力资源，2021（7）：22－24.

［75］刘欢．英、美、澳初中物理教材中职业生涯教育内容比较研究及启示［D］．武汉：华中师范大学，2018.

［76］刘阳．图解英国国家资格框架之改革进程［J］．职业技术教育，2006（25）：81－84.

［77］刘永林，金志峰，张晓彤．我国职称制度改革之探［J］．中国行政管理，2021（9）：151－153.

［78］美国劳工部官方网站：https：//www.bls.gov/SOC/.

［79］孟喜婵，王莉莉，主编．职业生涯规划［M］．北京：北京邮电大学出版社，2017.

［80］缪静敏，蒋亦璐．美国职业监管制度探究［J］．中国职业技术教育，2020（9）：67－75.

［81］NOC 2016 的官方说明：https：//www.statcan.gc.ca/eng/subjects/standard/noc/2016/introductionV1.3.

［82］欧阳忠明，王饶若愚，杨勇．欧洲国家资历框架：发展历程、特点与实施影响［J］．职教论坛，2020（8）：149－158.

［83］潘锦棠．劳动与职业社会学［M］．北京：红旗出版社，1999：118.

［84］潘锦棠，主编．劳动与职业社会学［M］．北京：红旗出版社，1991.

［85］全衡．关于编制《中华人民共和国工种分类目录》和第三次修订工人技术等级标准工作情况的介绍［J］．北京成人教育，1993（2）：30－31.

［83］［美］Reardon·Lenz·Sampson·Peterson. 职业生涯发展与规划［M］. 教育部高校学生司组织，编译. 候志瑾，伍新春，等，译. 北京：高等教育出版社，2005.

［87］人力资源和社会保障部. 关于改革完善技能人才评价制度的意见. 人社部发〔2019〕90 号，2019.

［88］人力资源和社会保障部. 好消息！千余种国家职业技能标准实现线上免费查询［EB/OL］.（2021－6－2）［2021－10－15］. https：//mp. weixin. qq. com/s/aQFfd1－MqrGKXQYfTyovwQ.

［89］人力资源和社会保障部. 人力资源社会保障部、市场监管总局、统计局联合发布新职业［EB/OL］.（2019－04－03）［2021－10－15］. http：//www. gov. cn/xinwen/2019－04/03/content_5379319. htm.

［90］人力资源和社会保障部. 人力资源社会保障部有关负责同志就发布智能制造工程技术人员等 16 个新职业答记者问［EB/OL］.（2020－03－03）［2021－10－15］. https：//baijiahao. baidu. com/s? id＝1660092211535293806&wfr＝spider&for＝pc.

［91］人力资源和社会保障部. 人社部颁布《国家职业技能标准编制技术规程（2018 年版）》［EB/OL］.（2018－03－16）［2021－10－15］. http：//edu. mohrss. gov. cn/info/1038/1555. htm.

［92］人民网. 人社部透露新职业"出炉"过程促进产业发展就业创业［EB/OL］.（2020－05－26）［2021－10－15］. https：//baijiahao. baidu. com/s?id＝1667758727117312197&wfr＝spider&for＝pc.

［93］人社部有关负责人就新版《职业分类大典》答记者问. 中央人民政府门户网站［2015－08－05］.

［94］任社宣. 在流动中汇聚起繁荣发展的磅礴力量——我国人力资源服务业发展取得重大成就［N］. 中国组织人事报，2021－07－28.

［95］日本职业标准分类（平成 21 年 12 月统计基准设定）－总务省，网址：https：//www. soumu. go. jp/toukei_toukatsu/index/seido/shokgyou/kou_h21. htm.

［96］2018 SOC 的版本说明：https：//www. federalregister. gov/documents/2017/11/28/2017－25622/standard－occupational－classification－soc－system－revision－for－2018.

［97］ 2018 SOC 的 职 业 大 类：https：//bls. gov/soc/2018/major_groups. htm.

［98］《SOC 手册 2018》：https：//www. bls. gov/SOC/。

［99］尚进云，王振振. 家庭背景、大学文凭与职业阶层地位获得的城乡差异——基于 EGP 职业阶层分类的新观察 ［J］. 复旦教育论坛，2020，18（5）：79 - 85.

［100］沈宇，陶红. 我国国家资历框架建设：内涵、价值、难点及路径 ［J］. 职业技术教育，2020，41（25）：6 - 11.

［101］斯特尔. 知识社会 ［M］. 殷晓蓉，译. 上海：上海译文出版社，1998：259.

［102］宋剑祥. 美国《标准职业分类》修订完善的几点思考 ［J］. 世界职业技术教育，2014（4）：1 - 7.

［103］宋剑祥. 中外职业分类发展完善的现实意义 ［J］. 黄冈职业技术学院学报，2012（5）.

［104］宋亚峰. 高职专业目录与职业分类目录的谱系变迁研究——基于历年《专业目录》与《职业分类大典》的文本分析 ［J］. 职业技术教育，2021，42（7）：25 - 30.

［105］孙一平，黄梅，谢晶. 数字职业分类服务数字经济发展 ［N］. 中国劳动保障报，2021 - 09 - 25（003）.

［106］孙一平. 职业分类有多少种 ［EB/OL］.（2021 - 6 - 7）［2021 - 10 - 15］. https：//mp. weixin. qq. com/s/BxUky4j9f64pth6RIjbRNg.

［107］孙一平. 职业社会学 ［M］. 北京：中国社会科学出版社，2021.

［108］《台湾职业标准分类》，网址 http：//www. dgbas. gov. tw。

［109］泰勒. 职业社会学 ［M］. 张逢沛，译. 台北：复兴书局，1972：10.

［110］覃薇. 英国职业资格证书制度研究 ［D］. 成都：四川师范大学，2009.

［111］汤太祥. 职业教育与稳就业研究 ［J］. 继续教育研究，2021（2）：63 - 65.

［112］王薇. 新职业折射社会演进趋势 ［J］. 西部大开发，2019

（6）：54 - 59.

［113］魏娜.专业技术人员职称晋升的影响因素［J］.科学大众，2021（3）：433 - 434.

［114］我国技能人才职业技能等级制度的历史演变，中国组织人事报［EB/OL］.http：//www.mohrss.gov.cn/wap/xw/rsxw/202205/t20220531_450996.html.

［115］吴红艳.新职业与新就业：特点、影响及对策［J］.宁波经济（三江论坛），2019（9）：43 - 46.

［116］向阳生涯.中国职业规划师（CCDM）认证培训教程［EB/OL］.https：//baike.baidu.com/item/% E8% 81% 8C% E4% B8% 9A/2133531#ref_ ［3］ _5033091.

［117］肖家楣，徐学莹.英国职业资格证书制度改革新动向——QCA的成立及其对统一的资格证书体系建设［J］.教育与职业，1999（8）：54 - 55.

［118］谢晶，孙一平，范巍.2018美国标准职业分类修订情况及经验借鉴［J］.中国人力资源社会保障，2019（4）：50 - 51.

［119］谢莉花，何蓓蓓.区域框架的典范：欧洲资历框架的发展与转化——兼谈对"一带一路"区域资历框架建设的启示［J］.当代职业教育，2020（2）：85 - 95.

［120］谢莉花，何蓓蓓，余小娟.欧洲资历框架发展的历程、成就与挑战［J］.当代职业教育，2021（1）：81 - 90.

［121］谢莉花，苗耀华，余小娟.中德两国职业的比较研究［J］.职教论坛，2017（1）：70 - 79.

［122］谢青松.区域资历框架的构建和对接的比较研究［J］.中国职业技术教育，2019（18）：36 - 45.

［123］新华社.我国建立新职业发布制度来已发布8批86个新职业［EB/OL］.（2007 - 2 - 19）［2021 - 10 - 15］.http：//www.gov.cn/jrzg/2007 - 02/19/content_530817.htm.

［124］《新加坡职业标准分类》，网址 https：//www.singstat.gov.sg/standards/standards - and - classifications/ssoc。

［125］新西兰统计局官方网站 https：//www.stats.govt.nz/services/

customised – data – services/statistics – for – university – staff – and – students/census – of – population – and – dwellings – data – package#occupation.

[126] 徐国庆. 职业选择测试的原理及我国的开发路径 [J]. 全球教育展望, 2021, 50 (4): 55–66.

[127] 徐金海. 专业化分工与农业产业组织演进 [M]. 北京: 社会科学文献出版社, 2008.

[128] 薛俊义. 社会领域分化与职业分工——高校辅导员职业道德形成的社会根源 [J]. 湖北社会科学, 2015 (12): 152–157.

[129] 杨光. 档案职业研究成果价值评析——以核心概念为视角 [J]. 档案学通讯, 2018 (3): 38–43.

[130] 杨河清. 职业生涯规划 [M]. 北京: 中国劳动社会保障出版社, 2005: 5.

[131] 杨金龙. 高质量发展技工教育 服务人才强国战略 [J]. 中国培训, 2023 (3): 18–20.

[132] 杨满福. 儒家价值观对职业教育发展的影响及其超越 [J]. 教育研究, 2019, 40 (2): 104–112.

[133] 姚芳斌. 国际职业标准分类体系更新及与中国的比较 [D]. 大连: 东北财经大学, 2011.

[134] 姚永抗. 人所共有的选择 职业社会学面面观 [M]. 武汉: 湖北人民出版社, 1989.

[135] 移民留学网站 https://www.cntonz.com/h–nd–737.html.

[136] 移民网公司 http://andyyimin.com/info/7355.html.

[137] 佚名. 技术革新催生 16 个新职业 [J]. 质量与认证, 2020 (4): 27.

[138] 佚名. 人社部会同有关部门新颁布 8 个国家职业技能标准 [J]. 劳动保障世界, 2020 (10): 7.

[139] 佚名. 人社部就发布智能制造工程技术人员等 16 个新职业答记者问 [J]. 职业, 2020 (10): 5.

[140] 佚名.《中华人民共和国职业分类大典》编制小资料 [J]. 中国培训, 1999 (7).

[141] 佚名.《中华人民共和国职业教育法 (含新旧对照)》 [M].

北京：中国法制出版社，2022.

［142］余艳梅．美国公立高中职业生涯教育研究［D］．上海：上海师范大学，2015.

［143］曾令萍．国际和世界主要国家与地区职业分类概况［J］．职业，2001（1）：45－46.

［144］曾令萍，张元．职业分类体系的建立是人力资源管理规范化的第一步［J］．中国劳动，1999（11）：21－22.

［145］张大伟．职业分类及其对职业教育的启示［J］．职业教育研究，2009（4）：75－76.

［146］张国玉．新职业的动力机制与发展趋势［J］．人民论坛，2021（1）：24－28.

［147］张建伟．中职院校学生职业生涯规划教育研究［D］．咸阳：西北农林科技大学，2015.

［148］张明媚．新型职业农民的分类培育策略探究［J］．农业经济，2018（3）：85－86.

［149］张迎春．国际标准职业分类的更新及其对中国的启示［J］．中国行政管理，2009（1）.

［150］张元，张天恩．世界典型职业分类比较［J］．中国职业技术教育，2011（3）：59－62.

［151］张宗辉．制定新职业标准应秉持的原则［J］．中国培训，2021（3）：86－87.

［152］赵康．专业、专业属性及判断成熟专业的六条标准——一个社会学角度的分析［J］．社会学研究，2000（5）：30－39.

［153］赵履宽．劳动经济学［M］．北京：中国劳动出版社，1997：50.

［154］知乎 https：//zhuanlan.zhihu.com/p/398270548.

［155］职教微资讯 https：//www.163.com/dy/article/GBU4TPGD0536W2OH.html.

［156］中共中央、国务院．关于广开门路、搞活经济、解决城镇就业问题的若干决定．中发〔1981〕42号，1981.

［157］中共中央、国务院．关于切实做好国有企业下岗职工基本生活

保障和再就业工作的通知．中发〔1988〕10 号，1988．

[158] 中共中央、国务院．中国教育改革和发展纲要．中发〔1993〕3 号，1993 - 2 - 13．

[159] 中共中央马克思恩格斯列宁斯大林著作编译局．马克思恩格斯全集（第 4 卷）［M］．北京：人民出版社，1958：471．

[160] 中国培训．国家职业分类大典出台有盼头［J］．中国培训，1997（2）：8 - 9．

[161] 中国人力资源和社会保障出版集团．人社部已累计颁布 190 个新版国家职业技能标准［EB/OL］．（2020 - 09 - 15）［2021 - 10 - 15］．http：//www. mohrss. gov. cn/SYrlzyhshbzb/rdzt/zyjntsxd/zyjntsxd _ zxbd/202009/t20200915_385754. html．

[162] 中国人事科学研究院，腾讯社会研究中心．腾讯新职业与就业发展报告（2022）［EB/OL］．（2023 - 01 - 08）．https：//baijiahao. baidu. com/s?id = 1754454946021621930&wfr = spider&for = pc．

[162] 中华人民共和国国务院令（第 66 号），1990．

[164] 中华人民共和国国务院令（第 103 号），1992．

[165] 中华人民共和国劳动部．关于颁发《职业介绍暂行规定》的通知，1990．

[166] 中华人民共和国劳动部．中华人民共和国工种分类目录［M］．北京：中国劳动出版社，1992．

[167] 中华人民共和国劳动部．中华人民共和国劳动和社会保障部令（第 6 号），2000．

[168] 中华人民共和国劳动法［M］．北京：中国工人出版社，1995．

[169] 钟倩，罗光雄．大学教师学术职业分化的历史逻辑及意义——基于社会分工理论的分析［J］．西昌学院学报（社会科学版），2017，29（3）：98 - 101．

[170] 种国双，段珺，高振，李宇航．中国三大产业结构演进规律与发展趋势研究［J］．科学管理研究，2020，38（2）：84 - 90．

[171] 周晔，黄旭．高职业声望从业者职业污名感知和员工幸福感——基于认知失调视角［J］．经济管理，2018，40（4）：84 - 101．

[172] 朱惠．人格、职业环境与工作满意度［D］．北京：中国科学

技术大学，2020.

[173] 专栏名称：哥布林研究所 http：//friends. skykiwi. com/column/ article/haituo/2019 – 07 – 04/3679. html.

[174] 宗边. 征集国家职业分类大典（2015 年版）修订意见建议 [N]. 中国建设报，2021 – 06 – 14（001）.

[175] 宗合.13 个新职业被收入《职业分类大典》[J]. 劳动保障世界，2019（13）：2.

[176] Alissa Emmel, Theresa Cosca. The 2010 SOC：A classification system gets and update [J]. Occupational Outlook Quarterly, Summer, 2010, pp. 13 – 19.

[177] Donkin A, Lee Y H, Toson B. Implications of changes in the UK social and occupational classifications in 2001 for vital statistics [J]. Population Trends – London, 2002：23 – 29.

[178] Elias P, Mcknight A, Kinshott G. SOC 2000：redefining skill：revision of the Standard Occupational Classification [J]. Department for Education & Employment, 1999.

[179] ESCO（2015）. ESCO strategic framework. Vision, mission, position, added value and guiding principles. Brüssel.

[180] Implementation in the Office for National Statistics. Standard Occupational Classification 2010 [J]. Economic & Labour Marke Review, Mar 2011.

[181] KerstinDuemmler, IsabelleCaprani, AlexandraFelder. The challenge of occupational prestige for occupational identities：Comparing bricklaying and automation technology apprentices in Switzerland [J]. Vocations and Learning：Studies in Vocational and Professional Education, 2020, 13（3）.

[182] Monger J. Standard Occupational Classification 2010 – Implementation in the Office for National Statistics [J]. Economic & Labour Market Review, 2011, 5（3）：62 – 65.

[183] Oesch D, Piccitto G. The polarization myth：Occupational upgrading in Germany, Spain, Sweden, and the UK, 1992 – 2015 [J]. Work and Occupations, 2019, 46（4）：441 – 469.

[184] The Office for National Statistics. Standard Occupational Classifica-

tion 2010, https：//www. ons. gov. uk/methodology/classificationsandstandards/standardoccupationalclassificationsoc.

[185] Treiman, D. J. , P. H. Rossi. Occupational Prestige in Comparative Perspective [M]. Academic Press, 1977.

后　记

　　机缘巧合，我于 2010 年 12 月进入职业和职业分类研究领域，担任《国家职业分类大典》修订专家委员会委员。在此之前，我刚刚完成从微观的心理科学研究到宏中观的人才科学研究角色的转变。在研究人才科学的过程中，我常常在想，人才科学或者说人才工作的理论基础是什么、抓手是什么？这个问题到现在也没有一个权威统一的说法。不过，在亲身经历和承担了《国家职业分类大典（2015 年版）》《国家职业分类大典（2022 年版）》修订工作后，我可以自信地回答，基于职业分类的职业管理视角一定是其中之一。

　　事实上，国家对这个问题的认识也是在这个阶段逐步建立和推行的。从 2007 年《国务院办公厅关于清理规范各类职业资格相关活动的通知》，到 2012 年人社部关于清理规范职业资格第一批公告，再到随后 2014～2016 年的"七连清"和 2017 年国家职业资格目录的建立。"以职业分类为基础"逐步出现在诸多国家和省部级文件中，以职业分类为基础的职业管理理念也逐步为包括政府部门在内的社会各界所熟悉、理解和接纳。可以说，科学、规范、现代的职业分类体系不仅是政府宏观人力资源开发的需要，更是上至高等教育、职业教育专业设置调整、教学培养，下至人力资源开发、人才队伍建设、人才评价改革等的主要依据，对 2035 年建成人才强国和教育强国具有重要现实意义。

　　因此，我们认为全面系统了解世界各国职业分类现状及其背后的演变和应用，系统深入构建职业分类和职业演进的理论体系，是当下一项非常值得下苦功夫做的、具有重要的理论和实践意义的基础性工作，对更好服务我国人才和人力资源开发，提升政府工作科学化现代化水平，具有重要现实意义。这也是编著本书的最大出发点和立足点。

本书的主要读者和潜在需求方包括各级政府部门人才和人力资源工作者，各企事业单位人才和人力资源工作人员，高校和科研院所相关研究人员和博士、硕士研究生，社会各界人才，人力资源和职业研究、实践工作的关注者。全书由范巍负责，赵宁、佟亚丽、赵智磊、曹婕、田大洲、王曦、王秋蕾、王晨哲、寇华玮、单士甫、黄馨文等同志参与了本书的资料搜集、整理和初稿撰写。范巍负责最后的统稿和审定，赵宁负责全书审校工作。

在本书的编写过程中，得到了中国人事科学院余兴安院长、蔡学军、柳学智副院长的亲切指点和帮助，中国职业技术教育学会副会长陈李翔、天津职业技术师范大学张元教授也为本书的写作提供了诸多有益指点，经济科学出版社的李雪编辑和中国人事科学研究院黄梅处长、柏玉林等同志为本书的出版提供了有益的建议和大量帮助，在此表示感谢。本书在编写过程中也参考了诸多同行的研究成果，在此一并表示感谢。

由于作者精力和能力所限，在本书的写作过程中难免会有疏漏和不当之处，敬请各位读者见谅。

如需与本书作者联系，可发邮件至 fanwei@ rky. org. cn。

范 巍

2023 年 8 月 28 日

中国人事科学研究院学术文库
已出版书目

《人才工作支撑创新驱动发展评价、激励、能力建设与国际化》

《劳动力市场发展及测量》

《当代中国的行政改革》

《外国公职人员行为及道德准则》

《国家人才安全问题研究》

《可持续治理能力建设探索——国际行政科学学会暨国际行政院校联合会 2016 年联合大会论文集》

《澜湄国家人力资源开发合作研究》

《职称制度的历史与发展》

《强化公益属性的事业单位工资制度改革研究》

《人事制度改革与人才队伍建设（1978 −2018）》

《人才创新创业生态系统案例研究》

《科研事业单位人事制度改革研究》

《哲学与公共行政》

《人力资源市场信息监测——逻辑、技术与策略》

《事业单位工资制度建构与实践探索》

《文献计量视角下的全球基础研究人才发展报告（2019）》

《职业社会学》

《职业管理制度研究》

《干部选拔任用制度发展历程与改革研究》

《人力资源开发法制建设研究》

《当代中国的退休制度》

《当代中国人事制度》

《中国人才政策环境比较分析（省域篇）》

《社会力量动员探索》

《中国人才政策环境比较分析（市域篇）》

《人才发展治理体系研究》

《英国文官制度文献选译》

《企业用工灵活化研究》

《外国公务员分类制度》

《中国福利制度发展解析》

《国有企业人事制度改革与发展》

《大学生实习中的权益保护》

《数字化转型与工作变革》

《乡村人力资源开发》

《高校毕业生就业制度的变迁》

《中国事业单位工资福利制度》

《中外职业分类概述》